实用版法规专辑

知识产权法

中国法治出版社
CHINA LEGAL PUBLISHING HOUSE

我国的立法体系[1]

主体	立法权限
全国人民代表大会	修改宪法，制定和修改刑事、民事、国家机构的和其他的基本法律。
全国人民代表大会常务委员会	制定和修改除应当由全国人民代表大会制定的法律以外的其他法律；在全国人民代表大会闭会期间，对全国人民代表大会制定的法律进行部分补充和修改；根据全国人民代表大会授权制定相关法律；解释法律。
国务院	根据宪法、法律和全国人民代表大会及其常务委员会的授权，制定行政法规。
省、自治区、直辖市的人民代表大会及其常务委员会	根据本行政区域的具体情况和实际需要，在不同宪法、法律、行政法规相抵触的前提下，制定地方性法规。
设区的市、自治州的人民代表大会及其常务委员会	在不同上位法相抵触的前提下，可对城乡建设与管理、生态文明建设、历史文化保护、基层治理等事项制定地方性法规。
经济特区所在地的省、市的人民代表大会及其常务委员会	根据全国人民代表大会的授权决定，制定法规，在经济特区范围内实施。
上海市人民代表大会及其常务委员会	根据全国人民代表大会常务委员会的授权决定，制定浦东新区法规，在浦东新区实施。
海南省人民代表大会及其常务委员会	根据法律规定，制定海南自由贸易港法规，在海南自由贸易港范围内实施。
民族自治地方的人民代表大会	依照当地民族的政治、经济和文化的特点，制定自治条例和单行条例。对法律和行政法规的规定作出变通的规定，但不得违背法律或者行政法规的基本原则，不得对宪法和民族区域自治法的规定以及其他有关法律、行政法规专门就民族自治地方所作的规定作出变通规定。
国务院各部、委员会、中国人民银行、审计署和具有行政管理职能的直属机构以及法律规定的机构	根据法律和国务院的行政法规、决定、命令，在本部门的权限范围内，制定规章。
省、自治区、直辖市和设区的市、自治州的人民政府	根据法律、行政法规和本省、自治区、直辖市的地方性法规，制定规章。设区的市、自治州人民政府制定的地方政府规章限于城乡建设与管理、生态文明建设、历史文化保护、基层治理等方面的事项。
中央军事委员会	根据宪法和法律制定军事法规，在武装力量内部实施。
中国人民解放军各战区、军兵种和中国人民武装警察部队	根据法律和中央军事委员会的军事法规、决定、命令，在其权限范围内制定军事规章，在武装力量内部实施。
国家监察委员会	根据宪法和法律、全国人民代表大会常务委员会的有关决定，制定监察法规。
最高人民法院、最高人民检察院	作出属于审判、检察工作中具体应用法律的解释。

---

[1] 本图表为编者根据《立法法》相关规定编辑整理，供参考。

■实用版法规专辑·新8版

编辑说明

　　运用法律维护权利和利益，是读者选购法律图书的主要目的。法律文本单行本提供最基本的法律依据，但单纯的法律文本中的有些概念、术语，读者不易理解；法律释义类图书有助于读者理解法律的本义，但又过于繁杂、冗长。

　　基于上述理念，我社自2006年7月率先出版了"实用版"系列法律图书；2008年2月，我们将与社会经济生活密切相关的领域所依托的法律制度以专辑形式汇编出版了"实用版法规专辑"，并在2012年、2014年、2016年、2018年、2020年、2022年全面更新升级再版。这些品种均深受广大读者的认同和喜爱。

　　2025年，本着"以读者为本"的宗旨，适应实践变化需要，我们第八次对"实用版法规专辑"增订再版，旨在为广大公民提供最新最高效的法律学习及法律纠纷解决方案。

　　鲜明特点，无可替代：

　　1. **出版权威**。中国法治出版社是中华人民共和国司法部所属的中央级法律类图书专业出版社，是国家法律、行政法规文本的权威出版机构。

　　2. **法律文本规范**。法律条文利用了我社法律单行本的资源，与国家法律、行政法规正式版本完全一致，确保条文准确、权威。

　　3. **条文注释专业、权威**。本书中的注释都是从全国人大常委会法制工作委员会、中华人民共和国司法部、最高人民法院等对条文的权威解读中精选、提炼而来，简单明了、通俗易懂，涵盖百姓日常生活中经常遇到的纠纷与难题。

　　4. **案例典型指引**。本书收录数件典型案例，均来自最高人民法院指导案例、公报案例、各地方高级人民法院判决书等，点出适用

1

要点,展示解决法律问题的实例。

5. **附录实用**。书末收录经提炼的法律流程图、诉讼文书、办案常用数据(如损害赔偿金额标准)等内容,帮助您大大提高处理法律纠纷的效率。

6. **"实用版法规专辑"** 从某一社会经济生活领域出发,收录、解读该领域所涉重要法律制度,为解决该领域法律纠纷提供支持。

知识产权法理解与适用

知识产权（Intellectual Property），是指著作权、专利权、商标权、商业秘密专有权等人们对自己创造性的智力劳动成果所享有的民事权利。这些权利主要是财产权利。知识产权法，就是保护这类民事权利的法律。通常，知识产权中的专利权与商标权又被统称为"工业产权"，是需要通过申请、经行政主管部门审查批准才产生的民事权利；著作权与商业秘密专有权，则是从有关创作活动完成时起，就依法自动产生。

知识产权制度作为鼓励和保护创新、促进社会进步和经济发展的基本法律制度，经过数百年的发展演变和不断完善，已为世界各国普遍接受，并在知识产权保护领域形成了一些各国共同遵循的准则。掌握一定的知识产权法律知识，是每一个现代人都应当具备的基本常识。

在我国，"知识产权"作为正式的法律用语，最早出现在1986年4月公布的《中华人民共和国民法通则》中。根据该法的规定，知识产权属于民事权利。2017年3月公布的《中华人民共和国民法总则》中，对知识产权的客体进行了规定。中华人民共和国第十三届全国人民代表大会第三次会议于2020年5月28日通过《中华人民共和国民法典》，自2021年1月1日起施行。《中华人民共和国民法通则》、《中华人民共和国民法总则》同时废止。《中华人民共和国民法典》第一百二十三条规定："民事主体依法享有知识产权。知识产权是权利人依法就下列客体享有的专有的权利：（1）作品；（2）发明、实用新型、外观设计；（3）商标；（4）地理标志；（5）商业秘密；（6）集成电路布图设计；（7）植物新品种；（8）法律规定的其他客体。"1982年、1984年、1990年，我国先后颁布了《商标法》、《专利法》和《著作权法》。1985年我国参加了《巴黎公约》，1992年参加了《伯尔尼公约》和《世界版权公约》。1992年、1993年，我国先后对《专利法》、《商标法》作了修正。此后，为了符合世界贸易组织要求，使我国的知识产权法律制度能顺利与国际通行惯例相衔接，我国又根据国情于 2000 年、2001 年相继对《专利法》和《商标法》作了第二次修正，并于 2001 年修正了《著作权法》，从而为我国在 2001 年 12 月加入世界贸易组织创造了有利条件。为了适应经济、社会形势的新发展，2008 年，《专利法》进行了第三次修正；2010 年，《著作权法》进行了第二次修正；2013 年，《商标法》进行了第三次修正；2019 年，《商标法》进行了第四次修正；2020 年，《专利法》进行了第四次修正，《著作权法》进行了第三次修正。相应地，我国还于 2001 年 6 月颁布了《专利法实施细则》（经 2002 年 12 月、2010 年 1 月、2023 年 12 月修订），2002 年 8 月颁布了《著作权法实施条例》（经 2011 年 1 月、2013 年 1 月修订）、《商标法实施条例》（经 2014 年 4 月修订），以便与《专利法》、《著作权法》、《商标法》配套适用。国务院还先后于 1997 年 3 月颁布《植物新品种保护条例》（经 2013 年 1 月、2014 年 7 月修订）、2001 年 4 月颁布《集成电路布图设计保护条例》、2001 年 12 月颁布《计算机软件保护条例》（经 2011 年 1 月、2013 年 1 月修订）、2006 年 5 月颁布《信息网络传播权保护条例》（经 2013 年 1 月修订）等一系列有关知识产权保护的重要的行政法规。最高人民法院也先后出台了有关审理著作权民事纠纷、专利纠纷、商标民事纠纷案件的司法解释，以利于在司法实践中正确审理有关知识产权纠纷案件。另外，除了上述单行法律、行政法规和司法解释之外，我国《刑法》还列有专章，对严重侵犯商标权、著作权、商业秘密及假冒他人专利者进行刑事制裁。

知识产权法律要点提示

法律要点	法 条	页 码
著作权法的适用范围	《著作权法》2 《著作权条例》6-8、33-35	第 1 页 第 30、32-33 页
作品的范围	《著作权法》3-5 《著作权条例》2-5	第 2-4 页 第 28-29 页
著作权的内容	《著作权法》10 《计算机软件保护条例》8	第 6 页 第 35 页
著作权归属	《著作权法》11-21 《著作权条例》13-15 《计算机软件保护条例》9-16	第 8-12 页 第 30-31 页 第 35-37 页
著作权的限制	《著作权法》24、25 《著作权条例》22	第 13-14 页 第 31 页
著作权许可使用和转让合同	《著作权法》26-31 《著作权条例》23、24 《计算机软件保护条例》19-21	第 14-15 页 第 31 页 第 37-38 页
图书、报刊的出版	《著作权法》32-37 《著作权条例》28-30	第 15-17 页 第 32 页
发明创造范围	《专利法》2	第 68 页
职务发明	《专利法》6 《专利法细则》13、92-94	第 70 页 第 107、128 页
专利申请权、专利权转让	《专利法》10 《专利法细则》15	第 72 页 第 108 页
专利实施许可合同	《专利法》12	第 73 页

1

法律要点	法　条	页　码
专利申请	《专利法》26-33 《专利法细则》17-41	第 80-86 页 第 108-116 页
专利申请优先权	《专利法》29、30 《专利法细则》34-38	第 84 页 第 114-115 页
专利实施的特别许可	《专利法》48-63 《专利法细则》85-91 《专利实施强制许可办法》	第 90-94 页 第 126-127 页 第 145 页
商标专用权的取得与保护	《商标法》3 《商标法条例》75-82	第 211 页 第 282、283 页
商标的显著性	《商标法》9	第 216 页
禁止作为商标使用、注册的标志	《商标法》10、11	第 217、219 页
驰名商标	《商标法》13、14 《商标法条例》3、72	第 221、222 页 第 266、281 页
商标注册优先权	《商标法》25 《商标法条例》20	第 230 页 第 271 页
商标申请在先与使用在先原则	《商标法》31 《商标法条例》19	第 233 页 第 270 页
注册商标的转让和使用许可	《商标法》42、43 《商标法条例》31、32、69	第 238、240 页 第 273、281 页
商标侵权行为	《商标法》57 《商标法条例》75-77、80	第 249 页 第 282、283 页

目　　录

中华人民共和国著作权法 ……………………………………（1）
　　（2020年11月11日）
　中华人民共和国著作权法实施条例 ……………………（28）
　　（2013年1月30日）
　计算机软件保护条例 ………………………………………（33）
　　（2013年1月30日）
　著作权集体管理条例 ………………………………………（40）
　　（2013年12月7日）
　信息网络传播权保护条例 …………………………………（50）
　　（2013年1月30日）
　最高人民法院关于审理侵害信息网络传播权民事纠纷
　　案件适用法律若干问题的规定 …………………………（58）
　　（2020年12月29日）
　最高人民法院关于审理著作权民事纠纷案件适用法律
　　若干问题的解释 …………………………………………（62）
　　（2020年12月29日）

中华人民共和国专利法 ……………………………………（67）
　　（2020年10月17日）
　中华人民共和国专利法实施细则 …………………………（104）
　　（2023年12月11日）
　规范申请专利行为的规定 …………………………………（142）
　　（2023年12月21日）

1

专利实施强制许可办法 …………………………………（145）
　　（2012年3月15日）
专利纠纷行政裁决和调解办法 …………………………（155）
　　（2024年12月26日）
专利优先审查管理办法 …………………………………（179）
　　（2017年6月27日）
重大专利侵权纠纷行政裁决办法 ………………………（182）
　　（2021年5月26日）
最高人民法院关于审理侵犯专利权纠纷案件应用法律
　　若干问题的解释 ……………………………………（187）
　　（2009年12月28日）
最高人民法院关于审理侵犯专利权纠纷案件应用法律
　　若干问题的解释（二）………………………………（191）
　　（2020年12月29日）
最高人民法院关于审理专利纠纷案件适用法律问题的
　　若干规定 ……………………………………………（198）
　　（2020年12月29日）
最高人民法院关于审理专利授权确权行政案件适用法
　　律若干问题的规定（一）……………………………（203）
　　（2020年9月10日）
中华人民共和国商标法 ……………………………………（210）
　　（2019年4月23日）
中华人民共和国商标法实施条例 ………………………（266）
　　（2014年4月29日）
集体商标、证明商标注册和管理规定 …………………（286）
　　（2024年1月2日）
商标行政执法证据规定 …………………………………（291）
　　（2024年12月26日）
商标注册申请快速审查办法（试行）……………………（298）
　　（2022年1月14日）

商标侵权判断标准 …………………………………… (300)
　　(2020年6月15日)
最高人民法院关于审理商标民事纠纷案件适用法律
　若干问题的解释 ………………………………… (308)
　　(2020年12月29日)
最高人民法院关于审理涉及驰名商标保护的民事纠
　纷案件应用法律若干问题的解释 ……………… (313)
　　(2020年12月29日)
最高人民法院关于审理商标授权确权行政案件若干
　问题的规定 ……………………………………… (316)
　　(2020年12月29日)
最高人民法院关于商标法修改决定施行后商标案件
　管辖和法律适用问题的解释 …………………… (324)
　　(2020年12月29日)
最高人民法院关于审理注册商标、企业名称与在先
　权利冲突的民事纠纷案件若干问题的规定 …… (327)
　　(2020年12月29日)
最高人民法院关于审理商标案件有关管辖和法律适
　用范围问题的解释 ……………………………… (328)
　　(2020年12月29日)

中华人民共和国反不正当竞争法 ……………… (331)
　　(2019年4月23日)
最高人民法院关于适用《中华人民共和国反不正当
　竞争法》若干问题的解释 ……………………… (349)
　　(2022年3月16日)
最高人民法院关于审理侵犯商业秘密民事案件适用
　法律若干问题的规定 …………………………… (355)
　　(2020年9月10日)

中华人民共和国民法典（节录） ……………… (361)
　　(2020年5月28日)

中华人民共和国刑法（节录） ················· （363）
　　（2023年12月29日）
全国人民代表大会常务委员会关于专利等知识产权案件
　　诉讼程序若干问题的决定 ················· （369）
　　（2018年10月26日）
集成电路布图设计保护条例 ··················· （370）
　　（2001年4月2日）
中华人民共和国植物新品种保护条例 ············ （376）
　　（2014年7月29日）
最高人民法院关于审理侵害知识产权民事案件适用惩
　　罚性赔偿的解释 ························· （384）
　　（2021年3月2日）
最高人民法院关于知识产权民事诉讼证据的若干规定 ····· （387）
　　（2020年11月16日）
最高人民法院、最高人民检察院关于办理侵犯知识产权
　　刑事案件具体应用法律若干问题的解释（三） ········ （393）
　　（2020年9月12日）
最高人民法院、最高人民检察院关于办理侵犯知识产权
　　刑事案件具体应用法律若干问题的解释（二） ········ （397）
　　（2007年4月5日）
最高人民法院、最高人民检察院关于办理侵犯知识产权
　　刑事案件具体应用法律若干问题的解释 ·············· （399）
　　（2004年12月8日）
最高人民法院关于审查知识产权纠纷行为保全案件适用
　　法律若干问题的规定 ······················· （404）
　　（2018年12月12日）
最高人民法院关于知识产权法庭若干问题的规定 ········ （409）
　　（2023年10月16日）

实用附录
1. 图书出版合同 …………………………………… (412)
2. 专利权质押登记申请表 …………………………… (416)
3. 商标注册流程图 …………………………………… (419)

中华人民共和国著作权法

(1990年9月7日第七届全国人民代表大会常务委员会第十五次会议通过 根据2001年10月27日第九届全国人民代表大会常务委员会第二十四次会议《关于修改〈中华人民共和国著作权法〉的决定》第一次修正 根据2010年2月26日第十一届全国人民代表大会常务委员会第十三次会议《关于修改〈中华人民共和国著作权法〉的决定》第二次修正 根据2020年11月11日第十三届全国人民代表大会常务委员会第二十三次会议《关于修改〈中华人民共和国著作权法〉的决定》第三次修正)

第一章 总 则

第一条 【立法宗旨】[①] 为保护文学、艺术和科学作品作者的著作权,以及与著作权有关的权益,鼓励有益于社会主义精神文明、物质文明建设的作品的创作和传播,促进社会主义文化和科学事业的发展与繁荣,根据宪法制定本法。

注释 著作权法所称创作,是指直接产生文学、艺术和科学作品的智力活动。为他人创作进行组织工作,提供咨询意见、物质条件,或者进行其他辅助工作,均不视为创作。

著作权法所称作品,是指文学、艺术和科学领域内具有独创性并能以某种有形形式复制的智力成果。

参见 《中华人民共和国著作权法实施条例》

第二条 【适用范围】中国公民、法人或者非法人组织的作品,不论是否发表,依照本法享有著作权。

[①] 条文主旨为编者所加,下同。

外国人、无国籍人的作品根据其作者所属国或者经常居住地国同中国签订的协议或者共同参加的国际条约享有的著作权,受本法保护。

外国人、无国籍人的作品首先在中国境内出版的,依照本法享有著作权。

未与中国签订协议或者共同参加国际条约的国家的作者以及无国籍人的作品首次在中国参加的国际条约的成员国出版的,或者在成员国和非成员国同时出版的,受本法保护。

注释 根据《实施国际著作权条约的规定》,外国作品,包括:(1)作者或者作者之一,其他著作权人或者著作权人之一是国际著作权条约成员国的国民或者在该条约的成员国有经常所所的居民的作品;(2)作者不是国际著作权条约成员国的国民或者在该条约的成员国有经常所所的居民,但是在该条约的成员国首次或者同时发表的作品;(3)外商投资企业按照合同约定是著作权人或者著作权人之一的,其委托他人创作的作品。

首先在中国境内出版的外国人、无国籍人的作品,其著作权自首次出版之日起受保护。外国人、无国籍人的作品在中国境外首先出版后,30日内在中国境内出版的,视为该作品同时在中国境内出版。

参见 《中华人民共和国著作权法实施条例》第7、8条;《实施国际著作权条约的规定》

第三条 【作品的范围】本法所称的作品,是指文学、艺术和科学领域内具有独创性并能以一定形式表现的智力成果,包括:

(一)文字作品;

(二)口述作品;

(三)音乐、戏剧、曲艺、舞蹈、杂技艺术作品;

(四)美术、建筑作品;

(五)摄影作品;

(六)视听作品;

(七)工程设计图、产品设计图、地图、示意图等图形作品和模型作品；

（八）计算机软件；

（九）符合作品特征的其他智力成果。

注释 文字作品，是指小说、诗词、散文、论文等以文字形式表现的作品。

口述作品，是指即兴的演说、授课、法庭辩论等以口头语言形式表现的作品。

音乐作品，是指歌曲、交响乐等能够演唱或者演奏的带词或者不带词的作品。

戏剧作品，是指话剧、歌剧、地方戏等供舞台演出的作品。

曲艺作品，是指相声、快书、大鼓、评书等以说唱为主要形式表演的作品。

舞蹈作品，是指通过连续的动作、姿势、表情等表现思想情感的作品。

杂技艺术作品，是指杂技、魔术、马戏等通过形体动作和技巧表现的作品。

美术作品，是指绘画、书法、雕塑等以线条、色彩或者其他方式构成的有审美意义的平面或者立体的造型艺术作品。

建筑作品，是指以建筑物或者构筑物形式表现的有审美意义的作品。

摄影作品，是指借助器械在感光材料或者其他介质上记录客观物体形象的艺术作品。

图形作品，是指为施工、生产绘制的工程设计图、产品设计图，以及反映地理现象、说明事物原理或者结构的地图、示意图等作品。

模型作品，是指为展示、试验或者观测等用途，根据物体的形状和结构，按照一定比例制成的立体作品。

案例 1. 洪福远、邓春香诉贵州五福坊食品有限公司、贵州今彩民族文化研发有限公司著作权侵权纠纷案（最高人民法院指导案例80号）

案件适用要点： 民间文学艺术衍生作品的表达系独立完成且有

创作性的部分，符合著作权法保护的作品特征的，应当认定作者对其独创性部分享有著作权。

2. 张晓燕诉雷献和、赵琪、山东爱书人音像图书有限公司著作权侵权纠纷案（最高人民法院指导案例 81 号）

案件适用要点：（1）根据同一历史题材创作的作品中的题材主线、整体线索脉络，是社会共同财富，属于思想范畴，不能为个别人垄断，任何人都有权对此类题材加以利用并创作作品。

（2）判断作品是否构成侵权，应当从被诉侵权作品作者是否接触过权利人作品、被诉侵权作品与权利人作品之间是否构成实质相似等方面进行。在判断是否构成实质相似时，应比较作者在作品表达中的取舍、选择、安排、设计等是否相同或相似，不应从思想、情感、创意、对象等方面进行比较。

（3）按照著作权法保护作品的规定，人民法院应保护作者具有独创性的表达，即思想或情感的表现形式。对创意、素材、公有领域信息、创作形式、必要场景，以及具有唯一性或有限性的表达形式，则不予保护。

3. 陆道龙诉陆逵等侵犯著作权纠纷案（《最高人民法院公报》2015 年第 7 期）

案件适用要点：著作权法意义上的作品，是指文学、艺术和科学领域内具有独创性并能以某种有形形式复制的智力成果。独创性是界定著作权法意义上的作品的前提条件和实质要件，它直接影响作品著作权的法律保护和侵权责任承担。家谱主要是记载一个姓氏家族或某一分支的宗族氏系和历代祖先的名号谱籍，其关于素材或公有领域的信息，不具有独创性，不应当受著作权法保护。

第四条 【依法行使著作权】著作权人和与著作权有关的权利人行使权利，不得违反宪法和法律，不得损害公共利益。国家对作品的出版、传播依法进行监督管理。

第五条 【不适用本法保护的对象】本法不适用于：

（一）法律、法规，国家机关的决议、决定、命令和其他具有立法、行政、司法性质的文件，及其官方正式译文；

（二）单纯事实消息；
（三）历法、通用数表、通用表格和公式。

第六条 【民间文艺作品的著作权保护】民间文学艺术作品的著作权保护办法由国务院另行规定。

第七条 【著作权管理机构】国家著作权主管部门负责全国的著作权管理工作；县级以上地方主管著作权的部门负责本行政区域的著作权管理工作。

第八条 【著作权集体管理组织】著作权人和与著作权有关的权利人可以授权著作权集体管理组织行使著作权或者与著作权有关的权利。依法设立的著作权集体管理组织是非营利法人，被授权后可以以自己的名义为著作权人和与著作权有关的权利人主张权利，并可以作为当事人进行涉及著作权或者与著作权有关的权利的诉讼、仲裁、调解活动。

著作权集体管理组织根据授权向使用者收取使用费。使用费的收取标准由著作权集体管理组织和使用者代表协商确定，协商不成的，可以向国家著作权主管部门申请裁决，对裁决不服的，可以向人民法院提起诉讼；当事人也可以直接向人民法院提起诉讼。

著作权集体管理组织应当将使用费的收取和转付、管理费的提取和使用、使用费的未分配部分等总体情况定期向社会公布，并应当建立权利信息查询系统，供权利人和使用者查询。国家著作权主管部门应当依法对著作权集体管理组织进行监督、管理。

著作权集体管理组织的设立方式、权利义务、使用费的收取和分配，以及对其监督和管理等由国务院另行规定。

> **注释** 著作权集体管理，是指著作权集体管理组织经权利人授权，集中行使权利人的有关权利并以自己的名义进行的下列活动：(1) 与使用者订立著作权或者与著作权有关的权利许可使用合同；(2) 向使用者收取使用费；(3) 向权利人转付使用费；(4) 进行涉及著作权或者与著作权有关的权利的诉讼、仲裁等。
>
> 著作权集体管理组织，是指为权利人的利益依法设立，根据权利人授权，对权利人的著作权或者与著作权有关的权利进行集体管

理的社会团体。著作权法规定的表演权、放映权、广播权、出租权、信息网络传播权、复制权等权利人自己难以有效行使的权利，可以由著作权集体管理组织进行集体管理。

著作权集体管理组织应当根据下列因素制定使用费收取标准：（1）使用作品、录音录像制品等的时间、方式和地域范围；（2）权利的种类；（3）订立许可使用合同和收取使用费工作的繁简程度。

参见　《著作权集体管理条例》第 2-4、13 条

第二章　著　作　权

第一节　著作权人及其权利

第九条　【著作权人的范围】著作权人包括：

（一）作者；

（二）其他依照本法享有著作权的自然人、法人或者非法人组织。

第十条　【著作权的内容】著作权包括下列人身权和财产权：

（一）发表权，即决定作品是否公之于众的权利；

（二）署名权，即表明作者身份，在作品上署名的权利；

（三）修改权，即修改或者授权他人修改作品的权利；

（四）保护作品完整权，即保护作品不受歪曲、篡改的权利；

（五）复制权，即以印刷、复印、拓印、录音、录像、翻录、翻拍、数字化等方式将作品制作一份或者多份的权利；

（六）发行权，即以出售或者赠与方式向公众提供作品的原件或者复制件的权利；

（七）出租权，即有偿许可他人临时使用视听作品、计算机软件的原件或者复制件的权利，计算机软件不是出租的主要标的的除外；

（八）展览权，即公开陈列美术作品、摄影作品的原件或者复制件的权利；

（九）表演权，即公开表演作品，以及用各种手段公开播送作品

的表演的权利；

（十）放映权，即通过放映机、幻灯机等技术设备公开再现美术、摄影、视听作品等的权利；

（十一）广播权，即以有线或者无线方式公开传播或者转播作品，以及通过扩音器或者其他传送符号、声音、图像的类似工具向公众传播广播的作品的权利，但不包括本款第十二项规定的权利；

（十二）信息网络传播权，即以有线或者无线方式向公众提供，使公众可以在其选定的时间和地点获得作品的权利；

（十三）摄制权，即以摄制视听作品的方法将作品固定在载体上的权利；

（十四）改编权，即改变作品，创作出具有独创性的新作品的权利；

（十五）翻译权，即将作品从一种语言文字转换成另一种语言文字的权利；

（十六）汇编权，即将作品或者作品的片段通过选择或者编排，汇集成新作品的权利；

（十七）应当由著作权人享有的其他权利。

著作权人可以许可他人行使前款第五项至第十七项规定的权利，并依照约定或者本法有关规定获得报酬。

著作权人可以全部或者部分转让本条第一款第五项至第十七项规定的权利，并依照约定或者本法有关规定获得报酬。

注释 "公之于众"，是指著作权人自行或者经著作权人许可将作品向不特定的人公开，但不以公众知晓为构成条件。

因作品署名顺序发生的纠纷，人民法院按照下列原则处理：有约定的按约定确定署名顺序；没有约定的，可以按照创作作品付出的劳动、作品排列、作者姓氏笔画等确定署名顺序。

作者身份不明的作品，由作品原件的所有人行使除署名权以外的著作权。作者身份确定后，由作者或者其继承人行使著作权。著作权无人继承又无人受遗赠的，其署名权、修改权和保护作品完整权由著作权行政管理部门保护。作者生前未发表的作品，如果作者未明确表示不发表，作者死亡后50年内，其发表权可由继承人或者受遗赠人行使；没有继承人又无人受遗赠的，由作品原件的所有人行使。

合作作者之一死亡后，其对合作作品享有的著作权法第十条第一款第五项至第十七项规定的权利无人继承又无人受遗赠的，由其他合作作者享有。作者死亡后，其著作权中的署名权、修改权和保护作品完整权由作者的继承人或者受遗赠人保护。

参见　《中华人民共和国著作权法实施条例》第13—15、17条；《最高人民法院关于审理著作权民事纠纷案件适用法律若干问题的解释》第9、11条

案例　张某龙诉北京某蝶文化传播有限公司、程某、马某侵害作品信息网络传播权纠纷案（指导性案例223号）

案件适用要点：侵害作品信息网络传播权的侵权结果发生地具有不确定性，不应作为确定管辖的依据。在确定侵害作品信息网络传播权民事纠纷案件的管辖时，应当适用《最高人民法院关于审理侵害信息网络传播权民事纠纷案件适用法律若干问题的规定》第十五条的规定，即由侵权行为地或者被告住所地人民法院管辖。

第二节　著作权归属

第十一条　【著作权归属的一般原则】著作权属于作者，本法另有规定的除外。

创作作品的自然人是作者。

由法人或者非法人组织主持，代表法人或者非法人组织意志创作，并由法人或者非法人组织承担责任的作品，法人或者非法人组织视为作者。

注释　由他人执笔，本人审阅定稿并以本人名义发表的报告、讲话等作品，著作权归报告人或者讲话人享有。著作权人可以支付执笔人适当的报酬。

当事人合意以特定人物经历为题材完成的自传体作品，当事人对著作权权属有约定的，依其约定；没有约定的，著作权归该特定人物享有，执笔人或整理人对作品完成付出劳动的，著作权人可以向其支付适当的报酬。

由不同作者就同一题材创作的作品，作品的表达系独立完成并且有创作性的，应当认定作者各自享有独立著作权。

参见 《最高人民法院关于审理著作权民事纠纷案件适用法律若干问题的解释》第 13-15 条

第十二条 【著作权归属的证明】 在作品上署名的自然人、法人或者非法人组织为作者，且该作品上存在相应权利，但有相反证明的除外。

作者等著作权人可以向国家著作权主管部门认定的登记机构办理作品登记。

与著作权有关的权利参照适用前两款规定。

案例 某美（天津）图像技术有限公司诉河南某庐蜂业有限公司侵害作品信息网络传播权纠纷案（指导性案例 224 号）

案件适用要点： 在著作权权属有争议的情况下，不能仅凭水印或权利声明认定作品著作权权属，主张著作权的当事人应进一步举证证明，否则应当承担不利的法律后果。

第十三条 【演绎作品的著作权归属】 改编、翻译、注释、整理已有作品而产生的作品，其著作权由改编、翻译、注释、整理人享有，但行使著作权时不得侵犯原作品的著作权。

第十四条 【合作作品的著作权归属】 两人以上合作创作的作品，著作权由合作作者共同享有。没有参加创作的人，不能成为合作作者。

合作作品的著作权由合作作者通过协商一致行使；不能协商一致，又无正当理由的，任何一方不得阻止他方行使除转让、许可他人专有使用、出质以外的其他权利，但是所得收益应当合理分配给所有合作作者。

合作作品可以分割使用的，作者对各自创作的部分可以单独享有著作权，但行使著作权时不得侵犯合作作品整体的著作权。

案例 上海美术电影制片厂与电子工业出版社、曲建方著作权权属、侵权纠纷案（《最高人民法院公报》2018 年第 10 期）

案件适用要点：特定历史时期职务作品的著作权归属不宜直接适用现行《著作权法》对职务作品的权利归属所确定的判断标准进行判定。本案上海美术电影制片厂（以下简称美影厂）和曲建方通过诉讼主张涉案角色造型作品著作权的归属是在涉案作品创作完成的三十余年后，期间，美影厂与曲建方各自使用涉案作品的共存状态是客观存在的事实，且双方都为涉案角色造型的社会影响力提高、品牌价值力提升等方面做出了贡献。在此种情况下若将涉案作品的著作权财产权归属一方当事人单独享有，显然会导致权利失衡，也有违公平原则。

第十五条　【汇编作品的著作权归属】汇编若干作品、作品的片段或者不构成作品的数据或者其他材料，对其内容的选择或者编排体现独创性的作品，为汇编作品，其著作权由汇编人享有，但行使著作权时，不得侵犯原作品的著作权。

第十六条　【演绎作品、汇编作品的使用】使用改编、翻译、注释、整理、汇编已有作品而产生的作品进行出版、演出和制作录音录像制品，应当取得该作品的著作权人和原作品的著作权人许可，并支付报酬。

第十七条　【视听作品的著作权归属】视听作品中的电影作品、电视剧作品的著作权由制作者享有，但编剧、导演、摄影、作词、作曲等作者享有署名权，并有权按照与制作者签订的合同获得报酬。

前款规定以外的视听作品的著作权归属由当事人约定；没有约定或者约定不明确的，由制作者享有，但作者享有署名权和获得报酬的权利。

视听作品中的剧本、音乐等可以单独使用的作品的作者有权单独行使其著作权。

第十八条　【职务作品的著作权归属】自然人为完成法人或者非法人组织工作任务所创作的作品是职务作品，除本条第二款的规定以外，著作权由作者享有，但法人或者非法人组织有权在其业务范围内优先使用。作品完成两年内，未经单位同意，作者不得许可第三人以与单位使用的相同方式使用该作品。

有下列情形之一的职务作品，作者享有署名权，著作权的其他权利由法人或者非法人组织享有，法人或者非法人组织可以给予作者奖励：

（一）主要是利用法人或者非法人组织的物质技术条件创作，并由法人或者非法人组织承担责任的工程设计图、产品设计图、地图、示意图、计算机软件等职务作品；

（二）报社、期刊社、通讯社、广播电台、电视台的工作人员创作的职务作品；

（三）法律、行政法规规定或者合同约定著作权由法人或者非法人组织享有的职务作品。

注释 职务作品的规定中的"工作任务"，是指公民在该法人或者该组织中应当履行的职责。

职务作品的规定中的"物质技术条件"，是指该法人或者该组织为公民完成创作专门提供的资金、设备或者资料。

参见 《中华人民共和国著作权法实施条例》第11条

案例 胡进庆、吴云初诉上海美术电影制片厂著作权权属纠纷案（《最高人民法院公报》2013年第4期）

案件适用要点：公民为完成法人交付的工作任务所创作的作品是职务作品。但是，1980年代中期，我国著作权法尚未颁布，职工为了单位拍摄动画电影的需要，根据职责所在创作的角色造型美术作品，其创作成果的归属，根据创作当时的时代背景、历史条件和双方当事人的行为综合分析，应判定作品的性质为特殊职务作品，作者仅享有署名权，而著作权的其他权利由法人享有。所谓历史背景，包括经济体制、法律制度、社会现实和约定俗成的普遍认知；当事人的行为则可以从单位的规章制度、明令禁止、获得报酬、双方的言行等方面进行深入探究。

第十九条 【委托作品的著作权归属】 受委托创作的作品，著作权的归属由委托人和受托人通过合同约定。合同未作明确约定或者没有订立合同的，著作权属于受托人。

第二十条 【美术、摄影作品的著作权归属】 作品原件所有权

11

的转移,不改变作品著作权的归属,但美术、摄影作品原件的展览权由原件所有人享有。

作者将未发表的美术、摄影作品的原件所有权转让给他人,受让人展览该原件不构成对作者发表权的侵犯。

第二十一条　【著作权的继受】著作权属于自然人的,自然人死亡后,其本法第十条第一款第五项至第十七项规定的权利在本法规定的保护期内,依法转移。

著作权属于法人或者非法人组织的,法人或者非法人组织变更、终止后,其本法第十条第一款第五项至第十七项规定的权利在本法规定的保护期内,由承受其权利义务的法人或者非法人组织享有;没有承受其权利义务的法人或者非法人组织的,由国家享有。

第三节　权利的保护期

第二十二条　【署名权、修改权、保护作品完整权的保护期】作者的署名权、修改权、保护作品完整权的保护期不受限制。

第二十三条　【发表权、财产权的保护期】自然人的作品,其发表权、本法第十条第一款第五项至第十七项规定的权利的保护期为作者终生及其死亡后五十年,截止于作者死亡后第五十年的12月31日;如果是合作作品,截止于最后死亡的作者死亡后第五十年的12月31日。

法人或者非法人组织的作品、著作权(署名权除外)由法人或者非法人组织享有的职务作品,其发表权的保护期为五十年,截止于作品创作完成后第五十年的12月31日;本法第十条第一款第五项至第十七项规定的权利的保护期为五十年,截止于作品首次发表后第五十年的12月31日,但作品自创作完成后五十年内未发表的,本法不再保护。

视听作品,其发表权的保护期为五十年,截止于作品创作完成后第五十年的12月31日;本法第十条第一款第五项至第十七项规定的权利的保护期为五十年,截止于作品首次发表后第五十年的12

月 31 日，但作品自创作完成后五十年内未发表的，本法不再保护。

第四节 权利的限制

第二十四条 【作品的合理使用】在下列情况下使用作品，可以不经著作权人许可，不向其支付报酬，但应当指明作者姓名或者名称、作品名称，并且不得影响该作品的正常使用，也不得不合理地损害著作权人的合法权益：

（一）为个人学习、研究或者欣赏，使用他人已经发表的作品；

（二）为介绍、评论某一作品或者说明某一问题，在作品中适当引用他人已经发表的作品；

（三）为报道新闻，在报纸、期刊、广播电台、电视台等媒体中不可避免地再现或者引用已经发表的作品；

（四）报纸、期刊、广播电台、电视台等媒体刊登或者播放其他报纸、期刊、广播电台、电视台等媒体已经发表的关于政治、经济、宗教问题的时事性文章，但著作权人声明不许刊登、播放的除外；

（五）报纸、期刊、广播电台、电视台等媒体刊登或者播放在公众集会上发表的讲话，但作者声明不许刊登、播放的除外；

（六）为学校课堂教学或者科学研究，翻译、改编、汇编、播放或者少量复制已经发表的作品，供教学或者科研人员使用，但不得出版发行；

（七）国家机关为执行公务在合理范围内使用已经发表的作品；

（八）图书馆、档案馆、纪念馆、博物馆、美术馆、文化馆等为陈列或者保存版本的需要，复制本馆收藏的作品；

（九）免费表演已经发表的作品，该表演未向公众收取费用，也未向表演者支付报酬，且不以营利为目的；

（十）对设置或者陈列在公共场所的艺术作品进行临摹、绘画、摄影、录像；

（十一）将中国公民、法人或者非法人组织已经发表的以国家通用语言文字创作的作品翻译成少数民族语言文字作品在国内出版发行；

（十二）以阅读障碍者能够感知的无障碍方式向其提供已经发表

的作品；

（十三）法律、行政法规规定的其他情形。

前款规定适用于对与著作权有关的权利的限制。

案例 北京爱奇艺科技有限公司与上海俏佳人文化传媒有限公司侵害作品信息网络传播权纠纷案〔北京知识产权法院（2021）京73民终2496号民事判决书〕（最高人民法院发布电影知识产权保护典型案例）

案件适用要点： 本案系全国首例涉无障碍版电影侵害作品信息网络传播权纠纷案。判决明确"以阅读障碍者能够感知的无障碍方式向其提供已经发表的作品"合理使用情况仅限于供阅读障碍者专用，作为"合理使用者"应采取有效的"阅读障碍者"验证机制以排除不符合条件者。该案判决有利于准确落实我国已经加入的有关国际条约（《马拉喀什条约》），有利于全面保护著作权人的权利，有利于规范无障碍版电影的制作发行。

第二十五条 【特定教科书的法定许可】为实施义务教育和国家教育规划而编写出版教科书，可以不经著作权人许可，在教科书中汇编已经发表的作品片段或者短小的文字作品、音乐作品或者单幅的美术作品、摄影作品、图形作品，但应当按照规定向著作权人支付报酬，指明作者姓名或者名称、作品名称，并且不得侵犯著作权人依照本法享有的其他权利。

前款规定适用于对与著作权有关的权利的限制。

第三章 著作权许可使用和转让合同

第二十六条 【著作权许可使用合同】使用他人作品应当同著作权人订立许可使用合同，本法规定可以不经许可的除外。

许可使用合同包括下列主要内容：

（一）许可使用的权利种类；

（二）许可使用的权利是专有使用权或者非专有使用权；

（三）许可使用的地域范围、期间；

（四）付酬标准和办法；
（五）违约责任；
（六）双方认为需要约定的其他内容。

第二十七条 【著作权转让合同】转让本法第十条第一款第五项至第十七项规定的权利，应当订立书面合同。

权利转让合同包括下列主要内容：
（一）作品的名称；
（二）转让的权利种类、地域范围；
（三）转让价金；
（四）交付转让价金的日期和方式；
（五）违约责任；
（六）双方认为需要约定的其他内容。

第二十八条 【著作权出质】以著作权中的财产权出质的，由出质人和质权人依法办理出质登记。

第二十九条 【著作权许可使用和转让合同中未明确的权利】许可使用合同和转让合同中著作权人未明确许可、转让的权利，未经著作权人同意，另一方当事人不得行使。

第三十条 【著作权使用费的支付】使用作品的付酬标准可以由当事人约定，也可以按照国家著作权主管部门会同有关部门制定的付酬标准支付报酬。当事人约定不明确的，按照国家著作权主管部门会同有关部门制定的付酬标准支付报酬。

第三十一条 【取得他人的著作权使用权限制】出版者、表演者、录音录像制作者、广播电台、电视台等依照本法有关规定使用他人作品的，不得侵犯作者的署名权、修改权、保护作品完整权和获得报酬的权利。

第四章　与著作权有关的权利

第一节　图书、报刊的出版

第三十二条 【出版合同】图书出版者出版图书应当和著作权

人订立出版合同,并支付报酬。

第三十三条 【专有出版权】图书出版者对著作权人交付出版的作品,按照合同约定享有的专有出版权受法律保护,他人不得出版该作品。

第三十四条 【出版者与著作权人的义务】著作权人应当按照合同约定期限交付作品。图书出版者应当按照合同约定的出版质量、期限出版图书。

图书出版者不按照合同约定期限出版,应当依照本法第六十一条的规定承担民事责任。

图书出版者重印、再版作品的,应当通知著作权人,并支付报酬。图书脱销后,图书出版者拒绝重印、再版的,著作权人有权终止合同。

注释 著作权人寄给图书出版者的两份订单在6个月内未能得到履行,视为著作权法所称图书脱销。

参见 《中华人民共和国著作权法实施条例》第29条

第三十五条 【报社、期刊社的权利和义务】著作权人向报社、期刊社投稿的,自稿件发出之日起十五日内未收到报社通知决定刊登的,或者自稿件发出之日起三十日内未收到期刊社通知决定刊登的,可以将同一作品向其他报社、期刊社投稿。双方另有约定的除外。

作品刊登后,除著作权人声明不得转载、摘编的外,其他报刊可以转载或者作为文摘、资料刊登,但应当按照规定向著作权人支付报酬。

注释 转载,是指报纸、期刊登载其他报刊已发表作品的行为。转载未注明被转载作品的作者和最初登载的报刊出处的,应当承担消除影响、赔礼道歉等民事责任。

参见 《最高人民法院关于审理著作权民事纠纷案件适用法律若干问题的解释》第17条

第三十六条 【图书出版者、报社、期刊社对作品的修改权】

图书出版者经作者许可，可以对作品修改、删节。

报社、期刊社可以对作品作文字性修改、删节。对内容的修改，应当经作者许可。

第三十七条　【版式设计的专有使用权】出版者有权许可或者禁止他人使用其出版的图书、期刊的版式设计。

前款规定的权利的保护期为十年，截止于使用该版式设计的图书、期刊首次出版后第十年的12月31日。

第二节　表　　演

第三十八条　【表演者的义务】使用他人作品演出，表演者应当取得著作权人许可，并支付报酬。演出组织者组织演出，由该组织者取得著作权人许可，并支付报酬。

第三十九条　【表演者的权利】表演者对其表演享有下列权利：

（一）表明表演者身份；

（二）保护表演形象不受歪曲；

（三）许可他人从现场直播和公开传送其现场表演，并获得报酬；

（四）许可他人录音录像，并获得报酬；

（五）许可他人复制、发行、出租录有其表演的录音录像制品，并获得报酬；

（六）许可他人通过信息网络向公众传播其表演，并获得报酬。

被许可人以前款第三项至第六项规定的方式使用作品，还应当取得著作权人许可，并支付报酬。

第四十条　【职务表演的权利归属】演员为完成本演出单位的演出任务进行的表演为职务表演，演员享有表明身份和保护表演形象不受歪曲的权利，其他权利归属由当事人约定。当事人没有约定或者约定不明确的，职务表演的权利由演出单位享有。

职务表演的权利由演员享有的，演出单位可以在其业务范围内免费使用该表演。

第四十一条　【表演者权利的保护期】本法第三十九条第一款第一项、第二项规定的权利的保护期不受限制。

本法第三十九条第一款第三项至第六项规定的权利的保护期为五十年，截止于该表演发生后第五十年的 12 月 31 日。

第三节 录音录像

第四十二条 【录音录像制作者使用他人制品的义务】录音录像制作者使用他人作品制作录音录像制品，应当取得著作权人许可，并支付报酬。

录音制作者使用他人已经合法录制为录音制品的音乐作品制作录音制品，可以不经著作权人许可，但应当按照规定支付报酬；著作权人声明不许使用的不得使用。

第四十三条 【录音录像制作者制作制品的义务】录音录像制作者制作录音录像制品，应当同表演者订立合同，并支付报酬。

第四十四条 【录音录像制作者的权利】录音录像制作者对其制作的录音录像制品，享有许可他人复制、发行、出租、通过信息网络向公众传播并获得报酬的权利；权利的保护期为五十年，截止于该制品首次制作完成后第五十年的 12 月 31 日。

被许可人复制、发行、通过信息网络向公众传播录音录像制品，应当同时取得著作权人、表演者许可，并支付报酬；被许可人出租录音录像制品，还应当取得表演者许可，并支付报酬。

第四十五条 【录音制作者广播及公开表演获酬权】将录音制品用于有线或者无线公开传播，或者通过传送声音的技术设备向公众公开播送的，应当向录音制作者支付报酬。

第四节 广播电台、电视台播放

第四十六条 【广播电台、电视台对著作权人的义务】广播电台、电视台播放他人未发表的作品，应当取得著作权人许可，并支付报酬。

广播电台、电视台播放他人已发表的作品，可以不经著作权人许可，但应当按照规定支付报酬。

注释 广播电台、电视台播放录音制品，可以与管理相关权利的著作权集体管理组织约定每年向著作权人支付固定数额的报酬；没有就固定数额进行约定或者约定不成的，广播电台、电视台与管理相关权利的著作权集体管理组织可以以下列方式之一为基础，协商向著作权人支付报酬：（1）以本台或者本台各频道（频率）本年度广告收入扣除15%成本费用后的余额，乘以《广播电台电视台播放录音制品支付报酬暂行办法》第五条或者第六条规定的付酬标准，计算支付报酬的数额；（2）以本台本年度播放录音制品的时间总量，乘以《广播电台电视台播放录音制品支付报酬暂行办法》第七条规定的单位时间付酬标准，计算支付报酬的数额。

参见 《广播电台电视台播放录音制品支付报酬暂行办法》第4-7条

第四十七条 【广播电台、电视台的权利】广播电台、电视台有权禁止未经其许可的下列行为：

（一）将其播放的广播、电视以有线或者无线方式转播；

（二）将其播放的广播、电视录制以及复制；

（三）将其播放的广播、电视通过信息网络向公众传播。

广播电台、电视台行使前款规定的权利，不得影响、限制或者侵害他人行使著作权或者与著作权有关的权利。

本条第一款规定的权利的保护期为五十年，截止于该广播、电视首次播放后第五十年的12月31日。

第四十八条 【电视台播放他人电影作品的义务】电视台播放他人的视听作品、录像制品，应当取得视听作品著作权人或者录像制作者许可，并支付报酬；播放他人的录像制品，还应当取得著作权人许可，并支付报酬。

第五章 著作权和与著作权有关的权利的保护

第四十九条 【保护技术措施】为保护著作权和与著作权有关的权利，权利人可以采取技术措施。

未经权利人许可,任何组织或者个人不得故意避开或者破坏技术措施,不得以避开或者破坏技术措施为目的制造、进口或者向公众提供有关装置或者部件,不得故意为他人避开或者破坏技术措施提供技术服务。但是,法律、行政法规规定可以避开的情形除外。

本法所称的技术措施,是指用于防止、限制未经权利人许可浏览、欣赏作品、表演、录音录像制品或者通过信息网络向公众提供作品、表演、录音录像制品的有效技术、装置或者部件。

第五十条 【避开保护技术措施的情形】 下列情形可以避开技术措施,但不得向他人提供避开技术措施的技术、装置或者部件,不得侵犯权利人依法享有的其他权利:

(一)为学校课堂教学或者科学研究,提供少量已经发表的作品,供教学或者科研人员使用,而该作品无法通过正常途径获取;

(二)不以营利为目的,以阅读障碍者能够感知的无障碍方式向其提供已经发表的作品,而该作品无法通过正常途径获取;

(三)国家机关依照行政、监察、司法程序执行公务;

(四)对计算机及其系统或者网络的安全性能进行测试;

(五)进行加密研究或者计算机软件反向工程研究。

前款规定适用于对与著作权有关的权利的限制。

第五十一条 【保护权利管理信息】 未经权利人许可,不得进行下列行为:

(一)故意删除或者改变作品、版式设计、表演、录音录像制品或者广播、电视上的权利管理信息,但由于技术上的原因无法避免的除外;

(二)知道或者应当知道作品、版式设计、表演、录音录像制品或者广播、电视上的权利管理信息未经许可被删除或者改变,仍然向公众提供。

第五十二条 【承担民事责任的侵权行为】 有下列侵权行为的,应当根据情况,承担停止侵害、消除影响、赔礼道歉、赔偿损失等民事责任:

(一)未经著作权人许可,发表其作品的;

（二）未经合作作者许可，将与他人合作创作的作品当作自己单独创作的作品发表的；

（三）没有参加创作，为谋取个人名利，在他人作品上署名的；

（四）歪曲、篡改他人作品的；

（五）剽窃他人作品的；

（六）未经著作权人许可，以展览、摄制视听作品的方法使用作品，或者以改编、翻译、注释等方式使用作品的，本法另有规定的除外；

（七）使用他人作品，应当支付报酬而未支付的；

（八）未经视听作品、计算机软件、录音录像制品的著作权人、表演者或者录音录像制作者许可，出租其作品或者录音录像制品的原件或者复制件的，本法另有规定的除外；

（九）未经出版者许可，使用其出版的图书、期刊的版式设计的；

（十）未经表演者许可，从现场直播或者公开传送其现场表演，或者录制其表演的；

（十一）其他侵犯著作权以及与著作权有关的权利的行为。

案例 明某社出版有限公司、完某世界（北京）软件有限公司与北京火某网络科技股份有限公司、昆仑乐某网络技术有限公司、昆某万维科技股份有限公司侵害改编权及不正当竞争纠纷案［北京市高级人民法院（2018）京民终226号民事判决书］

案件适用要点：本案是涉及作品游戏改编权的典型案例。《射雕英雄传》《倚天屠龙记》《神雕侠侣》《笑傲江湖》是金庸先生创作的四部知名武侠小说。被诉侵权卡牌游戏对权利人作品的改编方式，不同于通常形式上的抄袭剽窃，侵权人在改编时并未完整使用权利人作品中的故事情节，而是对人物角色、人物特征、人物关系、武功招式以及武器、阵法、场景等创作要素进行了截取式、组合式的使用。二审法院明确，在游戏改编过程中，未经许可对他人作品中人物角色、人物特征、人物关系、武功招式以及武器、阵法、场景等具体创作要素进行截取式、组合式使用，且由此所表现出的人物特征、人物关系以及其他要素间的组合关系与原作品中的选择、

21

安排、设计不存在实质性差别，未形成脱离于原作品独创性表达的新表达，即构成对他人作品改编权的侵犯，进一步厘清了侵害改编权与合理借鉴的行为边界。此外，二审判决在充分考虑权利人作品市场价值的基础上，判令三被告承担1600余万元的赔偿责任，坚持了知识产权侵权赔偿的市场价值导向，切实保障权利人获得了充分赔偿。

第五十三条 【承担民事责任、行政责任和刑事责任的侵权行为】有下列侵权行为的，应当根据情况，承担本法第五十二条规定的民事责任；侵权行为同时损害公共利益的，由主管著作权的部门责令停止侵权行为，予以警告，没收违法所得，没收、无害化销毁处理侵权复制品以及主要用于制作侵权复制品的材料、工具、设备等，违法经营额五万元以上的，可以并处违法经营额一倍以上五倍以下的罚款；没有违法经营额、违法经营额难以计算或者不足五万元的，可以并处二十五万元以下的罚款；构成犯罪的，依法追究刑事责任：

（一）未经著作权人许可，复制、发行、表演、放映、广播、汇编、通过信息网络向公众传播其作品的，本法另有规定的除外；

（二）出版他人享有专有出版权的图书的；

（三）未经表演者许可，复制、发行录有其表演的录音录像制品，或者通过信息网络向公众传播其表演的，本法另有规定的除外；

（四）未经录音录像制作者许可，复制、发行、通过信息网络向公众传播其制作的录音录像制品的，本法另有规定的除外；

（五）未经许可，播放、复制或者通过信息网络向公众传播广播、电视的，本法另有规定的除外；

（六）未经著作权人或者与著作权有关的权利人许可，故意避开或者破坏技术措施的，故意制造、进口或者向他人提供主要用于避开、破坏技术措施的装置或者部件的，或者故意为他人避开或者破坏技术措施提供技术服务的，法律、行政法规另有规定的除外；

（七）未经著作权人或者与著作权有关的权利人许可，故意删除或者改变作品、版式设计、表演、录音录像制品或者广播、电视上的权利管理信息的，知道或者应当知道作品、版式设计、表演、录音录像制品或者广播、电视上的权利管理信息未经许可被删除或者

改变,仍然向公众提供的,法律、行政法规另有规定的除外;

(八)制作、出售假冒他人署名的作品的。

案例 北京精雕科技有限公司诉上海奈凯电子科技有限公司侵害计算机软件著作权纠纷案(最高人民法院指导案例48号)

案件适用要点: 计算机软件著作权人为实现软件与机器的捆绑销售,将软件运行的输出数据设定为特定文件格式,以限制其他竞争者的机器读取以该特定文件格式保存的数据,从而将其在软件上的竞争优势扩展到机器,不属于著作权法所规定的著作权人为保护其软件著作权而采取的技术措施。他人研发软件读取其设定的特定文件格式的,不构成侵害计算机软件著作权。

第五十四条 【赔偿标准】侵犯著作权或者与著作权有关的权利的,侵权人应当按照权利人因此受到的实际损失或者侵权人的违法所得给予赔偿;权利人的实际损失或者侵权人的违法所得难以计算的,可以参照该权利使用费给予赔偿。对故意侵犯著作权或者与著作权有关的权利,情节严重的,可以在按照上述方法确定数额的一倍以上五倍以下给予赔偿。

权利人的实际损失、侵权人的违法所得、权利使用费难以计算的,由人民法院根据侵权行为的情节,判决给予五百元以上五百万元以下的赔偿。

赔偿数额还应当包括权利人为制止侵权行为所支付的合理开支。

人民法院为确定赔偿数额,在权利人已经尽了必要举证责任,而与侵权行为相关的账簿、资料等主要由侵权人掌握的,可以责令侵权人提供与侵权行为相关的账簿、资料等;侵权人不提供,或者提供虚假的账簿、资料等的,人民法院可以参考权利人的主张和提供的证据确定赔偿数额。

人民法院审理著作权纠纷案件,应权利人请求,对侵权复制品,除特殊情况外,责令销毁;对主要用于制造侵权复制品的材料、工具、设备等,责令销毁,且不予补偿;或者在特殊情况下,责令禁止前述材料、工具、设备等进入商业渠道,且不予补偿。

注释 ［对于侵害知识产权的故意的认定］

对于侵害知识产权的故意的认定，人民法院应当综合考虑被侵害知识产权客体类型、权利状态和相关产品知名度、被告与原告或者利害关系人之间的关系等因素。对于下列情形，人民法院可以初步认定被告具有侵害知识产权的故意：（1）被告经原告或者利害关系人通知、警告后，仍继续实施侵权行为的；（2）被告或其法定代表人、管理人是原告或者利害关系人的法定代表人、管理人、实际控制人的；（3）被告与原告或者利害关系人之间存在劳动、劳务、合作、许可、经销、代理、代表等关系，且接触过被侵害的知识产权的；（4）被告与原告或者利害关系人之间有业务往来或者为达成合同等进行过磋商，且接触过被侵害的知识产权的；（5）被告实施盗版、假冒注册商标行为的；（6）其他可以认定为故意的情形。

［证据］

当事人提供的涉及著作权的底稿、原件、合法出版物、著作权登记证书、认证机构出具的证明、取得权利的合同等，可以作为证据。在作品或者制品上署名的自然人、法人或者非法人组织视为著作权、与著作权有关权益的权利人，但有相反证明的除外。

当事人自行或者委托他人以定购、现场交易等方式购买侵权复制品而取得的实物、发票等，可以作为证据。公证人员在未向涉嫌侵权的一方当事人表明身份的情况下，如实对另一方当事人按照上述规定的方式取得的证据和取证过程出具的公证书，应当作为证据使用，但有相反证据的除外。

参见 《最高人民法院关于审理著作权民事纠纷案件适用法律若干问题的解释》第7、8条；《最高人民法院关于审理侵害知识产权民事案件适用惩罚性赔偿的解释》第3条

第五十五条 【著作权主管部门查处案件的职权范围】主管著作权的部门对涉嫌侵犯著作权和与著作权有关的权利的行为进行查处时，可以询问有关当事人，调查与涉嫌违法行为有关的情况；对当事人涉嫌违法行为的场所和物品实施现场检查；查阅、复制与涉嫌违法行为有关的合同、发票、账簿以及其他有关资料；对于涉嫌

违法行为的场所和物品,可以查封或者扣押。

主管著作权的部门依法行使前款规定的职权时,当事人应当予以协助、配合,不得拒绝、阻挠。

第五十六条 【诉前禁令】著作权人或者与著作权有关的权利人有证据证明他人正在实施或者即将实施侵犯其权利、妨碍其实现权利的行为,如不及时制止将会使其合法权益受到难以弥补的损害的,可以在起诉前依法向人民法院申请采取财产保全、责令作出一定行为或者禁止作出一定行为等措施。

注释 在知识产权与不正当竞争纠纷行为保全案件中,有下列情形之一的,应当认定属于民事诉讼法第一百零一条①规定的"难以弥补的损害":(1)被申请人的行为将会侵害申请人享有的商誉或者发表权、隐私权等人身性质的权利且造成无法挽回的损害;(2)被申请人的行为将会导致侵权行为难以控制且显著增加申请人损害;(3)被申请人的侵害行为将会导致申请人的相关市场份额明显减少;(4)对申请人造成其他难以弥补的损害。

申请人同时申请行为保全、财产保全或者证据保全的,人民法院应当依法分别审查不同类型保全申请是否符合条件,并作出裁定。为避免被申请人实施转移财产、毁灭证据等行为致使保全目的无法实现,人民法院可以根据案件具体情况决定不同类型保全措施的执行顺序。

参见 《最高人民法院关于审查知识产权纠纷行为保全案件适用法律若干问题的规定》

第五十七条 【诉前证据保全】为制止侵权行为,在证据可能灭失或者以后难以取得的情况下,著作权人或者与著作权有关的权利人可以在起诉前依法向人民法院申请保全证据。

案例 NX 计算机软件著作权侵权案(最高人民法院知识产权法庭 2020 年 10 件技术类知识产权典型案例)

---

① 2023 年 9 月 1 日《民事诉讼法》修改后,为第一百零四条。

案件适用要点：该案依法平等保护了涉外主体的合法权益，明确了诉讼参与人妨害证据保全的后果，将被侵权人在诉讼中的表现作为确定损害赔偿的考虑因素。该案判决加大对妨害证据保全的当事人惩处力度，对于引导当事人诚信诉讼具有重要导向意义。

第五十八条　【人民法院对侵权行为的民事制裁】人民法院审理案件，对于侵犯著作权或者与著作权有关的权利的，可以没收违法所得、侵权复制品以及进行违法活动的财物。

第五十九条　【有关复制品侵权的过错推定】复制品的出版者、制作者不能证明其出版、制作有合法授权的，复制品的发行者或者视听作品、计算机软件、录音录像制品的复制品的出租者不能证明其发行、出租的复制品有合法来源的，应当承担法律责任。

在诉讼程序中，被诉侵权人主张其不承担侵权责任的，应当提供证据证明已经取得权利人的许可，或者具有本法规定的不经权利人许可而可以使用的情形。

案例　石鸿林诉泰州华仁电子资讯有限公司侵害计算机软件著作权纠纷案（最高人民法院指导案例49号）

案件适用要点：在被告拒绝提供被控侵权软件的源程序或者目标程序，且由于技术上的限制，无法从被控侵权产品中直接读出目标程序的情形下，如果原、被告软件在设计缺陷方面基本相同，而被告又无正当理由拒绝提供其软件源程序或者目标程序以供直接比对，则考虑到原告的客观举证难度，可以判定原、被告计算机软件构成实质性相同，由被告承担侵权责任。

第六十条　【著作权纠纷的解决】著作权纠纷可以调解，也可以根据当事人达成的书面仲裁协议或者著作权合同中的仲裁条款，向仲裁机构申请仲裁。

当事人没有书面仲裁协议，也没有在著作权合同中订立仲裁条款的，可以直接向人民法院起诉。

注释　人民法院受理以下著作权民事纠纷案件：（1）著作权及与著作权有关权益权属、侵权、合同纠纷案件；（2）申请诉前停止侵害著作权、与著作权有关权益行为，申请诉前财产保全、诉前证据保全案件；(3) 其他著作权、与著作权有关权益纠纷案件。

著作权民事纠纷案件，由中级以上人民法院管辖。各高级人民法院根据本辖区的实际情况，可以报请最高人民法院批准，由若干基层人民法院管辖第一审著作权民事纠纷案件。

侵害著作权的诉讼时效为三年，自著作权人知道或者应当知道权利受到损害以及义务人之日起计算。权利人超过三年起诉的，如果侵权行为在起诉时仍在持续，在该著作权保护期内，人民法院应当判决被告停止侵权行为；侵权损害赔偿数额应当自权利人向人民法院起诉之日起向前推算三年计算。

参见　《最高人民法院关于审理著作权民事纠纷案件适用法律若干问题的解释》第1、2、27条

第六十一条　【法律适用】当事人因不履行合同义务或者履行合同义务不符合约定而承担民事责任，以及当事人行使诉讼权利、申请保全等，适用有关法律的规定。

第六章　附　　则

第六十二条　【著作权与版权的关系】本法所称的著作权即版权。

第六十三条　【出版的含义】本法第二条所称的出版，指作品的复制、发行。

第六十四条　【计算机软件、信息网络传播权的保护】计算机软件、信息网络传播权的保护办法由国务院另行规定。

第六十五条　【摄影作品的权利保护期】摄影作品，其发表权、本法第十条第一款第五项至第十七项规定的权利的保护期在2021年6月1日前已经届满，但依据本法第二十三条第一款的规定仍在保护期内的，不再保护。

第六十六条　【追溯力】本法规定的著作权人和出版者、表演者、录音录像制作者、广播电台、电视台的权利，在本法施行之日尚未超过本法规定的保护期的，依照本法予以保护。

本法施行前发生的侵权或者违约行为,依照侵权或者违约行为发生时的有关规定处理。

第六十七条 【施行日期】本法自1991年6月1日起施行。

中华人民共和国
著作权法实施条例

(2002年8月2日中华人民共和国国务院令第359号公布 根据2011年1月8日《国务院关于废止和修改部分行政法规的决定》第一次修订 根据2013年1月30日《国务院关于修改〈中华人民共和国著作权法实施条例〉的决定》第二次修订)

第一条 根据《中华人民共和国著作权法》(以下简称著作权法),制定本条例。

第二条 著作权法所称作品,是指文学、艺术和科学领域内具有独创性并能以某种有形形式复制的智力成果。

第三条 著作权法所称创作,是指直接产生文学、艺术和科学作品的智力活动。

为他人创作进行组织工作、提供咨询意见、物质条件,或者进行其他辅助工作,均不视为创作。

第四条 著作权法和本条例中下列作品的含义:

(一)文字作品,是指小说、诗词、散文、论文等以文字形式表现的作品;

(二)口述作品,是指即兴的演说、授课、法庭辩论等以口头语言形式表现的作品;

(三)音乐作品,是指歌曲、交响乐等能够演唱或者演奏的带词或者不带词的作品;

（四）戏剧作品，是指话剧、歌剧、地方戏等供舞台演出的作品；

（五）曲艺作品，是指相声、快书、大鼓、评书等以说唱为主要形式表演的作品；

（六）舞蹈作品，是指通过连续的动作、姿势、表情等表现思想情感的作品；

（七）杂技艺术作品，是指杂技、魔术、马戏等通过形体动作和技巧表现的作品；

（八）美术作品，是指绘画、书法、雕塑等以线条、色彩或者其他方式构成的有审美意义的平面或者立体的造型艺术作品；

（九）建筑作品，是指以建筑物或者构筑物形式表现的有审美意义的作品；

（十）摄影作品，是指借助器械在感光材料或者其他介质上记录客观物体形象的艺术作品；

（十一）电影作品和以类似摄制电影的方法创作的作品，是指摄制在一定介质上，由一系列有伴音或者无伴音的画面组成，并且借助适当装置放映或者以其他方式传播的作品；

（十二）图形作品，是指为施工、生产绘制的工程设计图、产品设计图，以及反映地理现象、说明事物原理或者结构的地图、示意图等作品；

（十三）模型作品，是指为展示、试验或者观测等用途，根据物体的形状和结构，按照一定比例制成的立体作品。

第五条　著作权法和本条例中下列用语的含义：

（一）时事新闻，是指通过报纸、期刊、广播电台、电视台等媒体报道的单纯事实消息；

（二）录音制品，是指任何对表演的声音和其他声音的录制品；

（三）录像制品，是指电影作品和以类似摄制电影的方法创作的作品以外的任何有伴音或者无伴音的连续相关形象、图像的录制品；

（四）录音制作者，是指录音制品的首次制作人；

（五）录像制作者，是指录像制品的首次制作人；

（六）表演者，是指演员、演出单位或者其他表演文学、艺术作品的人。

第六条 著作权自作品创作完成之日起产生。

第七条 著作权法第二条第三款规定的首先在中国境内出版的外国人、无国籍人的作品，其著作权自首次出版之日起受保护。

第八条 外国人、无国籍人的作品在中国境外首先出版后，30日内在中国境内出版的，视为该作品同时在中国境内出版。

第九条 合作作品不可以分割使用的，其著作权由各合作作者共同享有，通过协商一致行使；不能协商一致，又无正当理由的，任何一方不得阻止他方行使除转让以外的其他权利，但是所得收益应当合理分配给所有合作作者。

第十条 著作权人许可他人将其作品摄制成电影作品和以类似摄制电影的方法创作的作品的，视为已同意对其作品进行必要的改动，但是这种改动不得歪曲篡改原作品。

第十一条 著作权法第十六条第一款关于职务作品的规定中的"工作任务"，是指公民在该法人或者该组织中应当履行的职责。

著作权法第十六条第二款关于职务作品的规定中的"物质技术条件"，是指该法人或者该组织为公民完成创作专门提供的资金、设备或者资料。

第十二条 职务作品完成两年内，经单位同意，作者许可第三人以与单位使用的相同方式使用作品所获报酬，由作者与单位按约定的比例分配。

作品完成两年的期限，自作者向单位交付作品之日起计算。

第十三条 作者身份不明的作品，由作品原件的所有人行使除署名权以外的著作权。作者身份确定后，由作者或者其继承人行使著作权。

第十四条 合作作者之一死亡后，其对合作作品享有的著作权法第十条第一款第五项至第十七项规定的权利无人继承又无人受遗赠的，由其他合作作者享有。

第十五条 作者死亡后，其著作权中的署名权、修改权和保护作品完整权由作者的继承人或者受遗赠人保护。

著作权无人继承又无人受遗赠的，其署名权、修改权和保护作品完整权由著作权行政管理部门保护。

第十六条 国家享有著作权的作品的使用，由国务院著作权行政管理部门管理。

第十七条 作者生前未发表的作品，如果作者未明确表示不发表，作者死亡后50年内，其发表权可由继承人或者受遗赠人行使；没有继承人又无人受遗赠的，由作品原件的所有人行使。

第十八条 作者身份不明的作品，其著作权法第十条第一款第五项至第十七项规定的权利的保护期截止于作品首次发表后第50年的12月31日。作者身份确定后，适用著作权法第二十一条的规定。

第十九条 使用他人作品的，应当指明作者姓名、作品名称；但是，当事人另有约定或者由于作品使用方式的特性无法指明的除外。

第二十条 著作权法所称已经发表的作品，是指著作权人自行或者许可他人公之于众的作品。

第二十一条 依照著作权法有关规定，使用可以不经著作权人许可的已经发表的作品的，不得影响该作品的正常使用，也不得不合理地损害著作权人的合法利益。

第二十二条 依照著作权法第二十三条、第三十三条第二款、第四十条第三款的规定使用作品的付酬标准，由国务院著作权行政管理部门会同国务院价格主管部门制定、公布。

第二十三条 使用他人作品应当同著作权人订立许可使用合同，许可使用的权利是专有使用权的，应当采取书面形式，但是报社、期刊社刊登作品除外。

第二十四条 著作权法第二十四条规定的专有使用权的内容由合同约定，合同没有约定或者约定不明的，视为被许可人有权排除包括著作权人在内的任何人以同样的方式使用作品；除合同另有约

31

定外，被许可人许可第三人行使同一权利，必须取得著作权人的许可。

第二十五条 与著作权人订立专有许可使用合同、转让合同的，可以向著作权行政管理部门备案。

第二十六条 著作权法和本条例所称与著作权有关的权益，是指出版者对其出版的图书和期刊的版式设计享有的权利，表演者对其表演享有的权利，录音录像制作者对其制作的录音录像制品享有的权利，广播电台、电视台对其播放的广播、电视节目享有的权利。

第二十七条 出版者、表演者、录音录像制作者、广播电台、电视台行使权利，不得损害被使用作品和原作品著作权人的权利。

第二十八条 图书出版合同中约定图书出版者享有专有出版权但没有明确其具体内容的，视为图书出版者享有在合同有效期限内和在合同约定的地域范围内以同种文字的原版、修订版出版图书的专有权利。

第二十九条 著作权人寄给图书出版者的两份订单在6个月内未能得到履行，视为著作权法第三十二条所称图书脱销。

第三十条 著作权人依照著作权法第三十三条第二款声明不得转载、摘编其作品的，应当在报纸、期刊刊登该作品时附带声明。

第三十一条 著作权人依照著作权法第四十条第三款声明不得对其作品制作录音制品的，应当在该作品合法录制为录音制品时声明。

第三十二条 依照著作权法第二十三条、第三十三条第二款、第四十条第三款的规定，使用他人作品的，应当自使用该作品之日起2个月内向著作权人支付报酬。

第三十三条 外国人、无国籍人在中国境内的表演，受著作权法保护。

外国人、无国籍人根据中国参加的国际条约对其表演享有的权利，受著作权法保护。

第三十四条 外国人、无国籍人在中国境内制作、发行的录音制品,受著作权法保护。

外国人、无国籍人根据中国参加的国际条约对其制作、发行的录音制品享有的权利,受著作权法保护。

第三十五条 外国的广播电台、电视台根据中国参加的国际条约对其播放的广播、电视节目享有的权利,受著作权法保护。

第三十六条 有著作权法第四十八条所列侵权行为,同时损害社会公共利益,非法经营额5万元以上的,著作权行政管理部门可处非法经营额1倍以上5倍以下的罚款;没有非法经营额或者非法经营额5万元以下的,著作权行政管理部门根据情节轻重,可处25万元以下的罚款。

第三十七条 有著作权法第四十八条所列侵权行为,同时损害社会公共利益的,由地方人民政府著作权行政管理部门负责查处。

国务院著作权行政管理部门可以查处在全国有重大影响的侵权行为。

第三十八条 本条例自2002年9月15日起施行。1991年5月24日国务院批准、1991年5月30日国家版权局发布的《中华人民共和国著作权法实施条例》同时废止。

计算机软件保护条例

(2001年12月20日中华人民共和国国务院令第339号公布 根据2011年1月8日《国务院关于废止和修改部分行政法规的决定》第一次修订 根据2013年1月30日《国务院关于修改〈计算机软件保护条例〉的决定》第二次修订)

第一章 总 则

第一条 为了保护计算机软件著作权人的权益,调整计算机软件在开发、传播和使用中发生的利益关系,鼓励计算机软件的开发与应用，促进软件产业和国民经济信息化的发展，根据《中华人民共和国著作权法》，制定本条例。

第二条 本条例所称计算机软件（以下简称软件），是指计算机程序及其有关文档。

第三条 本条例下列用语的含义：

（一）计算机程序，是指为了得到某种结果而可以由计算机等具有信息处理能力的装置执行的代码化指令序列，或者可以被自动转换成代码化指令序列的符号化指令序列或者符号化语句序列。同一计算机程序的源程序和目标程序为同一作品。

（二）文档，是指用来描述程序的内容、组成、设计、功能规格、开发情况、测试结果及使用方法的文字资料和图表等，如程序设计说明书、流程图、用户手册等。

（三）软件开发者，是指实际组织开发、直接进行开发，并对开发完成的软件承担责任的法人或者其他组织；或者依靠自己具有的条件独立完成软件开发，并对软件承担责任的自然人。

（四）软件著作权人，是指依照本条例的规定，对软件享有著作权的自然人、法人或者其他组织。

第四条 受本条例保护的软件必须由开发者独立开发，并已固定在某种有形物体上。

第五条 中国公民、法人或者其他组织对其所开发的软件，不论是否发表，依照本条例享有著作权。

外国人、无国籍人的软件首先在中国境内发行的，依照本条例享有著作权。

外国人、无国籍人的软件，依照其开发者所属国或者经常居住地国同中国签订的协议或者依照中国参加的国际条约享有的著作权，受本条例保护。

第六条 本条例对软件著作权的保护不延及开发软件所用的思想、处理过程、操作方法或者数学概念等。

第七条 软件著作权人可以向国务院著作权行政管理部门认定的软件登记机构办理登记。软件登记机构发放的登记证明文件是登记事项的初步证明。

办理软件登记应当缴纳费用。软件登记的收费标准由国务院著作权行政管理部门会同国务院价格主管部门规定。

第二章 软件著作权

第八条 软件著作权人享有下列各项权利：

（一）发表权，即决定软件是否公之于众的权利；

（二）署名权，即表明开发者身份，在软件上署名的权利；

（三）修改权，即对软件进行增补、删节，或者改变指令、语句顺序的权利；

（四）复制权，即将软件制作一份或者多份的权利；

（五）发行权，即以出售或者赠与方式向公众提供软件的原件或者复制件的权利；

（六）出租权，即有偿许可他人临时使用软件的权利，但是软件不是出租的主要标的的除外；

（七）信息网络传播权，即以有线或者无线方式向公众提供软件，使公众可以在其个人选定的时间和地点获得软件的权利；

（八）翻译权，即将原软件从一种自然语言文字转换成另一种自然语言文字的权利；

（九）应当由软件著作权人享有的其他权利。

软件著作权人可以许可他人行使其软件著作权，并有权获得报酬。

软件著作权人可以全部或者部分转让其软件著作权，并有权获得报酬。

第九条 软件著作权属于软件开发者，本条例另有规定的除外。

如无相反证明，在软件上署名的自然人、法人或者其他组织为开发者。

第十条 由两个以上的自然人、法人或者其他组织合作开发的软件，其著作权的归属由合作开发者签订书面合同约定。无书面合

35

同或者合同未作明确约定，合作开发的软件可以分割使用的，开发者对各自开发的部分可以单独享有著作权；但是，行使著作权时，不得扩展到合作开发的软件整体的著作权。合作开发的软件不能分割使用的，其著作权由各合作开发者共同享有，通过协商一致行使；不能协商一致，又无正当理由的，任何一方不得阻止他方行使除转让权以外的其他权利，但是所得收益应当合理分配给所有合作开发者。

第十一条　接受他人委托开发的软件，其著作权的归属由委托人与受托人签订书面合同约定；无书面合同或者合同未作明确约定的，其著作权由受托人享有。

第十二条　由国家机关下达任务开发的软件，著作权的归属与行使由项目任务书或者合同规定；项目任务书或者合同中未作明确规定的，软件著作权由接受任务的法人或者其他组织享有。

第十三条　自然人在法人或者其他组织中任职期间所开发的软件有下列情形之一的，该软件著作权由该法人或者其他组织享有，该法人或者其他组织可以对开发软件的自然人进行奖励：

（一）针对本职工作中明确指定的开发目标所开发的软件；

（二）开发的软件是从事本职工作活动所预见的结果或者自然的结果；

（三）主要使用了法人或者其他组织的资金、专用设备、未公开的专门信息等物质技术条件所开发并由法人或者其他组织承担责任的软件。

第十四条　软件著作权自软件开发完成之日起产生。

自然人的软件著作权，保护期为自然人终生及其死亡后50年，截止于自然人死亡后第50年的12月31日；软件是合作开发的，截止于最后死亡的自然人死亡后第50年的12月31日。

法人或者其他组织的软件著作权，保护期为50年，截止于软件首次发表后第50年的12月31日，但软件自开发完成之日起50年内未发表的，本条例不再保护。

第十五条　软件著作权属于自然人的，该自然人死亡后，在软件著作权的保护期内，软件著作权的继承人可以依照《中华人民共和国继承法》的有关规定，继承本条例第八条规定的除署名权以外的其他权利。

软件著作权属于法人或者其他组织的，法人或者其他组织变更、终止后，其著作权在本条例规定的保护期内由承受其权利义务的法人或者其他组织享有；没有承受其权利义务的法人或者其他组织的，由国家享有。

第十六条 软件的合法复制品所有人享有下列权利：

（一）根据使用的需要把该软件装入计算机等具有信息处理能力的装置内；

（二）为了防止复制品损坏而制作备份复制品。这些备份复制品不得通过任何方式提供给他人使用，并在所有人丧失该合法复制品的所有权时，负责将备份复制品销毁；

（三）为了把该软件用于实际的计算机应用环境或者改进其功能、性能而进行必要的修改；但是，除合同另有约定外，未经该软件著作权人许可，不得向任何第三方提供修改后的软件。

第十七条 为了学习和研究软件内含的设计思想和原理，通过安装、显示、传输或者存储软件等方式使用软件的，可以不经软件著作权人许可，不向其支付报酬。

第三章 软件著作权的许可使用和转让

第十八条 许可他人行使软件著作权的，应当订立许可使用合同。

许可使用合同中软件著作权人未明确许可的权利，被许可人不得行使。

第十九条 许可他人专有行使软件著作权的，当事人应当订立书面合同。

没有订立书面合同或者合同中未明确约定为专有许可的，被许可行使的权利应当视为非专有权利。

第二十条 转让软件著作权的，当事人应当订立书面合同。

第二十一条 订立许可他人专有行使软件著作权的许可合同，或者订立转让软件著作权合同，可以向国务院著作权行政管理部门认定的软件登记机构登记。

第二十二条 中国公民、法人或者其他组织向外国人许可或者转让软件著作权的，应当遵守《中华人民共和国技术进出口管理条例》的有关规定。

第四章 法律责任

第二十三条 除《中华人民共和国著作权法》或者本条例另有规定外，有下列侵权行为的，应当根据情况，承担停止侵害、消除影响、赔礼道歉、赔偿损失等民事责任：

（一）未经软件著作权人许可，发表或者登记其软件的；

（二）将他人软件作为自己的软件发表或者登记的；

（三）未经合作者许可，将与他人合作开发的软件作为自己单独完成的软件发表或者登记的；

（四）在他人软件上署名或者更改他人软件上的署名的；

（五）未经软件著作权人许可，修改、翻译其软件的；

（六）其他侵犯软件著作权的行为。

第二十四条 除《中华人民共和国著作权法》、本条例或者其他法律、行政法规另有规定外，未经软件著作权人许可，有下列侵权行为的，应当根据情况，承担停止侵害、消除影响、赔礼道歉、赔偿损失等民事责任；同时损害社会公共利益的，由著作权行政管理部门责令停止侵权行为，没收违法所得，没收、销毁侵权复制品，可以并处罚款；情节严重的，著作权行政管理部门并可以没收主要用于制作侵权复制品的材料、工具、设备等；触犯刑律的，依照刑法关于侵犯著作权罪、销售侵权复制品罪的规定，依法追究刑事责任：

（一）复制或者部分复制著作权人的软件的；

（二）向公众发行、出租、通过信息网络传播著作权人的软件的；

（三）故意避开或者破坏著作权人为保护其软件著作权而采取的技术措施的；

（四）故意删除或者改变软件权利管理电子信息的；

（五）转让或者许可他人行使著作权人的软件著作权的。

有前款第一项或者第二项行为的，可以并处每件100元或者货值金额1倍以上5倍以下的罚款；有前款第三项、第四项或者第五项行为的，可以并处20万元以下的罚款。

第二十五条 侵犯软件著作权的赔偿数额，依照《中华人民共和国著作权法》第四十九条的规定确定。

第二十六条 软件著作权人有证据证明他人正在实施或者即将实施侵犯其权利的行为，如不及时制止，将会使其合法权益受到难以弥补的损害的，可以依照《中华人民共和国著作权法》第五十条的规定，在提起诉讼前向人民法院申请采取责令停止有关行为和财产保全的措施。

第二十七条 为了制止侵权行为，在证据可能灭失或者以后难以取得的情况下，软件著作权人可以依照《中华人民共和国著作权法》第五十一条的规定，在提起诉讼前向人民法院申请保全证据。

第二十八条 软件复制品的出版者、制作者不能证明其出版、制作有合法授权的，或者软件复制品的发行者、出租者不能证明其发行、出租的复制品有合法来源的，应当承担法律责任。

第二十九条 软件开发者开发的软件，由于可供选用的表达方式有限而与已经存在的软件相似的，不构成对已经存在的软件的著作权的侵犯。

第三十条 软件的复制品持有人不知道也没有合理理由应当知道该软件是侵权复制品的，不承担赔偿责任；但是，应当停止使用、销毁该侵权复制品。如果停止使用并销毁该侵权复制品将给复制品使用人造成重大损失的，复制品使用人可以在向软件著作权人支付合理费用后继续使用。

第三十一条 软件著作权侵权纠纷可以调解。

软件著作权合同纠纷可以依据合同中的仲裁条款或者事后达成的书面仲裁协议，向仲裁机构申请仲裁。

当事人没有在合同中订立仲裁条款，事后又没有书面仲裁协议的，可以直接向人民法院提起诉讼。

第五章 附 则

第三十二条 本条例施行前发生的侵权行为，依照侵权行为发生时的国家有关规定处理。

第三十三条 本条例自 2002 年 1 月 1 日起施行。1991 年 6 月 4 日国务院发布的《计算机软件保护条例》同时废止。

著作权集体管理条例

（2004 年 12 月 28 日中华人民共和国国务院令第 429 号公布　根据 2011 年 1 月 8 日《国务院关于废止和修改部分行政法规的决定》第一次修订　根据 2013 年 12 月 7 日《国务院关于修改部分行政法规的决定》第二次修订）

第一章 总 则

第一条 为了规范著作权集体管理活动，便于著作权人和与著作权有关的权利人（以下简称权利人）行使权利和使用者使用作品，根据《中华人民共和国著作权法》（以下简称著作权法）制定本条例。

第二条 本条例所称著作权集体管理，是指著作权集体管理组织经权利人授权，集中行使权利人的有关权利并以自己的名义进行的下列活动：

（一）与使用者订立著作权或者与著作权有关的权利许可使用合

同（以下简称许可使用合同）；

（二）向使用者收取使用费；

（三）向权利人转付使用费；

（四）进行涉及著作权或者与著作权有关的权利的诉讼、仲裁等。

第三条 本条例所称著作权集体管理组织，是指为权利人的利益依法设立，根据权利人授权、对权利人的著作权或者与著作权有关的权利进行集体管理的社会团体。

著作权集体管理组织应当依照有关社会团体登记管理的行政法规和本条例的规定进行登记并开展活动。

第四条 著作权法规定的表演权、放映权、广播权、出租权、信息网络传播权、复制权等权利人自己难以有效行使的权利，可以由著作权集体管理组织进行集体管理。

第五条 国务院著作权管理部门主管全国的著作权集体管理工作。

第六条 除依照本条例规定设立的著作权集体管理组织外，任何组织和个人不得从事著作权集体管理活动。

第二章 著作权集体管理组织的设立

第七条 依法享有著作权或者与著作权有关的权利的中国公民、法人或者其他组织，可以发起设立著作权集体管理组织。

设立著作权集体管理组织，应当具备下列条件：

（一）发起设立著作权集体管理组织的权利人不少于50人；

（二）不与已经依法登记的著作权集体管理组织的业务范围交叉、重合；

（三）能在全国范围代表相关权利人的利益；

（四）有著作权集体管理组织的章程草案、使用费收取标准草案和向权利人转付使用费的办法（以下简称使用费转付办法）草案。

第八条 著作权集体管理组织章程应当载明下列事项：

（一）名称、住所；

（二）设立宗旨；

（三）业务范围；

（四）组织机构及其职权；

（五）会员大会的最低人数；

（六）理事会的职责及理事会负责人的条件和产生、罢免的程序；

（七）管理费提取、使用办法；

（八）会员加入、退出著作权集体管理组织的条件、程序；

（九）章程的修改程序；

（十）著作权集体管理组织终止的条件、程序和终止后资产的处理。

第九条 申请设立著作权集体管理组织，应当向国务院著作权管理部门提交证明符合本条例第七条规定的条件的材料。国务院著作权管理部门应当自收到材料之日起60日内，作出批准或者不予批准的决定。批准的，发给著作权集体管理许可证；不予批准的，应当说明理由。

第十条 申请人应当自国务院著作权管理部门发给著作权集体管理许可证之日起30日内，依照有关社会团体登记管理的行政法规到国务院民政部门办理登记手续。

第十一条 依法登记的著作权集体管理组织，应当自国务院民政部门发给登记证书之日起30日内，将其登记证书副本报国务院著作权管理部门备案；国务院著作权管理部门应当将报备的登记证书副本以及著作权集体管理组织章程、使用费收取标准、使用费转付办法予以公告。

第十二条 著作权集体管理组织设立分支机构，应当经国务院著作权管理部门批准，并依照有关社会团体登记管理的行政法规到国务院民政部门办理登记手续。经依法登记的，应当将分支机构的登记证书副本报国务院著作权管理部门备案，由国务院著作权管理部门予以公告。

第十三条 著作权集体管理组织应当根据下列因素制定使用费收取标准：

（一）使用作品、录音录像制品等的时间、方式和地域范围；

（二）权利的种类；

（三）订立许可使用合同和收取使用费工作的繁简程度。

第十四条 著作权集体管理组织应当根据权利人的作品或者录音录像制品等使用情况制定使用费转付办法。

第十五条 著作权集体管理组织修改章程，应当依法经国务院民政部门核准后，由国务院著作权管理部门予以公告。

第十六条 著作权集体管理组织被依法撤销登记的，自被撤销登记之日起不得再进行著作权集体管理业务活动。

第三章 著作权集体管理组织的机构

第十七条 著作权集体管理组织会员大会（以下简称会员大会）为著作权集体管理组织的权力机构。

会员大会由理事会依照本条例规定负责召集。理事会应当于会员大会召开60日以前将会议的时间、地点和拟审议事项予以公告；出席会员大会的会员，应当于会议召开30日以前报名。报名出席会员大会的会员少于章程规定的最低人数时，理事会应当将会员大会报名情况予以公告，会员可以于会议召开5日以前补充报名，并由全部报名出席会员大会的会员举行会员大会。

会员大会行使下列职权：

（一）制定和修改章程；

（二）制定和修改使用费收取标准；

（三）制定和修改使用费转付办法；

（四）选举和罢免理事；

（五）审议批准理事会的工作报告和财务报告；

（六）制定内部管理制度；

（七）决定使用费转付方案和著作权集体管理组织提取管理费的比例；

（八）决定其他重大事项。

会员大会每年召开一次；经10%以上会员或者理事会提议，可以召开临时会员大会。会员大会作出决定，应当经出席会议的会员过半数表决通过。

第十八条 著作权集体管理组织设立理事会，对会员大会负责，执行会员大会决定。理事会成员不得少于9人。

理事会任期为4年，任期届满应当进行换届选举。因特殊情况可以提前或者延期换届，但是换届延期不得超过1年。

第四章　著作权集体管理活动

第十九条 权利人可以与著作权集体管理组织以书面形式订立著作权集体管理合同，授权该组织对其依法享有的著作权或者与著作权有关的权利进行管理。权利人符合章程规定加入条件的，著作权集体管理组织应当与其订立著作权集体管理合同，不得拒绝。

权利人与著作权集体管理组织订立著作权集体管理合同并按照章程规定履行相应手续后，即成为该著作权集体管理组织的会员。

第二十条 权利人与著作权集体管理组织订立著作权集体管理合同后，不得在合同约定期限内自己行使或者许可他人行使合同约定的由著作权集体管理组织行使的权利。

第二十一条 权利人可以依照章程规定的程序，退出著作权集体管理组织，终止著作权集体管理合同。但是，著作权集体管理组织已经与他人订立许可使用合同的，该合同在期限届满前继续有效；该合同有效期内，权利人有权获得相应的使用费并可以查阅有关业务材料。

第二十二条 外国人、无国籍人可以通过与中国的著作权集体管理组织订立相互代表协议的境外同类组织，授权中国的著作权集体管理组织管理其依法在中国境内享有的著作权或者与著作权有关的权利。

前款所称相互代表协议，是指中国的著作权集体管理组织与境外的同类组织相互授权对方在其所在国家或者地区进行集体管理活动的协议。

著作权集体管理组织与境外同类组织订立的相互代表协议应当报国务院著作权管理部门备案,由国务院著作权管理部门予以公告。

第二十三条 著作权集体管理组织许可他人使用其管理的作品、录音录像制品等,应当与使用者以书面形式订立许可使用合同。

著作权集体管理组织不得与使用者订立专有许可使用合同。

使用者以合理的条件要求与著作权集体管理组织订立许可使用合同,著作权集体管理组织不得拒绝。

许可使用合同的期限不得超过2年;合同期限届满可以续订。

第二十四条 著作权集体管理组织应当建立权利信息查询系统,供权利人和使用者查询。权利信息查询系统应当包括著作权集体管理组织管理的权利种类和作品、录音录像制品等的名称、权利人姓名或者名称、授权管理的期限。

权利人和使用者对著作权集体管理组织管理的权利的信息进行咨询时,该组织应当予以答复。

第二十五条 除著作权法第二十三条、第三十三条第二款、第四十条第三款、第四十三条第二款和第四十四条规定应当支付的使用费外,著作权集体管理组织应当根据国务院著作权管理部门公告的使用费收取标准,与使用者约定收取使用费的具体数额。

第二十六条 两个或者两个以上著作权集体管理组织就同一使用方式向同一使用者收取使用费,可以事先协商确定由其中一个著作权集体管理组织统一收取。统一收取的使用费在有关著作权集体管理组织之间经协商分配。

第二十七条 使用者向著作权集体管理组织支付使用费时,应当提供其使用的作品、录音录像制品等的名称、权利人姓名或者名称和使用的方式、数量、时间等有关使用情况;许可使用合同另有约定的除外。

使用者提供的有关使用情况涉及该使用者商业秘密的,著作权集体管理组织负有保密义务。

第二十八条 著作权集体管理组织可以从收取的使用费中提取一定比例作为管理费,用于维持其正常的业务活动。

著作权集体管理组织提取管理费的比例应当随着使用费收入的增加而逐步降低。

第二十九条 著作权集体管理组织收取的使用费，在提取管理费后，应当全部转付给权利人，不得挪作他用。

著作权集体管理组织转付使用费，应当编制使用费转付记录。使用费转付记录应当载明使用费总额、管理费数额、权利人姓名或者名称、作品或者录音录像制品等的名称、有关使用情况、向各权利人转付使用费的具体数额等事项，并应当保存10年以上。

第五章 对著作权集体管理组织的监督

第三十条 著作权集体管理组织应当依法建立财务、会计制度和资产管理制度，并按照国家有关规定设置会计账簿。

第三十一条 著作权集体管理组织的资产使用和财务管理受国务院著作权管理部门和民政部门的监督。

著作权集体管理组织应当在每个会计年度结束时制作财务会计报告，委托会计师事务所依法进行审计，并公布审计结果。

第三十二条 著作权集体管理组织应当对下列事项进行记录，供权利人和使用者查阅：

（一）作品许可使用情况；

（二）使用费收取和转付情况；

（三）管理费提取和使用情况。

权利人有权查阅、复制著作权集体管理组织的财务报告、工作报告和其他业务材料；著作权集体管理组织应当提供便利。

第三十三条 权利人认为著作权集体管理组织有下列情形之一的，可以向国务院著作权管理部门检举：

（一）权利人符合章程规定的加入条件要求加入著作权集体管理组织，或者会员依照章程规定的程序要求退出著作权集体管理组织，著作权集体管理组织拒绝的；

（二）著作权集体管理组织不按照规定收取、转付使用费，或者不按照规定提取、使用管理费的；

（三）权利人要求查阅本条例第三十二条规定的记录、业务材料，著作权集体管理组织拒绝提供的。

第三十四条 使用者认为著作权集体管理组织有下列情形之一的，可以向国务院著作权管理部门检举：

（一）著作权集体管理组织违反本条例第二十三条规定拒绝与使用者订立许可使用合同的；

（二）著作权集体管理组织未根据公告的使用费收取标准约定收取使用费的具体数额的；

（三）使用者要求查阅本条例第三十二条规定的记录，著作权集体管理组织拒绝提供的。

第三十五条 权利人和使用者以外的公民、法人或者其他组织认为著作权集体管理组织有违反本条例规定的行为的，可以向国务院著作权管理部门举报。

第三十六条 国务院著作权管理部门应当自接到检举、举报之日起60日内对检举、举报事项进行调查并依法处理。

第三十七条 国务院著作权管理部门可以采取下列方式对著作权集体管理组织进行监督，并应当对监督活动作出记录：

（一）检查著作权集体管理组织的业务活动是否符合本条例及其章程的规定；

（二）核查著作权集体管理组织的会计账簿、年度预算和决算报告及其他有关业务材料；

（三）派员列席著作权集体管理组织的会员大会、理事会等重要会议。

第三十八条 著作权集体管理组织应当依法接受国务院民政部门和其他有关部门的监督。

第六章　法　律　责　任

第三十九条 著作权集体管理组织有下列情形之一的，由国务院著作权管理部门责令限期改正：

（一）违反本条例第二十二条规定，未将与境外同类组织订立的相互代表协议报国务院著作权管理部门备案的；

（二）违反本条例第二十四条规定，未建立权利信息查询系统的；

（三）未根据公告的使用费收取标准约定收取使用费的具体数额的。

著作权集体管理组织超出业务范围管理权利人的权利的，由国务院著作权管理部门责令限期改正，其与使用者订立的许可使用合同无效；给权利人、使用者造成损害的，依法承担民事责任。

第四十条 著作权集体管理组织有下列情形之一的，由国务院著作权管理部门责令限期改正；逾期不改正的，责令会员大会或者理事会根据本条例规定的权限罢免或者解聘直接负责的主管人员：

（一）违反本条例第十九条规定拒绝与权利人订立著作权集体管理合同的，或者违反本条例第二十一条的规定拒绝会员退出该组织的要求的；

（二）违反本条例第二十三条规定，拒绝与使用者订立许可使用合同的；

（三）违反本条例第二十八条规定提取管理费的；

（四）违反本条例第二十九条规定转付使用费的；

（五）拒绝提供或者提供虚假的会计账簿、年度预算和决算报告或者其他有关业务材料的。

第四十一条 著作权集体管理组织自国务院民政部门发给登记证书之日起超过6个月无正当理由未开展著作权集体管理活动，或者连续中止著作权集体管理活动6个月以上的，由国务院著作权管理部门吊销其著作权集体管理许可证，并由国务院民政部门撤销登记。

第四十二条 著作权集体管理组织从事营利性经营活动的，由工商行政管理部门依法予以取缔，没收违法所得；构成犯罪的，依法追究刑事责任。

第四十三条 违反本条例第二十七条的规定，使用者能够提供有关使用情况而拒绝提供，或者在提供有关使用情况时弄虚作假的，由国务院著作权管理部门责令改正；著作权集体管理组织可以中止许可使用合同。

第四十四条 擅自设立著作权集体管理组织或者分支机构，或者擅自从事著作权集体管理活动的，由国务院著作权管理部门或者民政部门依照职责分工予以取缔，没收违法所得；构成犯罪的，依法追究刑事责任。

第四十五条 依照本条例规定从事著作权集体管理组织审批和监督工作的国家行政机关工作人员玩忽职守、滥用职权、徇私舞弊，构成犯罪的，依法追究刑事责任；尚不构成犯罪的，依法给予行政处分。

第七章 附 则

第四十六条 本条例施行前已经设立的著作权集体管理组织，应当自本条例生效之日起3个月内，将其章程、使用费收取标准、使用费转付办法及其他有关材料报国务院著作权管理部门审核，并将其与境外同类组织订立的相互代表协议报国务院著作权管理部门备案。

第四十七条 依照著作权法第二十三条、第三十三条第二款、第四十条第三款的规定使用他人作品，未能依照《中华人民共和国著作权法实施条例》第三十二条的规定向权利人支付使用费的，应当将使用费连同邮资以及使用作品的有关情况送交管理相关权利的著作权集体管理组织，由该著作权集体管理组织将使用费转付给权利人。

负责转付使用费的著作权集体管理组织应当建立作品使用情况查询系统，供权利人、使用者查询。

负责转付使用费的著作权集体管理组织可以从其收到的使用费中提取管理费，管理费按照会员大会决定的该集体管理组织管理费

49

的比例减半提取。除管理费外，该著作权集体管理组织不得从其收到的使用费中提取其他任何费用。

第四十八条　本条例自2005年3月1日起施行。

信息网络传播权保护条例

（2006年5月18日中华人民共和国国务院令第468号公布　根据2013年1月30日《国务院关于修改〈信息网络传播权保护条例〉的决定》修订）

第一条　为保护著作权人、表演者、录音录像制作者（以下统称权利人）的信息网络传播权，鼓励有益于社会主义精神文明、物质文明建设的作品的创作和传播，根据《中华人民共和国著作权法》（以下简称著作权法），制定本条例。

第二条　权利人享有的信息网络传播权受著作权法和本条例保护。除法律、行政法规另有规定的外，任何组织或者个人将他人的作品、表演、录音录像制品通过信息网络向公众提供，应当取得权利人许可，并支付报酬。

第三条　依法禁止提供的作品、表演、录音录像制品，不受本条例保护。

权利人行使信息网络传播权，不得违反宪法和法律、行政法规，不得损害公共利益。

第四条　为了保护信息网络传播权，权利人可以采取技术措施。

任何组织或者个人不得故意避开或者破坏技术措施，不得故意制造、进口或者向公众提供主要用于避开或者破坏技术措施的装置或者部件，不得故意为他人避开或者破坏技术措施提供技术服务。但是，法律、行政法规规定可以避开的除外。

第五条　未经权利人许可，任何组织或者个人不得进行下列行为：

(一) 故意删除或者改变通过信息网络向公众提供的作品、表演、录音录像制品的权利管理电子信息，但由于技术上的原因无法避免删除或者改变的除外；

(二) 通过信息网络向公众提供明知或者应知未经权利人许可被删除或者改变权利管理电子信息的作品、表演、录音录像制品。

第六条 通过信息网络提供他人作品，属于下列情形的，可以不经著作权人许可，不向其支付报酬：

(一) 为介绍、评论某一作品或者说明某一问题，在向公众提供的作品中适当引用已经发表的作品；

(二) 为报道时事新闻，在向公众提供的作品中不可避免地再现或者引用已经发表的作品；

(三) 为学校课堂教学或者科学研究，向少数教学、科研人员提供少量已经发表的作品；

(四) 国家机关为执行公务，在合理范围内向公众提供已经发表的作品；

(五) 将中国公民、法人或者其他组织已经发表的、以汉语言文字创作的作品翻译成的少数民族语言文字作品，向中国境内少数民族提供；

(六) 不以营利为目的，以盲人能够感知的独特方式向盲人提供已经发表的文字作品；

(七) 向公众提供在信息网络上已经发表的关于政治、经济问题的时事性文章；

(八) 向公众提供在公众集会上发表的讲话。

第七条 图书馆、档案馆、纪念馆、博物馆、美术馆等可以不经著作权人许可，通过信息网络向本馆馆舍内服务对象提供本馆收藏的合法出版的数字作品和依法为陈列或者保存版本的需要以数字化形式复制的作品，不向其支付报酬，但不得直接或者间接获得经济利益。当事人另有约定的除外。

前款规定的为陈列或者保存版本需要以数字化形式复制的作品，应当是已经损毁或者濒临损毁、丢失或者失窃，或者其存储格式已经过时,并且在市场上无法购买或者只能以明显高于标定的价格购买的作品。

第八条 为通过信息网络实施九年制义务教育或者国家教育规划,可以不经著作权人许可,使用其已经发表作品的片断或者短小的文字作品、音乐作品或者单幅的美术作品、摄影作品制作课件,由制作课件或者依法取得课件的远程教育机构通过信息网络向注册学生提供,但应当向著作权人支付报酬。

第九条 为扶助贫困,通过信息网络向农村地区的公众免费提供中国公民、法人或者其他组织已经发表的种植养殖、防病治病、防灾减灾等与扶助贫困有关的作品和适应基本文化需求的作品,网络服务提供者应当在提供前公告拟提供的作品及其作者、拟支付报酬的标准。自公告之日起30日内,著作权人不同意提供的,网络服务提供者不得提供其作品;自公告之日起满30日,著作权人没有异议的,网络服务提供者可以提供其作品,并按照公告的标准向著作权人支付报酬。网络服务提供者提供著作权人的作品后,著作权人不同意提供的,网络服务提供者应当立即删除著作权人的作品,并按照公告的标准向著作权人支付提供作品期间的报酬。

依照前款规定提供作品的,不得直接或者间接获得经济利益。

第十条 依照本条例规定不经著作权人许可、通过信息网络向公众提供其作品的,还应当遵守下列规定:

(一)除本条例第六条第一项至第六项、第七条规定的情形外,不得提供作者事先声明不许提供的作品;

(二)指明作品的名称和作者的姓名(名称);

(三)依照本条例规定支付报酬;

(四)采取技术措施,防止本条例第七条、第八条、第九条规定的服务对象以外的其他人获得著作权人的作品,并防止本条例第七条规定的服务对象的复制行为对著作权人利益造成实质性损害;

(五)不得侵犯著作权人依法享有的其他权利。

第十一条 通过信息网络提供他人表演、录音录像制品的,应当遵守本条例第六条至第十条的规定。

第十二条　属于下列情形的，可以避开技术措施，但不得向他人提供避开技术措施的技术、装置或者部件，不得侵犯权利人依法享有的其他权利：

（一）为学校课堂教学或者科学研究，通过信息网络向少数教学、科研人员提供已经发表的作品、表演、录音录像制品，而该作品、表演、录音录像制品只能通过信息网络获取；

（二）不以营利为目的，通过信息网络以盲人能够感知的独特方式向盲人提供已经发表的文字作品，而该作品只能通过信息网络获取；

（三）国家机关依照行政、司法程序执行公务；

（四）在信息网络上对计算机及其系统或者网络的安全性能进行测试。

第十三条　著作权行政管理部门为了查处侵犯信息网络传播权的行为，可以要求网络服务提供者提供涉嫌侵权的服务对象的姓名（名称）、联系方式、网络地址等资料。

第十四条　对提供信息存储空间或者提供搜索、链接服务的网络服务提供者，权利人认为其服务所涉及的作品、表演、录音录像制品，侵犯自己的信息网络传播权或者被删除、改变了自己的权利管理电子信息的，可以向该网络服务提供者提交书面通知，要求网络服务提供者删除该作品、表演、录音录像制品，或者断开与该作品、表演、录音录像制品的链接。通知书应当包含下列内容：

（一）权利人的姓名（名称）、联系方式和地址；

（二）要求删除或者断开链接的侵权作品、表演、录音录像制品的名称和网络地址；

（三）构成侵权的初步证明材料。

权利人应当对通知书的真实性负责。

第十五条　网络服务提供者接到权利人的通知书后，应当立即删除涉嫌侵权的作品、表演、录音录像制品，或者断开与涉嫌侵权的作品、表演、录音录像制品的链接，并同时将通知书转送提供作品、表演、录音录像制品的服务对象；服务对象网络地址不明、无法转送的，应当将通知书的内容同时在信息网络上公告。

第十六条 服务对象接到网络服务提供者转送的通知书后，认为其提供的作品、表演、录音录像制品未侵犯他人权利的，可以向网络服务提供者提交书面说明，要求恢复被删除的作品、表演、录音录像制品，或者恢复与被断开的作品、表演、录音录像制品的链接。书面说明应当包含下列内容：

（一）服务对象的姓名（名称）、联系方式和地址；

（二）要求恢复的作品、表演、录音录像制品的名称和网络地址；

（三）不构成侵权的初步证明材料。

服务对象应当对书面说明的真实性负责。

第十七条 网络服务提供者接到服务对象的书面说明后，应当立即恢复被删除的作品、表演、录音录像制品，或者可以恢复与被断开的作品、表演、录音录像制品的链接，同时将服务对象的书面说明转送权利人。权利人不得再通知网络服务提供者删除该作品、表演、录音录像制品，或者断开与该作品、表演、录音录像制品的链接。

第十八条 违反本条例规定，有下列侵权行为之一的，根据情况承担停止侵害、消除影响、赔礼道歉、赔偿损失等民事责任；同时损害公共利益的，可以由著作权行政管理部门责令停止侵权行为，没收违法所得，非法经营额5万元以上的，可处非法经营额1倍以上5倍以下的罚款；没有非法经营额或者非法经营额5万元以下的，根据情节轻重，可处25万元以下的罚款；情节严重的，著作权行政管理部门可以没收主要用于提供网络服务的计算机等设备；构成犯罪的，依法追究刑事责任：

（一）通过信息网络擅自向公众提供他人的作品、表演、录音录像制品的；

（二）故意避开或者破坏技术措施的；

（三）故意删除或者改变通过信息网络向公众提供的作品、表演、录音录像制品的权利管理电子信息，或者通过信息网络向公众提供明知或者应知未经权利人许可而被删除或者改变权利管理电子信息的作品、表演、录音录像制品的；

（四）为扶助贫困通过信息网络向农村地区提供作品、表演、录音录像制品超过规定范围，或者未按照公告的标准支付报酬，或者在权利人不同意提供其作品、表演、录音录像制品后未立即删除的；

（五）通过信息网络提供他人的作品、表演、录音录像制品，未指明作品、表演、录音录像制品的名称或者作者、表演者、录音录像制作者的姓名（名称），或者未支付报酬，或者未依照本条例规定采取技术措施防止服务对象以外的其他人获得他人的作品、表演、录音录像制品，或者未防止服务对象的复制行为对权利人利益造成实质性损害的。

第十九条 违反本条例规定，有下列行为之一的，由著作权行政管理部门予以警告，没收违法所得，没收主要用于避开、破坏技术措施的装置或者部件；情节严重的，可以没收主要用于提供网络服务的计算机等设备；非法经营额5万元以上的，可处非法经营额1倍以上5倍以下的罚款；没有非法经营额或者非法经营额5万元以下的，根据情节轻重，可处25万元以下的罚款；构成犯罪的，依法追究刑事责任：

（一）故意制造、进口或者向他人提供主要用于避开、破坏技术措施的装置或者部件，或者故意为他人避开或者破坏技术措施提供技术服务的；

（二）通过信息网络提供他人的作品、表演、录音录像制品，获得经济利益的；

（三）为扶助贫困通过信息网络向农村地区提供作品、表演、录音录像制品，未在提供前公告作品、表演、录音录像制品的名称和作者、表演者、录音录像制作者的姓名（名称）以及报酬标准的。

第二十条 网络服务提供者根据服务对象的指令提供网络自动接入服务，或者对服务对象提供的作品、表演、录音录像制品提供自动传输服务，并具备下列条件的，不承担赔偿责任：

（一）未选择并且未改变所传输的作品、表演、录音录像制品；

（二）向指定的服务对象提供该作品、表演、录音录像制品，并防止指定的服务对象以外的其他人获得。

第二十一条 网络服务提供者为提高网络传输效率，自动存储从其他网络服务提供者获得的作品、表演、录音录像制品，根据技术安排自动向服务对象提供，并具备下列条件的，不承担赔偿责任：

（一）未改变自动存储的作品、表演、录音录像制品；

（二）不影响提供作品、表演、录音录像制品的原网络服务提供者掌握服务对象获取该作品、表演、录音录像制品的情况；

（三）在原网络服务提供者修改、删除或者屏蔽该作品、表演、录音录像制品时，根据技术安排自动予以修改、删除或者屏蔽。

第二十二条 网络服务提供者为服务对象提供信息存储空间，供服务对象通过信息网络向公众提供作品、表演、录音录像制品，并具备下列条件的，不承担赔偿责任：

（一）明确标示该信息存储空间是为服务对象所提供，并公开网络服务提供者的名称、联系人、网络地址；

（二）未改变服务对象所提供的作品、表演、录音录像制品；

（三）不知道也没有合理的理由应当知道服务对象提供的作品、表演、录音录像制品侵权；

（四）未从服务对象提供作品、表演、录音录像制品中直接获得经济利益；

（五）在接到权利人的通知书后，根据本条例规定删除权利人认为侵权的作品、表演、录音录像制品。

第二十三条 网络服务提供者为服务对象提供搜索或者链接服务，在接到权利人的通知书后，根据本条例规定断开与侵权的作品、表演、录音录像制品的链接的，不承担赔偿责任；但是，明知或者应知所链接的作品、表演、录音录像制品侵权的，应当承担共同侵权责任。

第二十四条 因权利人的通知导致网络服务提供者错误删除作

品、表演、录音录像制品，或者错误断开与作品、表演、录音录像制品的链接，给服务对象造成损失的，权利人应当承担赔偿责任。

第二十五条 网络服务提供者无正当理由拒绝提供或者拖延提供涉嫌侵权的服务对象的姓名（名称）、联系方式、网络地址等资料的，由著作权行政管理部门予以警告；情节严重的，没收主要用于提供网络服务的计算机等设备。

第二十六条 本条例下列用语的含义：

信息网络传播权，是指以有线或者无线方式向公众提供作品、表演或者录音录像制品，使公众可以在其个人选定的时间和地点获得作品、表演或者录音录像制品的权利。

技术措施，是指用于防止、限制未经权利人许可浏览、欣赏作品、表演、录音录像制品的或者通过信息网络向公众提供作品、表演、录音录像制品的有效技术、装置或者部件。

权利管理电子信息，是指说明作品及其作者、表演及其表演者、录音录像制品及其制作者的信息，作品、表演、录音录像制品权利人的信息和使用条件的信息，以及表示上述信息的数字或者代码。

第二十七条 本条例自2006年7月1日起施行。

最高人民法院关于审理侵害信息网络传播权民事纠纷案件适用法律若干问题的规定

(2012年11月26日最高人民法院审判委员会第1561次会议通过 根据2020年12月23日最高人民法院审判委员会第1823次会议通过的《最高人民法院关于修改〈最高人民法院关于审理侵犯专利权纠纷案件应用法律若干问题的解释(二)〉等十八件知识产权类司法解释的决定》修正 2020年12月29日最高人民法院公告公布 自2021年1月1日起施行 法释〔2020〕19号)

为正确审理侵害信息网络传播权民事纠纷案件,依法保护信息网络传播权,促进信息网络产业健康发展,维护公共利益,根据《中华人民共和国民法典》《中华人民共和国著作权法》《中华人民共和国民事诉讼法》等有关法律规定,结合审判实际,制定本规定。

第一条 人民法院审理侵害信息网络传播权民事纠纷案件,在依法行使裁量权时,应当兼顾权利人、网络服务提供者和社会公众的利益。

第二条 本规定所称信息网络,包括以计算机、电视机、固定电话机、移动电话机等电子设备为终端的计算机互联网、广播电视网、固定通信网、移动通信网等信息网络,以及向公众开放的局域网络。

第三条 网络用户、网络服务提供者未经许可,通过信息网络提供权利人享有信息网络传播权的作品、表演、录音录像制品,除法律、行政法规另有规定外,人民法院应当认定其构成侵害信息网络传播权行为。

通过上传到网络服务器、设置共享文件或者利用文件分享软件等方式，将作品、表演、录音录像制品置于信息网络中，使公众能够在个人选定的时间和地点以下载、浏览或者其他方式获得的，人民法院应当认定其实施了前款规定的提供行为。

第四条 有证据证明网络服务提供者与他人以分工合作等方式共同提供作品、表演、录音录像制品，构成共同侵权行为的，人民法院应当判令其承担连带责任。网络服务提供者能够证明其仅提供自动接入、自动传输、信息存储空间、搜索、链接、文件分享技术等网络服务，主张其不构成共同侵权行为的，人民法院应予支持。

第五条 网络服务提供者以提供网页快照、缩略图等方式实质替代其他网络服务提供者向公众提供相关作品的，人民法院应当认定其构成提供行为。

前款规定的提供行为不影响相关作品的正常使用，且未不合理损害权利人对该作品的合法权益，网络服务提供者主张其未侵害信息网络传播权的，人民法院应予支持。

第六条 原告有初步证据证明网络服务提供者提供了相关作品、表演、录音录像制品，但网络服务提供者能够证明其仅提供网络服务，且无过错的，人民法院不应认定为构成侵权。

第七条 网络服务提供者在提供网络服务时教唆或者帮助网络用户实施侵害信息网络传播权行为的，人民法院应当判令其承担侵权责任。

网络服务提供者以言语、推介技术支持、奖励积分等方式诱导、鼓励网络用户实施侵害信息网络传播权行为的，人民法院应当认定其构成教唆侵权行为。

网络服务提供者明知或者应知网络用户利用网络服务侵害信息网络传播权，未采取删除、屏蔽、断开链接等必要措施，或者提供技术支持等帮助行为的，人民法院应当认定其构成帮助侵权行为。

第八条 人民法院应当根据网络服务提供者的过错，确定其是否承担教唆、帮助侵权责任。网络服务提供者的过错包括对于网络用户侵害信息网络传播权行为的明知或者应知。

网络服务提供者未对网络用户侵害信息网络传播权的行为主动进行审查的，人民法院不应据此认定其具有过错。

网络服务提供者能够证明已采取合理、有效的技术措施，仍难以发现网络用户侵害信息网络传播权行为的，人民法院应当认定其不具有过错。

第九条 人民法院应当根据网络用户侵害信息网络传播权的具体事实是否明显，综合考虑以下因素，认定网络服务提供者是否构成应知：

（一）基于网络服务提供者提供服务的性质、方式及其引发侵权的可能性大小，应当具备的管理信息的能力；

（二）传播的作品、表演、录音录像制品的类型、知名度及侵权信息的明显程度；

（三）网络服务提供者是否主动对作品、表演、录音录像制品进行了选择、编辑、修改、推荐等；

（四）网络服务提供者是否积极采取了预防侵权的合理措施；

（五）网络服务提供者是否设置便捷程序接收侵权通知并及时对侵权通知作出合理的反应；

（六）网络服务提供者是否针对同一网络用户的重复侵权行为采取了相应的合理措施；

（七）其他相关因素。

第十条 网络服务提供者在提供网络服务时，对热播影视作品等以设置榜单、目录、索引、描述性段落、内容简介等方式进行推荐，且公众可以在其网页上直接以下载、浏览或者其他方式获得的，人民法院可以认定其应知网络用户侵害信息网络传播权。

第十一条 网络服务提供者从网络用户提供的作品、表演、录音录像制品中直接获得经济利益的，人民法院应当认定其对该网络用户侵害信息网络传播权的行为负有较高的注意义务。

网络服务提供者针对特定作品、表演、录音录像制品投放广告获取收益，或者获取与其传播的作品、表演、录音录像制品存在其他特定联系的经济利益，应当认定为前款规定的直接获得经济利益。

网络服务提供者因提供网络服务而收取一般性广告费、服务费等，不属于本款规定的情形。

第十二条 有下列情形之一的，人民法院可以根据案件具体情况，认定提供信息存储空间服务的网络服务提供者应知网络用户侵害信息网络传播权：

（一）将热播影视作品等置于首页或者其他主要页面等能够为网络服务提供者明显感知的位置的；

（二）对热播影视作品等的主题、内容主动进行选择、编辑、整理、推荐，或者为其设立专门的排行榜的；

（三）其他可以明显感知相关作品、表演、录音录像制品为未经许可提供，仍未采取合理措施的情形。

第十三条 网络服务提供者接到权利人以书信、传真、电子邮件等方式提交的通知及构成侵权的初步证据，未及时根据初步证据和服务类型采取必要措施的，人民法院应当认定其明知相关侵害信息网络传播权行为。

第十四条 人民法院认定网络服务提供者转送通知、采取必要措施是否及时，应当根据权利人提交通知的形式，通知的准确程度，采取措施的难易程度，网络服务的性质，所涉作品、表演、录音录像制品的类型、知名度、数量等因素综合判断。

第十五条 侵害信息网络传播权民事纠纷案件由侵权行为地或者被告住所地人民法院管辖。侵权行为地包括实施被诉侵权行为的网络服务器、计算机终端等设备所在地。侵权行为地和被告住所地均难以确定或者在境外的，原告发现侵权内容的计算机终端等设备所在地可以视为侵权行为地。

第十六条 本规定施行之日起，《最高人民法院关于审理涉及计算机网络著作权纠纷案件适用法律若干问题的解释》（法释〔2006〕11号）同时废止。

本规定施行之后尚未终审的侵害信息网络传播权民事纠纷案件，适用本规定。本规定施行前已经终审，当事人申请再审或者按照审判监督程序决定再审的，不适用本规定。

最高人民法院关于审理著作权民事纠纷案件适用法律若干问题的解释

（2002年10月12日最高人民法院审判委员会第1246次会议通过 根据2020年12月23日最高人民法院审判委员会第1823次会议通过的《最高人民法院关于修改〈最高人民法院关于审理侵犯专利权纠纷案件应用法律若干问题的解释（二）〉等十八件知识产权类司法解释的决定》修正 2020年12月29日最高人民法院公告公布 自2021年1月1日起施行 法释〔2020〕19号）

为了正确审理著作权民事纠纷案件，根据《中华人民共和国民法典》《中华人民共和国著作权法》《中华人民共和国民事诉讼法》等法律的规定，就适用法律若干问题解释如下：

第一条 人民法院受理以下著作权民事纠纷案件：

（一）著作权及与著作权有关权益权属、侵权、合同纠纷案件；

（二）申请诉前停止侵害著作权、与著作权有关权益行为，申请诉前财产保全、诉前证据保全案件；

（三）其他著作权、与著作权有关权益纠纷案件。

第二条 著作权民事纠纷案件，由中级以上人民法院管辖。

各高级人民法院根据本辖区的实际情况，可以报请最高人民法院批准，由若干基层人民法院管辖第一审著作权民事纠纷案件。

第三条 对著作权行政管理部门查处的侵害著作权行为，当事人向人民法院提起诉讼追究该行为人民事责任的，人民法院应当受理。

人民法院审理已经过著作权行政管理部门处理的侵害著作权行

为的民事纠纷案件，应当对案件事实进行全面审查。

第四条 因侵害著作权行为提起的民事诉讼，由著作权法第四十七条、第四十八条所规定侵权行为的实施地、侵权复制品储藏地或者查封扣押地、被告住所地人民法院管辖。

前款规定的侵权复制品储藏地，是指大量或者经常性储存、隐匿侵权复制品所在地；查封扣押地，是指海关、版权等行政机关依法查封、扣押侵权复制品所在地。

第五条 对涉及不同侵权行为实施地的多个被告提起的共同诉讼，原告可以选择向其中一个被告的侵权行为实施地人民法院提起诉讼；仅对其中某一被告提起的诉讼，该被告侵权行为实施地的人民法院有管辖权。

第六条 依法成立的著作权集体管理组织，根据著作权人的书面授权，以自己的名义提起诉讼，人民法院应当受理。

第七条 当事人提供的涉及著作权的底稿、原件、合法出版物、著作权登记证书、认证机构出具的证明、取得权利的合同等，可以作为证据。

在作品或者制品上署名的自然人、法人或者非法人组织视为著作权、与著作权有关权益的权利人，但有相反证明的除外。

第八条 当事人自行或者委托他人以定购、现场交易等方式购买侵权复制品而取得的实物、发票等，可以作为证据。

公证人员在未向涉嫌侵权的一方当事人表明身份的情况下，如实对另一方当事人按照前款规定的方式取得的证据和取证过程出具的公证书，应当作为证据使用，但有相反证据的除外。

第九条 著作权法第十条第（一）项规定的"公之于众"，是指著作权人自行或者经著作权人许可将作品向不特定的人公开，但不以公众知晓为构成条件。

第十条 著作权法第十五条第二款所指的作品，著作权人是自然人的，其保护期适用著作权法第二十一条第一款的规定；著作权人是法人或非法人组织的，其保护期适用著作权法第二十一条第二款的规定。

第十一条　因作品署名顺序发生的纠纷，人民法院按照下列原则处理：有约定的按约定确定署名顺序；没有约定的，可以按照创作作品付出的劳动、作品排列、作者姓氏笔画等确定署名顺序。

第十二条　按照著作权法第十七条规定委托作品著作权属于受托人的情形，委托人在约定的使用范围内享有使用作品的权利；双方没有约定使用作品范围的，委托人可以在委托创作的特定目的范围内免费使用该作品。

第十三条　除著作权法第十一条第三款规定的情形外，由他人执笔，本人审阅定稿并以本人名义发表的报告、讲话等作品，著作权归报告人或者讲话人享有。著作权人可以支付执笔人适当的报酬。

第十四条　当事人合意以特定人物经历为题材完成的自传体作品，当事人对著作权权属有约定的，依其约定；没有约定的，著作权归该特定人物享有，执笔人或整理人对作品完成付出劳动的，著作权人可以向其支付适当的报酬。

第十五条　由不同作者就同一题材创作的作品，作品的表达系独立完成并且有创作性的，应当认定作者各自享有独立著作权。

第十六条　通过大众传播媒介传播的单纯事实消息属于著作权法第五条第（二）项规定的时事新闻。传播报道他人采编的时事新闻，应当注明出处。

第十七条　著作权法第三十三条第二款规定的转载，是指报纸、期刊登载其他报刊已发表作品的行为。转载未注明被转载作品的作者和最初登载的报刊出处的，应当承担消除影响、赔礼道歉等民事责任。

第十八条　著作权法第二十二条第（十）项规定的室外公共场所的艺术作品，是指设置或者陈列在室外社会公众活动处所的雕塑、绘画、书法等艺术作品。

对前款规定艺术作品的临摹、绘画、摄影、录像人，可以对其成果以合理的方式和范围再行使用，不构成侵权。

第十九条　出版者、制作者应当对其出版、制作有合法授权承担举证责任，发行者、出租者应当对其发行或者出租的复制品有合法来源承担举证责任。举证不能的，依据著作权法第四十七条、第四十八条的相应规定承担法律责任。

第二十条 出版物侵害他人著作权的，出版者应当根据其过错、侵权程度及损害后果等承担赔偿损失的责任。

出版者对其出版行为的授权、稿件来源和署名、所编辑出版物的内容等未尽到合理注意义务的，依据著作权法第四十九条的规定，承担赔偿损失的责任。

出版者应对其已尽合理注意义务承担举证责任。

第二十一条 计算机软件用户未经许可或者超过许可范围商业使用计算机软件的，依据著作权法第四十八条第（一）项、《计算机软件保护条例》第二十四条第（一）项的规定承担民事责任。

第二十二条 著作权转让合同未采取书面形式的，人民法院依据民法典第四百九十条的规定审查合同是否成立。

第二十三条 出版者将著作权人交付出版的作品丢失、毁损致使出版合同不能履行的，著作权人有权依据民法典第一百八十六条、第二百三十八条、第一千一百八十四条等规定要求出版者承担相应的民事责任。

第二十四条 权利人的实际损失，可以根据权利人因侵权所造成复制品发行减少量或者侵权复制品销售量与权利人发行该复制品单位利润乘积计算。发行减少量难以确定的，按照侵权复制品市场销售量确定。

第二十五条 权利人的实际损失或者侵权人的违法所得无法确定的，人民法院根据当事人的请求或者依职权适用著作权法第四十九条第二款的规定确定赔偿数额。

人民法院在确定赔偿数额时，应当考虑作品类型、合理使用费、侵权行为性质、后果等情节综合确定。

当事人按照本条第一款的规定就赔偿数额达成协议的，应当准许。

第二十六条 著作权法第四十九条第一款规定的制止侵权行为

所支付的合理开支，包括权利人或者委托代理人对侵权行为进行调查、取证的合理费用。

人民法院根据当事人的诉讼请求和具体案情，可以将符合国家有关部门规定的律师费用计算在赔偿范围内。

第二十七条　侵害著作权的诉讼时效为三年，自著作权人知道或者应当知道权利受到损害以及义务人之日起计算。权利人超过三年起诉的，如果侵权行为在起诉时仍在持续，在该著作权保护期内，人民法院应当判决被告停止侵权行为；侵权损害赔偿数额应当自权利人向人民法院起诉之日起向前推算三年计算。

第二十八条　人民法院采取保全措施的，依据民事诉讼法及《最高人民法院关于审查知识产权纠纷行为保全案件适用法律若干问题的规定》的有关规定办理。

第二十九条　除本解释另行规定外，人民法院受理的著作权民事纠纷案件，涉及著作权法修改前发生的民事行为的，适用修改前著作权法的规定；涉及著作权法修改以后发生的民事行为的，适用修改后著作权法的规定；涉及著作权法修改前发生，持续到著作权法修改后的民事行为的，适用修改后著作权法的规定。

第三十条　以前的有关规定与本解释不一致的，以本解释为准。

中华人民共和国专利法

（1984年3月12日第六届全国人民代表大会常务委员会第四次会议通过 根据1992年9月4日第七届全国人民代表大会常务委员会第二十七次会议《关于修改〈中华人民共和国专利法〉的决定》第一次修正 根据2000年8月25日第九届全国人民代表大会常务委员会第十七次会议《关于修改〈中华人民共和国专利法〉的决定》第二次修正 根据2008年12月27日第十一届全国人民代表大会常务委员会第六次会议《关于修改〈中华人民共和国专利法〉的决定》第三次修正 根据2020年10月17日第十三届全国人民代表大会常务委员会第二十二次会议《关于修改〈中华人民共和国专利法〉的决定》第四次修正）

第一章 总 则

第一条 【立法目的】 为了保护专利权人的合法权益，鼓励发明创造，推动发明创造的应用，提高创新能力，促进科学技术进步和经济社会发展，制定本法。

> **注释** 所谓专利权，是指依照专利法的规定，权利人对其获得专利的发明创造（发明、实用新型或外观设计），在法定期限内所享有的独占权或专有权。专利权具有以下特征：（1）专有性或独占性。专利权人对其获得专利的发明创造，享有专有或独占的权利。除法律另有规定外，未经专利权人的许可，任何人不得为生产经营目的制造、使用、许诺销售、销售、进口其专利产品，或者使用其专利方法以及使用、许诺销售、销售、进口依照该专利方法直接获得的产品。否则，就构成对他人专利权的侵犯，应依法承担侵权的法律责任。（2）地域性。在某一国家依照该国专利法取得的专利权，仅在该国法律管辖的范围内有效，受该国法律的保护，在其他

国家没有法律约束力，不能得到他国的保护。要想在其他国家也得到专利保护，必须依照该国的法律向该国申请专利，取得该国的专利权。(3) 时间性。专利权仅在法律规定的期限内有效。一旦期限届满或者因出现法律规定的提前终止事由而被公告终止，专利权人对其发明创造享有的专有权即行消灭，该项发明创造即成为社会公共财产，任何人均可无偿利用。(4) 法定授权性。专利权不是基于发明创造的事实自动产生的，而是由国家专利主管机关依法批准授予的。发明人或者设计人须向法定的国家专利主管机关提出申请，经专利主管机关依法审查合格后，授予其专利权。

第二条　【发明创造范围】本法所称的发明创造是指发明、实用新型和外观设计。

发明，是指对产品、方法或者其改进所提出的新的技术方案。

实用新型，是指对产品的形状、构造或者其结合所提出的适于实用的新的技术方案。

外观设计，是指对产品的整体或者局部的形状、图案或者其结合以及色彩与形状、图案的结合所作出的富有美感并适于工业应用的新设计。

注释　1. 发明专利可分为产品发明和方法发明两大类：(1) 产品发明。指经过人们智力劳动创造出来的各种制成品或者产品。这些产品是自然界中从未有过的，靠发明人的创造性劳动才得以出现，例如机器、仪器、设备、装置、用具和各种物质等。这种发明可以是一种独立的产品，也可以是一种产品的一个部件。(2) 方法发明。是指把一个对象或者某一种物质改变为另一种对象或者物质所利用的手段，以使它们在质量上产生新改变或者成为另一种物质或者物品。也就是指系统地作用于一个物品或者物质，使之发生新的质变成为另一种物品或者物质的发明。这种方法发明可以是机械方法发明，如能量传递方法的发明；可以是化学方法发明，如通过分子内部的转化获得新物质的方法发明；可以是生物方法发明，如培养微生物方法的发明，还可以是其他方法的发明，如操作方法、通信方法、测试与计量方法等等。制造产品的方法，可以是制造的全过程，也可以只是其中的一部分过程。产品的新用途可以归入产品发明，也可以归入方法发明。方法的新用途，则归入方法发明。方法发明的情况比较复杂，有些方法是根据人们的推理，属智力或者精神活动的方法，不是利用自然规律作出的成果，就不是专利法上所说的发明，也就不受专利法保护。

2. 实用新型，实质上是发明的一种，只是实用新型较之发明，其创造性水平低一些，因而人们也把它称之为"小发明"，把取得专利权的实用新型称之为"小专利"。同时，实用新型较发明保护的范围也要窄一些，对一些技术领域不进行保护，如工艺方法，化学物质方法，特别是没有固定形态的物质，如气体、液体、粉、面等的革新，因为这些物质不像一个模型那样，具有空间的形状，活动的固体特征。而且，实用新型也不包括动植物新品种。实用新型和发明虽然都是科学技术上的发明创造，是一种技术方案，但是二者又有着区别，主要表现为：（1）保护对象不同。发明专利把各种技术思想都作为保护对象，对于符合要求的各种产品和方法都可以授予发明专利；而实用新型专利只适用于"产品的形状、构造或者其结合所提出的适于实用的新的技术方案"，即实用新型只适用于产品，不适用于工艺方法，且产品还必须具有一定的形状、构造。（2）对发明和实用新型的要求不同。专利法要求发明的创造性水平较高些，要求实用新型的创造性水平低些。对发明要求与现有技术相比有突出的实质性特点和显著进步，而对实用新型只要求与现有技术相比有实质性特点和进步就行了。（3）审批程序不同。对发明专利申请实行延迟的实质审查制度，而对实用新型申请则不进行实质审查。（4）保护期限不同。实用新型专利的保护期较发明专利短。实用新型专利权的保护期为10年，发明专利权的保护期为20年。相比之下，后者比前者长1倍。法律之所以这样规定，主要是从实用新型的研究创造的难度和发挥效益的时间来衡量、决定的。

3. 外观设计不同于发明和实用新型。发明和实用新型都是技术上的解决方案，或者涉及产品，或者涉及制造方法；外观设计则是工业产品整体或者局部具有装饰性的或者艺术性的外表。

第三条 【专利管理部门】国务院专利行政部门负责管理全国的专利工作；统一受理和审查专利申请，依法授予专利权。

省、自治区、直辖市人民政府管理专利工作的部门负责本行政区域内的专利管理工作。

第四条 【保密处理】申请专利的发明创造涉及国家安全或者重大利益需要保密的，按照国家有关规定办理。

> **注释** 《专利法实施细则》第七条规定："专利申请涉及国防利益需要保密的，由国防专利机构受理并进行审查；国务院专利行政部门受理的专利申请涉及国防利益需要保密的，应当及时移交国防专利机构进行审查。经国防专利机构审查没有发现驳回理由的，由国务院专利行政部门作出授予国防专利权的决定。国务院专利行政部门认为其受理的发明或者实用新型专利申请涉及国防利益以外的国家安全或者重大利益需要保密的，应当及时作出按照保密专利申请处理的决定，并通知申请人。保密专利申请的审查、复审以及保密专利权无效宣告的特殊程序，由国务院专利行政部门规定。"

第五条 【不授予专利权情形】对违反法律、社会公德或者妨害公共利益的发明创造，不授予专利权。

对违反法律、行政法规的规定获取或者利用遗传资源，并依赖该遗传资源完成的发明创造，不授予专利权。

> **注释** 遗传资源是指具有实际或潜在价值的遗传材料。自然界生存的几百万种生物中，各有其遗传特性，保存、开发、利用这些遗传特性，使生物种得以繁衍、发展，可以为人类提供食物和食品源，为医疗卫生保健提供药用生物及生物生存环境资源，为工业提供原料，故应重视并积极保护遗传资源。

第六条 【职务发明】执行本单位的任务或者主要是利用本单位的物质技术条件所完成的发明创造为职务发明创造。职务发明创造申请专利的权利属于该单位，申请被批准后，该单位为专利权人。该单位可以依法处置其职务发明创造申请专利的权利和专利权，促进相关发明创造的实施和运用。

非职务发明创造,申请专利的权利属于发明人或者设计人;申请被批准后,该发明人或者设计人为专利权人。

利用本单位的物质技术条件所完成的发明创造,单位与发明人或者设计人订有合同,对申请专利的权利和专利权的归属作出约定的,从其约定。

注释 就职务发明创造而言,专利权的主体是发明人或设计人的所在单位。

1. 职务发明创造的认定。职务发明创造可分为两类:
(1) 执行本单位任务所完成的发明创造。包括三种情况:
①在本职工作中作出的发明创造;
②履行本单位交付的本职工作之外的任务所作出的发明创造;
③退休、调离原单位后或者劳动人事关系终止后1年内作出的,与其在原单位承担的本职工作或者原单位分配的任务有关的发明创造。(注意:必须同时具备时间和任务两个条件)
(2) 主要利用本单位的物质技术条件所完成的发明创造。此情形下如果单位与发明人或设计人订有合同,对申请专利的权利和专利权的归属作出约定,则从其约定。

2. 职务发明创造的权利归属
职务发明创造的专利申请权和取得的专利权归发明人或设计人所在的单位,但发明人或设计人享有以下权利:
(1) 署名权。不过发明人或设计人也可以通过书面声明放弃署名权。
(2) 获得奖金、报酬的权利。在发明创造专利实施后,单位应根据其推广应用的范围和取得的经济效益,对发明人或者设计人给予合理的报酬。国家鼓励被授予专利权的单位实行产权激励。
(3) 优先受让权。单位专利权人订立专利权转让合同的,职务发明创造的发明人或设计人享有以同等条件优先受让的权利。

第七条 【非职务专利申请对待】对发明人或者设计人的非职务发明创造专利申请,任何单位或者个人不得压制。

第八条 【合作发明专利权归属】两个以上单位或者个人合作完

成的发明创造、一个单位或者个人接受其他单位或者个人委托所完成的发明创造，除另有协议的以外，申请专利的权利属于完成或者共同完成的单位或者个人；申请被批准后，申请的单位或者个人为专利权人。

注释 本条规定了两类情况，一是合作研究、设计，它又包括单位与单位、单位与个人、个人与个人合作等几种情况；二是委托研究、设计，它又包括单位委托单位、单位委托个人、个人委托个人、个人委托单位等几种情况。但无论是何种情况，其目的归结起来不外是产品、工艺、材料的改进或者新的产品、工艺、材料的设计等技术问题，属于《民法典》中的技术开发合同的范畴。

第九条 【优先规定】同样的发明创造只能授予一项专利权。但是，同一申请人同日对同样的发明创造既申请实用新型专利又申请发明专利，先获得的实用新型专利权尚未终止，且申请人声明放弃该实用新型专利权的，可以授予发明专利权。

两个以上的申请人分别就同样的发明创造申请专利的，专利权授予最先申请的人。

注释 按照本条的规定，我国专利法实行申请在先原则。所谓申请在先原则，是指两个或者两个以上的申请人就同一发明创造分别提出申请时，专利权授予第一个提出专利申请的人，对其他人的申请一律驳回。之所以这样规定，是基于专利权是一种排他的独占权，对于同一发明创造只能授予一个专利权，如果授予两个以上的人以专利权，这两个人的权利就会发生冲突，谁也不能有效地行使自己的专利权。因此，重复授予专利权是不允许的。

第十条 【申请权、专利权转让】专利申请权和专利权可以转让。

中国单位或者个人向外国人、外国企业或者外国其他组织转让专利申请权或者专利权的，应当依照有关法律、行政法规的规定办理手续。

转让专利申请权或者专利权的，当事人应当订立书面合同，并向国务院专利行政部门登记，由国务院专利行政部门予以公告。专利申请权或者专利权的转让自登记之日起生效。

第十一条　【排他规定】 发明和实用新型专利权被授予后，除本法另有规定的以外，任何单位或者个人未经专利权人许可，都不得实施其专利，即不得为生产经营目的制造、使用、许诺销售、销售、进口其专利产品，或者使用其专利方法以及使用、许诺销售、销售、进口依照该专利方法直接获得的产品。

外观设计专利权被授予后，任何单位或者个人未经专利权人许可，都不得实施其专利，即不得为生产经营目的制造、许诺销售、销售、进口其外观设计专利产品。

案例　深圳敦骏科技有限公司诉深圳市吉祥腾达科技有限公司等侵害发明专利权纠纷案（最高人民法院指导案例159号）

案件适用要点： 1. 如果被诉侵权行为人以生产经营为目的，将专利方法的实质内容固化在被诉侵权产品中，该行为或者行为结果对专利权利要求的技术特征被全面覆盖起到了不可替代的实质性作用，终端用户在正常使用该被诉侵权产品时就能自然再现该专利方法过程，则应认定被诉侵权行为人实施了该专利方法，侵害了专利权人的权利。

2. 专利权人主张以侵权获利计算损害赔偿数额且对侵权规模事实已经完成初步举证，被诉侵权人无正当理由拒不提供有关侵权规模事实的相应证据材料，导致用于计算侵权获利的基础事实无法确定的，对被诉侵权人提出的应考虑涉案专利对其侵权获利的贡献度的抗辩，人民法院可以不予支持。

第十二条　【许可合同】 任何单位或者个人实施他人专利的，应当与专利权人订立实施许可合同，向专利权人支付专利使用费。被许可人无权允许合同规定以外的任何单位或者个人实施该专利。

注释　专利实施许可包括以下方式：（一）<u>独占实施许可</u>，是指让与人在约定许可实施专利的范围内，将该专利仅许可一个受让人实施，让与人依约定不得实施该专利；（二）<u>排他实施许可</u>，是指让与人在约定许可实施专利的范围内，将该专利仅许可一个受让人实施，但让与人依约定可以自行实施该专利；（三）<u>普通实施许可</u>，是指让与人在约定许可实施专利的范围内许可他人实施该专利，并且可以自行实施该专利。当事人对专利实施许可方式没有约定或者约定不明确的，认定为普通实施许可。专利实施许可合同约定受让人可以再许可他人实施专利的，认定该再许可为普通实施许可，但当事人另有约定的除外；（四）<u>专利开放许可</u>，专利权人自愿以书面方式向国务院专利行政部门声明愿意许可任何单位或者个人实施其专利，并明确许可使用费支付方式、标准的，由国务院专利行政部门予以公告，实行开放许可。就实用新型、外观设计专利提出开放许可声明的，应当提供专利权评价报告。专利权人撤回开放许可声明的，应当以书面方式提出，并由国务院专利行政部门予以公告。开放许可声明被公告撤回的，不影响在先给予的开放许可的效力。

专利实施许可合同让与人负有在合同有效期内维持专利权有效的义务，包括依法缴纳专利年费和积极应对他人提出宣告专利权无效的请求，但当事人另有约定的除外。

排他实施许可合同让与人不具备独立实施其专利的条件，以一个普通许可的方式许可他人实施专利的，人民法院可以认定为让与人自己实施专利，但当事人另有约定的除外。

第十三条　【发明实施费用支付】 发明专利申请公布后，申请人可以要求实施其发明的单位或者个人支付适当的费用。

第十四条　【专利共有】 专利申请权或者专利权的共有人对权利的行使有约定的，从其约定。没有约定的，共有人可以单独实施或者以普通许可方式许可他人实施该专利；许可他人实施该专利的，收取的使用费应当在共有人之间分配。

除前款规定的情形外，行使共有的专利申请权或者专利权应当取得全体共有人的同意。

> **注释**　各共有人可以共同共有，也可以按份共有。共同共有是指两个以上共有人对共有专利权或专利申请权不分份额、平等地共同享有权利。<u>按份共有</u>一般根据合同产生，是指两个以上共有人

按照他们在做出发明创造中的贡献或者按照预先确定的比例，对共有的专利权或专利申请权享受权利、承担义务。无论共同共有或按份共有，共有人对共有的专利权共同享有占有、使用、收益和处分的权利，体现出共有人的意志，如办理涉及共有权利的手续，提出专利申请、委托专利申请、委托专利代理、转让专利申请权或专利权、撤回专利申请和放弃专利权等。

第十五条　【职务发明奖励与鼓励】被授予专利权的单位应当对职务发明创造的发明人或者设计人给予奖励；发明创造专利实施后，根据其推广应用的范围和取得的经济效益，对发明人或者设计人给予合理的报酬。

国家鼓励被授予专利权的单位实行产权激励，采取股权、期权、分红等方式，使发明人或者设计人合理分享创新收益。

第十六条　【署名权】发明人或者设计人有权在专利文件中写明自己是发明人或者设计人。

专利权人有权在其专利产品或者该产品的包装上标明专利标识。

注释　广告中涉及专利产品或者专利方法的，应当标明专利号和专利种类。未取得专利权的，不得在广告中谎称取得专利权。禁止使用未授予专利权的专利申请和已经终止、撤销、无效的专利作广告。

第十七条　【涉外规定】在中国没有经常居所或者营业所的外国人、外国企业或者外国其他组织在中国申请专利的，依照其所属国同中国签订的协议或者共同参加的国际条约，或者依照互惠原则，根据本法办理。

第十八条　【外国人或组织专利事务委托】在中国没有经常居所或者营业所的外国人、外国企业或者外国其他组织在中国申请专利和办理其他专利事务的，应当委托依法设立的专利代理机构办理。

中国单位或者个人在国内申请专利和办理其他专利事务的，可以委托依法设立的专利代理机构办理。

专利代理机构应当遵守法律、行政法规，按照被代理人的委托办理专利申请或者其他专利事务；对被代理人发明创造的内容，除专利申请已经公布或者公告的以外，负有保密责任。专利代理机构的具体管理办法由国务院规定。

注释 专利代理，是指专利代理机构接受委托，以委托人的名义在代理权限范围内办理专利申请、宣告专利权无效等专利事务的行为。专利代理机构的组织形式应当为合伙企业、有限责任公司等。

在中国内地没有经常居所或者营业所的香港、澳门或者台湾地区的申请人单独向专利局提出专利申请和办理其他专利事务，或者作为代表人与其他申请人共同申请专利和办理其他专利事务的，应当委托专利代理机构办理。代理机构可以在代理信息公示平台中查询，地址为：https：//dlgl.cnipa.gov.cn/txnqueryAgencyOrg.do。①

第十九条 【中国人涉外专利申请委托】任何单位或者个人将在中国完成的发明或者实用新型向外国申请专利的，应当事先报经国务院专利行政部门进行保密审查。保密审查的程序、期限等按照国务院的规定执行。

中国单位或者个人可以根据中华人民共和国参加的有关国际条约提出专利国际申请。申请人提出专利国际申请的，应当遵守前款规定。

国务院专利行政部门依照中华人民共和国参加的有关国际条约、本法和国务院有关规定处理专利国际申请。

对违反本条第一款规定向外国申请专利的发明或者实用新型，在中国申请专利的，不授予专利权。

注释 专利法第十九条所称在中国完成的发明或者实用新型，是指技术方案的实质性内容在中国境内完成的发明或者实用新型。任何单位或者个人将在中国完成的发明或者实用新型向外国申请专

---

① 来源：国家知识产权局官网，https：//www.cnipa.gov.cn/art/2024/9/9/art_707_385.html。

利的,应当按照下列方式之一请求国务院专利行政部门进行保密审查:(一)直接向外国申请专利或者向有关国外机构提交专利国际申请的,应当事先向国务院专利行政部门提出请求,并详细说明其技术方案;(二)向国务院专利行政部门申请专利后拟向外国申请专利或者向有关国外机构提交专利国际申请的,应当在向外国申请专利或者向有关国外机构提交专利国际申请前向国务院专利行政部门提出请求。

第二十条 【诚实信用和禁止权利滥用原则】申请专利和行使专利权应当遵循诚实信用原则。不得滥用专利权损害公共利益或者他人合法权益。

滥用专利权,排除或者限制竞争,构成垄断行为的,依照《中华人民共和国反垄断法》处理。

案例 广州德某水产设备科技有限公司诉广州宇某水产科技有限公司、南某水产研究所财产损害赔偿纠纷案(指导性案例222号)

案件适用要点:登记的专利权人在专利权权属争议期间负有善意维护专利权效力的义务,因其过错致使专利权终止、无效或者丧失,损害真正权利人合法权益的,构成对真正权利人财产权的侵害,应当承担赔偿损失的民事责任。

第二十一条 【专利审查与专利转化服务】国务院专利行政部门应当按照客观、公正、准确、及时的要求,依法处理有关专利的申请和请求。

国务院专利行政部门应当加强专利信息公共服务体系建设,完整、准确、及时发布专利信息,提供专利基础数据,定期出版专利公报,促进专利信息传播与利用。

在专利申请公布或者公告前,国务院专利行政部门的工作人员及有关人员对其内容负有保密责任。

第二章 授予专利权的条件

第二十二条 【授予条件】授予专利权的发明和实用新型,应当具备新颖性、创造性和实用性。

新颖性，是指该发明或者实用新型不属于现有技术；也没有任何单位或者个人就同样的发明或者实用新型在申请日以前向国务院专利行政部门提出过申请，并记载在申请日以后公布的专利申请文件或者公告的专利文件中。

创造性，是指与现有技术相比，该发明具有突出的实质性特点和显著的进步，该实用新型具有实质性特点和进步。

实用性，是指该发明或者实用新型能够制造或者使用，并且能够产生积极效果。

本法所称现有技术，是指申请日以前在国内外为公众所知的技术。

注释 2008年修改后的专利法提高了专利授权标准，对授予专利权的基本条件——新颖性、创造性和实用性的标准进行了修改完善，特别是提高了外观设计专利的授权标准。

案例 赵东红、张如一及第三人邹继豪与国家知识产权局专利复审委员会专利无效行政纠纷案（《最高人民法院公报》2012年第10期）

案件适用要点：《中华人民共和国专利法》第22条规定："授予专利权的发明和实用新型，应当具备新颖性、创造性和实用性。"对于发明或者实用新型专利而言，需要设立合理的创造性判断标准。发明专利和实用新型专利的创造性标准不同，因此技术比对时所考虑的现有技术领域也应当有所不同。考虑到实用新型专利创造性标准要求较低，因此在评价其创造性时所考虑的现有技术领域范围应当较窄，一般应当着重比对实用新型专利所属技术领域的现有技术。但是在现有技术已经给出明确的技术启示，促使本领域技术人员到相近或者相关的技术领域寻找有关技术手段的情形下，也可以考虑相近或者相关技术领域的现有技术。

第二十三条 【外观设计专利权授予条件】授予专利权的外观设计，应当不属于现有设计；也没有任何单位或者个人就同样的外观设计在申请日以前向国务院专利行政部门提出过申请，并记载在申请日以后公告的专利文件中。

授予专利权的外观设计与现有设计或者现有设计特征的组合相比,应当具有明显区别。

授予专利权的外观设计不得与他人在申请日以前已经取得的合法权利相冲突。

本法所称现有设计,是指申请日以前在国内外为公众所知的设计。

注释 合法权利,包括就作品、商标、地理标志、姓名、企业名称、肖像,以及有一定影响的商品名称、包装、装潢等享有的合法权利或者权益。

第二十四条 【新颖性保持特殊规定】 申请专利的发明创造在申请日以前六个月内,有下列情形之一的,不丧失新颖性:

(一)在国家出现紧急状态或者非常情况时,为公共利益目的首次公开的;

(二)在中国政府主办或者承认的国际展览会上首次展出的;

(三)在规定的学术会议或者技术会议上首次发表的;

(四)他人未经申请人同意而泄露其内容的。

注释 不丧失新颖性的情形,本条规定为四种:

1. 在国家出现紧急状态或者非常情况时,为公共利益目的首次公开的,本项规定为2020年修改时新增。

2. 在中国政府主办或者承认的国际展览会上首次展出的。中国政府承认的国际展览会,是指国际展览会公约规定的在国际展览局注册或者由其认可的国际展览会。

3. 在规定的学术会议或者技术会议上首次发表的。这里讲的学术会议或者技术会议,是指国务院有关主管部门或者全国性学术团体组织召开的学术会议或者技术会议,以及国务院有关主管部门认可的由国际组织召开的学术会议或者技术会议。

4. 他人未经申请人同意而泄露其内容的。即他人违反申请人本意的公开。他人未经申请人同意泄露其发明创造的内容的方式可以包括：他人未遵守明示的或者默示的保密义务而将申请人的发明创造的内容公开；他人用威胁、欺诈、偷盗、间谍活动等不正当手段从发明人或者经他告诉而得知发明创造内容的任何其他人那里得知发明创造的内容而后公开。这两种情况的公开都是违反申请人本意的，是非法的公开。

第二十五条　【不授予专利权情形】对下列各项，不授予专利权：

（一）科学发现；

（二）智力活动的规则和方法；

（三）疾病的诊断和治疗方法；

（四）动物和植物品种；

（五）原子核变换方法以及用原子核变换方法获得的物质；

（六）对平面印刷品的图案、色彩或者二者的结合作出的主要起标识作用的设计。

对前款第（四）项所列产品的生产方法，可以依照本法规定授予专利权。

第三章　专利的申请

第二十六条　【发明或实用新型专利申请文件】申请发明或者实用新型专利的，应当提交请求书、说明书及其摘要和权利要求书等文件。

请求书应当写明发明或者实用新型的名称，发明人的姓名，申请人姓名或者名称、地址，以及其他事项。

说明书应当对发明或者实用新型作出清楚、完整的说明，以所属技术领域的技术人员能够实现为准；必要的时候，应当有附图。摘要应当简要说明发明或者实用新型的技术要点。

权利要求书应当以说明书为依据，清楚、简要地限定要求专利保护的范围。

依赖遗传资源完成的发明创造，申请人应当在专利申请文件中说明该遗传资源的直接来源和原始来源；申请人无法说明原始来源的，应当陈述理由。

注释 [发明、实用新型或者外观设计专利申请的请求书应当写明的事项]

（一）发明、实用新型或者外观设计的名称；（二）申请人是中国单位或者个人的，其名称或者姓名、地址、邮政编码、统一社会信用代码或者身份证件号码；申请人是外国人、外国企业或者外国其他组织的，其姓名或者名称、国籍或者注册的国家或者地区；（三）发明人或者设计人的姓名；（四）申请人委托专利代理机构的，受托机构的名称、机构代码以及该机构指定的专利代理师的姓名、专利代理师资格证号码、联系电话；（五）要求优先权的，在先申请的申请日、申请号以及原受理机构的名称；（六）申请人或者专利代理机构的签字或者盖章；（七）申请文件清单；（八）附加文件清单；（九）其他需要写明的有关事项。

[发明或者实用新型专利申请的说明书应当包括的内容]

（一）技术领域：写明要求保护的技术方案所属的技术领域；（二）背景技术：写明对发明或者实用新型的理解、检索、审查有用的背景技术；有可能的，并引证反映这些背景技术的文件；（三）发明内容：写明发明或者实用新型所要解决的技术问题以及解决其技术问题采用的技术方案，并对照现有技术写明发明或者实用新型的有益效果；（四）附图说明：说明书有附图的，对各幅附图作简略说明；（五）具体实施方式：详细写明申请人认为实现发明或者实用新型的优选方式；必要时，举例说明；有附图的，对照附图。

[遗传资源]

专利法所称遗传资源，是指取自人体、动物、植物或者微生物等含有遗传功能单位并具有实际或者潜在价值的材料和利用此类材料产生的遗传信息；专利法所称依赖遗传资源完成的发明创造，是指利用了遗传资源的遗传功能完成的发明创造。就依赖遗传资源完成的发明创造申请专利的，申请人应当在请求书中予以说明，并填写国务院专利行政部门制定的表格。

案例 株式会社岛野与宁波市日骋工贸有限公司专利侵权案

(《最高人民法院公报》2014年第1期)

案件适用要点：已经写入权利要求的使用环境特征属于必要技术特征，对于权利要求的保护范围具有限定作用，使用环境特征对于权利要求保护范围的限定程度需要根据个案情况具体确定，一般情况下应该理解为要求被保护的主题对象可以使用于该种使用环境即可，不要求被保护的主题对象必须用于该种使用环境，但是本领域普通技术人员在阅读专利权利要求书、说明书以及专利审查档案后可以明确而合理地得知被保护对象必须用于该种使用环境的除外。

第二十七条　【外观设计专利权申请文件】申请外观设计专利的，应当提交请求书、该外观设计的图片或者照片以及对该外观设计的简要说明等文件。

申请人提交的有关图片或者照片应当清楚地显示要求专利保护的产品的外观设计。

> **注释**　外观设计专利申请手续如下：

1. 申请外观设计专利需要提交《外观设计专利请求书》、《外观设计图片或照片》、《外观设计简要说明》。

2. 申请文件必须使用国家知识产权局统一制定的标准表格。这些表格可以向各地的专利代办处索取或直接从国家知识产权局政府网站下载。下载表格链接为：https://www.cnipa.gov.cn/col/col192/index.html，表格背面有说明和注意事项。

3. 提交专利申请有五种方式：

（1）请到专利局受理大厅面交申请材料，请携带身份证件，需要登记信息。

（2）通过邮寄方式递交。

邮寄地址：北京市海淀区蓟门桥西土城路6号国家知识产权局专利局受理处，邮编：100088。递交申请文件后一个月左右，您可以接到专利局发出的受理通知书及缴费通知书，请您按通知书要求交费。专利局不接受样品、样本或模型。

通过邮局挂号信函递交到专利局受理处的专利申请，以信封上的寄出邮戳日为申请日；寄出的邮戳日不清晰无法辨认的，以专利局受理处收到日为申请日,并将信封存档。通过速递公司递交到专利局受理处的专利申请,以收到日为申请日。

(3) 通过专利局设在全国代办处递交;请您进入国家知识产权局政府网站,主页下方代办处栏目查询相应代办处联系方式。

(4) 如果申请人委托了代理机构,则通过代理师递交。代理机构查询链接:http://dlgl.cnipa.gov.cn/txnqueryAgencyOrg.do。在中国内地没有经常居所或者营业所的外国人、外国企业或者外国其他组织在中国申请专利和办理其他专利事务,或者作为代表人申请人与中国内地的申请人共同申请专利和办理其他专利事务的,应当委托专利代理机构办理。在中国内地没有经常居所或者营业所的香港、澳门或者台湾地区的申请人向专利局提出专利申请和办理其他专利事务,或者作为代表人与中国内地的申请人共同申请专利和办理其他专利事务的,应当委托专利代理机构办理。

(5) 电子申请

请您进入专利业务办理系统查阅相关规定,链接为:https://cponline.cnipa.gov.cn/。

4. 申请文件撰写方面请您参阅该页面内容,链接为:https://www.cnipa.gov.cn/art/2020/6/5/art_1517_92472.html。

5. 专利费用请参阅:https://www.cnipa.gov.cn/module/download/down.jsp?i_ID=155983&colID=1518,如仍有疑问,请致电国家知识产权局客户服务中心,电话:010-62356655。

您的发明创造是否符合专利保护的客体、在提出专利申请后最终能否被授权,需根据专利法、实施细则及审查指南的相关规定及审批流程审查后确定。

有关费用减缴,请参阅:https://www.cnipa.gov.cn/attach/0/0caf8492459846d98f3859ab05225df7.pdf 中 23 至 25 页的相关内容。[①]

第二十八条 【申请日确定】国务院专利行政部门收到专利申请文件之日为申请日。如果申请文件是邮寄的,以寄出的邮戳日为

---

① 来源:国家知识产权局官网,https://www.cnipa.gov.cn/art/2024/6/20/art_707_373.html。

申请日。

第二十九条 【申请优先权】申请人自发明或者实用新型在外国第一次提出专利申请之日起十二个月内，或者自外观设计在外国第一次提出专利申请之日起六个月内，又在中国就相同主题提出专利申请的，依照该外国同中国签订的协议或者共同参加的国际条约，或者依照相互承认优先权的原则，可以享有优先权。

申请人自发明或者实用新型在中国第一次提出专利申请之日起十二个月内，或者自外观设计在中国第一次提出专利申请之日起六个月内，又向国务院专利行政部门就相同主题提出专利申请的，可以享有优先权。

注释 本条是关于优先权的规定。所谓优先权，是指依据法律的规定，具有优先于普通权利行使与实现的效力的某些权利。根据本条的规定，专利申请的优先权分为外国优先权和本国优先权两种。

本条第1款是关于外国优先权的规定。外国优先权是《保护工业产权巴黎公约》确立的基本原则，是指申请人在甲国提出正式的专利申请后，根据甲国同乙国签订的协议或者共同参加的国际条约，或者依照相互承认优先权的原则，在特定的期限内又就同一发明向乙国提出专利申请时，有权将在甲国第一次提出申请的日期作为后来在乙国提出申请的申请日，这种权利就叫做优先权。

本条第2款是关于本国优先权的规定。本国优先权，是指申请人在一国提出正式的专利申请后，在特定的期限内又就相同主题在该国提出专利申请的，申请人有权将第一次提出申请的日期作为后一次申请的申请日。需要注意的是，2020年专利法修改新设外观设计专利申请国内优先制度。

第三十条 【优先权书面声明】申请人要求发明、实用新型专利优先权的，应当在申请的时候提出书面声明，并且在第一次提出申请之日起十六个月内，提交第一次提出的专利申请文件的副本。

申请人要求外观设计专利优先权的，应当在申请的时候提出书面声明，并且在三个月内提交第一次提出的专利申请文件的副本。

申请人未提出书面声明或者逾期未提交专利申请文件副本的，视为未要求优先权。

>**注释** 本条2020年修改时放宽了专利申请人第一次专利申请文件副本的时限，由三个月改为十六个月。
>
>《专利法实施细则》第三十四条规定："申请人依照专利法第三十条的规定要求外国优先权的，申请人提交的在先申请文件副本应当经原受理机构证明。依照国务院专利行政部门与该受理机构签订的协议，国务院专利行政部门通过电子交换等途径获得在先申请文件副本的，视为申请人提交了经该受理机构证明的在先申请文件副本。要求本国优先权，申请人在请求书中写明在先申请的申请日和申请号的，视为提交了在先申请文件副本。要求优先权，但请求书中漏写或者错写在先申请的申请日、申请号和原受理机构名称中的一项或者两项内容的，国务院专利行政部门应当通知申请人在指定期限内补正；期满未补正的，视为未要求优先权。要求优先权的申请人的姓名或者名称与在先申请文件副本中记载的申请人姓名或者名称不一致的，应当提交优先权转让证明材料，未提交该证明材料的，视为未要求优先权。"

第三十一条 【专利数量确定】一件发明或者实用新型专利申请应当限于一项发明或者实用新型。属于一个总的发明构思的两项以上的发明或者实用新型，可以作为一件申请提出。

一件外观设计专利申请应当限于一项外观设计。同一产品两项以上的相似外观设计，或者用于同一类别并且成套出售或者使用的产品的两项以上外观设计，可以作为一件申请提出。

>**注释** 可以作为一件专利申请提出的属于一个总的发明构思的两项以上的发明或者实用新型，应当在技术上相互关联，包含一个或者多个相同或者相应的特定技术特征，其中特定技术特征是指每一项发明或者实用新型作为整体，对现有技术作出贡献的技术特征。

第三十二条 【申请撤回】申请人可以在被授予专利权之前随

时撤回其专利申请。

第三十三条 【申请文件的修改】申请人可以对其专利申请文件进行修改，但是，对发明和实用新型专利申请文件的修改不得超出原说明书和权利要求书记载的范围，对外观设计专利申请文件的修改不得超出原图片或者照片表示的范围。

第四章 专利申请的审查和批准

第三十四条 【审查公布】国务院专利行政部门收到发明专利申请后，经初步审查认为符合本法要求的，自申请日起满十八个月，即行公布。国务院专利行政部门可以根据申请人的请求早日公布其申请。

注释 ［初步审查］

《专利法实施细则》第五十条规定："专利法第三十四条和第四十条所称初步审查，是指审查专利申请是否具备专利法第二十六条或者第二十七条规定的文件和其他必要的文件，这些文件是否符合规定的格式，并审查下列各项：（一）发明专利申请是否明显属于专利法第五条、第二十五条规定的情形，是否不符合专利法第十七条、第十八条第一款、第十九条第一款或者本细则第十一条、第十九条、第二十九条第二款的规定，是否明显不符合专利法第二条第二款、第二十六条第五款、第三十一条第一款、第三十三条或者本细则第二十条至第二十四条的规定；（二）实用新型专利申请是否明显属于专利法第五条、第二十五条规定的情形，是否不符合专利法第十七条、第十八条第一款、第十九条第一款或者本细则第十一条、第十九条至第二十二条、第二十四条至第二十六条的规定，是否明显不符合专利法第二条第三款、第二十二条、第二十六条第三款、第二十六条第四款、第三十一条第一款、第三十三条或者本细则第二十三条、第四十九条第一款的规定，是否依照专利法第九条规定不能取得专利权；（三）外观设计专利申请是否明显属于专利法第五条、第二十五条第一款第（六）项规定的情形，是否不符合专利法第十七条、第十八条第一款或者本细则第十一条、第十九条、第三十条、第三十一条的规定，是否明显不符合专利法第二条第四款、第二十三条第一款、第二十三条第二款、第二十七条第二款、第三十一条第二款、第三十三条或者本细则第四十九条第一款的规定,是否依照专利法第九条规定不能取得专利权;(四)申请文件是否符合本细则第二条、第三条第一款的规定。国务院专利行政部门应当将审查意见通知申请人,要求其在指定期限内陈述意见或者补正;申请人期满未答复的,其申请视为撤回。申请人陈述意见或者补正后,国务院专利行政部门仍然认为不符合前款所列各项规定的,应当予以驳回。"

第三十五条 【实质审查】发明专利申请自申请日起三年内,国务院专利行政部门可以根据申请人随时提出的请求,对其申请进行实质审查;申请人无正当理由逾期不请求实质审查的,该申请即被视为撤回。

国务院专利行政部门认为必要的时候,可以自行对发明专利申请进行实质审查。

注释 本条是关于启动发明专利申请实质审查的规定。所谓实质审查,是指受理和审查专利申请的机构对申请专利的发明是否符合新颖性、创造性、实用性等授予专利权的实质条件所进行的审查。

第三十六条 【实质审查资料提交】发明专利的申请人请求实质审查的时候,应当提交在申请日前与其发明有关的参考资料。

发明专利已经在外国提出过申请的,国务院专利行政部门可以要求申请人在指定期限内提交该国为审查其申请进行检索的资料或者审查结果的资料;无正当理由逾期不提交的,该申请即被视为撤回。

第三十七条 【申请不符规定的处理】国务院专利行政部门对发明专利申请进行实质审查后,认为不符合本法规定的,应当通知申请人,要求其在指定的期限内陈述意见,或者对其申请进行修改;无正当理由逾期不答复的,该申请即被视为撤回。

第三十八条 【驳回申请情形】发明专利申请经申请人陈述意

见或者进行修改后,国务院专利行政部门仍然认为不符合本法规定的,应当予以驳回。

> **注释** 《专利法实施细则》第五十九条规定:"依照专利法第三十八条的规定,发明专利申请经实质审查应当予以驳回的情形是指:(一)申请属于专利法第五条、第二十五条规定的情形,或者依照专利法第九条规定不能取得专利权的;(二)申请不符合专利法第二条第二款、第十九条第一款、第二十二条、第二十六条第三款、第二十六条第四款、第二十六条第五款、第三十一条第一款或者本细则第十一条、第二十三条第二款规定的;(三)申请的修改不符合专利法第三十三条规定,或者分案的申请不符合本细则第四十九条第一款的规定的。"

第三十九条 【发明专利权的授予】发明专利申请经实质审查没有发现驳回理由的,由国务院专利行政部门作出授予发明专利权的决定,发给发明专利证书,同时予以登记和公告。发明专利权自公告之日起生效。

第四十条 【实用新型和外观设计专利权的授予】实用新型和外观设计专利申请经初步审查没有发现驳回理由的,由国务院专利行政部门作出授予实用新型专利权或者外观设计专利权的决定,发给相应的专利证书,同时予以登记和公告。实用新型专利权和外观设计专利权自公告之日起生效。

第四十一条 【专利申请复审】专利申请人对国务院专利行政部门驳回申请的决定不服的,可以自收到通知之日起三个月内向国务院专利行政部门请求复审。国务院专利行政部门复审后,作出决定,并通知专利申请人。

专利申请人对国务院专利行政部门的复审决定不服的,可以自收到通知之日起三个月内向人民法院起诉。

第五章 专利权的期限、终止和无效

第四十二条 【专利权保护期】发明专利权的期限为二十年,

实用新型专利权的期限为十年，外观设计专利权的期限为十五年，均自申请日起计算。

自发明专利申请日起满四年，且自实质审查请求之日起满三年后授予发明专利权的，国务院专利行政部门应专利权人的请求，就发明专利在授权过程中的不合理延迟给予专利权期限补偿，但由申请人引起的不合理延迟除外。

为补偿新药上市审评审批占用的时间，对在中国获得上市许可的新药相关发明专利，国务院专利行政部门应专利权人的请求给予专利权期限补偿。补偿期限不超过五年，新药批准上市后总有效专利权期限不超过十四年。

注释 所谓专利权保护期限，是指受理和审查专利申请的机构授予的专利权何时发生法律效力与何时丧失法律效力的期限。

本条中所称的"申请日"，是指在中国提出专利申请之日。专利权人享有外国优先权的，其专利权的保护期限当然应自在中国确定的申请之日起计算。

专利法第四十二条第二款规定的由申请人引起的不合理延迟包括以下情形：（一）未在指定期限内答复国务院专利行政部门发出的通知；（二）申请延迟审查；（三）因本细则第四十五条规定情形引起的延迟；（四）其他由申请人引起的不合理延迟。

专利法第四十二条第三款所称新药相关发明专利是指符合规定的新药产品专利、制备方法专利、医药用途专利。

第四十三条 【年费缴纳】专利权人应当自被授予专利权的当年开始缴纳年费。

第四十四条 【专利权提前终止情形】有下列情形之一的，专利权在期限届满前终止：

（一）没有按照规定缴纳年费的；

（二）专利权人以书面声明放弃其专利权的。

专利权在期限届满前终止的，由国务院专利行政部门登记和公告。

第四十五条 【专利权授予异议】自国务院专利行政部门公告

授予专利权之日起,任何单位或者个人认为该专利权的授予不符合本法有关规定的,可以请求国务院专利行政部门宣告该专利权无效。

第四十六条　【异议审查】国务院专利行政部门对宣告专利权无效的请求应当及时审查和作出决定,并通知请求人和专利权人。宣告专利权无效的决定,由国务院专利行政部门登记和公告。

对国务院专利行政部门宣告专利权无效或者维持专利权的决定不服的,可以自收到通知之日起三个月内向人民法院起诉。人民法院应当通知无效宣告请求程序的对方当事人作为第三人参加诉讼。

第四十七条　【专利权宣告无效的效力和处理】宣告无效的专利权视为自始即不存在。

宣告专利权无效的决定,对在宣告专利权无效前人民法院作出并已执行的专利侵权的判决、调解书,已经履行或者强制执行的专利侵权纠纷处理决定,以及已经履行的专利实施许可合同和专利权转让合同,不具有追溯力。但是因专利权人的恶意给他人造成的损失,应当给予赔偿。

依照前款规定不返还专利侵权赔偿金、专利使用费、专利权转让费,明显违反公平原则的,应当全部或者部分返还。

注释　专利权被宣告无效后,该专利权即不再存在,而且是自始即不存在。专利权被宣告无效后,任何人实施该专利权原来所保护的发明创造,就无须得到专利权人的许可。如果专利权人原来已经许可他人实施其专利的,专利权被宣告无效后,被许可实施专利人即可停止支付专利实施许可费。即使在专利权被宣告无效之前应当支付的专利实施许可费尚未支付的,也可以不再支付。

第六章　专利实施的特别许可

第四十八条　【专利转化服务】国务院专利行政部门、地方人民政府管理专利工作的部门应当会同同级相关部门采取措施,加强专利公共服务,促进专利实施和运用。

第四十九条　【公益发明】国有企业事业单位的发明专利,对国家利益或者公共利益具有重大意义的，国务院有关主管部门和省、自治区、直辖市人民政府报经国务院批准，可以决定在批准的范围内推广应用，允许指定的单位实施，由实施单位按照国家规定向专利权人支付使用费。

第五十条　【专利开放许可制度】专利权人自愿以书面方式向国务院专利行政部门声明愿意许可任何单位或者个人实施其专利，并明确许可使用费支付方式、标准的，由国务院专利行政部门予以公告，实行开放许可。就实用新型、外观设计专利提出开放许可声明的，应当提供专利权评价报告。

专利权人撤回开放许可声明的，应当以书面方式提出，并由国务院专利行政部门予以公告。开放许可声明被公告撤回的，不影响在先给予的开放许可的效力。

注释　《专利法实施细则》第八十五条规定："专利权人自愿声明对其专利实行开放许可的，应当在公告授予专利权后提出。开放许可声明应当写明以下事项：（一）专利号；（二）专利权人的姓名或者名称；（三）专利许可使用费支付方式、标准；（四）专利许可期限；（五）其他需要明确的事项。开放许可声明内容应当准确、清楚，不得出现商业性宣传用语。"

第五十一条　【专利开放许可制度的相关事宜】任何单位或者个人有意愿实施开放许可的专利的，以书面方式通知专利权人，并依照公告的许可使用费支付方式、标准支付许可使用费后，即获得专利实施许可。

开放许可实施期间，对专利权人缴纳专利年费相应给予减免。

实行开放许可的专利权人可以与被许可人就许可使用费进行协商后给予普通许可，但不得就该专利给予独占或者排他许可。

第五十二条　【专利开放许可纠纷】当事人就实施开放许可发生纠纷的，由当事人协商解决；不愿协商或者协商不成的，可以请求国务院专利行政部门进行调解，也可以向人民法院起诉。

第五十三条　【对具备实施条件单位的强制许可】有下列情形

之一的，国务院专利行政部门根据具备实施条件的单位或者个人的申请，可以给予实施发明专利或者实用新型专利的强制许可：

（一）专利权人自专利权被授予之日起满三年，且自提出专利申请之日起满四年，无正当理由未实施或者未充分实施其专利的；

（二）专利权人行使专利权的行为被依法认定为垄断行为，为消除或者减少该行为对竞争产生的不利影响的。

注释 强制实施许可，也称非自愿许可，是国家专利行政部门根据具体情况，不经专利权人的同意，授权他人实施发明或者实用新型专利的一种法律制度。

第五十四条 【公益性强制许可】在国家出现紧急状态或者非常情况时，或者为了公共利益的目的，国务院专利行政部门可以给予实施发明专利或者实用新型专利的强制许可。

注释 本条是关于依特殊情况或公共利益需要给专利实施强制许可的规定。

本条规定可作出专利实施强制许可决定的情况有两类：1. 国家出现紧急状态或者非常情况。例如，爆发战争、爆发大规模疫病、发生严重自然灾害等情况。2. 为了公共利益的目的。例如为了公共利益对一项获得专利的污染防治技术方案给予强制实施许可。

本条规定的强制许可，可以不经任何人提出强制许可的申请，而由国务院专利行政部门直接作出强制许可的决定。

第五十五条 【药品专利的强制许可】为了公共健康目的，对取得专利权的药品，国务院专利行政部门可以给予制造并将其出口到符合中华人民共和国参加的有关国际条约规定的国家或者地区的强制许可。

第五十六条 【重大意义专利实施的强制许可】一项取得专利权的发明或者实用新型比前已经取得专利权的发明或者实用新型具有显著经济意义的重大技术进步，其实施又有赖于前一发明或者实用新型的实施的，国务院专利行政部门根据后一专利权人的申请，可以给予实施前一发明或者实用新型的强制许可。

在依照前款规定给予实施强制许可的情形下，国务院专利行政部门根据前一专利权人的申请，也可以给予实施后一发明或者实用新型的强制许可。

第五十七条 【半导体技术强制许可】强制许可涉及的发明创造为半导体技术的，其实施限于公共利益的目的和本法第五十三条第（二）项规定的情形。

第五十八条 【强制许可的市场范围】除依照本法第五十三条第（二）项、第五十五条规定给予的强制许可外，强制许可的实施应当主要为了供应国内市场。

第五十九条 【申请强制许可的证明提交】依照本法第五十三条第（一）项、第五十六条规定申请强制许可的单位或者个人应当提供证据，证明其以合理的条件请求专利权人许可其实施专利，但未能在合理的时间内获得许可。

第六十条 【强制许可的通知及公告】国务院专利行政部门作出的给予实施强制许可的决定，应当及时通知专利权人，并予以登记和公告。

给予实施强制许可的决定，应当根据强制许可的理由规定实施的范围和时间。强制许可的理由消除并不再发生时，国务院专利行政部门应当根据专利权人的请求，经审查后作出终止实施强制许可的决定。

第六十一条 【独占实施权的排除】取得实施强制许可的单位或者个人不享有独占的实施权，并且无权允许他人实施。

注释 依照本条规定，对依强制许可取得专利实施权的单位或者个人权利限制，包括以下两方面：

1. <u>不享有独占实施权</u>。也就是说，取得强制许可实施权的单位或者个人，无权限制专利权人自己或者再许可其他的单位、个人实施该项专利。其他的单位或者个人无论是通过国家专利行政机关得到强制许可的实施权，还是通过专利权人许可得到的实施权，都受法律保护，取得强制许可的单位或者个人无权加以限制。专利权人在被强制许可某单位或者个人实施自己所有的专利后，仍然有权自己实施该项专利或者自愿许可第三者实施该项专利。

2. **无权允许他人实施**。取得专利实施强制许可的单位或者个人，虽然经国务院专利行政部门的决定取得了实施专利的权利，但是其权利仅是在规定的范围和时间内实施专利。取得专利实施强制许可的单位或者个人并不是专利权人，他没有权利允许他人实施该项专利。否则，也将损害专利权人的利益。

第六十二条　【费用支付】取得实施强制许可的单位或者个人应当付给专利权人合理的使用费，或者依照中华人民共和国参加的有关国际条约的规定处理使用费问题。付给使用费的，其数额由双方协商；双方不能达成协议的，由国务院专利行政部门裁决。

第六十三条　【起诉情形】专利权人对国务院专利行政部门关于实施强制许可的决定不服的，专利权人和取得实施强制许可的单位或者个人对国务院专利行政部门关于实施强制许可的使用费的裁决不服的，可以自收到通知之日起三个月内向人民法院起诉。

第七章　专利权的保护

第六十四条　【保护范围】发明或者实用新型专利权的保护范围以其权利要求的内容为准，说明书及附图可以用于解释权利要求的内容。

外观设计专利权的保护范围以表示在图片或者照片中的该产品的外观设计为准，简要说明可以用于解释图片或者照片所表示的该产品的外观设计。

注释　本条所称的"发明或者实用新型专利权的保护范围以其权利要求的内容为准，说明书及附图可以用于解释权利要求的内容"，是指专利权的保护范围应当以权利要求书中明确记载的必要技术特征所确定的范围为准，也包括与该必要技术特征相等同的特征所确定的范围。

案例　1. 柏万清与成都难寻物品营销服务中心、上海添香实业有限公司侵害实用新型专利权纠纷案（《最高人民法院公报》

2013年第9期)

案件适用要点：准确界定专利权的保护范围，是认定被诉侵权技术方案是否构成侵权的前提条件。如果权利要求的撰写存在明显瑕疵，结合涉案专利说明书、本领域的公知常识以及相关现有技术等，仍然不能确定权利要求中技术术语的具体含义，无法准确确定专利权的保护范围的，则无法将被诉侵权技术方案与之进行有意义的侵权对比。因此，对于保护范围明显不清楚的专利权，不应认定被诉侵权技术方案构成侵权。

2. 高仪股份公司诉浙江健龙卫浴有限公司侵害外观设计专利权纠纷案（最高人民法院指导案例85号）

案件适用要点：（1）授权外观设计的设计特征体现了其不同于现有设计的创新内容，也体现了设计人对现有设计的创造性贡献。如果被诉侵权设计未包含授权外观设计区别于现有设计的全部设计特征，一般可以推定被诉侵权设计与授权外观设计不近似。

（2）对设计特征的认定，应当由专利权人对其所主张的设计特征进行举证。人民法院在听取各方当事人质证意见基础上，对证据进行充分审查，依法确定授权外观设计的设计特征。

（3）对功能性设计特征的认定，取决于外观设计产品的一般消费者看来该设计是否仅仅由特定功能所决定，而不需要考虑该设计是否具有美感。功能性设计特征对于外观设计的整体视觉效果不具有显著影响。功能性与装饰性兼具的设计特征对整体视觉效果的影响需要考虑其装饰性的强弱，装饰性越强，对整体视觉效果的影响越大，反之则越小。

第六十五条 【纠纷解决】未经专利权人许可，实施其专利，即侵犯其专利权，引起纠纷的，由当事人协商解决；不愿协商或者协商不成的，专利权人或者利害关系人可以向人民法院起诉，也可以请求管理专利工作的部门处理。管理专利工作的部门处理时，认定侵权行为成立的，可以责令侵权人立即停止侵权行为，当事人不服的，可以自收到处理通知之日起十五日内依照《中华人民共和国行政诉讼法》向人民法院起诉；侵权人期满不起诉又不停止侵权行为的，管理专利工作的部门可以申请人民法院强制执行。进行处理的管理专利工作的部门应当事人的请求，可以就侵犯专利权的赔偿数额进行调解；调解不成的，当事人可以依照《中华人民共和国民事诉讼法》向人民法院起诉。

注释 因侵犯专利权行为提起的诉讼，由侵权行为地或者被告住所地人民法院管辖。侵权行为地包括：被诉侵犯发明、实用新型专利权的产品的制造、使用、许诺销售、销售、进口等行为的实施地；专利方法使用行为的实施地，依照该专利方法直接获得的产品的使用、许诺销售、销售、进口等行为的实施地；外观设计专利产品的制造、许诺销售、销售、进口等行为的实施地；假冒他人专利的行为实施地。上述侵权行为的侵权结果发生地。

侵犯专利权的诉讼时效为三年，自专利权人或者利害关系人知道或者应当知道权利受到损害以及义务人之日起计算。权利人超过三年起诉的，如果侵权行为在起诉时仍在继续，在该项专利权有效期内，人民法院应当判决被告停止侵权行为，侵权损害赔偿数额应当自权利人向人民法院起诉之日起向前推算三年计算。

第六十六条 【纠纷证据】专利侵权纠纷涉及新产品制造方法的发明专利的，制造同样产品的单位或者个人应当提供其产品制造方法不同于专利方法的证明。

专利侵权纠纷涉及实用新型专利或者外观设计专利的，人民法院或者管理专利工作的部门可以要求专利权人或者利害关系人出具由国务院专利行政部门对相关实用新型或者外观设计进行检索、分析和评价后作出的专利权评价报告，作为审理、处理专利侵权纠纷的证据；专利权人、利害关系人或者被控侵权人也可以主动出具专利权评价报告。

第六十七条 【不构成侵权的证明】在专利侵权纠纷中，被控侵权人有证据证明其实施的技术或者设计属于现有技术或者现有设计的，不构成侵犯专利权。

第六十八条 【假冒他人专利的处罚】假冒专利的，除依法承担民事责任外，由负责专利执法的部门责令改正并予公告，没收违法所得，可以处违法所得五倍以下的罚款；没有违法所得或者违法所得在五万元以下的，可以处二十五万元以下的罚款；构成犯罪的，依法追究刑事责任。

注释 本条所称假冒他人专利，是指非专利权人在自己的非专利产品或者其包装上标明专利权人的专利标记或者专利号，以达到欺骗消费者，获取非法利益的行为。

《刑法》第216条规定，假冒他人专利，情节严重的，处三年以下有期徒刑或者拘役，并处或者单处罚金。

《专利法实施细则》第一百零一条规定："下列行为属于专利法第六十八条规定的假冒专利的行为：（一）在未被授予专利权的产品或者其包装上标注专利标识，专利权被宣告无效后或者终止后继续在产品或者其包装上标注专利标识，或者未经许可在产品或者产品包装上标注他人的专利号；（二）销售第（一）项所述产品；（三）在产品说明书等材料中将未被授予专利权的技术或者设计称为专利技术或者专利设计，将专利申请称为专利，或者未经许可使用他人的专利号，使公众将所涉及的技术或者设计误认为是专利技术或者专利设计；（四）伪造或者变造专利证书、专利文件或者专利申请文件；（五）其他使公众混淆，将未被授予专利权的技术或者设计误认为是专利技术或者专利设计的行为。专利权终止前依法在专利产品、依照专利方法直接获得的产品或者其包装上标注专利标识，在专利权终止后许诺销售、销售该产品的，不属于假冒专利行为。销售不知道是假冒专利的产品，并且能够证明该产品合法来源的，由县级以上负责专利执法的部门责令停止销售。"

第六十九条 【调查手段措施】 负责专利执法的部门根据已经取得的证据，对涉嫌假冒专利行为进行查处时，有权采取下列措施：

（一）询问有关当事人，调查与涉嫌违法行为有关的情况；

（二）对当事人涉嫌违法行为的场所实施现场检查；

（三）查阅、复制与涉嫌违法行为有关的合同、发票、账簿以及其他有关资料；

（四）检查与涉嫌违法行为有关的产品；

（五）对有证据证明是假冒专利的产品，可以查封或者扣押。

管理专利工作的部门应专利权人或者利害关系人的请求处理专

利侵权纠纷时,可以采取前款第(一)项、第(二)项、第(四)项所列措施。

负责专利执法的部门、管理专利工作的部门依法行使前两款规定的职权时,当事人应当予以协助、配合,不得拒绝、阻挠。

第七十条 【专利侵权纠纷的处理】 国务院专利行政部门可以应专利权人或者利害关系人的请求处理在全国有重大影响的专利侵权纠纷。

地方人民政府管理专利工作的部门应专利权人或者利害关系人请求处理专利侵权纠纷,对在本行政区域内侵犯其同一专利权的案件可以合并处理;对跨区域侵犯其同一专利权的案件可以请求上级地方人民政府管理专利工作的部门处理。

注释 《专利法实施细则》第九十六条规定:"有下列情形之一的,属于专利法第七十条所称的在全国有重大影响的专利侵权纠纷:(一)涉及重大公共利益的;(二)对行业发展有重大影响的;(三)跨省、自治区、直辖市区域的重大案件;(四)国务院专利行政部门认为可能有重大影响的其他情形。专利权人或者利害关系人请求国务院专利行政部门处理专利侵权纠纷,相关案件不属于在全国有重大影响的专利侵权纠纷的,国务院专利行政部门可以指定有管辖权的地方人民政府管理专利工作的部门处理。"

第七十一条 【侵权赔偿数额的确定】 侵犯专利权的赔偿数额按照权利人因被侵权所受到的实际损失或者侵权人因侵权所获得的利益确定;权利人的损失或者侵权人获得的利益难以确定的,参照该专利许可使用费的倍数合理确定。对故意侵犯专利权,情节严重的,可以在按照上述方法确定数额的一倍以上五倍以下确定赔偿数额。

权利人的损失、侵权人获得的利益和专利许可使用费均难以确定的,人民法院可以根据专利权的类型、侵权行为的性质和情节等因素,确定给予三万元以上五百万元以下的赔偿。

赔偿数额还应当包括权利人为制止侵权行为所支付的合理开支。

人民法院为确定赔偿数额,在权利人已经尽力举证,而与侵权行为相关的账簿、资料主要由侵权人掌握的情况下，可以责令侵权人提供与侵权行为相关的账簿、资料；侵权人不提供或者提供虚假的账簿、资料的，人民法院可以参考权利人的主张和提供的证据判定赔偿数额。

注释 权利人因被侵权所受到的实际损失可以根据专利权人的专利产品因侵权所造成销售量减少的总数乘以每件专利产品的合理利润所得之积计算。权利人销售量减少的总数难以确定的，侵权产品在市场上销售的总数乘以每件专利产品的合理利润所得之积可以视为权利人因被侵权所受到的实际损失。

侵权人因侵权所获得的利益可以根据该侵权产品在市场上销售的总数乘以每件侵权产品的合理利润所得之积计算。侵权人因侵权所获得的利益一般按照侵权人的营业利润计算，对于完全以侵权为业的侵权人，可以按照销售利润计算。

第七十二条 【诉前禁令】 专利权人或者利害关系人有证据证明他人正在实施或者即将实施侵犯专利权、妨碍其实现权利的行为，如不及时制止将会使其合法权益受到难以弥补的损害的，可以在起诉前依法向人民法院申请采取财产保全、责令作出一定行为或者禁止作出一定行为的措施。

案例 "芯片量产测试系统"侵害技术秘密行为保全措施案——侵害技术秘密案件中行为保全措施的适用（人民法院反不正当竞争典型案例）

案件适用要点：本案系人民法院首次在案件发回重审的同时裁定采取行为保全措施的典型案例，体现了人民法院加强知识产权司法保护的积极探索。案件发回重审时采取临时行为保全措施，有效降低了涉案技术信息再次被非法披露、使用的风险，为商业秘密权利人提供了强有力的保护。人民法院结合案件情况，及时采取行为保全措施，对于提高商业秘密保护的及时性和有效性具有示范意义。

第七十三条 【证据保全】 为了制止专利侵权行为，在证据可能灭失或者以后难以取得的情况下，专利权人或者利害关系人可以在起诉前依法向人民法院申请保全证据。

第七十四条 【诉讼时效】 侵犯专利权的诉讼时效为三年,自专利权人或者利害关系人知道或者应当知道侵权行为以及侵权人之日起计算。

发明专利申请公布后至专利权授予前使用该发明未支付适当使用费的,专利权人要求支付使用费的诉讼时效为三年,自专利权人知道或者应当知道他人使用其发明之日起计算,但是,专利权人于专利权授予之日前即已知道或者应当知道的,自专利权授予之日起计算。

注释 侵犯专利权的诉讼时效为3年,自专利权人或者利害关系人知道或者应当知道侵权行为之日起计算。权利人超过3年起诉的,如果侵权行为在起诉时仍在继续,在该项专利权有效期内,人民法院应当判决被告停止侵权行为,侵权损害赔偿数额应当自权利人向人民法院起诉之日起向前推算3年计算。

第七十五条 【专利侵权例外规定】 有下列情形之一的,不视为侵犯专利权:

(一) 专利产品或者依照专利方法直接获得的产品,由专利权人或者经其许可的单位、个人售出后,使用、许诺销售、销售、进口该产品的;

(二) 在专利申请日前已经制造相同产品、使用相同方法或者已经作好制造、使用的必要准备,并且仅在原有范围内继续制造、使用的;

(三) 临时通过中国领陆、领水、领空的外国运输工具,依照其所属国同中国签订的协议或者共同参加的国际条约,或者依照互惠原则,为运输工具自身需要而在其装置和设备中使用有关专利的;

(四) 专为科学研究和实验而使用有关专利的;

(五) 为提供行政审批所需要的信息,制造、使用、进口专利药品或者专利医疗器械的,以及专门为其制造、进口专利药品或者专利医疗器械的。

注释 本条是关于不构成侵犯专利权的行为的规定。

第一项是关于专利权用尽的规定。根据该项规定，专利产品或者依照专利方法直接获得的产品售出后，使用、许诺销售或者销售、进口该产品的，不构成侵犯专利权行为。这样规定的原因是，首先，专利权人自己制造或者经专利权人许可制造的产品在售出以后，权利人可以从中获利，权利人的权利已经实现，权利人不能就同一产品重复获利，因此专利权的效力在销售环节耗尽。其次，专利产品在售出以后，如果权利人还可以对该商品行使权利，不利于商品的流通和利用，而在实践中，要对已经售出的商品实行控制也是困难的。该项规定在法理上被称为专利权用尽。所谓专利权用尽，是指专利权经权利人行使以后即已耗尽，权利人不能无限制地重复行使专利权。专利权用尽包括时间上的耗尽，指专利权在某一时刻耗尽；空间上的耗尽，指专利权在某一地域范围内耗尽；对人耗尽，专利权相对于特定人耗尽。由于专利权用尽理论的基础是权利人已经行使了他的权利，所以，只有被合法投入市场的专利产品在售出以后，才不受专利权的约束。

第二项是关于在先使用的规定。使用在先人按照本项规定获得保护，需要符合以下条件：（1）实施或者准备实施行为。使用在先人必须已经开始制造相同的产品，使用相同的方法；或者为制造相同的产品，使用相同的方法做好了必要的准备。这里的实施只能是制造相同的产品或者使用相同的方法，不包括进口、许诺销售、销售或者使用相同的产品或者依照相同方法直接获得的产品。制造或者使用行为应当是为生产经营目的进行的。相同产品和相同方法指与已经申请并获得专利产品、专利方法相同的产品、方法。做了必要的准备是一个相对比较模糊的概念，一般可以从两方面判断，一方面是指使用人进行了相当的投资，已经形成或者初步形成了生产能力；另一方面指使用人的投资与实施专利技术之间有着密切的联系，形成的生产能力只能用于或者主要用于生产专利产品，使用专利方法。（2）时间。上述制造、使用或者为制造、使用所作的准备工作必须于专利申请日前已经进行。（3）实施限于原来的规模。在先使用人获得保护的范围，是在原有的范围内继续制造、使用。在原有的范围内，一般是指维持原来的产量，如果原来的产量并未达到生产设计能力，那么在原有设备生产能力下达到的产量，也应当被认为是在原有规模内。

第三项是关于外国交通工具临时过境的规定。交通运输工具处于不断流动的过程中，对于运输工具自身使用的专利技术要求专利保护，可能会限制运输工具进入某些地区，影响国际交通运输自由；同时，由于运输工具总是处于流动过程中，进入某些地域的时间非常短暂，对其使用的专利技术要求保护，在实际操作中也比较困难。

第七十六条 【与申请注册的药品相关的专利权纠纷】药品上市审评审批过程中，药品上市许可申请人与有关专利权人或者利害关系人，因申请注册的药品相关的专利权产生纠纷的，相关当事人可以向人民法院起诉，请求就申请注册的药品相关技术方案是否落入他人药品专利权保护范围作出判决。国务院药品监督管理部门在规定的期限内，可以根据人民法院生效裁判作出是否暂停批准相关药品上市的决定。

药品上市许可申请人与有关专利权人或者利害关系人也可以就申请注册的药品相关的专利权纠纷，向国务院专利行政部门请求行政裁决。

国务院药品监督管理部门会同国务院专利行政部门制定药品上市许可审批与药品上市许可申请阶段专利权纠纷解决的具体衔接办法，报国务院同意后实施。

第七十七条 【赔偿责任的免除】为生产经营目的使用、许诺销售或者销售不知道是未经专利权人许可而制造并售出的专利侵权产品，能证明该产品合法来源的，不承担赔偿责任。

注释 本条规定的法理基础是民法保护善意第三人的理论，按照该理论，如果行为人在为民事行为时主观上出于善意，并付出了相当的代价，只是因为其他原因而使行为具有违法性，根据公平原则，该善意行为人的权利应当得到合理保护。

根据本条获得保护，有以下要件：

1. 保护条件。首先，行为人在购买以及购买以后的使用或者销售过程中，并不知道他获得的产品是未经专利权人许可而制造并售出的专利产品。其次，行为人能够证明他的产品有合法来源，所谓合法来源，是指行为人通过合法的渠道取得产品，行为人可以通过提供正式的购销合同、商业发票等证明取得产品合法。

2. 保护范围。仅限于为生产经营目的使用、许诺销售或者销售上述产品的行为，不包括制造和进口专利产品的行为。

3. 保护内容。仅免除行为人承担赔偿责任的义务。也就是说，本条规定的行为仍然构成侵权行为，除了不需要承担赔偿责任以外，仍需承担其他的侵权责任，如停止侵权等。

第七十八条　【泄露国家秘密的处罚】违反本法第十九条规定向外国申请专利，泄露国家秘密的，由所在单位或者上级主管机关给予行政处分；构成犯罪的，依法追究刑事责任。

第七十九条　【主管部门推荐专利产品的禁止及处罚】管理专利工作的部门不得参与向社会推荐专利产品等经营活动。

管理专利工作的部门违反前款规定的，由其上级机关或者监察机关责令改正，消除影响，有违法收入的予以没收；情节严重的，对直接负责的主管人员和其他直接责任人员依法给予处分。

第八十条　【渎职处罚】从事专利管理工作的国家机关工作人员以及其他有关国家机关工作人员玩忽职守、滥用职权、徇私舞弊，构成犯罪的，依法追究刑事责任；尚不构成犯罪的，依法给予处分。

第八章　附　　则

第八十一条　【手续费用缴纳】向国务院专利行政部门申请专利和办理其他手续，应当按照规定缴纳费用。

第八十二条　【施行日期】本法自1985年4月1日起施行。

中华人民共和国专利法实施细则

（2001年6月15日中华人民共和国国务院令第306号公布 根据2002年12月28日《国务院关于修改〈中华人民共和国专利法实施细则〉的决定》第一次修订 根据2010年1月9日《国务院关于修改〈中华人民共和国专利法实施细则〉的决定》第二次修订 根据2023年12月11日《国务院关于修改〈中华人民共和国专利法实施细则〉的决定》第三次修订）

第一章 总 则

第一条 根据《中华人民共和国专利法》（以下简称专利法），制定本细则。

第二条 专利法和本细则规定的各种手续，应当以书面形式或者国务院专利行政部门规定的其他形式办理。以电子数据交换等方式能够有形地表现所载内容，并可以随时调取查用的数据电文（以下统称电子形式），视为书面形式。

第三条 依照专利法和本细则规定提交的各种文件应当使用中文；国家有统一规定的科技术语的，应当采用规范词；外国人名、地名和科技术语没有统一中文译文的，应当注明原文。

依照专利法和本细则规定提交的各种证件和证明文件是外文的，国务院专利行政部门认为必要时，可以要求当事人在指定期限内附送中文译文；期满未附送的，视为未提交该证件和证明文件。

第四条 向国务院专利行政部门邮寄的各种文件，以寄出的邮戳日为递交日；邮戳日不清晰的，除当事人能够提出证明外，以国务院专利行政部门收到日为递交日。

以电子形式向国务院专利行政部门提交各种文件的，以进入国务院专利行政部门指定的特定电子系统的日期为递交日。

国务院专利行政部门的各种文件,可以通过电子形式、邮寄、直接送交或者其他方式送达当事人。当事人委托专利代理机构的,文件送交专利代理机构;未委托专利代理机构的,文件送交请求书中指明的联系人。

国务院专利行政部门邮寄的各种文件,自文件发出之日起满15日,推定为当事人收到文件之日。当事人提供证据能够证明实际收到文件的日期的,以实际收到日为准。

根据国务院专利行政部门规定应当直接送交的文件,以交付日为送达日。

文件送交地址不清,无法邮寄的,可以通过公告的方式送达当事人。自公告之日起满1个月,该文件视为已经送达。

国务院专利行政部门以电子形式送达的各种文件,以进入当事人认可的电子系统的日期为送达日。

第五条 专利法和本细则规定的各种期限开始的当日不计算在期限内,自下一日开始计算。期限以年或者月计算的,以其最后一月的相应日为期限届满日;该月无相应日的,以该月最后一日为期限届满日;期限届满日是法定休假日的,以休假日后的第一个工作日为期限届满日。

第六条 当事人因不可抗拒的事由而延误专利法或者本细则规定的期限或者国务院专利行政部门指定的期限,导致其权利丧失的,自障碍消除之日起2个月内且自期限届满之日起2年内,可以向国务院专利行政部门请求恢复权利。

除前款规定的情形外,当事人因其他正当理由延误专利法或者本细则规定的期限或者国务院专利行政部门指定的期限,导致其权利丧失的,可以自收到国务院专利行政部门的通知之日起2个月内向国务院专利行政部门请求恢复权利;但是,延误复审请求期限的,可以自复审请求期限届满之日起2个月内向国务院专利行政部门请求恢复权利。

当事人依照本条第一款或者第二款的规定请求恢复权利的,应当提交恢复权利请求书,说明理由,必要时附具有关证明文件,并办理权利丧失前应当办理的相应手续；依照本条第二款的规定请求恢复权利的，还应当缴纳恢复权利请求费。

当事人请求延长国务院专利行政部门指定的期限的，应当在期限届满前，向国务院专利行政部门提交延长期限请求书，说明理由，并办有关手续。

本条第一款和第二款的规定不适用专利法第二十四条、第二十九条、第四十二条、第七十四条规定的期限。

第七条 专利申请涉及国防利益需要保密的，由国防专利机构受理并进行审查；国务院专利行政部门受理的专利申请涉及国防利益需要保密的，应当及时移交国防专利机构进行审查。经国防专利机构审查没有发现驳回理由的，由国务院专利行政部门作出授予国防专利权的决定。

国务院专利行政部门认为其受理的发明或者实用新型专利申请涉及国防利益以外的国家安全或者重大利益需要保密的，应当及时作出按照保密专利申请处理的决定，并通知申请人。保密专利申请的审查、复审以及保密专利权无效宣告的特殊程序，由国务院专利行政部门规定。

第八条 专利法第十九条所称在中国完成的发明或者实用新型，是指技术方案的实质性内容在中国境内完成的发明或者实用新型。

任何单位或者个人将在中国完成的发明或者实用新型向外国申请专利的，应当按照下列方式之一请求国务院专利行政部门进行保密审查：

（一）直接向外国申请专利或者向有关国外机构提交专利国际申请的，应当事先向国务院专利行政部门提出请求，并详细说明其技术方案；

（二）向国务院专利行政部门申请专利后拟向外国申请专利或者向有关国外机构提交专利国际申请的，应当在向外国申请专利或者向有关国外机构提交专利国际申请前向国务院专利行政部门提出请求。

向国务院专利行政部门提交专利国际申请的，视为同时提出了保密审查请求。

第九条 国务院专利行政部门收到依照本细则第八条规定递交的请求后，经过审查认为该发明或者实用新型可能涉及国家安全或者重大利益需要保密的，应当在请求递交日起 2 个月内向申请人发出保密审查通知；情况复杂的，可以延长 2 个月。

国务院专利行政部门依照前款规定通知进行保密审查的，应当在请求递交日起 4 个月内作出是否需要保密的决定，并通知申请人；情况复杂的，可以延长 2 个月。

第十条 专利法第五条所称违反法律的发明创造，不包括仅其实施为法律所禁止的发明创造。

第十一条 申请专利应当遵循诚实信用原则。提出各类专利申请应当以真实发明创造活动为基础，不得弄虚作假。

第十二条 除专利法第二十八条和第四十二条规定的情形外，专利法所称申请日，有优先权的，指优先权日。

本细则所称申请日，除另有规定的外，是指专利法第二十八条规定的申请日。

第十三条 专利法第六条所称执行本单位的任务所完成的职务发明创造，是指：

（一）在本职工作中作出的发明创造；

（二）履行本单位交付的本职工作之外的任务所作出的发明创造；

（三）退休、调离原单位后或者劳动、人事关系终止后 1 年内作出的，与其在原单位承担的本职工作或者原单位分配的任务有关的发明创造。

专利法第六条所称本单位，包括临时工作单位；专利法第六条所称本单位的物质技术条件，是指本单位的资金、设备、零部件、原材料或者不对外公开的技术信息和资料等。

第十四条 专利法所称发明人或者设计人，是指对发明创造的实质性特点作出创造性贡献的人。在完成发明创造过程中，只负责组织工作的人、为物质技术条件的利用提供方便的人或者从事其他辅助工作的人，不是发明人或者设计人。

第十五条　除依照专利法第十条规定转让专利权外，专利权因其他事由发生转移的，当事人应当凭有关证明文件或者法律文书向国务院专利行政部门办理专利权转移手续。

专利权人与他人订立的专利实施许可合同，应当自合同生效之日起3个月内向国务院专利行政部门备案。

以专利权出质的，由出质人和质权人共同向国务院专利行政部门办理出质登记。

第十六条　专利工作应当贯彻党和国家知识产权战略部署，提升我国专利创造、运用、保护、管理和服务水平，支持全面创新，促进创新型国家建设。

国务院专利行政部门应当提升专利信息公共服务能力，完整、准确、及时发布专利信息，提供专利基础数据，促进专利相关数据资源的开放共享、互联互通。

第二章　专利的申请

第十七条　申请专利的，应当向国务院专利行政部门提交申请文件。申请文件应当符合规定的要求。

申请人委托专利代理机构向国务院专利行政部门申请专利和办理其他专利事务的，应当同时提交委托书，写明委托权限。

申请人有2人以上且未委托专利代理机构的，除请求书中另有声明的外，以请求书中指明的第一申请人为代表人。

第十八条　依照专利法第十八条第一款的规定委托专利代理机构在中国申请专利和办理其他专利事务的，涉及下列事务，申请人或者专利权人可以自行办理：

（一）申请要求优先权的，提交第一次提出的专利申请（以下简称在先申请）文件副本；

（二）缴纳费用；

（三）国务院专利行政部门规定的其他事务。

第十九条　发明、实用新型或者外观设计专利申请的请求书应当写明下列事项：

（一）发明、实用新型或者外观设计的名称；

（二）申请人是中国单位或者个人的，其名称或者姓名、地址、邮政编码、统一社会信用代码或者身份证件号码；申请人是外国人、外国企业或者外国其他组织的，其姓名或者名称、国籍或者注册的国家或者地区；

（三）发明人或者设计人的姓名；

（四）申请人委托专利代理机构的，受托机构的名称、机构代码以及该机构指定的专利代理师的姓名、专利代理师资格证号码、联系电话；

（五）要求优先权的，在先申请的申请日、申请号以及原受理机构的名称；

（六）申请人或者专利代理机构的签字或者盖章；

（七）申请文件清单；

（八）附加文件清单；

（九）其他需要写明的有关事项。

第二十条 发明或者实用新型专利申请的说明书应当写明发明或者实用新型的名称，该名称应当与请求书中的名称一致。说明书应当包括下列内容：

（一）技术领域：写明要求保护的技术方案所属的技术领域；

（二）背景技术：写明对发明或者实用新型的理解、检索、审查有用的背景技术；有可能的，并引证反映这些背景技术的文件；

（三）发明内容：写明发明或者实用新型所要解决的技术问题以及解决其技术问题采用的技术方案，并对照现有技术写明发明或者实用新型的有益效果；

（四）附图说明：说明书有附图的，对各幅附图作简略说明；

（五）具体实施方式：详细写明申请人认为实现发明或者实用新型的优选方式；必要时，举例说明；有附图的，对照附图。

发明或者实用新型专利申请人应当按照前款规定的方式和顺序撰写说明书，并在说明书每一部分前面写明标题，除非其发明或者实用新型的性质用其他方式或者顺序撰写能节约说明书的篇幅并使他人能够准确理解其发明或者实用新型。

发明或者实用新型说明书应当用词规范、语句清楚，并不得使用"如权利要求……所述的……"一类的引用语，也不得使用商业性宣传用语。

发明专利申请包含一个或者多个核苷酸或者氨基酸序列的，说明书应当包括符合国务院专利行政部门规定的序列表。

实用新型专利申请说明书应当有表示要求保护的产品的形状、构造或者其结合的附图。

第二十一条 发明或者实用新型的几幅附图应当按照"图1，图2，……"顺序编号排列。

发明或者实用新型说明书文字部分中未提及的附图标记不得在附图中出现，附图中未出现的附图标记不得在说明书文字部分中提及。申请文件中表示同一组成部分的附图标记应当一致。

附图中除必需的词语外，不应当含有其他注释。

第二十二条 权利要求书应当记载发明或者实用新型的技术特征。

权利要求书有几项权利要求的，应当用阿拉伯数字顺序编号。

权利要求书中使用的科技术语应当与说明书中使用的科技术语一致，可以有化学式或者数学式，但是不得有插图。除绝对必要的外，不得使用"如说明书……部分所述"或者"如图……所示"的用语。

权利要求中的技术特征可以引用说明书附图中相应的标记，该标记应当放在相应的技术特征后并置于括号内，便于理解权利要求。附图标记不得解释为对权利要求的限制。

第二十三条 权利要求书应当有独立权利要求，也可以有从属权利要求。

独立权利要求应当从整体上反映发明或者实用新型的技术方案，记载解决技术问题的必要技术特征。

从属权利要求应当用附加的技术特征，对引用的权利要求作进一步限定。

第二十四条　发明或者实用新型的独立权利要求应当包括前序部分和特征部分，按照下列规定撰写：

（一）前序部分：写明要求保护的发明或者实用新型技术方案的主题名称和发明或者实用新型主题与最接近的现有技术共有的必要技术特征；

（二）特征部分：使用"其特征是……"或者类似的用语，写明发明或者实用新型区别于最接近的现有技术的技术特征。这些特征和前序部分写明的特征合在一起，限定发明或者实用新型要求保护的范围。

发明或者实用新型的性质不适于用前款方式表达的，独立权利要求可以用其他方式撰写。

一项发明或者实用新型应当只有一个独立权利要求，并写在同一发明或者实用新型的从属权利要求之前。

第二十五条　发明或者实用新型的从属权利要求应当包括引用部分和限定部分，按照下列规定撰写：

（一）引用部分：写明引用的权利要求的编号及其主题名称；

（二）限定部分：写明发明或者实用新型附加的技术特征。

从属权利要求只能引用在前的权利要求。引用两项以上权利要求的多项从属权利要求，只能以择一方式引用在前的权利要求，并不得作为另一项多项从属权利要求的基础。

第二十六条　说明书摘要应当写明发明或者实用新型专利申请所公开内容的概要，即写明发明或者实用新型的名称和所属技术领域，并清楚地反映所要解决的技术问题、解决该问题的技术方案的要点以及主要用途。

说明书摘要可以包含最能说明发明的化学式；有附图的专利申请，还应当在请求书中指定一幅最能说明该发明或者实用新型技术特征的说明书附图作为摘要附图。摘要中不得使用商业性宣传用语。

第二十七条　申请专利的发明涉及新的生物材料，该生物材料公众不能得到，并且对该生物材料的说明不足以使所属领域的技术

人员实施其发明的,除应当符合专利法和本细则的有关规定外,申请人还应当办理下列手续:

(一)在申请日前或者最迟在申请日(有优先权的,指优先权日),将该生物材料的样品提交国务院专利行政部门认可的保藏单位保藏,并在申请时或者最迟自申请日起4个月内提交保藏单位出具的保藏证明和存活证明;期满未提交证明的,该样品视为未提交保藏;

(二)在申请文件中,提供有关该生物材料特征的资料;

(三)涉及生物材料样品保藏的专利申请应当在请求书和说明书中写明该生物材料的分类命名(注明拉丁文名称)、保藏该生物材料样品的单位名称、地址、保藏日期和保藏编号;申请时未写明的,应当自申请日起4个月内补正;期满未补正的,视为未提交保藏。

第二十八条 发明专利申请人依照本细则第二十七条的规定保藏生物材料样品的,在发明专利申请公布后,任何单位或者个人需要将该专利申请所涉及的生物材料作为实验目的使用的,应当向国务院专利行政部门提出请求,并写明下列事项:

(一)请求人的姓名或者名称和地址;

(二)不向其他任何人提供该生物材料的保证;

(三)在授予专利权前,只作为实验目的使用的保证。

第二十九条 专利法所称遗传资源,是指取自人体、动物、植物或者微生物等含有遗传功能单位并具有实际或者潜在价值的材料和利用此类材料产生的遗传信息;专利法所称依赖遗传资源完成的发明创造,是指利用了遗传资源的遗传功能完成的发明创造。

就依赖遗传资源完成的发明创造申请专利的,申请人应当在请求书中予以说明,并填写国务院专利行政部门制定的表格。

第三十条 申请人应当就每件外观设计产品所需要保护的内容提交有关图片或者照片。

申请局部外观设计专利的,应当提交整体产品的视图,并用虚线与实线相结合或者其他方式表明所需要保护部分的内容。

申请人请求保护色彩的,应当提交彩色图片或者照片。

第三十一条　外观设计的简要说明应当写明外观设计产品的名称、用途，外观设计的设计要点，并指定一幅最能表明设计要点的图片或者照片。省略视图或者请求保护色彩的，应当在简要说明中写明。

对同一产品的多项相似外观设计提出一件外观设计专利申请的，应当在简要说明中指定其中一项作为基本设计。

申请局部外观设计专利的，应当在简要说明中写明请求保护的部分，已在整体产品的视图中用虚线与实线相结合方式表明的除外。

简要说明不得使用商业性宣传用语，也不得说明产品的性能。

第三十二条　国务院专利行政部门认为必要时，可以要求外观设计专利申请人提交使用外观设计的产品样品或者模型。样品或者模型的体积不得超过30厘米×30厘米×30厘米，重量不得超过15公斤。易腐、易损或者危险品不得作为样品或者模型提交。

第三十三条　专利法第二十四条第（二）项所称中国政府承认的国际展览会，是指国际展览会公约规定的在国际展览局注册或者由其认可的国际展览会。

专利法第二十四条第（三）项所称学术会议或者技术会议，是指国务院有关主管部门或者全国性学术团体组织召开的学术会议或者技术会议，以及国务院有关主管部门认可的由国际组织召开的学术会议或者技术会议。

申请专利的发明创造有专利法第二十四条第（二）项或者第（三）项所列情形的，申请人应当在提出专利申请时声明，并自申请日起2个月内提交有关发明创造已经展出或者发表，以及展出或者发表日期的证明文件。

申请专利的发明创造有专利法第二十四条第（一）项或者第（四）项所列情形的，国务院专利行政部门认为必要时，可以要求申请人在指定期限内提交证明文件。

申请人未依照本条第三款的规定提出声明和提交证明文件的，或者未依照本条第四款的规定在指定期限内提交证明文件的，其申请不适用专利法第二十四条的规定。

第三十四条 申请人依照专利法第三十条的规定要求外国优先权的,申请人提交的在先申请文件副本应当经原受理机构证明。依照国务院专利行政部门与该受理机构签订的协议,国务院专利行政部门通过电子交换等途径获得在先申请文件副本的,视为申请人提交了经该受理机构证明的在先申请文件副本。要求本国优先权,申请人在请求书中写明在先申请的申请日和申请号的,视为提交了在先申请文件副本。

要求优先权,但请求书中漏写或者错写在先申请的申请日、申请号和原受理机构名称中的一项或者两项内容的,国务院专利行政部门应当通知申请人在指定期限内补正;期满未补正的,视为未要求优先权。

要求优先权的申请人的姓名或者名称与在先申请文件副本中记载的申请人姓名或者名称不一致的,应当提交优先权转让证明材料,未提交该证明材料的,视为未要求优先权。

外观设计专利申请人要求外国优先权,其在先申请未包括对外观设计的简要说明,申请人按照本细则第三十一条规定提交的简要说明未超出在先申请文件的图片或者照片表示的范围的,不影响其享有优先权。

第三十五条 申请人在一件专利申请中,可以要求一项或者多项优先权;要求多项优先权的,该申请的优先权期限从最早的优先权日起计算。

发明或者实用新型专利申请人要求本国优先权,在先申请是发明专利申请的,可以就相同主题提出发明或者实用新型专利申请;在先申请是实用新型专利申请的,可以就相同主题提出实用新型或者发明专利申请。外观设计专利申请人要求本国优先权,在先申请是发明或者实用新型专利申请的,可以就附图显示的设计提出相同主题的外观设计专利申请;在先申请是外观设计专利申请的,可以就相同主题提出外观设计专利申请。但是,提出后一申请时,在先申请的主题有下列情形之一的,不得作为要求本国优先权的基础:

(一)已经要求外国优先权或者本国优先权的;

（二）已经被授予专利权的；

（三）属于按照规定提出的分案申请的。

申请人要求本国优先权的，其在先申请自后一申请提出之日起即视为撤回，但外观设计专利申请人要求以发明或者实用新型专利申请作为本国优先权基础的除外。

第三十六条 申请人超出专利法第二十九条规定的期限，向国务院专利行政部门就相同主题提出发明或者实用新型专利申请，有正当理由的，可以在期限届满之日起2个月内请求恢复优先权。

第三十七条 发明或者实用新型专利申请人要求了优先权的，可以自优先权日起16个月内或者自申请日起4个月内，请求在请求书中增加或者改正优先权要求。

第三十八条 在中国没有经常居所或者营业所的申请人，申请专利或者要求外国优先权的，国务院专利行政部门认为必要时，可以要求其提供下列文件：

（一）申请人是个人的，其国籍证明；

（二）申请人是企业或者其他组织的，其注册的国家或者地区的证明文件；

（三）申请人的所属国，承认中国单位和个人可以按照该国国民的同等条件，在该国享有专利权、优先权和其他与专利有关的权利的证明文件。

第三十九条 依照专利法第三十一条第一款规定，可以作为一件专利申请提出的属于一个总的发明构思的两项以上的发明或者实用新型，应当在技术上相互关联，包含一个或者多个相同或者相应的特定技术特征，其中特定技术特征是指每一项发明或者实用新型作为整体，对现有技术作出贡献的技术特征。

第四十条 依照专利法第三十一条第二款规定，将同一产品的多项相似外观设计作为一件申请提出的，对该产品的其他设计应当与简要说明中指定的基本设计相似。一件外观设计专利申请中的相似外观设计不得超过10项。

专利法第三十一条第二款所称同一类别并且成套出售或者使用

的产品的两项以上外观设计,是指各产品属于分类表中同一大类,习惯上同时出售或者同时使用,而且各产品的外观设计具有相同的设计构思。

将两项以上外观设计作为一件申请提出的,应当将各项外观设计的顺序编号标注在每件外观设计产品各幅图片或者照片的名称之前。

第四十一条 申请人撤回专利申请的,应当向国务院专利行政部门提出声明,写明发明创造的名称、申请号和申请日。

撤回专利申请的声明在国务院专利行政部门做好公布专利申请文件的印刷准备工作后提出的,申请文件仍予公布;但是,撤回专利申请的声明应当在以后出版的专利公报上予以公告。

第三章 专利申请的审查和批准

第四十二条 在初步审查、实质审查、复审和无效宣告程序中,实施审查和审理的人员有下列情形之一的,应当自行回避,当事人或者其他利害关系人可以要求其回避:

(一)是当事人或者其代理人的近亲属的;

(二)与专利申请或者专利权有利害关系的;

(三)与当事人或者其代理人有其他关系,可能影响公正审查和审理的;

(四)复审或者无效宣告程序中,曾参与原申请的审查的。

第四十三条 国务院专利行政部门收到发明或者实用新型专利申请的请求书、说明书(实用新型必须包括附图)和权利要求书,或者外观设计专利申请的请求书、外观设计的图片或者照片和简要说明后,应当明确申请日、给予申请号,并通知申请人。

第四十四条 专利申请文件有下列情形之一的,国务院专利行政部门不予受理,并通知申请人:

(一)发明或者实用新型专利申请缺少请求书、说明书(实用新型无附图)或者权利要求书的,或者外观设计专利申请缺少请求书、图片或者照片、简要说明的；

（二）未使用中文的；

（三）申请文件的格式不符合规定的；

（四）请求书中缺少申请人姓名或者名称，或者缺少地址的；

（五）明显不符合专利法第十七条或者第十八条第一款的规定的；

（六）专利申请类别（发明、实用新型或者外观设计）不明确或者难以确定的。

第四十五条 发明或者实用新型专利申请缺少或者错误提交权利要求书、说明书或者权利要求书、说明书的部分内容，但申请人在递交日要求了优先权的，可以自递交日起2个月内或者在国务院专利行政部门指定的期限内以援引在先申请文件的方式补交。补交的文件符合有关规定的，以首次提交文件的递交日为申请日。

第四十六条 说明书中写有对附图的说明但无附图或者缺少部分附图的，申请人应当在国务院专利行政部门指定的期限内补交附图或者声明取消对附图的说明。申请人补交附图的，以向国务院专利行政部门提交或者邮寄附图之日为申请日；取消对附图的说明的，保留原申请日。

第四十七条 两个以上的申请人同日（指申请日；有优先权的，指优先权日）分别就同样的发明创造申请专利的，应当在收到国务院专利行政部门的通知后自行协商确定申请人。

同一申请人在同日（指申请日）对同样的发明创造既申请实用新型专利又申请发明专利的，应当在申请时分别说明对同样的发明创造已申请了另一专利；未作说明的，依照专利法第九条第一款关于同样的发明创造只能授予一项专利权的规定处理。

国务院专利行政部门公告授予实用新型专利权，应当公告申请人已依照本条第二款的规定同时申请了发明专利的说明。

发明专利申请经审查没有发现驳回理由，国务院专利行政部门应当通知申请人在规定期限内声明放弃实用新型专利权。申请人声明放弃的，国务院专利行政部门应当作出授予发明专利权的决定，并在公告授予发明专利权时一并公告申请人放弃实用新型专利权声明。申请人不同意放弃的，国务院专利行政部门应当驳回该发明专利申请；申请人期满未答复的，视为撤回该发明专利申请。

实用新型专利权自公告授予发明专利权之日起终止。

第四十八条 一件专利申请包括两项以上发明、实用新型或者外观设计的，申请人可以在本细则第六十条第一款规定的期限届满前，向国务院专利行政部门提出分案申请；但是，专利申请已经被驳回、撤回或者视为撤回的，不能提出分案申请。

国务院专利行政部门认为一件专利申请不符合专利法第三十一条和本细则第三十九条或者第四十条的规定的，应当通知申请人在指定期限内对其申请进行修改；申请人期满未答复的，该申请视为撤回。

分案的申请不得改变原申请的类别。

第四十九条 依照本细则第四十八条规定提出的分案申请，可以保留原申请日，享有优先权的，可以保留优先权日，但是不得超出原申请记载的范围。

分案申请应当依照专利法及本细则的规定办理有关手续。

分案申请的请求书中应当写明原申请的申请号和申请日。

第五十条 专利法第三十四条和第四十条所称初步审查，是指审查专利申请是否具备专利法第二十六条或者第二十七条规定的文件和其他必要的文件，这些文件是否符合规定的格式，并审查下列各项：

（一）发明专利申请是否明显属于专利法第五条、第二十五条规定的情形，是否不符合专利法第十七条、第十八条第一款、第十九条第一款或者本细则第十一条、第十九条、第二十九条第二款的规定，是否明显不符合专利法第二条第二款、第二十六条第五款、三十一条第一款、第三十三条或者本细则第二十条至第二十四条的规定；

（二）实用新型专利申请是否明显属于专利法第五条、第二十五条规定的情形，是否不符合专利法第十七条、第十八条第一款、第十九条第一款或者本细则第十一条、第十九条至第二十二条、第二十四条至第二十六条的规定，是否明显不符合专利法第二条第三款、第二十二条、第二十六条第三款、第二十六条第四款、第三十一条第一款、第三十三条或者本细则第二十三条、第四十九条第一款的规定，是否依照专利法第九条规定不能取得专利权；

（三）外观设计专利申请是否明显属于专利法第五条、第二十五条第一款第（六）项规定的情形，是否不符合专利法第十七条、第十八条第一款或者本细则第十一条、第十九条、第三十条、第三十一条的规定，是否明显不符合专利法第二条第四款、第二十三条第一款、第二十三条第二款、第二十七条第二款、第三十一条第二款、第三十三条或者本细则第四十九条第一款的规定，是否依照专利法第九条规定不能取得专利权；

（四）申请文件是否符合本细则第二条、第三条第一款的规定。

国务院专利行政部门应当将审查意见通知申请人，要求其在指定期限内陈述意见或者补正；申请人期满未答复的，其申请视为撤回。申请人陈述意见或者补正后，国务院专利行政部门仍然认为不符合前款所列各项规定的，应当予以驳回。

第五十一条 除专利申请文件外，申请人向国务院专利行政部门提交的与专利申请有关的其他文件有下列情形之一的，视为未提交：

（一）未使用规定的格式或者填写不符合规定的；

（二）未按照规定提交证明材料的。

国务院专利行政部门应当将视为未提交的审查意见通知申请人。

第五十二条 申请人请求早日公布其发明专利申请的，应当向国务院专利行政部门声明。国务院专利行政部门对该申请进行初步审查后，除予以驳回的外，应当立即将申请予以公布。

第五十三条 申请人写明使用外观设计的产品及其所属类别的，应当使用国务院专利行政部门公布的外观设计产品分类表。未写明使用外观设计的产品所属类别或者所写的类别不确切的，国务院专利行政部门可以予以补充或者修改。

第五十四条　自发明专利申请公布之日起至公告授予专利权之日止，任何人均可以对不符合专利法规定的专利申请向国务院专利行政部门提出意见，并说明理由。

第五十五条　发明专利申请人因有正当理由无法提交专利法第三十六条规定的检索资料或者审查结果资料的，应当向国务院专利行政部门声明，并在得到有关资料后补交。

第五十六条　国务院专利行政部门依照专利法第三十五条第二款的规定对专利申请自行进行审查时，应当通知申请人。

申请人可以对专利申请提出延迟审查请求。

第五十七条　发明专利申请人在提出实质审查请求时以及在收到国务院专利行政部门发出的发明专利申请进入实质审查阶段通知书之日起的3个月内，可以对发明专利申请主动提出修改。

实用新型或者外观设计专利申请人自申请日起2个月内，可以对实用新型或者外观设计专利申请主动提出修改。

申请人在收到国务院专利行政部门发出的审查意见通知书后对专利申请文件进行修改的，应当针对通知书指出的缺陷进行修改。

国务院专利行政部门可以自行修改专利申请文件中文字和符号的明显错误。国务院专利行政部门自行修改的，应当通知申请人。

第五十八条　发明或者实用新型专利申请的说明书或者权利要求书的修改部分，除个别文字修改或者增删外，应当按照规定格式提交替换页。外观设计专利申请的图片或者照片的修改，应当按照规定提交替换页。

第五十九条　依照专利法第三十八条的规定，发明专利申请经实质审查应当予以驳回的情形是指：

（一）申请属于专利法第五条、第二十五条规定的情形，或者依照专利法第九条规定不能取得专利权的；

（二）申请不符合专利法第二条第二款、第十九条第一款、第二十二条、第二十六条第三款、第二十六条第四款、第二十六条第五款、第三十一条第一款或者本细则第十一条、第二十三条第二款规定的；

（三）申请的修改不符合专利法第三十三条规定，或者分案的申请不符合本细则第四十九条第一款的规定的。

第六十条 国务院专利行政部门发出授予专利权的通知后，申请人应当自收到通知之日起 2 个月内办理登记手续。申请人按期办理登记手续的，国务院专利行政部门应当授予专利权，颁发专利证书，并予以公告。

期满未办理登记手续的，视为放弃取得专利权的权利。

第六十一条 保密专利申请经审查没有发现驳回理由的，国务院专利行政部门应当作出授予保密专利权的决定，颁发保密专利证书，登记保密专利权的有关事项。

第六十二条 授予实用新型或者外观设计专利权的决定公告后，专利法第六十六条规定的专利权人、利害关系人、被控侵权人可以请求国务院专利行政部门作出专利权评价报告。申请人可以在办理专利权登记手续时请求国务院专利行政部门作出专利权评价报告。

请求作出专利权评价报告的，应当提交专利权评价报告请求书，写明专利申请号或者专利号。每项请求应当限于一项专利申请或者专利权。

专利权评价报告请求书不符合规定的，国务院专利行政部门应当通知请求人在指定期限内补正；请求人期满未补正的，视为未提出请求。

第六十三条 国务院专利行政部门应当自收到专利权评价报告请求书后 2 个月内作出专利权评价报告，但申请人在办理专利权登记手续时请求作出专利权评价报告的，国务院专利行政部门应当自公告授予专利权之日起 2 个月内作出专利权评价报告。

对同一项实用新型或者外观设计专利权，有多个请求人请求作出专利权评价报告的，国务院专利行政部门仅作出一份专利权评价报告。任何单位或者个人可以查阅或者复制该专利权评价报告。

第六十四条 国务院专利行政部门对专利公告、专利单行本中出现的错误，一经发现，应当及时更正，并对所作更正予以公告。

第四章 专利申请的复审与专利权的无效宣告

第六十五条 依照专利法第四十一条的规定向国务院专利行政部门请求复审的，应当提交复审请求书，说明理由，必要时还应当附具有关证据。

复审请求不符合专利法第十八条第一款或者第四十一条第一款规定的，国务院专利行政部门不予受理，书面通知复审请求人并说明理由。

复审请求书不符合规定格式的，复审请求人应当在国务院专利行政部门指定的期限内补正；期满未补正的，该复审请求视为未提出。

第六十六条 请求人在提出复审请求或者在对国务院专利行政部门的复审通知书作出答复时，可以修改专利申请文件；但是，修改应当仅限于消除驳回决定或者复审通知书指出的缺陷。

第六十七条 国务院专利行政部门进行复审后，认为复审请求不符合专利法和本细则有关规定或者专利申请存在其他明显违反专利法和本细则有关规定情形的，应当通知复审请求人，要求其在指定期限内陈述意见。期满未答复的，该复审请求视为撤回；经陈述意见或者进行修改后，国务院专利行政部门认为仍不符合专利法和本细则有关规定的，应当作出驳回复审请求的复审决定。

国务院专利行政部门进行复审后，认为原驳回决定不符合专利法和本细则有关规定的，或者认为经过修改的专利申请文件消除了原驳回决定和复审通知书指出的缺陷的，应当撤销原驳回决定，继续进行审查程序。

第六十八条 复审请求人在国务院专利行政部门作出决定前，可以撤回其复审请求。

复审请求人在国务院专利行政部门作出决定前撤回其复审请求的，复审程序终止。

第六十九条 依照专利法第四十五条的规定，请求宣告专利权无效或者部分无效的，应当向国务院专利行政部门提交专利权无效宣告请求书和必要的证据一式两份。无效宣告请求书应当结合提交的所有证据，具体说明无效宣告请求的理由，并指明每项理由所依据的证据。

前款所称无效宣告请求的理由，是指被授予专利的发明创造不符合专利法第二条、第十九条第一款、第二十二条、第二十三条、第二十六条第三款、第二十六条第四款、第二十七条第二款、第三十三条或者本细则第十一条、第二十三条第二款、第四十九条第一款的规定，或者属于专利法第五条、第二十五条规定的情形，或者依照专利法第九条规定不能取得专利权。

第七十条 专利权无效宣告请求不符合专利法第十八条第一款或者本细则第六十九条规定的，国务院专利行政部门不予受理。

在国务院专利行政部门就无效宣告请求作出决定之后，又以同样的理由和证据请求无效宣告的，国务院专利行政部门不予受理。

以不符合专利法第二十三条第三款的规定为理由请求宣告外观设计专利权无效，但是未提交证明权利冲突的证据的，国务院专利行政部门不予受理。

专利权无效宣告请求书不符合规定格式的，无效宣告请求人应当在国务院专利行政部门指定的期限内补正；期满未补正的，该无效宣告请求视为未提出。

第七十一条 在国务院专利行政部门受理无效宣告请求后，请求人可以在提出无效宣告请求之日起1个月内增加理由或者补充证据。逾期增加理由或者补充证据的，国务院专利行政部门可以不予考虑。

第七十二条 国务院专利行政部门应当将专利权无效宣告请求书和有关文件的副本送交专利权人，要求其在指定的期限内陈述意见。

专利权人和无效宣告请求人应当在指定期限内答复国务院专利行政部门发出的转送文件通知书或者无效宣告请求审查通知书；期满未答复的，不影响国务院专利行政部门审理。

第七十三条 在无效宣告请求的审查过程中,发明或者实用新型专利的专利权人可以修改其权利要求书,但是不得扩大原专利的保护范围。国务院专利行政部门在修改后的权利要求基础上作出维持专利权有效或者宣告专利权部分无效的决定的,应当公告修改后的权利要求。

发明或者实用新型专利的专利权人不得修改专利说明书和附图,外观设计专利的专利权人不得修改图片、照片和简要说明。

第七十四条 国务院专利行政部门根据当事人的请求或者案情需要,可以决定对无效宣告请求进行口头审理。

国务院专利行政部门决定对无效宣告请求进行口头审理的,应当向当事人发出口头审理通知书,告知举行口头审理的日期和地点。当事人应当在通知书指定的期限内作出答复。

无效宣告请求人对国务院专利行政部门发出的口头审理通知书在指定的期限内未作答复,并且不参加口头审理的,其无效宣告请求视为撤回;专利权人不参加口头审理的,可以缺席审理。

第七十五条 在无效宣告请求审查程序中,国务院专利行政部门指定的期限不得延长。

第七十六条 国务院专利行政部门对无效宣告的请求作出决定前,无效宣告请求人可以撤回其请求。

国务院专利行政部门作出决定之前,无效宣告请求人撤回其请求或者其无效宣告请求被视为撤回的,无效宣告请求审查程序终止。但是,国务院专利行政部门认为根据已进行的审查工作能够作出宣告专利权无效或者部分无效的决定的,不终止审查程序。

第五章 专利权期限补偿

第七十七条 依照专利法第四十二条第二款的规定请求给予专利权期限补偿的,专利权人应当自公告授予专利权之日起 3 个月内向国务院专利行政部门提出。

第七十八条 依照专利法第四十二条第二款的规定给予专利权

期限补偿的，补偿期限按照发明专利在授权过程中不合理延迟的实际天数计算。

前款所称发明专利在授权过程中不合理延迟的实际天数，是指自发明专利申请日起满4年且自实质审查请求之日起满3年之日至公告授予专利权之日的间隔天数，减去合理延迟的天数和由申请人引起的不合理延迟的天数。

下列情形属于合理延迟：

（一）依照本细则第六十六条的规定修改专利申请文件后被授予专利权的，因复审程序引起的延迟；

（二）因本细则第一百零三条、第一百零四条规定情形引起的延迟；

（三）其他合理情形引起的延迟。

同一申请人同日对同样的发明创造既申请实用新型专利又申请发明专利，依照本细则第四十七条第四款的规定取得发明专利权的，该发明专利权的期限不适用专利法第四十二条第二款的规定。

第七十九条 专利法第四十二条第二款规定的由申请人引起的不合理延迟包括以下情形：

（一）未在指定期限内答复国务院专利行政部门发出的通知；

（二）申请延迟审查；

（三）因本细则第四十五条规定情形引起的延迟；

（四）其他由申请人引起的不合理延迟。

第八十条 专利法第四十二条第三款所称新药相关发明专利是指符合规定的新药产品专利、制备方法专利、医药用途专利。

第八十一条 依照专利法第四十二条第三款的规定请求给予新药相关发明专利权期限补偿的，应当符合下列要求，自该新药在中国获得上市许可之日起3个月内向国务院专利行政部门提出：

（一）该新药同时存在多项专利的，专利权人只能请求对其中一项专利给予专利权期限补偿；

（二）一项专利同时涉及多个新药的，只能对一个新药就该专利提出专利权期限补偿请求；

（三）该专利在有效期内，且尚未获得过新药相关发明专利权期限补偿。

第八十二条 依照专利法第四十二条第三款的规定给予专利权期限补偿的，补偿期限按照该专利申请日至该新药在中国获得上市许可之日的间隔天数减去 5 年，在符合专利法第四十二条第三款规定的基础上确定。

第八十三条 新药相关发明专利在专利权期限补偿期间，该专利的保护范围限于该新药及其经批准的适应症相关技术方案；在保护范围内，专利权人享有的权利和承担的义务与专利权期限补偿前相同。

第八十四条 国务院专利行政部门对依照专利法第四十二条第二款、第三款的规定提出的专利权期限补偿请求进行审查后，认为符合补偿条件的，作出给予期限补偿的决定，并予以登记和公告；不符合补偿条件的，作出不予期限补偿的决定，并通知提出请求的专利权人。

第六章 专利实施的特别许可

第八十五条 专利权人自愿声明对其专利实行开放许可的，应当在公告授予专利权后提出。

开放许可声明应当写明以下事项：

（一）专利号；
（二）专利权人的姓名或者名称；
（三）专利许可使用费支付方式、标准；
（四）专利许可期限；
（五）其他需要明确的事项。

开放许可声明内容应当准确、清楚，不得出现商业性宣传用语。

第八十六条 专利权有下列情形之一的，专利权人不得对其实行开放许可：

（一）专利权处于独占或者排他许可有效期限内的；

（二）属于本细则第一百零三条、第一百零四条规定的中止情形的；

（三）没有按照规定缴纳年费的；

（四）专利权被质押，未经质权人同意的；

（五）其他妨碍专利权有效实施的情形。

第八十七条 通过开放许可达成专利实施许可的，专利权人或者被许可人应当凭能够证明达成许可的书面文件向国务院专利行政部门备案。

第八十八条 专利权人不得通过提供虚假材料、隐瞒事实等手段，作出开放许可声明或者在开放许可实施期间获得专利年费减免。

第八十九条 专利法第五十三条第（一）项所称未充分实施其专利，是指专利权人及其被许可人实施其专利的方式或者规模不能满足国内对专利产品或者专利方法的需求。

专利法第五十五条所称取得专利权的药品，是指解决公共健康问题所需的医药领域中的任何专利产品或者依照专利方法直接获得的产品，包括取得专利权的制造该产品所需的活性成分以及使用该产品所需的诊断用品。

第九十条 请求给予强制许可的，应当向国务院专利行政部门提交强制许可请求书，说明理由并附具有关证明文件。

国务院专利行政部门应当将强制许可请求书的副本送交专利权人，专利权人应当在国务院专利行政部门指定的期限内陈述意见；期满未答复的，不影响国务院专利行政部门作出决定。

国务院专利行政部门在作出驳回强制许可请求的决定或者给予强制许可的决定前，应当通知请求人和专利权人拟作出的决定及其理由。

国务院专利行政部门依照专利法第五十五条的规定作出给予强制许可的决定，应当同时符合中国缔结或者参加的有关国际条约关于为了解决公共健康问题而给予强制许可的规定，但中国作出保留的除外。

第九十一条 依照专利法第六十二条的规定，请求国务院专利行政部门裁决使用费数额的，当事人应当提出裁决请求书，并附具双方不能达成协议的证明文件。国务院专利行政部门应当自收到请求书之日起3个月内作出裁决，并通知当事人。

第七章　对职务发明创造的发明人或者设计人的奖励和报酬

第九十二条　被授予专利权的单位可以与发明人、设计人约定或者在其依法制定的规章制度中规定专利法第十五条规定的奖励、报酬的方式和数额。鼓励被授予专利权的单位实行产权激励，采取股权、期权、分红等方式，使发明人或者设计人合理分享创新收益。

企业、事业单位给予发明人或者设计人的奖励、报酬，按照国家有关财务、会计制度的规定进行处理。

第九十三条　被授予专利权的单位未与发明人、设计人约定也未在其依法制定的规章制度中规定专利法第十五条规定的奖励的方式和数额的，应当自公告授予专利权之日起3个月内发给发明人或者设计人奖金。一项发明专利的奖金最低不少于4000元；一项实用新型专利或者外观设计专利的奖金最低不少于1500元。

由于发明人或者设计人的建议被其所属单位采纳而完成的发明创造，被授予专利权的单位应当从优发给奖金。

第九十四条　被授予专利权的单位未与发明人、设计人约定也未在其依法制定的规章制度中规定专利法第十五条规定的报酬的方式和数额的，应当依照《中华人民共和国促进科技成果转化法》的规定，给予发明人或者设计人合理的报酬。

第八章　专利权的保护

第九十五条　省、自治区、直辖市人民政府管理专利工作的部门以及专利管理工作量大又有实际处理能力的地级市、自治州、盟、地区和直辖市的区人民政府管理专利工作的部门，可以处理和调解专利纠纷。

第九十六条 有下列情形之一的，属于专利法第七十条所称的在全国有重大影响的专利侵权纠纷：

（一）涉及重大公共利益的；
（二）对行业发展有重大影响的；
（三）跨省、自治区、直辖市区域的重大案件；
（四）国务院专利行政部门认为可能有重大影响的其他情形。

专利权人或者利害关系人请求国务院专利行政部门处理专利侵权纠纷，相关案件不属于在全国有重大影响的专利侵权纠纷的，国务院专利行政部门可以指定有管辖权的地方人民政府管理专利工作的部门处理。

第九十七条 当事人请求处理专利侵权纠纷或者调解专利纠纷的，由被请求人所在地或者侵权行为地的管理专利工作的部门管辖。

两个以上管理专利工作的部门都有管辖权的专利纠纷，当事人可以向其中一个管理专利工作的部门提出请求；当事人向两个以上有管辖权的管理专利工作的部门提出请求的，由最先受理的管理专利工作的部门管辖。

管理专利工作的部门对管辖权发生争议的，由其共同的上级人民政府管理专利工作的部门指定管辖；无共同上级人民政府管理专利工作的部门的，由国务院专利行政部门指定管辖。

第九十八条 在处理专利侵权纠纷过程中，被请求人提出无效宣告请求并被国务院专利行政部门受理的，可以请求管理专利工作的部门中止处理。

管理专利工作的部门认为被请求人提出的中止理由明显不能成立的，可以不中止处理。

第九十九条 专利权人依照专利法第十六条的规定，在其专利产品或者该产品的包装上标明专利标识的，应当按照国务院专利行政部门规定的方式予以标明。

专利标识不符合前款规定的，由县级以上负责专利执法的部门责令改正。

第一百条 申请人或者专利权人违反本细则第十一条、第八十八条规定的，由县级以上负责专利执法的部门予以警告，可以处10万元以下的罚款。

第一百零一条 下列行为属于专利法第六十八条规定的假冒专利的行为：

（一）在未被授予专利权的产品或者其包装上标注专利标识，专利权被宣告无效后或者终止后继续在产品或者其包装上标注专利标识，或者未经许可在产品或者产品包装上标注他人的专利号；

（二）销售第（一）项所述产品；

（三）在产品说明书等材料中将未被授予专利权的技术或者设计称为专利技术或者专利设计，将专利申请称为专利，或者未经许可使用他人的专利号，使公众将所涉及的技术或者设计误认为是专利技术或者专利设计；

（四）伪造或者变造专利证书、专利文件或者专利申请文件；

（五）其他使公众混淆，将未被授予专利权的技术或者设计误认为是专利技术或者专利设计的行为。

专利权终止前依法在专利产品、依照专利方法直接获得的产品或者其包装上标注专利标识，在专利权终止后许诺销售、销售该产品的，不属于假冒专利行为。

销售不知道是假冒专利的产品，并且能够证明该产品合法来源的，由县级以上负责专利执法的部门责令停止销售。

第一百零二条 除专利法第六十五条规定的外，管理专利工作的部门应当事人请求，可以对下列专利纠纷进行调解：

（一）专利申请权和专利权归属纠纷；

（二）发明人、设计人资格纠纷；

（三）职务发明创造的发明人、设计人的奖励和报酬纠纷；

（四）在发明专利申请公布后专利权授予前使用发明而未支付适当费用的纠纷；

（五）其他专利纠纷。

对于前款第（四）项所列的纠纷，当事人请求管理专利工作的部门调解的，应当在专利权被授予之后提出。

第一百零三条　当事人因专利申请权或者专利权的归属发生纠纷，已请求管理专利工作的部门调解或者向人民法院起诉的，可以请求国务院专利行政部门中止有关程序。

　　依照前款规定请求中止有关程序的，应当向国务院专利行政部门提交请求书，说明理由，并附具管理专利工作的部门或者人民法院的写明申请号或者专利号的有关受理文件副本。国务院专利行政部门认为当事人提出的中止理由明显不能成立的，可以不中止有关程序。

　　管理专利工作的部门作出的调解书或者人民法院作出的判决生效后，当事人应当向国务院专利行政部门办理恢复有关程序的手续。自请求中止之日起1年内，有关专利申请权或者专利权归属的纠纷未能结案，需要继续中止有关程序的，请求人应当在该期限内请求延长中止。期满未请求延长的，国务院专利行政部门自行恢复有关程序。

　　第一百零四条　人民法院在审理民事案件中裁定对专利申请权或者专利权采取保全措施的，国务院专利行政部门应当在收到写明申请号或者专利号的裁定书和协助执行通知书之日中止被保全的专利申请权或者专利权的有关程序。保全期限届满，人民法院没有裁定继续采取保全措施的，国务院专利行政部门自行恢复有关程序。

　　第一百零五条　国务院专利行政部门根据本细则第一百零三条和第一百零四条规定中止有关程序，是指暂停专利申请的初步审查、实质审查、复审程序，授予专利权程序和专利权无效宣告程序；暂停办理放弃、变更、转移专利权或者专利申请权手续，专利权质押手续以及专利权期限届满前的终止手续等。

第九章　专利登记和专利公报

　　第一百零六条　国务院专利行政部门设置专利登记簿，登记下列与专利申请和专利权有关的事项：

　　（一）专利权的授予；

　　（二）专利申请权、专利权的转移；

　　（三）专利权的质押、保全及其解除；

（四）专利实施许可合同的备案；

（五）国防专利、保密专利的解密；

（六）专利权的无效宣告；

（七）专利权的终止；

（八）专利权的恢复；

（九）专利权期限的补偿；

（十）专利实施的开放许可；

（十一）专利实施的强制许可；

（十二）专利权人的姓名或者名称、国籍和地址的变更。

第一百零七条 国务院专利行政部门定期出版专利公报，公布或者公告下列内容：

（一）发明专利申请的著录事项和说明书摘要；

（二）发明专利申请的实质审查请求和国务院专利行政部门对发明专利申请自行进行实质审查的决定；

（三）发明专利申请公布后的驳回、撤回、视为撤回、视为放弃、恢复和转移；

（四）专利权的授予以及专利权的著录事项；

（五）实用新型专利的说明书摘要，外观设计专利的一幅图片或者照片；

（六）国防专利、保密专利的解密；

（七）专利权的无效宣告；

（八）专利权的终止、恢复；

（九）专利权期限的补偿；

（十）专利权的转移；

（十一）专利实施许可合同的备案；

（十二）专利权的质押、保全及其解除；

（十三）专利实施的开放许可事项；

（十四）专利实施的强制许可的给予；

（十五）专利权人的姓名或者名称、国籍和地址的变更；

（十六）文件的公告送达；

（十七）国务院专利行政部门作出的更正；

（十八）其他有关事项。

第一百零八条 国务院专利行政部门应当提供专利公报、发明专利申请单行本以及发明专利、实用新型专利、外观设计专利单行本，供公众免费查阅。

第一百零九条 国务院专利行政部门负责按照互惠原则与其他国家、地区的专利机关或者区域性专利组织交换专利文献。

第十章 费 用

第一百一十条 向国务院专利行政部门申请专利和办理其他手续时，应当缴纳下列费用：

（一）申请费、申请附加费、公布印刷费、优先权要求费；

（二）发明专利申请实质审查费、复审费；

（三）年费；

（四）恢复权利请求费、延长期限请求费；

（五）著录事项变更费、专利权评价报告请求费、无效宣告请求费、专利文件副本证明费。

前款所列各种费用的缴纳标准，由国务院发展改革部门、财政部门会同国务院专利行政部门按照职责分工规定。国务院财政部门、发展改革部门可以会同国务院专利行政部门根据实际情况对申请专利和办理其他手续应当缴纳的费用种类和标准进行调整。

第一百一十一条 专利法和本细则规定的各种费用，应当严格按照规定缴纳。

直接向国务院专利行政部门缴纳费用的，以缴纳当日为缴费日；以邮局汇付方式缴纳费用的，以邮局汇出的邮戳日为缴费日；以银行汇付方式缴纳费用的，以银行实际汇出日为缴费日。

多缴、重缴、错缴专利费用的，当事人可以自缴费日起3年内，向国务院专利行政部门提出退款请求，国务院专利行政部门应当予以退还。

第一百一十二条　申请人应当自申请日起2个月内或者在收到受理通知书之日起15日内缴纳申请费、公布印刷费和必要的申请附加费；期满未缴纳或者未缴足的，其申请视为撤回。

　　申请人要求优先权的，应当在缴纳申请费的同时缴纳优先权要求费；期满未缴纳或者未缴足的，视为未要求优先权。

　　第一百一十三条　当事人请求实质审查或者复审的，应当在专利法及本细则规定的相关期限内缴纳费用；期满未缴纳或者未缴足的，视为未提出请求。

　　第一百一十四条　申请人办理登记手续时，应当缴纳授予专利权当年的年费；期满未缴纳或者未缴足的，视为未办理登记手续。

　　第一百一十五条　授予专利权当年以后的年费应当在上一年度期满前缴纳。专利权人未缴纳或者未缴足的，国务院专利行政部门应当通知专利权人自应当缴纳年费期满之日起6个月内补缴，同时缴纳滞纳金；滞纳金的金额按照每超过规定的缴费时间1个月，加收当年全额年费的5%计算；期满未缴纳的，专利权自应当缴纳年费期满之日起终止。

　　第一百一十六条　恢复权利请求费应当在本细则规定的相关期限内缴纳；期满未缴纳或者未缴足的，视为未提出请求。

　　延长期限请求费应当在相应期限届满之日前缴纳；期满未缴纳或者未缴足的，视为未提出请求。

　　著录事项变更费、专利权评价报告请求费、无效宣告请求费应当自提出请求之日起1个月内缴纳；期满未缴纳或者未缴足的，视为未提出请求。

　　第一百一十七条　申请人或者专利权人缴纳本细则规定的各种费用有困难的，可以按照规定向国务院专利行政部门提出减缴的请求。减缴的办法由国务院财政部门会同国务院发展改革部门、国务院专利行政部门规定。

第十一章　关于发明、实用新型国际申请的特别规定

　　第一百一十八条　国务院专利行政部门根据专利法第十九条规

定，受理按照专利合作条约提出的专利国际申请。

按照专利合作条约提出并指定中国的专利国际申请（以下简称国际申请）进入国务院专利行政部门处理阶段（以下称进入中国国家阶段）的条件和程序适用本章的规定；本章没有规定的，适用专利法及本细则其他各章的有关规定。

第一百一十九条 按照专利合作条约已确定国际申请日并指定中国的国际申请，视为向国务院专利行政部门提出的专利申请，该国际申请日视为专利法第二十八条所称的申请日。

第一百二十条 国际申请的申请人应当在专利合作条约第二条所称的优先权日（本章简称优先权日）起30个月内，向国务院专利行政部门办理进入中国国家阶段的手续；申请人未在该期限内办理该手续的，在缴纳宽限费后，可以在自优先权日起32个月内办理进入中国国家阶段的手续。

第一百二十一条 申请人依照本细则第一百二十条的规定办理进入中国国家阶段的手续的，应当符合下列要求：

（一）以中文提交进入中国国家阶段的书面声明，写明国际申请号和要求获得的专利权类型；

（二）缴纳本细则第一百一十条第一款规定的申请费、公布印刷费，必要时缴纳本细则第一百二十条规定的宽限费；

（三）国际申请以外文提出的，提交原始国际申请的说明书和权利要求书的中文译文；

（四）在进入中国国家阶段的书面声明中写明发明创造的名称，申请人姓名或者名称、地址和发明人的姓名，上述内容应当与世界知识产权组织国际局（以下简称国际局）的记录一致；国际申请中未写明发明人的，在上述声明中写明发明人的姓名；

（五）国际申请以外文提出的，提交摘要的中文译文，有附图和摘要附图的，提交附图副本并指定摘要附图，附图中有文字的，将其替换为对应的中文文字；

（六）在国际阶段向国际局已办理申请人变更手续的，必要时提供变更后的申请人享有申请权的证明材料；

（七）必要时缴纳本细则第一百一十条第一款规定的申请附加费。

符合本条第一款第（一）项至第（三）项要求的，国务院专利行政部门应当给予申请号，明确国际申请进入中国国家阶段的日期（以下简称进入日），并通知申请人其国际申请已进入中国国家阶段。

国际申请已进入中国国家阶段，但不符合本条第一款第（四）项至第（七）项要求的，国务院专利行政部门应当通知申请人在指定期限内补正；期满未补正的，其申请视为撤回。

第一百二十二条 国际申请有下列情形之一的，其在中国的效力终止：

（一）在国际阶段，国际申请被撤回或者被视为撤回，或者国际申请对中国的指定被撤回的；

（二）申请人未在优先权日起 32 个月内按照本细则第一百二十条规定办理进入中国国家阶段手续的；

（三）申请人办理进入中国国家阶段的手续，但自优先权日起 32 个月期限届满仍不符合本细则第一百二十一条第（一）项至第（三）项要求的。

依照前款第（一）项的规定，国际申请在中国的效力终止的，不适用本细则第六条的规定；依照前款第（二）项、第（三）项的规定，国际申请在中国的效力终止的，不适用本细则第六条第二款的规定。

第一百二十三条 国际申请在国际阶段作过修改，申请人要求以经修改的申请文件为基础进行审查的，应当自进入日起 2 个月内提交修改部分的中文译文。在该期间内未提交中文译文的，对申请人在国际阶段提出的修改，国务院专利行政部门不予考虑。

第一百二十四条 国际申请涉及的发明创造有专利法第二十四条第（二）项或者第（三）项所列情形之一，在提出国际申请时作过声明的，申请人应当在进入中国国家阶段的书面声明中予以说明，并自进入日起 2 个月内提交本细则第三十三条第三款规定的有关证明文件；未予说明或者期满未提交证明文件的，其申请不适用专利法第二十四条的规定。

第一百二十五条 申请人按照专利合作条约的规定，对生物材料样品的保藏已作出说明的，视为已经满足了本细则第二十七条第（三）项的要求。申请人应当在进入中国国家阶段声明中指明记载生物材料样品保藏事项的文件以及在该文件中的具体记载位置。

申请人在原始提交的国际申请的说明书中已记载生物材料样品保藏事项，但是没有在进入中国国家阶段声明中指明的，应当自进入日起4个月内补正。期满未补正的，该生物材料视为未提交保藏。

申请人自进入日起4个月内向国务院专利行政部门提交生物材料样品保藏证明和存活证明的，视为在本细则第二十七条第（一）项规定的期限内提交。

第一百二十六条 国际申请涉及的发明创造依赖遗传资源完成的，申请人应当在国际申请进入中国国家阶段的书面声明中予以说明，并填写国务院专利行政部门制定的表格。

第一百二十七条 申请人在国际阶段已要求一项或者多项优先权，在进入中国国家阶段时该优先权要求继续有效的，视为已经依照专利法第三十条的规定提出了书面声明。

申请人应当自进入日起2个月内缴纳优先权要求费；期满未缴纳或者未缴足的，视为未要求该优先权。

申请人在国际阶段已依照专利合作条约的规定，提交过在先申请文件副本的，办理进入中国国家阶段手续时不需要向国务院专利行政部门提交在先申请文件副本。申请人在国际阶段未提交在先申请文件副本的，国务院专利行政部门认为必要时，可以通知申请人在指定期限内补交；申请人期满未补交的，其优先权要求视为未提出。

第一百二十八条 国际申请的申请日在优先权期限届满之后2个月内，在国际阶段受理局已经批准恢复优先权的，视为已经依照本细则第三十六条的规定提出了恢复优先权请求；在国际阶段申请人未请求恢复优先权，或者提出了恢复优先权请求但受理局未批准，申请人有正当理由的，可以自进入日起2个月内向国务院专利行政部门请求恢复优先权。

第一百二十九条 在优先权日起30个月期满前要求国务院专利

行政部门提前处理和审查国际申请的，申请人除应当办理进入中国国家阶段手续外，还应当依照专利合作条约第二十三条第二款规定提出请求。国际局尚未向国务院专利行政部门传送国际申请的，申请人应当提交经确认的国际申请副本。

第一百三十条 要求获得实用新型专利权的国际申请，申请人可以自进入日起 2 个月内对专利申请文件主动提出修改。

要求获得发明专利权的国际申请，适用本细则第五十七条第一款的规定。

第一百三十一条 申请人发现提交的说明书、权利要求书或者附图中的文字的中文译文存在错误的，可以在下列规定期限内依照原始国际申请文本提出改正：

（一）在国务院专利行政部门做好公布发明专利申请或者公告实用新型专利权的准备工作之前；

（二）在收到国务院专利行政部门发出的发明专利申请进入实质审查阶段通知书之日起 3 个月内。

申请人改正译文错误的，应当提出书面请求并缴纳规定的译文改正费。

申请人按照国务院专利行政部门的通知书的要求改正译文的，应当在指定期限内办理本条第二款规定的手续；期满未办理规定手续的，该申请视为撤回。

第一百三十二条 对要求获得发明专利权的国际申请，国务院专利行政部门经初步审查认为符合专利法和本细则有关规定的，应当在专利公报上予以公布；国际申请以中文以外的文字提出的，应当公布申请文件的中文译文。

要求获得发明专利权的国际申请，由国际局以中文进行国际公布的，自国际公布日或者国务院专利行政部门公布之日起适用专利法第十三条的规定；由国际局以中文以外的文字进行国际公布的，自国务院专利行政部门公布之日起适用专利法第十三条的规定。

对国际申请，专利法第二十一条和第二十二条中所称的公布是指本条第一款所规定的公布。

第一百三十三条　国际申请包含两项以上发明或者实用新型的，申请人可以自进入日起，依照本细则第四十八条第一款的规定提出分案申请。

在国际阶段，国际检索单位或者国际初步审查单位认为国际申请不符合专利合作条约规定的单一性要求时，申请人未按照规定缴纳附加费，导致国际申请某些部分未经国际检索或者未经国际初步审查，在进入中国国家阶段时，申请人要求将所述部分作为审查基础，国务院专利行政部门认为国际检索单位或者国际初步审查单位对发明单一性的判断正确的，应当通知申请人在指定期限内缴纳单一性恢复费。期满未缴纳或者未足额缴纳的，国际申请中未经检索或者未经国际初步审查的部分视为撤回。

第一百三十四条　国际申请在国际阶段被有关国际单位拒绝给予国际申请日或者宣布视为撤回的，申请人在收到通知之日起2个月内，可以请求国际局将国际申请档案中任何文件的副本转交国务院专利行政部门，并在该期限内向国务院专利行政部门办理本细则第一百二十条规定的手续，国务院专利行政部门应当在接到国际局传送的文件后，对国际单位作出的决定是否正确进行复查。

第一百三十五条　基于国际申请授予的专利权，由于译文错误，致使依照专利法第六十四条规定确定的保护范围超出国际申请的原文所表达的范围的，以依据原文限制后的保护范围为准；致使保护范围小于国际申请的原文所表达的范围的，以授权时的保护范围为准。

第十二章　关于外观设计国际申请的特别规定

第一百三十六条　国务院专利行政部门根据专利法第十九条第二款、第三款规定，处理按照工业品外观设计国际注册海牙协定（1999年文本）（以下简称海牙协定）提出的外观设计国际注册申请。

国务院专利行政部门处理按照海牙协定提出并指定中国的外观设计国际注册申请（简称外观设计国际申请）的条件和程序适用本

章的规定；本章没有规定的，适用专利法及本细则其他各章的有关规定。

第一百三十七条 按照海牙协定已确定国际注册日并指定中国的外观设计国际申请，视为向国务院专利行政部门提出的外观设计专利申请，该国际注册日视为专利法第二十八条所称的申请日。

第一百三十八条 国际局公布外观设计国际申请后，国务院专利行政部门对外观设计国际申请进行审查，并将审查结果通知国际局。

第一百三十九条 国际局公布的外观设计国际申请中包括一项或者多项优先权的，视为已经依照专利法第三十条的规定提出了书面声明。

外观设计国际申请的申请人要求优先权的，应当自外观设计国际申请公布之日起3个月内提交在先申请文件副本。

第一百四十条 外观设计国际申请涉及的外观设计有专利法第二十四条第（二）项或者第（三）项所列情形的，应当在提出外观设计国际申请时声明，并自外观设计国际申请公布之日起2个月内提交本细则第三十三条第三款规定的有关证明文件。

第一百四十一条 一件外观设计国际申请包括两项以上外观设计的，申请人可以自外观设计国际申请公布之日起2个月内，向国务院专利行政部门提出分案申请，并缴纳费用。

第一百四十二条 国际局公布的外观设计国际申请中包括含设计要点的说明书的，视为已经依照本细则第三十一条的规定提交了简要说明。

第一百四十三条 外观设计国际申请经国务院专利行政部门审查后没有发现驳回理由的，由国务院专利行政部门作出给予保护的决定，通知国际局。

国务院专利行政部门作出给予保护的决定后，予以公告，该外观设计专利权自公告之日起生效。

第一百四十四条 已在国际局办理权利变更手续的，申请人应当向国务院专利行政部门提供有关证明材料。

第十三章 附 则

第一百四十五条 经国务院专利行政部门同意，任何人均可以查阅或者复制已经公布或者公告的专利申请的案卷和专利登记簿，并可以请求国务院专利行政部门出具专利登记簿副本。

已视为撤回、驳回和主动撤回的专利申请的案卷，自该专利申请失效之日起满2年后不予保存。

已放弃、宣告全部无效和终止的专利权的案卷，自该专利权失效之日起满3年后不予保存。

第一百四十六条 向国务院专利行政部门提交申请文件或者办理各种手续，应当由申请人、专利权人、其他利害关系人或者其代表人签字或者盖章；委托专利代理机构的，由专利代理机构盖章。

请求变更发明人姓名、专利申请人和专利权人的姓名或者名称、国籍和地址、专利代理机构的名称、地址和专利代理师姓名的，应当向国务院专利行政部门办理著录事项变更手续，必要时应当提交变更理由的证明材料。

第一百四十七条 向国务院专利行政部门邮寄有关申请或者专利权的文件，应当使用挂号信函，不得使用包裹。

除首次提交专利申请文件外，向国务院专利行政部门提交各种文件、办理各种手续的，应当标明申请号或者专利号、发明创造名称和申请人或者专利权人姓名或者名称。

一件信函中应当只包含同一申请的文件。

第一百四十八条 国务院专利行政部门根据专利法和本细则制定专利审查指南。

第一百四十九条 本细则自2001年7月1日起施行。1992年12月12日国务院批准修订、1992年12月21日中国专利局发布的《中华人民共和国专利法实施细则》同时废止。

规范申请专利行为的规定

(2023年12月21日国家知识产权局令第77号公布 自2024年1月20日起施行)

第一条 为了规范申请专利行为，维护专利工作的正常秩序，根据《中华人民共和国专利法》《中华人民共和国专利法实施细则》《专利代理条例》等有关法律法规制定本规定。

第二条 提出或者代理提出专利申请的，应当遵守法律、行政法规和部门规章的有关规定，遵循专利法立法宗旨，恪守诚实信用原则，以真实发明创造活动为基础，不得弄虚作假，不得违反《中华人民共和国专利法实施细则》第十一条的规定实施非正常申请专利行为。

第三条 本规定所称非正常申请专利行为包括：

（一）所提出的多件专利申请的发明创造内容明显相同，或者实质上由不同发明创造特征、要素简单组合形成的；

（二）所提出专利申请存在编造、伪造、变造发明创造内容、实验数据或者技术效果，或者抄袭、简单替换、拼凑现有技术或者现有设计等类似情况的；

（三）所提出专利申请的发明创造内容主要为利用计算机技术等随机生成的；

（四）所提出专利申请的发明创造为明显不符合技术改进、设计常理，或者变劣、堆砌、非必要缩限保护范围的；

（五）申请人无实际研发活动提交多件专利申请，且不能作出合理解释的；

（六）将实质上与特定单位、个人或者地址关联的多件专利申请恶意分散、先后或者异地提出的；

（七）出于不正当目的转让、受让专利申请权，或者虚假变更发明人、设计人的；

（八）违反诚实信用原则、扰乱专利工作正常秩序的其他非正常申请专利行为。

第四条 任何单位或者个人不得代理、诱导、教唆、帮助他人实施各类非正常申请专利行为。

第五条 国务院专利行政部门根据《中华人民共和国专利法》《中华人民共和国专利法实施细则》相关规定，在专利申请的受理、初步审查、实质审查、复审程序或者国际申请的国际阶段程序中发现或者根据举报线索得知，并初步认定存在非正常申请专利行为的，可以组成专门审查工作组或者授权审查员启动专门审查程序，通知申请人在指定的期限内陈述意见并提交证明材料，或者主动撤回相关专利申请、法律手续办理请求。

第六条 申请人无正当理由逾期未答复的，相关专利申请视为撤回，相关法律手续办理请求视为未提出。

第七条 经申请人陈述意见后，国务院专利行政部门仍然认为属于非正常申请专利行为的，应当依法驳回相关专利申请，或者不予批准相关法律手续办理请求。

申请人对驳回专利申请决定不服的，可以依法提出专利复审请求；对不予批准相关法律手续办理请求不服的，可以依法提出行政复议申请或者提起行政诉讼。

第八条 对实施非正常申请专利行为的单位或者个人，依据《中华人民共和国专利法》《中华人民共和国专利法实施细则》实施行政处罚。

对实施本规定第四条规定的非正常申请专利行为的专利代理机构，以及擅自开展专利代理业务的机构或者个人，依据《专利代理条例》及相关规定实施行政处罚。

对于违反本规定涉嫌犯罪的，依法移送司法机关追究刑事责任。

第九条 可以对非正常申请专利行为采取下列处理措施：

（一）对该非正常专利申请不予减缴专利费用；对于五年内多次实施非正常申请专利行为等情节严重的申请人，其在该段时间内提出的专利申请均不予减缴专利费用；已经减缴的，要求其补缴相关减缴费用；

（二）在国务院专利行政部门政府网站和有关媒体上予以公告，并将相关信息纳入全国信用信息共享平台；

（三）实施非正常申请专利行为损害社会公共利益，并受到市场监督管理等部门较重行政处罚的，依照国家有关规定列入市场监督管理严重违法失信名单；

（四）在国务院专利行政部门的专利申请数量统计中扣除非正常申请专利行为相关的专利申请数量；

（五）对申请人和相关代理机构不予资助或者奖励；已经资助或者奖励的，全部或者部分追还。

第十条 采取本规定第九条所列处理措施前，必要时允许当事人陈述意见。

第十一条 管理专利工作的部门应当引导公众和专利代理机构依法提出专利申请，加强对非正常申请专利行为的管理。

地方管理专利工作的部门和专利代办处发现或者根据举报得知非正常申请专利行为线索的，应当及时向国务院专利行政部门报告。国务院专利行政部门对非正常申请专利行为依法进行处理时，地方管理专利工作的部门应当予以配合。

第十二条 向国外提出或者代理提出专利申请的，应当遵守中国和相关国家、地区法律法规的规定。不得违反诚实信用原则，不以真实发明创造活动为基础，以弄虚作假的方式提出专利申请，牟取不正当利益。

第十三条 本规定自 2024 年 1 月 20 日起施行。2007 年 8 月 27 日国家知识产权局令第四十五号公布的《关于规范专利申请行为的若干规定》，2017 年 2 月 28 日国家知识产权局令第七十五号公布的《国家知识产权局关于修改〈关于规范专利申请行为的若干规定〉的决定》和 2021 年 3 月 11 日国家知识产权局公告第四一一号公布的《关于规范申请专利行为的办法》同时废止。

专利实施强制许可办法

(2012年3月15日国家知识产权局令第64号公布 自2012年5月1日起施行)

第一章 总 则

第一条 为了规范实施发明专利或者实用新型专利的强制许可(以下简称强制许可)的给予、费用裁决和终止程序,根据《中华人民共和国专利法》(以下简称专利法)、《中华人民共和国专利法实施细则》及有关法律法规,制定本办法。

第二条 国家知识产权局负责受理和审查强制许可请求、强制许可使用费裁决请求和终止强制许可请求并作出决定。

第三条 请求给予强制许可、请求裁决强制许可使用费和请求终止强制许可,应当使用中文以书面形式办理。

依照本办法提交的各种证件、证明文件是外文的,国家知识产权局认为必要时,可以要求当事人在指定期限内附送中文译文;期满未附送的,视为未提交该证件、证明文件。

第四条 在中国没有经常居所或者营业所的外国人、外国企业或者外国其他组织办理强制许可事务的,应当委托依法设立的专利代理机构办理。

当事人委托专利代理机构办理强制许可事务的,应当提交委托书,写明委托权限。一方当事人有两个以上且未委托专利代理机构的,除另有声明外,以提交的书面文件中指明的第一当事人为该方代表人。

第二章 强制许可请求的提出与受理

第五条 专利权人自专利权被授予之日起满3年,且自提出专利申请之日起满 4 年，无正当理由未实施或者未充分实施其专利的，具备实施条件的单位或者个人可以根据专利法第四十八条第一项的规定，请求给予强制许可。

专利权人行使专利权的行为被依法认定为垄断行为的，为消除或者减少该行为对竞争产生的不利影响，具备实施条件的单位或者个人可以根据专利法第四十八条第二项的规定，请求给予强制许可。

第六条 在国家出现紧急状态或者非常情况时，或者为了公共利益的目的，国务院有关主管部门可以根据专利法第四十九条的规定，建议国家知识产权局给予其指定的具备实施条件的单位强制许可。

第七条 为了公共健康目的，具备实施条件的单位可以根据专利法第五十条的规定，请求给予制造取得专利权的药品并将其出口到下列国家或者地区的强制许可：

（一）最不发达国家或者地区；

（二）依照有关国际条约通知世界贸易组织表明希望作为进口方的该组织的发达成员或者发展中成员。

第八条 一项取得专利权的发明或者实用新型比前已经取得专利权的发明或者实用新型具有显著经济意义的重大技术进步，其实施又有赖于前一发明或者实用新型的实施的，该专利权人可以根据专利法第五十一条的规定请求给予实施前一专利的强制许可。国家知识产权局给予实施前一专利的强制许可的，前一专利权人也可以请求给予实施后一专利的强制许可。

第九条 请求给予强制许可的，应当提交强制许可请求书，写明下列各项：

（一）请求人的姓名或者名称、地址、邮政编码、联系人及电话；

（二）请求人的国籍或者注册的国家或者地区；

（三）请求给予强制许可的发明专利或者实用新型专利的名称、专利号、申请日、授权公告日，以及专利权人的姓名或者名称；

（四）请求给予强制许可的理由和事实、期限；

（五）请求人委托专利代理机构的，受托机构的名称、机构代码以及该机构指定的代理人的姓名、执业证号码、联系电话；

（六）请求人的签字或者盖章；委托专利代理机构的，还应当有该机构的盖章；

（七）附加文件清单；

（八）其他需要注明的事项。

请求书及其附加文件应当一式两份。

第十条 强制许可请求涉及两个或者两个以上的专利权人的，请求人应当按专利权人的数量提交请求书及其附加文件副本。

第十一条 根据专利法第四十八条第一项或者第五十一条的规定请求给予强制许可的，请求人应当提供证据，证明其以合理的条件请求专利权人许可其实施专利，但未能在合理的时间内获得许可。

根据专利法第四十八条第二项的规定请求给予强制许可的，请求人应当提交已经生效的司法机关或者反垄断执法机构依法将专利权人行使专利权的行为认定为垄断行为的判决或者决定。

第十二条 国务院有关主管部门根据专利法第四十九条建议给予强制许可的，应当指明下列各项：

（一）国家出现紧急状态或者非常情况，或者为了公共利益目的需要给予强制许可；

（二）建议给予强制许可的发明专利或者实用新型专利的名称、专利号、申请日、授权公告日，以及专利权人的姓名或者名称；

（三）建议给予强制许可的期限；

（四）指定的具备实施条件的单位名称、地址、邮政编码、联系人及电话；

（五）其他需要注明的事项。

第十三条 根据专利法第五十条的规定请求给予强制许可的，请求人应当提供进口方及其所需药品和给予强制许可的有关信息。

第十四条 强制许可请求有下列情形之一的，不予受理并通知请求人：

（一）请求给予强制许可的发明专利或者实用新型专利的专利号

不明确或者难以确定；

（二）请求文件未使用中文；

（三）明显不具备请求强制许可的理由；

（四）请求给予强制许可的专利权已经终止或者被宣告无效。

第十五条 请求文件不符合本办法第四条、第九条、第十条规定的，请求人应当自收到通知之日起 15 日内进行补正。期满未补正的，该请求视为未提出。

第十六条 国家知识产权局受理强制许可请求的，应当及时将请求书副本送交专利权人。除另有指定的外，专利权人应当自收到通知之日起 15 日内陈述意见；期满未答复的，不影响国家知识产权局作出决定。

第三章 强制许可请求的审查和决定

第十七条 国家知识产权局应当对请求人陈述的理由、提供的信息和提交的有关证明文件以及专利权人陈述的意见进行审查；需要实地核查的，应当指派两名以上工作人员实地核查。

第十八条 请求人或者专利权人要求听证的，由国家知识产权局组织听证。

国家知识产权局应当在举行听证 7 日前通知请求人、专利权人和其他利害关系人。

除涉及国家秘密、商业秘密或者个人隐私外，听证公开进行。

举行听证时，请求人、专利权人和其他利害关系人可以进行申辩和质证。

举行听证时应当制作听证笔录，交听证参加人员确认无误后签字或者盖章。

根据专利法第四十九条或者第五十条的规定建议或者请求给予强制许可的，不适用听证程序。

第十九条 请求人在国家知识产权局作出决定前撤回其请求的，强制许可请求的审查程序终止。

在国家知识产权局作出决定前，请求人与专利权人订立了专利实施许可合同的，应当及时通知国家知识产权局，并撤回其强制许可请求。

第二十条 经审查认为强制许可请求有下列情形之一的，国家知识产权局应当作出驳回强制许可请求的决定：

（一）请求人不符合本办法第四条、第五条、第七条或者第八条的规定；

（二）请求给予强制许可的理由不符合专利法第四十八条、第五十条或者第五十一条的规定；

（三）强制许可请求涉及的发明创造是半导体技术的，其理由不符合专利法第五十二条的规定；

（四）强制许可请求不符合本办法第十一条或者第十三条的规定；

（五）请求人陈述的理由、提供的信息或者提交的有关证明文件不充分或者不真实。

国家知识产权局在作出驳回强制许可请求的决定前，应当通知请求人拟作出的决定及其理由。除另有指定的外，请求人可以自收到通知之日起15日内陈述意见。

第二十一条 经审查认为请求给予强制许可的理由成立的，国家知识产权局应当作出给予强制许可的决定。在作出给予强制许可的决定前，应当通知请求人和专利权人拟作出的决定及其理由。除另有指定的外，双方当事人可以自收到通知之日起15日内陈述意见。

国家知识产权局根据专利法第四十九条作出给予强制许可的决定前，应当通知专利权人拟作出的决定及其理由。

第二十二条 给予强制许可的决定应当写明下列各项：

（一）取得强制许可的单位或者个人的名称或者姓名、地址；

（二）被给予强制许可的发明专利或者实用新型专利的名称、专利号、申请日及授权公告日；

（三）给予强制许可的范围和期限；

（四）决定的理由、事实和法律依据；

（五）国家知识产权局的印章及负责人签字；

（六）决定的日期；

（七）其他有关事项。

给予强制许可的决定应当自作出之日起5日内通知请求人和专利权人。

第二十三条 国家知识产权局根据专利法第五十条作出给予强制许可的决定的，还应当在该决定中明确下列要求：

（一）依据强制许可制造的药品数量不得超过进口方所需的数量，并且必须全部出口到该进口方；

（二）依据强制许可制造的药品应当采用特定的标签或者标记明确注明该药品是依据强制许可而制造的；在可行并且不会对药品价格产生显著影响的情况下，应当对药品本身采用特殊的颜色或者形状，或者对药品采用特殊的包装；

（三）药品装运前，取得强制许可的单位应当在其网站或者世界贸易组织的有关网站上发布运往进口方的药品数量以及本条第二项所述的药品识别特征等信息。

第二十四条 国家知识产权局根据专利法第五十条作出给予强制许可的决定的，由国务院有关主管部门将下列信息通报世界贸易组织：

（一）取得强制许可的单位的名称和地址；

（二）出口药品的名称和数量；

（三）进口方；

（四）强制许可的期限；

（五）本办法第二十三条第三项所述网址。

第四章 强制许可使用费裁决请求的审查和裁决

第二十五条 请求裁决强制许可使用费的，应当提交强制许可使用费裁决请求书，写明下列各项：

（一）请求人的姓名或者名称、地址；

（二）请求人的国籍或者注册的国家或者地区；

（三）给予强制许可的决定的文号；

（四）被请求人的姓名或者名称、地址；

（五）请求裁决强制许可使用费的理由；

（六）请求人委托专利代理机构的，受托机构的名称、机构代码以及该机构指定的代理人的姓名、执业证号码、联系电话；

（七）请求人的签字或者盖章；委托专利代理机构的，还应当有该机构的盖章；

（八）附加文件清单；

（九）其他需要注明的事项。

请求书及其附加文件应当一式两份。

第二十六条 强制许可使用费裁决请求有下列情形之一的，不予受理并通知请求人：

（一）给予强制许可的决定尚未作出；

（二）请求人不是专利权人或者取得强制许可的单位或者个人；

（三）双方尚未进行协商或者经协商已经达成协议。

第二十七条 国家知识产权局受理强制许可使用费裁决请求的，应当及时将请求书副本送交对方当事人。除另有指定的外，对方当事人应当自收到通知之日起15日内陈述意见；期满未答复的，不影响国家知识产权局作出决定。

强制许可使用费裁决过程中，双方当事人可以提交书面意见。国家知识产权局可以根据案情需要听取双方当事人的口头意见。

第二十八条 请求人在国家知识产权局作出决定前撤回其裁决请求的，裁决程序终止。

第二十九条 国家知识产权局应当自收到请求书之日起3个月内作出强制许可使用费的裁决决定。

第三十条 强制许可使用费裁决决定应当写明下列各项：

（一）取得强制许可的单位或者个人的名称或者姓名、地址；

（二）被给予强制许可的发明专利或者实用新型专利的名称、专利号、申请日及授权公告日；

（三）裁决的内容及其理由；

（四）国家知识产权局的印章及负责人签字；

（五）决定的日期；

（六）其他有关事项。

强制许可使用费裁决决定应当自作出之日起5日内通知双方当事人。

第五章 终止强制许可请求的审查和决定

第三十一条 有下列情形之一的，强制许可自动终止：

（一）给予强制许可的决定规定的强制许可期限届满；

（二）被给予强制许可的发明专利或者实用新型专利终止或者被宣告无效。

第三十二条 给予强制许可的决定中规定的强制许可期限届满前，强制许可的理由消除并不再发生的，专利权人可以请求国家知识产权局作出终止强制许可的决定。

请求终止强制许可的，应当提交终止强制许可请求书，写明下列各项：

（一）专利权人的姓名或者名称、地址；

（二）专利权人的国籍或者注册的国家或者地区；

（三）请求终止的给予强制许可决定的文号；

（四）请求终止强制许可的理由和事实；

（五）专利权人委托专利代理机构的，受托机构的名称、机构代码以及该机构指定的代理人的姓名、执业证号码、联系电话；

（六）专利权人的签字或者盖章；委托专利代理机构的，还应当有该机构的盖章；

（七）附加文件清单；

（八）其他需要注明的事项。

请求书及其附加文件应当一式两份。

第三十三条 终止强制许可的请求有下列情形之一的，不予受理并通知请求人：

（一）请求人不是被给予强制许可的发明专利或者实用新型专利的专利权人；

（二）未写明请求终止的给予强制许可决定的文号；

（三）请求文件未使用中文；

（四）明显不具备终止强制许可的理由。

第三十四条 请求文件不符合本办法第三十二条规定的，请求人应当自收到通知之日起15日内进行补正。期满未补正的，该请求视为未提出。

第三十五条 国家知识产权局受理终止强制许可请求的，应当及时将请求书副本送交取得强制许可的单位或者个人。除另有指定的外，取得强制许可的单位或者个人应当自收到通知之日起15日内陈述意见；期满未答复的，不影响国家知识产权局作出决定。

第三十六条 国家知识产权局应当对专利权人陈述的理由和提交的有关证明文件以及取得强制许可的单位或者个人陈述的意见进行审查；需要实地核查的，应当指派两名以上工作人员实地核查。

第三十七条 专利权人在国家知识产权局作出决定前撤回其请求的，相关程序终止。

第三十八条 经审查认为请求终止强制许可的理由不成立的，国家知识产权局应当作出驳回终止强制许可请求的决定。在作出驳回终止强制许可请求的决定前，应当通知专利权人拟作出的决定及其理由。除另有指定的外，专利权人可以自收到通知之日起15日内陈述意见。

第三十九条 经审查认为请求终止强制许可的理由成立的，国家知识产权局应当作出终止强制许可的决定。在作出终止强制许可的决定前，应当通知取得强制许可的单位或者个人拟作出的决定及其理由。除另有指定的外，取得强制许可的单位或者个人可以自收到通知之日起15日内陈述意见。

终止强制许可的决定应当写明下列各项：

（一）专利权人的姓名或者名称、地址；

（二）取得强制许可的单位或者个人的名称或者姓名、地址；

（三）被给予强制许可的发明专利或者实用新型专利的名称、专利号、申请日及授权公告日；
（四）给予强制许可的决定的文号；
（五）决定的事实和法律依据；
（六）国家知识产权局的印章及负责人签字；
（七）决定的日期；
（八）其他有关事项。

终止强制许可的决定应当自作出之日起 5 日内通知专利权人和取得强制许可的单位或者个人。

第六章 附 则

第四十条 已经生效的给予强制许可的决定和终止强制许可的决定，以及强制许可自动终止的，应当在专利登记簿上登记并在专利公报上公告。

第四十一条 当事人对国家知识产权局关于强制许可的决定不服的，可以依法申请行政复议或者提起行政诉讼。

第四十二条 本办法由国家知识产权局负责解释。

第四十三条 本办法自 2012 年 5 月 1 日起施行。2003 年 6 月 13 日国家知识产权局令第三十一号发布的《专利实施强制许可办法》和 2005 年 11 月 29 日国家知识产权局令第三十七号发布的《涉及公共健康问题的专利实施强制许可办法》同时废止。

专利纠纷行政裁决和调解办法

(2024年12月26日国家知识产权局令第81号公布 自2025年2月1日起施行)

第一章 总 则

第一条 为贯彻党中央、国务院关于强化知识产权保护的决策部署，维护社会主义市场经济秩序，深入推进依法行政，保护专利权人和社会公众的合法权益，规范专利纠纷行政裁决和调解工作，根据《中华人民共和国专利法》《中华人民共和国专利法实施细则》及相关法律法规，制定本办法。

第二条 管理专利工作的部门处理专利侵权纠纷、调解专利纠纷，适用本办法。

管理专利工作的部门开展专利纠纷行政裁决和调解工作中遇到疑难问题的，可以请求上级管理专利工作的部门给予专业指导。

第三条 管理专利工作的部门处理专利侵权纠纷应当以事实为依据、以法律为准绳，遵循公正、及时的原则。

管理专利工作的部门调解专利纠纷，应当遵循自愿、合法的原则，促使当事人平等协商达成调解协议。

第四条 管理专利工作的部门应当加强专利行政裁决工作队伍建设，严格行政裁决办案人员资格管理，落实行政裁决责任制，规范开展专利行政裁决。

办案人员应当持有国务院专利行政部门或者省、自治区、直辖市人民政府颁发的办案资质证件。办案人员执行公务时应当严肃着装。

第五条 管理专利工作的部门指派的办案人员有下列情形之一的，应当自行回避，当事人有权以口头或者书面形式申请其回避：

（一）是涉案当事人或者当事人、代理人近亲属的；

（二）与涉案专利申请或者专利权有利害关系的；
（三）是涉案专利的专利代理师或者审查员的；
（四）与案件有其他利害关系，可能影响公正处理的。

办案人员有接受当事人、代理人请客送礼，或者违反规定会见当事人、代理人情形的，当事人也有权以口头或者书面形式申请其回避。

当事人申请回避的，应当说明理由，最迟在知道或者应当知道办案人员名单之日起三个工作日内提出；决定口头审理的，可以最迟在案件开始口头审理时提出；回避事由在案件开始口头审理后知道的，也可以在口头审理终结前提出。办案人员的回避，由管理专利工作的部门负责人决定。回避决定作出前，被申请回避的人员应当暂停参与案件的工作，但需要采取紧急措施的除外。

前述规定适用于技术调查官、书记员、翻译人员、鉴定人、辅助人员。

第六条 专利侵权纠纷案件由侵权行为地或者被请求人住所地的管理专利工作的部门管辖。侵权行为地包括侵权行为实施地和侵权结果发生地。

其他专利纠纷调解案件由被请求人住所地的管理专利工作的部门管辖。

第七条 省、自治区、直辖市管理专利工作的部门可以处理辖区内涉外、涉港澳台或者侵权行为地涉及两个以上地级行政区的有重大影响的专利纠纷行政裁决和调解案件。

专利管理工作量大又有实际处理能力的地级市、自治州、盟、地区和直辖市的区管理专利工作的部门负责处理辖区内发生的专利纠纷行政裁决和调解案件。

第八条 管理专利工作的部门对于管辖权有争议的案件可以逐级报请共同上级管理专利工作的部门指定管辖。

上级管理专利工作的部门根据案件情况可以将下级管理专利工作的部门管辖的专利纠纷案件提级处理，也可以指定有管辖权的下级管理专利工作的部门管辖专利纠纷案件。

国务院专利行政部门、管理专利工作的部门可以委托依法成立并具有管理知识产权公共事务职能的组织具体承办辖区内专利纠纷行政裁决和调解工作。

第九条 当事人对管辖权有异议的，应当在提交答辩书期间提出，受理或者立案的管理专利工作的部门应当自收到管辖权异议书之日起五个工作日内作出决定。异议成立的，作出将案件移送有管辖权的管理专利工作的部门处理的决定；异议不成立的，作出驳回管辖权异议的决定。

管理专利工作的部门发现专利纠纷案件不属于该部门管辖的，不予立案。若立案后发现不属于管辖范围的，应作撤案处理；同时，应当将案件线索移送有管辖权的管理专利工作的部门处理，移送前告知请求人。

第十条 管理专利工作的部门可以通过邮寄送达、直接送达、留置送达、公告送达或者其他方式送达有关法律文书和材料。

经受送达人同意，也可以采用手机短信、传真、电子邮件、即时通信账号等能够确认其收悉的电子方式送达。

第十一条 管理专利工作的部门应当加强行政裁决和调解工作的信息化建设和相关数据管理，加强数据融通和信息共享。

第二章　行政裁决

第一节　办案程序

第十二条 请求管理专利工作的部门处理专利侵权纠纷的，应当符合下列条件：

（一）请求人是专利权人或者利害关系人；

（二）有明确的被请求人，被请求人应当为自然人、法人或者非法人组织；

（三）有明确的请求事项和具体事实、理由；

（四）属于受案管理专利工作的部门的受案和管辖范围；

（五）当事人任何一方均未就该专利侵权纠纷向人民法院起诉，且双方没有约定其他纠纷解决方式。

第一项所称利害关系人包括专利实施许可合同的被许可人、专利权人的合法继承人。专利实施许可合同的被许可人中，独占实施许可合同的被许可人可以单独提出请求；排他实施许可合同的被许可人在专利权人不请求的情况下，可以单独提出请求；除合同另有约定或者经专利权人另行授权外，普通实施许可合同的被许可人不能单独提出请求。

第十三条 权利人向他人发出侵犯专利权的警告，被警告人书面催告权利人向管理专利工作的部门提出行政裁决处理请求或者向人民法院起诉，或者被警告人向权利人书面表明不侵权意见，自权利人收到该书面催告或者不侵权意见之日起一个月内，或者自书面催告或者不侵权意见发出之日起两个月内，权利人既不撤回警告，也不向管理专利工作的部门提出行政裁决处理请求或者向人民法院起诉的，被警告人可以请求管理专利工作的部门对侵权行为是否成立出具咨询意见。

第十四条 请求管理专利工作的部门处理专利侵权纠纷的，应当提交请求书及下列证明材料：

（一）请求人主体资格证明，即自然人应当提交居民身份证或者其他有效身份证件，法人、非法人组织应当提交有效的营业执照或者其他主体资格证明文件副本及法定代表人或者主要负责人的身份证明，如请求人是利害关系人的，应提交证明材料；

（二）专利权有效的证明，即国务院专利行政部门出具的专利登记簿副本。

专利侵权纠纷涉及实用新型或者外观设计专利的，管理专利工作的部门可以要求请求人出具由国务院专利行政部门作出的专利权评价报告。管理专利工作的部门要求提供专利权评价报告，请求人无正当理由不提交的，可以不予受理。

请求人应当按照被请求人的数量提供请求书副本及有关证据。

第十五条 请求书应当记载以下内容：

（一）请求人的姓名或者名称、地址、联系方式，法定代表人或者主要负责人的姓名、职务；委托代理人的，应当提供代理人的姓名、联系方式和代理机构或者所在单位的名称、地址；

（二）被请求人的姓名或者名称、地址、联系方式；

（三）请求处理的事项以及事实和理由。

有关证据和证明材料可以以请求书附件的形式提交。请求书应当由请求人签字或者盖章。

第十六条 提交的材料不符合本办法相关规定的，办案人员应当及时向请求人释明，并以书面形式一次性全面告知请求人应当补正的材料和期限。材料在指定期限内经补正符合本办法第十四条、第十五条规定条件的，管理专利工作的部门应当及时立案。逾期未补正或者补正后仍不符合相关规定的，不予立案。

第十七条 在侵权纠纷处理中，当事人可以委托一至两人作为代理人。委托代理人的，当事人应当向管理专利工作的部门提交由委托人签字或者盖章的授权委托书，授权委托书必须记明委托事项和代理权限。

代理人代为承认、放弃、变更请求以及进行和解等涉及当事人重大权益的代理权限，应当有被代理人的特别授权。

第十八条 请求人是中国香港特别行政区、澳门特别行政区、我国台湾地区居民的，办案人员应当要求其提交相关身份证明，并按要求履行相关公证手续，拒不提供的，不予受理；委托代理人的，提交的授权委托书应当履行相关证明手续。中国香港特别行政区、澳门特别行政区、我国台湾地区居民在内地（大陆）持有的合法居民居住身份证件可以作为有效身份证明，持有的港澳居民来往内地通行证、台湾居民来往大陆通行证可以作为身份证明参与行政裁决、调解和旁听口头审理。

请求人是外国人的，办案人员应当要求其提交所在国公证机关公证的有效身份证明，并经中华人民共和国驻该国使领馆予以认证，拒不提供的，不予受理。委托代理人的，提交的中华人民共和国外形成的授权委托书应当经所在国公证机关证明并经中华人民共和国驻该国使领馆认证。中华人民共和国缔结的有关条约中对证明手续另有规定的，从其规定。

在境内签署的授权委托书，在办案人员见证下签署或者经中华人民共和国公证机构公证签署的，应予认可。获得在中国永久居留资格的外国人，其所持外国人永久居留证件为有效身份证明。

请求已经受理的，管理专利工作的部门可以要求请求人在指定期限内补充提供相关资料，期满无正当理由仍未提供的，可以依法撤销案件。

第十九条 专利侵权纠纷行政裁决请求时限为三年，自专利权人或者利害关系人知道或者应当知道侵权行为以及侵权人之日起算。行政裁决请求时限的中止、中断、延长事由参照《中华人民共和国民事诉讼法》相关规定执行。

请求人超过行政裁决请求时限提出专利侵权纠纷行政裁决处理请求的，如果涉嫌侵权的行为在请求时仍在继续，且在涉案专利权有效期内，管理专利工作的部门应当予以受理。

受理后被请求人提出行政裁决请求时限抗辩，且查明无行政裁决请求时限中止、中断、延长事由的，应当撤案处理。

第二十条 请求符合本办法相关规定条件的，管理专利工作的部门应当自收到请求书之日起五个工作日内立案并通知请求人，同时指定三名或者三名以上单数办案人员组成合议组处理该专利侵权纠纷；请求不符合本办法相关规定条件的，管理专利工作的部门应当自收到请求书之日起五个工作日内通知请求人不予立案，说明理由。案情特别复杂或者有其他特殊情况的，经管理专利工作的部门负责人批准，立案期限可以延长五个工作日。

第二十一条 涉及同一专利权人的多项专利权，或者同一专利权涉及多名被请求人时，请求人分别填写请求书，管理专利工作的部门可以分别立案。

请求人与被请求人相同、被控侵权产品相同或者涉及同一专利权的案件，管理专利工作的部门可以合并审理。

第二十二条 管理专利工作的部门应当自立案之日起五个工作

日内将请求书及其附件的副本送达被请求人,要求其自收到之日起十五日内提交答辩书并按照请求人的数量提交答辩书副本。被请求人在中华人民共和国内没有固定住所的,应当自收到之日起三十日内提交答辩书并按照请求人的数量提交答辩书副本。被请求人逾期不提交答辩书的,不影响管理专利工作的部门处理案件。被请求人申请延期的,应说明理由,是否准许,由合议组决定。

被请求人提交答辩书的,管理专利工作的部门应当自收到之日起五个工作日内将答辩书副本送达请求人。

第二十三条 管理专利工作的部门在处理专利侵权纠纷案件过程中,有下列情形之一的,应当追加有关自然人、法人或者非法人组织作为案件的当事人:

(一)涉案专利权有两个以上权利所有人的,应当以全体共有权人作为共同请求人,部分共有权人明确表示放弃有关实体权利的除外;

(二)被请求人为个体工商户且营业执照上登记的经营者与实际经营者不一致的,应当以登记的经营者和实际经营者为共同被请求人;

(三)被请求人为个人合伙的,应当以全体合伙人为共同被请求人;

(四)法律法规规定的其他情形。

第二十四条 案件处理过程中,请求人提出申请追加被请求人,符合受理条件的,管理专利工作的部门应当裁定追加并通知其他当事人。

对于被请求人提出追加其他当事人为被请求人的,应当书面告知请求人。请求人同意追加的,裁定准许追加。请求人不同意,但案件处理结果同该当事人有法律上的利害关系的,管理专利工作的部门通知其可以参加案件审理,该当事人申请参加的,应当追加其为第三人,该第三人有当事人的相关权利义务。

追加被请求人或者第三人的请求应当在口头审理前提出,否则不予支持。

第二十五条 合议组应当对案件认定的事实、证据、法律责任、适用法律、处理结果进行全面合议。

合议组合议案件，实行少数服从多数的原则。合议应当制作笔录，由合议组成员签字。合议中的不同意见，应当如实记入笔录。

第二十六条 管理专利工作的部门处理专利侵权纠纷，可以根据案情需要决定是否进行口头审理。决定进行口头审理的，应当至少在口头审理三个工作日前将口头审理的时间、地点通知当事人。当事人申请延期进行口头审理的，应当提出合理的延期事由，是否准许由合议组决定。当事人无正当理由拒不参加的，或者未经允许中途退出的，对请求人按撤回请求处理，对被请求人按缺席处理。

第二十七条 管理专利工作的部门举行口头审理的，应当将口头审理的参加人和审理要点记入笔录，经核对无误后，由办案人员和参加人签字或者盖章。

除涉及国家秘密、个人隐私或者法律另有规定的以外，口头审理应当公开进行。涉及商业秘密的案件，当事人申请不公开审理的，可以不公开审理。

合议组可以综合考虑当事人意愿、案件情况、技术条件等因素开展线上口头审理。线上口头审理的具体要求和程序由国务院专利行政部门另行规定。

第二十八条 有以下情形之一的，管理专利工作的部门应当依申请或者依职权中止案件处理：

（一）涉案实用新型、外观设计专利权被申请宣告无效并被国务院专利行政部门受理的；

（二）一方当事人死亡，需要等待继承人表明是否参加审理的；

（三）一方当事人丧失民事行为能力，尚未确定法定代理人的；

（四）作为一方当事人的法人或者非法人组织终止，尚未确定权利义务承受人的；

（五）一方当事人因不可抗拒的事由，不能参加审理的；

（六）该案必须以另一案的审理结果为依据，而另一案尚未审结的；

（七）向上级部门请示，属于法律适用问题等确需等待批复后继续审理的。

中止处理的原因消除后，应当及时恢复案件处理。

第二十九条 有下列情形之一的，管理专利工作的部门可以不中止案件处理：

（一）涉案发明专利权在案件处理期间被申请宣告无效的；

（二）请求人出具的专利权评价报告未发现实用新型或者外观设计专利权存在不符合授予专利权条件的缺陷；

（三）被请求人撤回无效宣告请求后案件恢复处理，其再次提出无效宣告请求，并请求中止的；

（四）无效宣告程序对涉案专利权作出的维持有效的决定已经生效的；

（五）管理专利工作的部门认为无需中止的其他情形。

第三十条 管理专利工作的部门处理专利侵权纠纷行政裁决案件，应当在调查认定案件事实的基础上依法及时结案。根据案件处理结果，结案形式包括：

（一）作出行政裁决。发出专利侵权纠纷案件行政裁决书；

（二）调解结案。当事人达成调解协议的，作出专利侵权纠纷调解协议书；

（三）撤销案件。发出撤销专利侵权纠纷案件决定书。

涉及标准必要专利相关纠纷的行政裁决和调解，本办法未作规定的，可以适用其他法律、行政法规、部门规章规定或者参照有关司法解释规定执行。

第三十一条 除达成调解协议或者请求人撤回请求之外，管理专利工作的部门处理专利侵权纠纷应当制作行政裁决书，写明以下内容：

（一）当事人的姓名或者名称、地址；

（二）当事人陈述的事实和理由；

（三）认定侵权行为是否成立的理由和依据；

（四）认定侵权行为成立并需要责令侵权人立即停止侵权行为

的，应当明确责令侵权人立即停止的侵权行为的类型、对象和范围；认定侵权行为不成立的，应当驳回请求人的请求；

（五）不服行政裁决提起行政诉讼的途径和期限。

行政裁决书应当加盖管理专利工作的部门的公章。

第三十二条 管理专利工作的部门认定专利侵权行为成立，责令侵权人立即停止侵权行为的，应当采取下列措施制止侵权行为：

（一）侵权人制造专利侵权产品的，责令其立即停止制造行为，销毁制造侵权产品的专用设备、模具，并且不得销售、许诺销售、使用尚未售出的侵权产品或者以任何其他形式将其投放市场；侵权产品难以保存的，责令侵权人销毁该产品；

（二）侵权人未经专利权人许可使用专利方法的，责令其立即停止使用行为，销毁实施专利方法的专用设备、模具，并且不得销售、许诺销售、使用尚未售出的依照专利方法所直接获得的侵权产品或者以任何其他形式将其投放市场；依照专利方法所直接获得的侵权产品难以保存的，责令侵权人销毁该产品；

（三）侵权人销售专利侵权产品或者依照专利方法直接获得的侵权产品的，责令其立即停止销售行为，并且不得许诺销售、使用尚未售出的侵权产品或者以任何其他形式将其投放市场；尚未售出的侵权产品难以保存的，责令侵权人销毁该产品；

（四）侵权人许诺销售专利侵权产品或者依照专利方法直接获得的侵权产品的，责令其立即停止许诺销售行为，消除影响，并且不得进行任何实际销售行为；

（五）侵权人以生产经营为目的使用专利侵权产品的，责令其立即停止使用行为；但为生产经营目的使用不知道是未经专利权人许可而制造并售出的专利侵权产品，且举证证明该产品合法来源的，对于权利人请求停止上述使用的主张，管理专利工作的部门应予支持，但被诉侵权产品的使用者举证证明其已支付该产品的合理对价的除外；

（六）侵权人进口专利侵权产品或者依照专利方法直接获得的侵权产品的，责令侵权人立即停止进口行为；侵权产品已经入境的，不得销售、使用该侵权产品或者以任何其他形式将其投放市场；侵权产品难以保存的，责令侵权人销毁该产品；侵权产品尚未入境的，可以将行政裁决通知有关海关；

（七）责令侵权的参展方采取从展会上撤出侵权展品、销毁或者封存相应的宣传材料、更换或者遮盖相应的展板等撤展措施；

（八）停止侵权行为的其他必要措施。

管理专利工作的部门认定电子商务平台上的专利侵权行为成立，作出行政裁决的，应当通知网络服务提供者、电子商务平台经营者及时对专利侵权产品或者依照专利方法直接获得的侵权产品相关网页采取删除、屏蔽、断开链接、终止交易和服务等必要措施，制止平台内经营者的侵权行为。

第三十三条 发现已作出的专利侵权纠纷行政裁决中涉案专利被宣告全部无效或者部分无效且无效宣告决定书已生效的，或者有其他需要纠正或者撤销情形的，管理专利工作的部门应当依职权或者依申请变更或者撤销行政裁决，但已经履行或者强制执行的专利侵权纠纷处理决定，不具有追溯力。

发现已作出的专利侵权纠纷行政裁决书中有文字表述等错误的，应当以书面决定的方式作出补正或者更正。

第三十四条 管理专利工作的部门或者人民法院作出认定侵权行为成立并责令侵权人立即停止侵权行为的行政裁决或者判决生效之后，侵权人就同一专利权再次实施相同类型的侵权行为，专利权人或者利害关系人请求处理的，管理专利工作的部门可以直接作出责令立即停止侵权行为的行政裁决。

当事人故意侵犯专利权的，或者在管理专利工作的部门作出行政裁决后，有履行能力但拒不履行、逃避执行，严重影响管理专利工作的部门公信力的，可以依法将其列入严重失信主体名单实施联合惩戒。

第三十五条 管理专利工作的部门处理专利侵权纠纷案件时，可以根据当事人的意愿进行调解。双方当事人达成一致的，制作专利侵权纠纷调解协议书，加盖管理专利工作的部门的公章，并由双方当事人签字或者盖章。调解不成的,应当及时作出行政裁决。

调解书中具有给付内容并载明愿意接受强制执行承诺的,当事人可以依照《中华人民共和国公证法》的规定申请公证机关赋予强制执行效力。当事人不履行或者不适当履行经过公证的调解书的,对方当事人可以依法向有管辖权的人民法院申请执行。

第三十六条 出现下列情形之一时,管理专利工作的部门可以撤销专利侵权纠纷案件:

(一)立案后发现不符合受理条件的;

(二)请求人撤回处理请求的;

(三)请求人死亡或者注销,没有继承人或者承受人,或者继承人或者承受人放弃处理请求的;

(四)被请求人死亡或者注销,没有遗产或者剩余财产,或者没有应当承担义务的人的;

(五)其他依法应当撤销案件的情形。

涉案专利的权利要求书有两项以上权利要求的,请求人应当在请求书中载明据以请求处理被请求人侵犯其专利权的权利要求项。请求书对此未记载或者记载不明的,管理专利工作的部门应当要求请求人明确。经释明,请求人仍不予明确的,可以撤案处理。

第三十七条 管理专利工作的部门处理专利侵权纠纷,应当自立案之日起三个月内结案。案件复杂需要延长期限的,应当由管理专利工作的部门负责人批准。经批准延长的期限,最长不超过一个月。案件特别复杂或者有其他特殊情况,延期后仍不能结案,经上一级管理专利工作的部门批准继续延期的,应当同时确定不超过两个月的延长期限。

案件处理过程中,中止、公告、检验鉴定、管辖异议和当事人申请的延长举证期限与和解期间不计入前款案件处理期限。

第二节 侵权判断

第三十八条 发明或者实用新型专利权的保护范围以其权利要求的内容为准,说明书及附图可以用于解释权利要求的内容。

外观设计专利权的保护范围以表示在图片或者照片中的该产品的外观设计为准，简要说明可以用于解释图片或者照片所表示的该产品的外观设计。

第三十九条 被控侵权技术方案包含与专利权利要求记载的全部技术特征相同或者等同的技术特征的，应当认定其落入专利权的保护范围；被控侵权技术方案的技术特征与权利要求记载的全部技术特征相比，缺少权利要求记载的一个以上的技术特征，或者有一个以上技术特征不相同也不等同的，应当认定其没有落入专利权的保护范围。

在与涉案外观设计产品相同或者相近种类产品上，采用与涉案外观设计相同或者相近似外观设计的，应当认定被控侵权外观设计落入涉案外观设计专利权的保护范围。

第四十条 相同的技术特征是指被控侵权技术方案的技术特征与专利权利要求记载的相应技术特征相比完全相同，或者被控侵权技术方案的技术特征为下位概念。

等同的技术特征是指指当被控侵权技术方案的某技术特征与专利权利要求记载的相应技术特征相比，是以基本相同的手段，实现基本相同的功能，并达到基本相同的效果，且对于本领域的技术人员来说，属于在侵权行为发生时通过阅读该专利的说明书、附图和权利要求书，无需经过创造性劳动就能够联想到的技术特征。

在判断被控侵权外观设计与涉案外观设计是相同或者相近似时，应当根据外观设计产品的用途，认定产品种类是否相同或者相近，并以外观设计的整体视觉效果对设计特征进行综合判断，对于主要由技术功能决定的设计特征以及对整体视觉效果不产生影响的产品的材料、内部结构等特征，应当不予考虑。

第四十一条 权利人将专利申请人或者专利权人在专利授权或者确权程序中，通过修改权利要求书、说明书及附图或者意见陈述而放弃的技术方案，在专利侵权纠纷行政裁决案件中反悔，重新纳入专利权的保护范围的，管理专利工作的部门不予支持。

权利人证明专利申请人、专利权人在专利授权确权程序中对权利要求书、说明书及附图的限缩性修改或者意见陈述被明确否定的，管理专利工作的部门应当认定该修改或者意见陈述未导致技术方案的放弃。

第四十二条　对于仅在说明书或者附图中描述而在权利要求中未记载的技术方案，权利人在专利侵权纠纷行政裁决案件中，将其纳入专利权的保护范围的，管理专利工作的部门不予支持。

第四十三条　两人以上共同实施专利侵权行为，造成他人损害的，应当承担《中华人民共和国专利法》第六十五条规定的法律责任。

第三节　证　据

第四十四条　当事人在案件中对自己的主张有提供证据证实的责任，对其提供的证据或者证明材料的真实性负责，承担举证不力的法律后果。

在专利侵权纠纷案件中，当事人及其代理人因客观原因不能自行收集证据的，代理人可以申请管理专利工作的部门签发调查通知书，由代理人持调查通知书向接受调查的单位或者个人调查收集不涉及国家秘密、商业秘密或者个人隐私的相关证据。有关单位或者个人应当予以配合。

证据由国家有关部门保存，当事人及其代理人无权查阅调取，不能自行收集证据的，当事人可以书面请求管理专利工作的部门调查取证。管理专利工作的部门可以依请求，也可以依职权决定是否调查收集有关证据。

对于移送的案件，移送机关调查收集的证据材料，可以作为案件的证据使用。

第四十五条　涉及新产品制造方法的发明专利的，如果请求人举证证明依照专利方法直接获得的产品为新产品且被控侵权产品与依照专利方法直接获得的产品相同，则被请求人对其产品制造方法不同于专利方法承担举证责任。

产品或者产品制造方法的技术方案在专利申请日以前可以为国

内外公众所知的，管理专利工作的部门应当认定该产品不属于新产品。

第四十六条 当事人向管理专利工作的部门提交的证据和证明材料，应当真实、合法。

当事人提供的证据和证明材料是在中华人民共和国外形成的，应当说明来源，并经所在国公证机关予以证明，且经中华人民共和国驻该国使领馆予以认证。中华人民共和国缔结的有关条约中对证明手续另有规定的，从其规定。

当事人提交的证据和证明材料是在中国香港特别行政区、澳门特别行政区、我国台湾地区形成的，应当履行相关的证明手续。

当事人向管理专利工作的部门提供的外文书证或者外文说明资料，应当附有中文译本。没有提交中文译本的，该证据视为未提出。当事人对中文译本有异议的，应当共同委托翻译机构提供翻译文本；当事人对翻译机构的选择不能达成一致的，由管理专利工作的部门指定。

第四十七条 管理专利工作的部门调查收集证据可以询问当事人和证人；采用查阅、复制、测量、拍照、摄像等方式进行现场勘验；要求被调查人进行现场演示。

管理专利工作的部门调查收集证据应当制作笔录。笔录应当由办案人员、被调查的单位或者个人签字或者盖章。被调查的单位或者个人拒绝签字或者盖章的，由办案人员在笔录上注明。

第四十八条 管理专利工作的部门调查收集证据可以采取抽样取证的方式。

涉及产品专利的，可以从涉嫌侵权的产品中抽取一部分作为样品；涉及方法专利的，可以从涉嫌依照该方法直接获得的产品中抽取一部分作为样品。

管理专利工作的部门进行抽样取证应当制作笔录和清单，写明被抽取样品的名称、特征、数量以及保存地点，由办案人员、被调查的单位或者个人签字或者盖章。被调查的单位或者个人拒绝签字或者盖章的，由办案人员在笔录上注明。抽样取证清单应当交被调查人一份。

第四十九条　在证据可能灭失或者以后难以取得，又无法进行抽样取证的情况下，经管理专利工作的部门负责人批准，管理专利工作的部门可以进行登记保存，并在七日内作出决定。

经登记保存的证据，被调查的单位或者个人不得销毁或者转移。

管理专利工作的部门进行登记保存应当制作笔录和清单，写明被登记保存证据的名称、特征、数量以及保存地点，由办案人员、被调查的单位或者个人签字或者盖章。被调查的单位或者个人拒绝签字或者盖章的，由办案人员在笔录上注明。登记保存清单应当交被调查人一份。

第五十条　管理专利工作的部门需要委托异地或者下级管理专利工作的部门协助调查收集证据的，应当提出明确的要求。接受委托的部门应当及时、认真地协助调查收集证据，并尽快回复。

第五十一条　主张权利的一方提供了另一方持有相关证据的初步证据，管理专利工作的部门可以责令另一方提供其所掌握的相关证据，另一方无正当理由拒不提供或者提供虚假证据的，管理专利工作的部门可以认定主张权利的一方关于该证据的主张成立。

第五十二条　管理专利工作的部门可以指派技术调查官参与案件处理，提出技术调查意见。相关技术调查意见可以作为合议组认定技术事实的参考。技术调查官管理办法由国务院专利行政部门另行规定。

第五十三条　当事人在举证期限届满前书面申请就专门技术问题进行鉴定的，合议组可以组织双方当事人协商确定具备资格的鉴定人，约定鉴定费用承担方式；对合议组认为不需要鉴定或者鉴定费用协商不成的，不进行鉴定；仅对确定鉴定人协商不成的，由合议组指定鉴定人。

对涉及重大公共利益的，合议组可以委托具备资格的鉴定人进行鉴定。

当事人对鉴定意见有异议或者合议组认为鉴定人有必要参加口头审理的，鉴定人应当参加口头审理。经合议组书面通知，鉴定人拒不参加的，鉴定意见不得作为事实认定依据。

第五十四条 管理专利工作的部门处理案件过程中，应当向当事人指定不少于十五日的举证期限。举证期限也可以由当事人协商，并经管理专利工作的部门批准。该举证期限自当事人收到通知书之日起算。当事人申请延长举证期限的，管理专利工作的部门根据案情决定是否延长，并通知双方当事人。

第四节　重大专利侵权纠纷的行政裁决

第五十五条 根据《中华人民共和国专利法》第七十条，国务院专利行政部门组织和开展在全国有重大影响的专利侵权纠纷行政裁决相关工作。

对前款所称行政裁决，本节有特殊规定的从其规定，无特殊规定的适用本办法其他章节相关规定。

第五十六条 请求人对在全国有重大影响的专利侵权纠纷提出行政裁决请求的，应当依据本办法第十四条、第十五条的规定提交请求书及有关证明和证据材料，同时还应当提交被请求人住所地或者侵权行为地省、自治区、直辖市管理专利工作的部门出具的符合《中华人民共和国专利法实施细则》第九十六条所述情形的证明材料。

第五十七条 省、自治区、直辖市管理专利工作的部门对于辖区内专利侵权纠纷行政裁决请求，认为属于在全国有重大影响的专利侵权纠纷的，可以报请国务院专利行政部门进行行政裁决。

第五十八条 国务院专利行政部门作出行政裁决，认定专利侵权行为成立的，可以责令立即停止侵权行为，并根据需要通知国务院有关主管部门、地方人民政府有关部门协助配合及时制止侵权行为。

第五节　药品专利纠纷早期解决机制的行政裁决

第五十九条 根据《中华人民共和国专利法》第七十六条，国务院专利行政部门组织和开展药品专利纠纷早期解决机制行政裁决相关工作。

对前款所称行政裁决,本节有特殊规定的从其规定,无特殊规定的适用本办法其他章节相关规定。

第六十条 当事人向国务院专利行政部门提出行政裁决请求的,除符合本办法前述条款规定的受理条件外,还应当符合下列条件:

(一)请求人是《中华人民共和国专利法》第七十六条所称的药品上市许可申请人、专利权人或者利害关系人,利害关系人是指相关专利的被许可人、相关药品上市许可持有人;

(二)相关专利信息已在中国上市药品专利信息登记平台登记,且符合药品上市许可审批与药品上市许可申请阶段专利权纠纷解决的具体衔接办法的相关规定;

(三)自国家药品审评机构公开药品上市许可申请之日起四十五日内,专利权人或者利害关系人未就该药品专利纠纷向人民法院起诉或者向国务院专利行政部门请求行政裁决的,药品上市许可申请人可以请求行政裁决;

(四)一项行政裁决请求仅限于确认一个提出上市许可申请药品的相关技术方案是否落入某一项专利权的保护范围。

第六十一条 请求人向国务院专利行政部门提出行政裁决请求的,应当提交请求书及下列材料:

(一)主体资格证明;

(二)中国上市药品专利信息登记平台登记的相关专利信息、国家药品审评机构信息平台公示的药品上市许可申请及药品技术方案未落入相关专利权保护范围的声明和声明依据;

(三)请求人是药品上市许可申请人的,还应当提交申请注册的药品相关技术方案,该技术方案涉及保密信息的,需要单独提交并声明。

第六十二条 国务院专利行政部门作出的行政裁决,应当就申请上市药品相关技术方案是否落入相关专利权保护范围作出认定,并说明理由和依据。

行政裁决作出后，应当送达当事人并抄送国务院药品监督管理部门。

第三章　行政调解

第一节　调解程序

第六十三条　除《中华人民共和国专利法》第六十五条规定的外，管理专利工作的部门应当事人请求，可以对下列专利纠纷进行调解：

（一）专利申请权和专利权归属纠纷；

（二）发明人、设计人资格纠纷；

（三）职务发明创造的发明人、设计人的奖励和报酬纠纷；

（四）在发明专利申请公布后专利权授予前使用发明而未支付适当费用的纠纷；

（五）其他专利纠纷。

对于前款第（四）项所列的纠纷，当事人请求管理专利工作的部门调解的，应当在公告授予专利权之后提出。

第六十四条　请求管理专利工作的部门调解专利纠纷的，应当提交请求书。

请求书应当记载以下内容：

（一）请求人的姓名或者名称、地址、联系方式，法定代表人或者主要负责人的姓名、职务、联系方式，委托代理人的，代理人的姓名和代理机构的名称、地址、联系方式；

（二）被请求人的姓名或者名称、地址、联系方式；

（三）请求调解的具体事项和理由。

单独请求调解侵犯专利权赔偿数额的，应当提交有关管理专利工作的部门作出的认定侵权行为成立的处理决定书副本。

第六十五条　管理专利工作的部门应当在收到调解请求书后制作陈述意见通知书，连同请求书副本于五个工作日内送达被请求人，要求其自收到之日起十五日内提交意见陈述书。

第六十六条 被请求人提交意见陈述书并同意调解的,管理专利工作的部门应当自收到意见陈述书之日起五个工作日内立案,并通知请求人和被请求人进行调解的时间和地点。

被请求人逾期未提交意见陈述书,或者在意见陈述书中表示不接受调解的,管理专利工作的部门不予立案,并在期限届满或者收到意见陈述书之日起五个工作日内通知请求人。

第六十七条 请求人无正当理由不按照通知的时间和地点参加调解的,管理专利工作的部门按照主动撤回请求处理;被请求人无正当理由不按照通知的时间和地点参加调解的,管理专利工作的部门按照未能达成协议处理,以撤销案件的方式结案,并通知双方当事人。

第六十八条 管理专利工作的部门调解专利纠纷可以邀请有关单位或者个人协助,被邀请的单位或者个人在客观条件允许的情况下应当协助进行调解。

第六十九条 当事人经调解达成协议的,由管理专利工作的部门制作调解协议书,加盖公章,并由双方当事人签字或者盖章;未能达成协议的,管理专利工作的部门以撤销案件的方式结案,并通知双方当事人。

调解书中具有给付内容并载明愿意接受强制执行承诺的,当事人可以依照《中华人民共和国公证法》的规定申请公证机关赋予强制执行效力。当事人不履行或者不适当履行经过公证的调解书的,对方当事人可以依法向有管辖权的人民法院申请执行。

第七十条 因专利申请权或者专利权的归属纠纷请求调解的,当事人可以持管理专利工作的部门的受理通知书请求国务院专利行政部门中止该专利申请或者专利权的有关程序。

经调解达成协议的,当事人应当在十五日内持调解协议书向国务院专利行政部门办理恢复手续,管理专利工作的部门应当自结案之日起五个工作日内将相关文书抄送至国务院专利行政部门;不能达成协议的,当事人应当持管理专利工作的部门出具的撤销案件通知书向国务院专利行政部门办理恢复手续。自请求中止之日起满一年未请求延长中止的，国务院专利行政部门自行恢复有关程序。

管理专利工作的部门调解专利权权属纠纷，应当在两个月内结案。案件特别复杂需要延长期限的，应当由管理专利工作的部门负责人批准，经批准延长的期限，最长不超过一个月。

第二节 实体标准

第七十一条 执行本单位的任务或者主要是利用本单位的物质技术条件所完成的发明创造为职务发明创造。职务发明创造申请专利的权利属于该单位；申请被批准后，该单位为专利权人。

下列发明创造属于职务发明创造：

（一）在本职工作中作出的发明创造；

（二）履行本单位交付的本职工作之外的任务所作出的发明创造；

（三）退休、调离原单位后或者劳动、人事关系终止后一年内作出的，与其在原单位承担的本职工作或者原单位分配的任务有关的发明创造；

（四）主要利用本单位的资金、设备、零部件、原材料或者不对外公开的技术信息和资料等物质技术条件完成的发明创造。

第七十二条 依据《中华人民共和国专利法》第八条，委托或者合作开发过程中完成的发明创造，双方约定专利申请权和专利权归属的，从其约定。无协议约定的，申请专利的权利属于完成或者共同完成的单位或者个人，申请被批准后，申请的单位或者个人为专利权人。

第七十三条 发明人或者设计人是指对发明创造的实质性特点作出创造性贡献的人。有权在专利文件中署名的发明人或者设计人应符合以下条件：

（一）存在专利法意义上的发明创造；

（二）发明人或者设计人应当是所述发明创造的实际参与人；

（三）发明人或者设计人对发明创造的实质性特点作出了创造性

贡献。

第七十四条　依据《中华人民共和国专利法实施细则》第九十三条、第九十四条，被授予专利权的单位未与发明人、设计人约定也未在其依法制定的规章制度中规定《中华人民共和国专利法》第十五条规定的奖励、报酬的方式和数额的，按照以下标准进行调解：

（一）一项发明专利的奖金最低不少于四千元；

（二）一项实用新型专利或者外观设计专利的奖金最低不少于一千五百元；

（三）将职务发明创造转让、许可给他人实施的；利用职务发明创造作价投资的；将职务发明创造自行实施或者与他人合作实施的，应当依照《中华人民共和国促进科技成果转化法》第四十五条的规定，按照发明人和设计人对发明成果实施、转化的贡献度，以及特定专利在产品利润中的贡献度，给予合理报酬。

第七十五条　在对《中华人民共和国专利法实施细则》第一百零二条第一款第（四）项所称纠纷进行调解时，发明专利申请公布时申请人请求保护的范围与发明专利公告授权时的专利权保护范围不一致，被控技术方案落入上述两种范围的，管理专利工作的部门应当认定被请求人在临时保护期内实施了该发明；被控技术方案仅落入其中一种范围的，管理专利工作的部门应当认定被请求人在临时保护期内未实施该发明。

前款纠纷涉及分案申请的，该分案申请的公布日以原申请和分案申请中较早公布的日期为准。

第三节　专利开放许可实施纠纷的行政调解

第七十六条　根据《中华人民共和国专利法》第五十二条的规定，国务院专利行政部门负责组织调解实施专利开放许可发生的纠纷。

对前款纠纷的调解，本节有特殊规定的从其规定，无特殊规定的适用本办法其他章节相关规定。

第七十七条　当事人就实施专利开放许可使用费标准和支付方

式、开放许可生效时间、专利许可期限等内容发生的纠纷,并自愿接受调解的,可以申请国务院专利行政部门进行调解。

第七十八条 提出调解申请时应当提交下列材料:

(一)调解申请书。调解申请书应当写明双方当事人的姓名或者名称、地址、联系人、联系方式;申请调解的纠纷事由、争议的简要说明、申请调解的事项等内容;

(二)申请人身份证明文件。主要包括自然人身份证件,法人或者非法人组织营业执照副本或者其他主体资格证明材料。其中,自然人应当提交自然人身份证件复印件并在复印件上签字确认。法人或者非法人组织应当提交营业执照副本或者其他主体资格证明材料复印件、法定代表人或者主要负责人身份证明复印件,上述复印件均应当加盖公章;

(三)相关证据材料。包括但不限于已登记的专利开放许可声明、生效的专利开放许可实施合同等与案件有关的证据材料;

(四)授权委托书。申请人可以委托一至二人作为代理人参加调解。申请人委托代理人参加调解的,应当提交书面授权委托书。授权委托书应当明确记载委托事项、权限和期限;

(五)其他与案件调解相关的材料。

第七十九条 经调解达成协议,有下列情形之一的,应当制作调解协议书:

(一)一方当事人要求制作调解协议书的;

(二)有给付内容且不能及时履行完毕的;

(三)调解的事项具有重大、疑难、复杂纠纷情形的;

(四)应当制作调解协议书的其他情形。

第四章 法律责任

第八十条 管理专利工作的部门作出认定专利侵权行为成立并责令侵权人立即停止侵权行为的行政裁决后,被请求人向人民法院提起行政诉讼的,在诉讼期间不停止行政裁决的执行,法律、行政法规另有规定的，从其规定。

被请求人期满不起诉又不停止侵权行为的，管理专利工作的部门可以自被执行人的履行期限届满之日起三个月内申请人民法院强制执行。管理专利工作的部门在上述申请执行的期限内未申请人民法院强制执行的，生效的行政裁决确定的权利人或者其继承人、权利承受人可以在六个月内申请人民法院强制执行。

第八十一条 拒绝、阻挠管理专利工作的部门依法行使职权，涉嫌违反治安管理行为的，应当移交公安机关处理；涉嫌犯罪的，应当依法追究刑事责任。

第八十二条 当事人对其在案件程序中知悉的国家秘密、商业秘密或者个人隐私负有保密义务，擅自披露、使用或者允许他人使用上述信息的，应当承担相应法律责任。

办案人员以及其他工作人员滥用职权、玩忽职守、徇私舞弊或者泄露处理过程中知悉的国家秘密、商业秘密或者个人隐私，尚不构成犯罪的，依法给予处分；涉嫌犯罪的，移送司法机关处理。

第五章 附 则

第八十三条 管理专利工作的部门作出行政裁决的，应当自作出之日起二十个工作日内依法公开，通过政府网站等途径及时发布案件信息。行政裁决公开时，应当删除或者遮盖涉及国家秘密、商业秘密、个人隐私以及其他不宜公开的信息。

行政裁决因行政诉讼发生变更或者撤销的，应当自变更或者撤销之日起二十个工作日内，公开有关变更或者撤销的信息。

第八十四条 本办法由国务院专利行政部门负责解释。

第八十五条 本办法自 2025 年 2 月 1 日起施行。

专利优先审查管理办法

(2017年6月27日国家知识产权局令第76号公布 自2017年8月1日起施行)

第一条 为了促进产业结构优化升级,推进国家知识产权战略实施和知识产权强国建设,服务创新驱动发展,完善专利审查程序,根据《中华人民共和国专利法》和《中华人民共和国专利法实施细则》(以下简称专利法实施细则)的有关规定,制定本办法。

第二条 下列专利申请或者案件的优先审查适用本办法:

(一)实质审查阶段的发明专利申请;

(二)实用新型和外观设计专利申请;

(三)发明、实用新型和外观设计专利申请的复审;

(四)发明、实用新型和外观设计专利的无效宣告。

依据国家知识产权局与其他国家或者地区专利审查机构签订的双边或者多边协议开展优先审查的,按照有关规定处理,不适用本办法。

第三条 有下列情形之一的专利申请或者专利复审案件,可以请求优先审查:

(一)涉及节能环保、新一代信息技术、生物、高端装备制造、新能源、新材料、新能源汽车、智能制造等国家重点发展产业;

(二)涉及各省级和设区的市级人民政府重点鼓励的产业;

(三)涉及互联网、大数据、云计算等领域且技术或者产品更新速度快;

(四)专利申请人或者复审请求人已经做好实施准备或者已经开始实施,或者有证据证明他人正在实施其发明创造;

(五)就相同主题首次在中国提出专利申请又向其他国家或者地区提出申请的该中国首次申请;

(六)其他对国家利益或者公共利益具有重大意义需要优先审查。

第四条 有下列情形之一的无效宣告案件，可以请求优先审查：

（一）针对无效宣告案件涉及的专利发生侵权纠纷，当事人已请求地方知识产权局处理、向人民法院起诉或者请求仲裁调解组织仲裁调解；

（二）无效宣告案件涉及的专利对国家利益或者公共利益具有重大意义。

第五条 对专利申请、专利复审案件提出优先审查请求，应当经全体申请人或者全体复审请求人同意；对无效宣告案件提出优先审查请求，应当经无效宣告请求人或者全体专利权人同意。

处理、审理涉案专利侵权纠纷的地方知识产权局、人民法院或者仲裁调解组织可以对无效宣告案件提出优先审查请求。

第六条 对专利申请、专利复审案件、无效宣告案件进行优先审查的数量，由国家知识产权局根据不同专业技术领域的审查能力、上一年度专利授权量以及本年度待审案件数量等情况确定。

第七条 请求优先审查的专利申请或者专利复审案件应当采用电子申请方式。

第八条 申请人提出发明、实用新型、外观设计专利申请优先审查请求的，应当提交优先审查请求书、现有技术或者现有设计信息材料和相关证明文件；除本办法第三条第五项的情形外，优先审查请求书应当由国务院相关部门或者省级知识产权局签署推荐意见。

当事人提出专利复审、无效宣告案件优先审查请求的，应当提交优先审查请求书和相关证明文件；除在实质审查或者初步审查程序中已经进行优先审查的专利复审案件外，优先审查请求书应当由国务院相关部门或者省级知识产权局签署推荐意见。

地方知识产权局、人民法院、仲裁调解组织提出无效宣告案件优先审查请求的，应当提交优先审查请求书并说明理由。

第九条 国家知识产权局受理和审核优先审查请求后，应当及时将审核意见通知优先审查请求人。

第十条 国家知识产权局同意进行优先审查的，应当自同意之日起，在以下期限内结案：

（一）发明专利申请在四十五日内发出第一次审查意见通知书，

并在一年内结案；

（二）实用新型和外观设计专利申请在两个月内结案；

（三）专利复审案件在七个月内结案；

（四）发明和实用新型专利无效宣告案件在五个月内结案，外观设计专利无效宣告案件在四个月内结案。

第十一条 对于优先审查的专利申请，申请人应当尽快作出答复或者补正。申请人答复发明专利审查意见通知书的期限为通知书发文日起两个月，申请人答复实用新型和外观设计专利审查意见通知书的期限为通知书发文日起十五日。

第十二条 对于优先审查的专利申请，有下列情形之一的，国家知识产权局可以停止优先审查程序，按普通程序处理，并及时通知优先审查请求人：

（一）优先审查请求获得同意后，申请人根据专利法实施细则第五十一条第一、二款对申请文件提出修改；

（二）申请人答复期限超过本办法第十一条规定的期限；

（三）申请人提交虚假材料；

（四）在审查过程中发现为非正常专利申请。

第十三条 对于优先审查的专利复审或者无效宣告案件，有下列情形之一的，专利复审委员会可以停止优先审查程序，按普通程序处理，并及时通知优先审查请求人：

（一）复审请求人延期答复；

（二）优先审查请求获得同意后，无效宣告请求人补充证据和理由；

（三）优先审查请求获得同意后，专利权人以删除以外的方式修改权利要求书；

（四）专利复审或者无效宣告程序被中止；

（五）案件审理依赖于其他案件的审查结论；

（六）疑难案件，并经专利复审委员会主任批准。

第十四条 本办法由国家知识产权局负责解释。

第十五条 本办法自 2017 年 8 月 1 日起施行。2012 年 8 月 1 日起施行的《发明专利申请优先审查管理办法》同时废止。

重大专利侵权纠纷行政裁决办法

（2021年5月26日 国家知识产权局公告第426号）

第一条 为贯彻落实党中央、国务院关于全面加强知识产权保护的决策部署，切实维护公平竞争的市场秩序，保障专利权人和社会公众的合法权益，根据《中华人民共和国专利法》（以下简称《专利法》）和有关法律、法规、规章，制定本办法。

第二条 本办法适用于国家知识产权局处理专利法第七十条第一款所称的在全国有重大影响的专利侵权纠纷（以下简称重大专利侵权纠纷）。

第三条 有以下情形之一的，属于重大专利侵权纠纷：

（一）涉及重大公共利益的；

（二）严重影响行业发展的；

（三）跨省级行政区域的重大案件；

（四）其他可能造成重大影响的专利侵权纠纷。

第四条 请求对重大专利侵权纠纷进行行政裁决的，应当符合第三条所述的情形，并具备下列条件：

（一）请求人是专利权人或者利害关系人；

（二）有明确的被请求人；

（三）有明确的请求事项和具体事实、理由；

（四）人民法院未就该专利侵权纠纷立案。

第五条 请求对重大专利侵权纠纷进行行政裁决的，应当依据《专利行政执法办法》的有关规定提交请求书及有关证据材料，同时还应当提交被请求人所在地或者侵权行为地省、自治区、直辖市管理专利工作的部门出具的符合本办法第三条所述情形的证明材料。

第六条 请求符合本办法第四条规定的，国家知识产权局应当自收到请求书之日起5个工作日内立案并通知请求人，同时指定3

名或者3名以上单数办案人员组成合议组办理案件。案情特别复杂或者有其他特殊情况的，经批准，立案期限可以延长5个工作日。

请求不符合本办法第四条规定的，国家知识产权局应当在收到请求书之日起5个工作日内通知请求人不予立案，并说明理由。

对于不属于重大专利侵权纠纷的请求，国家知识产权局不予立案，并告知请求人可以向有管辖权的地方管理专利工作的部门请求处理。

第七条 省、自治区、直辖市管理专利工作的部门对于辖区内专利侵权纠纷处理请求，认为案情属于重大专利侵权纠纷的，可以报请国家知识产权局进行行政裁决。

第八条 办案人员应当持有国家知识产权局配发的办案证件。

第九条 办案人员有下列情形之一的应当自行回避：

（一）是当事人或者其代理人的近亲属的；

（二）与专利申请或者专利权有利害关系的；

（三）与当事人或者其代理人有其他关系，可能影响公正办案的。

当事人也有权申请办案人员回避。当事人申请回避的，应当说明理由。

办案人员的回避，由负责办案的部门决定。

第十条 国家知识产权局应当在立案之日起5个工作日内向被请求人发出请求书及其附件的副本，要求其在收到之日起15日内提交答辩书，并按照请求人的数量提供答辩书副本。被请求人逾期不提交答辩书的，不影响案件处理。

被请求人提交答辩书的，国家知识产权局应当在收到之日起5个工作日内将答辩书副本转送请求人。

国家知识产权局可以对侵犯其同一专利权的案件合并处理。

第十一条 案件办理过程中，请求人提出申请追加被请求人的，如果符合共同被请求人条件，国家知识产权局应当裁定追加并通知其他当事人，不符合共同被请求人条件但符合请求条件的，应当驳回追加申请，告知请求人另案提出请求。对于被请求人提出追加其他当事人为被请求人的,应当告知请求人。请求人同意追加的,裁定准许追加。请求人不同意的,可以追加其他当事人为第三人。追加被请求人或第三人的请求应当在口头审理前提出,否则不予支持。

第十二条 当事人对自己提出的主张,有责任提供证据。当事人因客观原因不能收集的证据,可以提交初步证据和理由,书面申请国家知识产权局调查或者检查。根据查明案件事实的需要,国家知识产权局也可以依法调查或者检查。

办案人员在调查或者检查时不得少于两人,并应当向当事人或者有关人员出示办案证件。

第十三条 办案人员在调查或者检查时,可以行使下列职权:

(一) 询问有关当事人及其他有关单位和个人,调查与涉嫌专利侵权行为有关的情况;

(二) 对当事人涉嫌专利侵权行为的场所实施现场检查;

(三) 检查与涉嫌专利侵权行为有关的产品。

在调查或者检查时,当事人或者有关人员应当予以协助、配合,不得拒绝、阻挠。

根据工作需要和实际情况,国家知识产权局可以将相关案件调查工作委托地方管理专利工作的部门进行。

第十四条 专利侵权纠纷涉及复杂技术问题,需要进行检验鉴定的,国家知识产权局可以应当事人请求委托有关单位进行检验鉴定。当事人请求检验鉴定的,检验鉴定单位可以由双方当事人协商确定;协商不成的,由国家知识产权局指定。检验鉴定意见未经质证,不得作为定案依据。

当事人对鉴定费用有约定的,从其约定。没有约定的,鉴定费用由申请鉴定方先行支付,结案时由责任方承担。

第十五条 国家知识产权局可以指派技术调查官参与案件处理,提出技术调查意见。相关技术调查意见可以作为合议组认定技术事实的参考。技术调查官管理办法另行规定。

第十六条 国家知识产权局根据案情需要决定是否进行口头审理。进行口头审理的,应当至少在口头审理5个工作日前将口头审理的时间、地点通知当事人。当事人无正当理由拒不参加的，或者未经许可中途退出的，对请求人按撤回请求处理，对被请求人按缺席处理。

第十七条 有以下情形之一的，当事人可以申请中止案件办理，国家知识产权局也可以依职权决定中止案件办理：

（一）被请求人申请宣告涉案专利权无效并被国家知识产权局受理的；

（二）一方当事人死亡，需要等待继承人表明是否参加处理的；

（三）一方当事人丧失民事行为能力，尚未确定法定代理人的；

（四）作为一方当事人的法人或者其他组织终止，尚未确定权利义务承受人的；

（五）一方当事人因不可抗拒的事由，不能参加审理的；

（六）该案必须以另一案的审理结果为依据，而另一案尚未审结的；

（七）其他需要中止处理的情形。

第十八条 有下列情形之一的，国家知识产权局可以不中止案件处理：

（一）请求人出具的检索报告或专利权评价报告未发现实用新型或者外观设计专利权存在不符合授予专利权条件的缺陷；

（二）无效宣告程序已对该实用新型或者外观设计专利作出维持有效决定的；

（三）当事人提出的中止理由明显不成立的。

第十九条 有下列情形之一时，国家知识产权局可以撤销案件：

（一）立案后发现不符合受理条件的；

（二）请求人撤回处理请求的；

（三）请求人死亡或注销，没有继承人，或者继承人放弃处理请求的；

（四）被请求人死亡或注销，或者没有应当承担义务的人的；

（五）其他需要撤销案件的情形。

第二十条 在行政裁决期间，有关专利权被国家知识产权局宣告无效的，可以终止案件办理。有证据证明宣告上述权利无效的决定被生效的行政判决撤销的，权利人可以另行提起请求。

第二十一条　国家知识产权局可以组织当事人进行调解。双方当事人达成一致的，由国家知识产权局制作调解书，加盖公章，并由双方当事人签名或者盖章。调解不成的，应当及时作出行政裁决。

第二十二条　国家知识产权局处理专利侵权纠纷，应当自立案之日起三个月内结案。因案件复杂或者其他原因，不能在规定期限内结案的，经批准，可以延长一个月。案情特别复杂或者有其他特殊情况，经延期仍不能结案的，经批准继续延期的，应当同时确定延长的合理期限。

案件处理过程中，中止、公告、检验鉴定等时间不计入前款所指的案件办理期限。变更请求、追加共同被请求人、第三人的，办案期限从变更请求、确定共同被请求人、第三人之日起重新计算。

第二十三条　国家知识产权局作出行政裁决，应当制作行政裁决书，并加盖公章。行政裁决认定专利侵权行为成立的，应当责令立即停止侵权行为，并根据需要通知有关主管部门、地方人民政府有关部门协助配合及时制止侵权行为。当事人不服的，可以自收到行政裁决书之日起15日内，依照《中华人民共和国行政诉讼法》向人民法院起诉。除法律规定的情形外，诉讼期间不停止行政裁决的执行。被请求人期满不起诉又不停止侵权行为的，国家知识产权局可以向人民法院申请强制执行。

行政裁决作出后，应当按照《政府信息公开条例》及有关规定向社会公开。行政裁决公开时，应当删除涉及商业秘密的信息。

第二十四条　办案人员以及其他工作人员滥用职权、玩忽职守、徇私舞弊或者泄露办案过程中知悉的商业秘密，尚不构成犯罪的，依法给予政务处分；涉嫌犯罪的，移送司法机关处理。

第二十五条　本办法未作规定的，依照《专利行政执法办法》以及国家知识产权局关于专利侵权纠纷行政裁决有关规定执行。

第二十六条　本办法由国家知识产权局负责解释。

第二十七条　本办法自2021年6月1日起施行。

最高人民法院关于审理侵犯专利权纠纷案件应用法律若干问题的解释

(2009年12月21日最高人民法院审判委员会第1480次会议通过 2009年12月28日最高人民法院公告公布 自2010年1月1日起施行 法释〔2009〕21号)

为正确审理侵犯专利权纠纷案件,根据《中华人民共和国专利法》、《中华人民共和国民事诉讼法》等有关法律规定,结合审判实际,制定本解释。

第一条 人民法院应当根据权利人主张的权利要求,依据专利法第五十九条第一款的规定确定专利权的保护范围。权利人在一审法庭辩论终结前变更其主张的权利要求的,人民法院应当准许。

权利人主张以从属权利要求确定专利权保护范围的,人民法院应当以该从属权利要求记载的附加技术特征及其引用的权利要求记载的技术特征,确定专利权的保护范围。

第二条 人民法院应当根据权利要求的记载,结合本领域普通技术人员阅读说明书及附图后对权利要求的理解,确定专利法第五十九条第一款规定的权利要求的内容。

第三条 人民法院对于权利要求,可以运用说明书及附图、权利要求书中的相关权利要求、专利审查档案进行解释。说明书对权利要求用语有特别界定的,从其特别界定。

以上述方法仍不能明确权利要求含义的,可以结合工具书、教科书等公知文献以及本领域普通技术人员的通常理解进行解释。

第四条 对于权利要求中以功能或者效果表述的技术特征,人民法院应当结合说明书和附图描述的该功能或者效果的具体实施方式及其等同的实施方式，确定该技术特征的内容。

第五条 对于仅在说明书或者附图中描述而在权利要求中未记载的技术方案，权利人在侵犯专利权纠纷案件中将其纳入专利权保护范围的，人民法院不予支持。

第六条 专利申请人、专利权人在专利授权或者无效宣告程序中，通过对权利要求、说明书的修改或者意见陈述而放弃的技术方案，权利人在侵犯专利权纠纷案件中又将其纳入专利权保护范围的，人民法院不予支持。

第七条 人民法院判定被诉侵权技术方案是否落入专利权的保护范围，应当审查权利人主张的权利要求所记载的全部技术特征。

被诉侵权技术方案包含与权利要求记载的全部技术特征相同或者等同的技术特征的，人民法院应当认定其落入专利权的保护范围；被诉侵权技术方案的技术特征与权利要求记载的全部技术特征相比，缺少权利要求记载的一个以上的技术特征，或者有一个以上技术特征不相同也不等同的，人民法院应当认定其没有落入专利权的保护范围。

第八条 在与外观设计专利产品相同或者相近种类产品上，采用与授权外观设计相同或者近似的外观设计的，人民法院应当认定被诉侵权设计落入专利法第五十九条第二款规定的外观设计专利权的保护范围。

第九条 人民法院应当根据外观设计产品的用途，认定产品种类是否相同或者相近。确定产品的用途，可以参考外观设计的简要说明、国际外观设计分类表、产品的功能以及产品销售、实际使用的情况等因素。

第十条 人民法院应当以外观设计专利产品的一般消费者的知识水平和认知能力，判断外观设计是否相同或者近似。

第十一条 人民法院认定外观设计是否相同或者近似时，应当根据授权外观设计、被诉侵权设计的设计特征，以外观设计的整体视觉效果进行综合判断；对于主要由技术功能决定的设计特征以及对整体视觉效果不产生影响的产品的材料、内部结构等特征，应当不予考虑。

下列情形，通常对外观设计的整体视觉效果更具有影响：

（一）产品正常使用时容易被直接观察到的部位相对于其他部位；

（二）授权外观设计区别于现有设计的设计特征相对于授权外观设计的其他设计特征。

被诉侵权设计与授权外观设计在整体视觉效果上无差异的，人民法院应当认定两者相同；在整体视觉效果上无实质性差异的，应当认定两者近似。

第十二条 将侵犯发明或者实用新型专利权的产品作为零部件，制造另一产品的，人民法院应当认定属于专利法第十一条规定的使用行为；销售该另一产品的，人民法院应当认定属于专利法第十一条规定的销售行为。

将侵犯外观设计专利权的产品作为零部件，制造另一产品并销售的，人民法院应当认定属于专利法第十一条规定的销售行为，但侵犯外观设计专利权的产品在该另一产品中仅具有技术功能的除外。

对于前两款规定的情形，被诉侵权人之间存在分工合作的，人民法院应当认定为共同侵权。

第十三条 对于使用专利方法获得的原始产品，人民法院应当认定为专利法第十一条规定的依照专利方法直接获得的产品。

对于将上述原始产品进一步加工、处理而获得后续产品的行为，人民法院应当认定属于专利法第十一条规定的使用依照该专利方法直接获得的产品。

第十四条 被诉落入专利权保护范围的全部技术特征，与一项现有技术方案中的相应技术特征相同或者无实质性差异的，人民法院应当认定被诉侵权人实施的技术属于专利法第六十二条规定的现有技术。

被诉侵权设计与一个现有设计相同或者无实质性差异的，人民法院应当认定被诉侵权人实施的设计属于专利法第六十二条规定的现有设计。

第十五条 被诉侵权人以非法获得的技术或者设计主张先用权抗辩的，人民法院不予支持。

有下列情形之一的，人民法院应当认定属于专利法第六十九条第（二）项规定的已经作好制造、使用的必要准备：

（一）已经完成实施发明创造所必需的主要技术图纸或者工艺文件；

（二）已经制造或者购买实施发明创造所必需的主要设备或者原材料。

专利法第六十九条第（二）项规定的原有范围，包括专利申请日前已有的生产规模以及利用已有的生产设备或者根据已有的生产准备可以达到的生产规模。

先用权人在专利申请日后将其已经实施或作好实施必要准备的技术或设计转让或者许可他人实施，被诉侵权人主张该实施行为属于在原有范围内继续实施的，人民法院不予支持，但该技术或设计与原有企业一并转让或者承继的除外。

第十六条 人民法院依据专利法第六十五条第一款的规定确定侵权人因侵权所获得的利益，应当限于侵权人因侵犯专利权行为所获得的利益；因其他权利所产生的利益，应当合理扣除。

侵犯发明、实用新型专利权的产品系另一产品的零部件的，人民法院应当根据该零部件本身的价值及其在实现成品利润中的作用等因素合理确定赔偿数额。

侵犯外观设计专利权的产品为包装物的，人民法院应当按照包装物本身的价值及其在实现被包装产品利润中的作用等因素合理确定赔偿数额。

第十七条 产品或者制造产品的技术方案在专利申请日以前为国内外公众所知的，人民法院应当认定该产品不属于专利法第六十一条第一款规定的新产品。

第十八条 权利人向他人发出侵犯专利权的警告，被警告人或者利害关系人经书面催告权利人行使诉权，自权利人收到该书面催告之日起一个月内或者自书面催告发出之日起二个月内，权利人不撤回警告也不提起诉讼，被警告人或者利害关系人向人民法院提起请求确认其行为不侵犯专利权的诉讼的，人民法院应当受理。

第十九条 被诉侵犯专利权行为发生在 2009 年 10 月 1 日以前的，人民法院适用修改前的专利法；发生在 2009 年 10 月 1 日以后的，人民法院适用修改后的专利法。

被诉侵犯专利权行为发生在 2009 年 10 月 1 日以前且持续到 2009 年 10 月 1 日以后，依据修改前和修改后的专利法的规定侵权人均应承担赔偿责任的，人民法院适用修改后的专利法确定赔偿数额。

第二十条 本院以前发布的有关司法解释与本解释不一致的，以本解释为准。

最高人民法院关于审理侵犯专利权纠纷案件应用法律若干问题的解释（二）

（2016 年 1 月 25 日最高人民法院审判委员会第 1676 次会议通过 根据 2020 年 12 月 23 日最高人民法院审判委员会第 1823 次会议通过的《最高人民法院关于修改〈最高人民法院关于审理侵犯专利权纠纷案件应用法律若干问题的解释（二）〉等十八件知识产权类司法解释的决定》修正 2020 年 12 月 29 日最高人民法院公告公布 自 2021 年 1 月 1 日起施行 法释〔2020〕19 号）

为正确审理侵犯专利权纠纷案件，根据《中华人民共和国民法典》《中华人民共和国专利法》《中华人民共和国民事诉讼法》等有关法律规定，结合审判实践，制定本解释。

第一条 权利要求书有两项以上权利要求的，权利人应当在起诉状中载明据以起诉被诉侵权人侵犯其专利权的权利要求。起诉状对此未记载或者记载不明的，人民法院应当要求权利人明确。经释明，权利人仍不予明确的，人民法院可以裁定驳回起诉。

第二条 权利人在专利侵权诉讼中主张的权利要求被国务院专利行政部门宣告无效的，审理侵犯专利权纠纷案件的人民法院可以裁定驳回权利人基于该无效权利要求的起诉。

有证据证明宣告上述权利要求无效的决定被生效的行政判决撤销的，权利人可以另行起诉。

专利权人另行起诉的，诉讼时效期间从本条第二款所称行政判决书送达之日起计算。

第三条 因明显违反专利法第二十六条第三款、第四款导致说明书无法用于解释权利要求，且不属于本解释第四条规定的情形，专利权因此被请求宣告无效的，审理侵犯专利权纠纷案件的人民法院一般应当裁定中止诉讼；在合理期限内专利权未被请求宣告无效的，人民法院可以根据权利要求的记载确定专利权的保护范围。

第四条 权利要求书、说明书及附图中的语法、文字、标点、图形、符号等存有歧义，但本领域普通技术人员通过阅读权利要求书、说明书及附图可以得出唯一理解的，人民法院应当根据该唯一理解予以认定。

第五条 在人民法院确定专利权的保护范围时，独立权利要求的前序部分、特征部分以及从属权利要求的引用部分、限定部分记载的技术特征均有限定作用。

第六条 人民法院可以运用与涉案专利存在分案申请关系的其他专利及其专利审查档案、生效的专利授权确权裁判文书解释涉案专利的权利要求。

专利审查档案，包括专利审查、复审、无效程序中专利申请人或者专利权人提交的书面材料，国务院专利行政部门制作的审查意见通知书、会晤记录、口头审理记录、生效的专利复审请求审查决定书和专利权无效宣告请求审查决定书等。

第七条 被诉侵权技术方案在包含封闭式组合物权利要求全部

技术特征的基础上增加其他技术特征的,人民法院应当认定被诉侵权技术方案未落入专利权的保护范围,但该增加的技术特征属于不可避免的常规数量杂质的除外。

前款所称封闭式组合物权利要求,一般不包括中药组合物权利要求。

第八条 功能性特征,是指对于结构、组分、步骤、条件或其之间的关系等,通过其在发明创造中所起的功能或者效果进行限定的技术特征,但本领域普通技术人员仅通过阅读权利要求即可直接、明确地确定实现上述功能或者效果的具体实施方式的除外。

与说明书及附图记载的实现前款所称功能或者效果不可缺少的技术特征相比,被诉侵权技术方案的相应技术特征是以基本相同的手段,实现相同的功能,达到相同的效果,且本领域普通技术人员在被诉侵权行为发生时无需经过创造性劳动就能够联想到的,人民法院应当认定该相应技术特征与功能性特征相同或者等同。

第九条 被诉侵权技术方案不能适用于权利要求中使用环境特征所限定的使用环境的,人民法院应当认定被诉侵权技术方案未落入专利权的保护范围。

第十条 对于权利要求中以制备方法界定产品的技术特征,被诉侵权产品的制备方法与其不相同也不等同的,人民法院应当认定被诉侵权技术方案未落入专利权的保护范围。

第十一条 方法权利要求未明确记载技术步骤的先后顺序,但本领域普通技术人员阅读权利要求书、说明书及附图后直接、明确地认为该技术步骤应当按照特定顺序实施的,人民法院应当认定该步骤顺序对于专利权的保护范围具有限定作用。

第十二条 权利要求采用"至少""不超过"等用语对数值特征进行界定,且本领域普通技术人员阅读权利要求书、说明书及附图后认为专利技术方案特别强调该用语对技术特征的限定作用,权利人主张与其不相同的数值特征属于等同特征的,人民法院不予支持。

第十三条 权利人证明专利申请人、专利权人在专利授权确权程序中对权利要求书、说明书及附图的限缩性修改或者陈述被明确否定的，人民法院应当认定该修改或者陈述未导致技术方案的放弃。

第十四条　人民法院在认定一般消费者对于外观设计所具有的知识水平和认知能力时，一般应当考虑被诉侵权行为发生时授权外观设计所属相同或者相近种类产品的设计空间。设计空间较大的，人民法院可以认定一般消费者通常不容易注意到不同设计之间的较小区别；设计空间较小的，人民法院可以认定一般消费者通常更容易注意到不同设计之间的较小区别。

第十五条　对于成套产品的外观设计专利，被诉侵权设计与其一项外观设计相同或者近似的，人民法院应当认定被诉侵权设计落入专利权的保护范围。

第十六条　对于组装关系唯一的组件产品的外观设计专利，被诉侵权设计与其组合状态下的外观设计相同或者近似的，人民法院应当认定被诉侵权设计落入专利权的保护范围。

对于各构件之间无组装关系或者组装关系不唯一的组件产品的外观设计专利，被诉侵权设计与其全部单个构件的外观设计均相同或者近似的，人民法院应当认定被诉侵权设计落入专利权的保护范围；被诉侵权设计缺少其单个构件的外观设计或者与之不相同也不近似的，人民法院应当认定被诉侵权设计未落入专利权的保护范围。

第十七条　对于变化状态产品的外观设计专利，被诉侵权设计与变化状态图所示各种使用状态下的外观设计均相同或者近似的，人民法院应当认定被诉侵权设计落入专利权的保护范围；被诉侵权设计缺少其一种使用状态下的外观设计或者与之不相同也不近似的，人民法院应当认定被诉侵权设计未落入专利权的保护范围。

第十八条　权利人依据专利法第十三条诉请在发明专利申请公布日至授权公告日期间实施该发明的单位或者个人支付适当费用的，人民法院可以参照有关专利许可使用费合理确定。

发明专利申请公布时申请人请求保护的范围与发明专利公告授权时的专利权保护范围不一致，被诉技术方案均落入上述两种范围的，人民法院应当认定被告在前款所称期间内实施了该发明；被诉技术方案仅落入其中一种范围的，人民法院应当认定被告在前款所称期间内未实施该发明。

发明专利公告授权后，未经专利权人许可，为生产经营目的使用、许诺销售、销售在本条第一款所称期间内已由他人制造、销售、进口的产品，且该他人已支付或者书面承诺支付专利法第十三条规定的适当费用的，对于权利人关于上述使用、许诺销售、销售行为侵犯专利权的主张，人民法院不予支持。

第十九条 产品买卖合同依法成立的，人民法院应当认定属于专利法第十一条规定的销售。

第二十条 对于将依照专利方法直接获得的产品进一步加工、处理而获得的后续产品，进行再加工、处理的，人民法院应当认定不属于专利法第十一条规定的"使用依照该专利方法直接获得的产品"。

第二十一条 明知有关产品系专门用于实施专利的材料、设备、零部件、中间物等，未经专利权人许可，为生产经营目的将该产品提供给他人实施了侵犯专利权的行为，权利人主张该提供者的行为属于民法典第一千一百六十九条规定的帮助他人实施侵权行为的，人民法院应予支持。

明知有关产品、方法被授予专利权，未经专利权人许可，为生产经营目的积极诱导他人实施了侵犯专利权的行为，权利人主张该诱导者的行为属于民法典第一千一百六十九条规定的教唆他人实施侵权行为的，人民法院应予支持。

第二十二条 对于被诉侵权人主张的现有技术抗辩或者现有设计抗辩，人民法院应当依照专利申请日时施行的专利法界定现有技术或者现有设计。

第二十三条 被诉侵权技术方案或者外观设计落入在先的涉案专利权的保护范围，被诉侵权人以其技术方案或者外观设计被授予专利权为由抗辩不侵犯涉案专利权的,人民法院不予支持。

第二十四条 推荐性国家、行业或者地方标准明示所涉必要专利的信息,被诉侵权人以实施该标准无需专利权人许可为由抗辩不侵犯该专利权的,人民法院一般不予支持。

推荐性国家、行业或者地方标准明示所涉必要专利的信息,专利权人、被诉侵权人协商该专利的实施许可条件时,专利权人故意违反其在标准制定中承诺的公平、合理、无歧视的许可义务,导致无法达成专利实施许可合同,且被诉侵权人在协商中无明显过错的,对于权利人请求停止标准实施行为的主张,人民法院一般不予支持。

本条第二款所称实施许可条件,应当由专利权人、被诉侵权人协商确定。经充分协商,仍无法达成一致的,可以请求人民法院确定。人民法院在确定上述实施许可条件时,应当根据公平、合理、无歧视的原则,综合考虑专利的创新程度及其在标准中的作用、标准所属的技术领域、标准的性质、标准实施的范围和相关的许可条件等因素。

法律、行政法规对实施标准中的专利另有规定的,从其规定。

第二十五条 为生产经营目的使用、许诺销售或者销售不知道是未经专利权人许可而制造并售出的专利侵权产品,且举证证明该产品合法来源的,对于权利人请求停止上述使用、许诺销售、销售行为的主张,人民法院应予支持,但被诉侵权产品的使用者举证证明其已支付该产品的合理对价的除外。

本条第一款所称不知道,是指实际不知道且不应当知道。

本条第一款所称合法来源,是指通过合法的销售渠道、通常的买卖合同等正常商业方式取得产品。对于合法来源,使用者、许诺销售者或者销售者应当提供符合交易习惯的相关证据。

第二十六条 被告构成对专利权的侵犯,权利人请求判令其停止侵权行为的,人民法院应予支持,但基于国家利益、公共利益的考量,人民法院可以不判令被告停止被诉行为,而判令其支付相应的合理费用。

第二十七条 权利人因被侵权所受到的实际损失难以确定的，人民法院应当依照专利法第六十五条第一款的规定，要求权利人对侵权人因侵权所获得的利益进行举证；在权利人已经提供侵权人所获利益的初步证据，而与专利侵权行为相关的账簿、资料主要由侵权人掌握的情况下，人民法院可以责令侵权人提供该账簿、资料；侵权人无正当理由拒不提供或者提供虚假的账簿、资料的，人民法院可以根据权利人的主张和提供的证据认定侵权人因侵权所获得的利益。

第二十八条 权利人、侵权人依法约定专利侵权的赔偿数额或者赔偿计算方法，并在专利侵权诉讼中主张依据该约定确定赔偿数额的，人民法院应予支持。

第二十九条 宣告专利权无效的决定作出后，当事人根据该决定依法申请再审，请求撤销专利权无效宣告前人民法院作出但未执行的专利侵权的判决、调解书的，人民法院可以裁定中止再审审查，并中止原判决、调解书的执行。

专利权人向人民法院提供充分、有效的担保，请求继续执行前款所称判决、调解书的，人民法院应当继续执行；侵权人向人民法院提供充分、有效的反担保，请求中止执行的，人民法院应当准许。人民法院生效裁判未撤销宣告专利权无效的决定的，专利权人应当赔偿因继续执行给对方造成的损失；宣告专利权无效的决定被人民法院生效裁判撤销，专利权仍有效的，人民法院可以依据前款所称判决、调解书直接执行上述反担保财产。

第三十条 在法定期限内对宣告专利权无效的决定不向人民法院起诉或者起诉后生效裁判未撤销该决定，当事人根据该决定依法申请再审，请求撤销宣告专利权无效前人民法院作出但未执行的专利侵权的判决、调解书的，人民法院应当再审。当事人根据该决定，依法申请终结执行宣告专利权无效前人民法院作出但未执行的专利侵权的判决、调解书的，人民法院应当裁定终结执行。

第三十一条 本解释自 2016 年 4 月 1 日起施行。最高人民法院以前发布的相关司法解释与本解释不一致的，以本解释为准。

最高人民法院关于审理专利纠纷案件适用法律问题的若干规定

(2001年6月19日最高人民法院审判委员会第1180次会议通过 根据2013年2月25日最高人民法院审判委员会第1570次会议通过的《最高人民法院关于修改〈最高人民法院关于审理专利纠纷案件适用法律问题的若干规定〉的决定》第一次修正 根据2015年1月19日最高人民法院审判委员会第1641次会议通过的《最高人民法院关于修改〈最高人民法院关于审理专利纠纷案件适用法律问题的若干规定〉的决定》第二次修正 根据2020年12月23日最高人民法院审判委员会第1823次会议通过的《最高人民法院关于修改〈最高人民法院关于审理侵犯专利权纠纷案件应用法律若干问题的解释（二）〉等十八件知识产权类司法解释的决定》第三次修正 2020年12月29日最高人民法院公告公布 自2021年1月1日起施行 法释〔2020〕19号)

为了正确审理专利纠纷案件，根据《中华人民共和国民法典》《中华人民共和国专利法》《中华人民共和国民事诉讼法》和《中华人民共和国行政诉讼法》等法律的规定，作如下规定：

第一条 人民法院受理下列专利纠纷案件：

1. 专利申请权权属纠纷案件；
2. 专利权权属纠纷案件；
3. 专利合同纠纷案件；
4. 侵害专利权纠纷案件；
5. 假冒他人专利纠纷案件；

6. 发明专利临时保护期使用费纠纷案件;
7. 职务发明创造发明人、设计人奖励、报酬纠纷案件;
8. 诉前申请行为保全纠纷案件;
9. 诉前申请财产保全纠纷案件;
10. 因申请行为保全损害责任纠纷案件;
11. 因申请财产保全损害责任纠纷案件;
12. 发明创造发明人、设计人署名权纠纷案件;
13. 确认不侵害专利权纠纷案件;
14. 专利权宣告无效后返还费用纠纷案件;
15. 因恶意提起专利权诉讼损害责任纠纷案件;
16. 标准必要专利使用费纠纷案件;
17. 不服国务院专利行政部门维持驳回申请复审决定案件;
18. 不服国务院专利行政部门专利权无效宣告请求决定案件;
19. 不服国务院专利行政部门实施强制许可决定案件;
20. 不服国务院专利行政部门实施强制许可使用费裁决案件;
21. 不服国务院专利行政部门行政复议决定案件;
22. 不服国务院专利行政部门作出的其他行政决定案件;
23. 不服管理专利工作的部门行政决定案件;
24. 确认是否落入专利权保护范围纠纷案件;
25. 其他专利纠纷案件。

第二条 因侵犯专利权行为提起的诉讼,由侵权行为地或者被告住所地人民法院管辖。

侵权行为地包括:被诉侵犯发明、实用新型专利权的产品的制造、使用、许诺销售、销售、进口等行为的实施地;专利方法使用行为的实施地,依照该专利方法直接获得的产品的使用、许诺销售、销售、进口等行为的实施地;外观设计专利产品的制造、许诺销售、销售、进口等行为的实施地;假冒他人专利的行为实施地。上述侵权行为的侵权结果发生地。

第三条 原告仅对侵权产品制造者提起诉讼,未起诉销售者,侵权产品制造地与销售地不一致的,制造地人民法院有管辖权;以制造者与销售者为共同被告起诉的,销售地人民法院有管辖权。

销售者是制造者分支机构,原告在销售地起诉侵权产品制造者制造、销售行为的,销售地人民法院有管辖权。

第四条 对申请日在2009年10月1日前(不含该日)的实用新型专利提起侵犯专利权诉讼,原告可以出具由国务院专利行政部门作出的检索报告;对申请日在2009年10月1日以后的实用新型或者外观设计专利提起侵犯专利权诉讼,原告可以出具由国务院专利行政部门作出的专利权评价报告。根据案件审理需要,人民法院可以要求原告提交检索报告或者专利权评价报告。原告无正当理由不提交的,人民法院可以裁定中止诉讼或者判令原告承担可能的不利后果。

侵犯实用新型、外观设计专利权纠纷案件的被告请求中止诉讼的,应当在答辩期内对原告的专利权提出宣告无效的请求。

第五条 人民法院受理的侵犯实用新型、外观设计专利权纠纷案件,被告在答辩期间内请求宣告该项专利权无效的,人民法院应当中止诉讼,但具备下列情形之一的,可以不中止诉讼:

(一)原告出具的检索报告或者专利权评价报告未发现导致实用新型或者外观设计专利权无效的事由的;

(二)被告提供的证据足以证明其使用的技术已经公知的;

(三)被告请求宣告该项专利权无效所提供的证据或者依据的理由明显不充分的;

(四)人民法院认为不应当中止诉讼的其他情形。

第六条 人民法院受理的侵犯实用新型、外观设计专利权纠纷案件,被告在答辩期间届满后请求宣告该项专利权无效的,人民法院不应当中止诉讼,但经审查认为有必要中止诉讼的除外。

第七条 人民法院受理的侵犯发明专利权纠纷案件或者经国务院专利行政部门审查维持专利权的侵犯实用新型、外观设计专利权纠纷案件,被告在答辩期间内请求宣告该项专利权无效的,人民法院可以不中止诉讼。

第八条 人民法院决定中止诉讼,专利权人或者利害关系人请求责令被告停止有关行为或者采取其他制止侵权损害继续扩大的措施，并提供了担保，人民法院经审查符合有关法律规定的，可以在裁定中止诉讼的同时一并作出有关裁定。

第九条 人民法院对专利权进行财产保全，应当向国务院专利行政部门发出协助执行通知书，载明要求协助执行的事项，以及对专利权保全的期限，并附人民法院作出的裁定书。

对专利权保全的期限一次不得超过六个月，自国务院专利行政部门收到协助执行通知书之日起计算。如果仍然需要对该专利权继续采取保全措施的，人民法院应当在保全期限届满前向国务院专利行政部门另行送达继续保全的协助执行通知书。保全期限届满前未送达的，视为自动解除对该专利权的财产保全。

人民法院对出质的专利权可以采取财产保全措施，质权人的优先受偿权不受保全措施的影响；专利权人与被许可人已经签订的独占实施许可合同，不影响人民法院对该专利权进行财产保全。

人民法院对已经进行保全的专利权，不得重复进行保全。

第十条 2001年7月1日以前利用本单位的物质技术条件所完成的发明创造，单位与发明人或者设计人订有合同，对申请专利的权利和专利权的归属作出约定的，从其约定。

第十一条 人民法院受理的侵犯专利权纠纷案件，涉及权利冲突的，应当保护在先依法享有权利的当事人的合法权益。

第十二条 专利法第二十三条第三款所称的合法权利，包括就作品、商标、地理标志、姓名、企业名称、肖像，以及有一定影响的商品名称、包装、装潢等享有的合法权利或者权益。

第十三条 专利法第五十九条第一款所称的"发明或者实用新型专利权的保护范围以其权利要求的内容为准，说明书及附图可以用于解释权利要求的内容"，是指专利权的保护范围应当以权利要求记载的全部技术特征所确定的范围为准，也包括与该技术特征相等同的特征所确定的范围。

等同特征，是指与所记载的技术特征以基本相同的手段，实现基本相同的功能，达到基本相同的效果，并且本领域普通技术人员在被诉侵权行为发生时无需经过创造性劳动就能够联想到的特征。

第十四条 专利法第六十五条规定的权利人因被侵权所受到的实际损失可以根据专利权人的专利产品因侵权所造成销售量减少的总数乘以每件专利产品的合理利润所得之积计算。权利人销售量减少的总数难以确定的,侵权产品在市场上销售的总数乘以每件专利产品的合理利润所得之积可以视为权利人因被侵权所受到的实际损失。

专利法第六十五条规定的侵权人因侵权所获得的利益可以根据该侵权产品在市场上销售的总数乘以每件侵权产品的合理利润所得之积计算。侵权人因侵权所获得的利益一般按照侵权人的营业利润计算,对于完全以侵权为业的侵权人,可以按照销售利润计算。

第十五条 权利人的损失或者侵权人获得的利益难以确定,有专利许可使用费可以参照的,人民法院可以根据专利权的类型、侵权行为的性质和情节、专利许可的性质、范围、时间等因素,参照该专利许可使用费的倍数合理确定赔偿数额;没有专利许可使用费可以参照或者专利许可使用费明显不合理的,人民法院可以根据专利权的类型、侵权行为的性质和情节等因素,依照专利法第六十五条第二款的规定确定赔偿数额。

第十六条 权利人主张其为制止侵权行为所支付合理开支的,人民法院可以在专利法第六十五条确定的赔偿数额之外另行计算。

第十七条 侵犯专利权的诉讼时效为三年,自专利权人或者利害关系人知道或者应当知道权利受到损害以及义务人之日起计算。权利人超过三年起诉的,如果侵权行为在起诉时仍在继续,在该项专利权有效期内,人民法院应当判决被告停止侵权行为,侵权损害赔偿数额应当自权利人向人民法院起诉之日起向前推算三年计算。

第十八条 专利法第十一条、第六十九条所称的许诺销售,是指以做广告、在商店橱窗中陈列或者在展销会上展出等方式作出销售商品的意思表示。

第十九条 人民法院受理的侵犯专利权纠纷案件,已经过管理专利工作的部门作出侵权或者不侵权认定的,人民法院仍应当就当事人的诉讼请求进行全面审查。

第二十条 以前的有关司法解释与本规定不一致的,以本规定为准。

最高人民法院关于审理专利授权确权行政案件适用法律若干问题的规定(一)

(2020年8月24日最高人民法院审判委员会第1810次会议通过 2020年9月10日最高人民法院公告公布 自2020年9月12日起施行 法释〔2020〕8号)

为正确审理专利授权确权行政案件,根据《中华人民共和国专利法》《中华人民共和国行政诉讼法》等法律规定,结合审判实际,制定本规定。

第一条 本规定所称专利授权行政案件,是指专利申请人因不服国务院专利行政部门作出的专利复审请求审查决定,向人民法院提起诉讼的案件。

本规定所称专利确权行政案件,是指专利权人或者无效宣告请求人因不服国务院专利行政部门作出的专利无效宣告请求审查决定,向人民法院提起诉讼的案件。

本规定所称被诉决定,是指国务院专利行政部门作出的专利复审请求审查决定、专利无效宣告请求审查决定。

第二条 人民法院应当以所属技术领域的技术人员在阅读权利要求书、说明书及附图后所理解的通常含义,界定权利要求的用语。权利要求的用语在说明书及附图中有明确定义或者说明的,按照其界定。

依照前款规定不能界定的,可以结合所属技术领域的技术人员通常采用的技术词典、技术手册、工具书、教科书、国家或者行业技术标准等界定。

第三条 人民法院在专利确权行政案件中界定权利要求的用语时，可以参考已被专利侵权民事案件生效裁判采纳的专利权人的相关陈述。

第四条 权利要求书、说明书及附图中的语法、文字、数字、标点、图形、符号等有明显错误或者歧义，但所属技术领域的技术人员通过阅读权利要求书、说明书及附图可以得出唯一理解的，人民法院应当根据该唯一理解作出认定。

第五条 当事人有证据证明专利申请人、专利权人违反诚实信用原则，虚构、编造说明书及附图中的具体实施方式、技术效果以及数据、图表等有关技术内容，并据此主张相关权利要求不符合专利法有关规定的，人民法院应予支持。

第六条 说明书未充分公开特定技术内容，导致在专利申请日有下列情形之一的，人民法院应当认定说明书及与该特定技术内容相关的权利要求不符合专利法第二十六条第三款的规定：

（一）权利要求限定的技术方案不能实施的；

（二）实施权利要求限定的技术方案不能解决发明或者实用新型所要解决的技术问题的；

（三）确认权利要求限定的技术方案能够解决发明或者实用新型所要解决的技术问题，需要付出过度劳动的。

当事人仅依据前款规定的未充分公开的特定技术内容，主张与该特定技术内容相关的权利要求符合专利法第二十六条第四款关于"权利要求书应当以说明书为依据"的规定的，人民法院不予支持。

第七条 所属技术领域的技术人员根据说明书及附图，认为权利要求有下列情形之一的，人民法院应当认定该权利要求不符合专利法第二十六条第四款关于清楚地限定要求专利保护的范围的规定：

（一）限定的发明主题类型不明确的；

（二）不能合理确定权利要求中技术特征的含义的；

（三）技术特征之间存在明显矛盾且无法合理解释的。

第八条 所属技术领域的技术人员阅读说明书及附图后,在申请日不能得到或者合理概括得出权利要求限定的技术方案的,人民法院应当认定该权利要求不符合专利法第二十六条第四款关于"权利要求书应当以说明书为依据"的规定。

第九条 以功能或者效果限定的技术特征,是指对于结构、组分、步骤、条件等技术特征或者技术特征之间的相互关系等,仅通过其在发明创造中所起的功能或者效果进行限定的技术特征,但所属技术领域的技术人员通过阅读权利要求即可直接、明确地确定实现该功能或者效果的具体实施方式的除外。

对于前款规定的以功能或者效果限定的技术特征,权利要求书、说明书及附图未公开能够实现该功能或者效果的任何具体实施方式的,人民法院应当认定说明书和具有该技术特征的权利要求不符合专利法第二十六条第三款的规定。

第十条 药品专利申请人在申请日以后提交补充实验数据,主张依赖该数据证明专利申请符合专利法第二十二条第三款、第二十六条第三款等规定的,人民法院应予审查。

第十一条 当事人对实验数据的真实性产生争议的,提交实验数据的一方当事人应当举证证明实验数据的来源和形成过程。人民法院可以通知实验负责人到庭,就实验原料、步骤、条件、环境或者参数以及完成实验的人员、机构等作出说明。

第十二条 人民法院确定权利要求限定的技术方案的技术领域,应当综合考虑主题名称等权利要求的全部内容、说明书关于技术领域和背景技术的记载,以及该技术方案所实现的功能和用途等。

第十三条 说明书及附图未明确记载区别技术特征在权利要求限定的技术方案中所能达到的技术效果的,人民法院可以结合所属技术领域的公知常识,根据区别技术特征与权利要求中其他技术特征的关系,区别技术特征在权利要求限定的技术方案中的作用等,认定所属技术领域的技术人员所能确定的该权利要求实际解决的技术问题。

被诉决定对权利要求实际解决的技术问题未认定或者认定错误

的，不影响人民法院对权利要求的创造性依法作出认定。

第十四条 人民法院认定外观设计专利产品的一般消费者所具有的知识水平和认知能力，应当考虑申请日时外观设计专利产品的设计空间。设计空间较大的，人民法院可以认定一般消费者通常不容易注意到不同设计之间的较小区别；设计空间较小的，人民法院可以认定一般消费者通常更容易注意到不同设计之间的较小区别。

对于前款所称设计空间的认定，人民法院可以综合考虑下列因素：

（一）产品的功能、用途；
（二）现有设计的整体状况；
（三）惯常设计；
（四）法律、行政法规的强制性规定；
（五）国家、行业技术标准；
（六）需要考虑的其他因素。

第十五条 外观设计的图片、照片存在矛盾、缺失或者模糊不清等情形，导致一般消费者无法根据图片、照片及简要说明确定所要保护的外观设计的，人民法院应当认定其不符合专利法第二十七条第二款关于"清楚地显示要求专利保护的产品的外观设计"的规定。

第十六条 人民法院认定外观设计是否符合专利法第二十三条的规定，应当综合判断外观设计的整体视觉效果。

为实现特定技术功能必须具备或者仅有有限选择的设计特征，对于外观设计专利视觉效果的整体观察和综合判断不具有显著影响。

第十七条 外观设计与相同或者相近种类产品的一项现有设计相比，整体视觉效果相同或者属于仅具有局部细微区别等实质相同的情形的，人民法院应当认定其构成专利法第二十三条第一款规定的"属于现有设计"。

除前款规定的情形外，外观设计与相同或者相近种类产品的一项现有设计相比，二者的区别对整体视觉效果不具有显著影响的，人民法院应当认定其不具有专利法第二十三条第二款规定的"明显区别"。

人民法院应当根据外观设计产品的用途，认定产品种类是否相同或者相近。确定产品的用途，可以参考外观设计的简要说明、外观设计产品分类表、产品的功能以及产品销售、实际使用的情况等因素。

第十八条 外观设计专利与相同种类产品上同日申请的另一项外观设计专利相比，整体视觉效果相同或者属于仅具有局部细微区别等实质相同的情形的，人民法院应当认定其不符合专利法第九条关于"同样的发明创造只能授予一项专利权"的规定。

第十九条 外观设计与申请日以前提出申请、申请日以后公告，且属于相同或者相近种类产品的另一项外观设计相比，整体视觉效果相同或者属于仅具有局部细微区别等实质相同的情形的，人民法院应当认定其构成专利法第二十三条第一款规定的"同样的外观设计"。

第二十条 根据现有设计整体上给出的设计启示，以一般消费者容易想到的设计特征转用、拼合或者替换等方式，获得与外观设计专利的整体视觉效果相同或仅具有局部细微区别等实质相同的外观设计，且不具有独特视觉效果的，人民法院应当认定该外观设计专利与现有设计特征的组合相比不具有专利法第二十三条第二款规定的"明显区别"。

具有下列情形之一的，人民法院可以认定存在前款所称的设计启示：

（一）将相同种类产品上不同部分的设计特征进行拼合或者替换的；

（二）现有设计公开了将特定种类产品的设计特征转用于外观设计专利产品的；

（三）现有设计公开了将不同的特定种类产品的外观设计特征进行拼合的；

（四）将现有设计中的图案直接或者仅做细微改变后用于外观设计专利产品的；

（五）将单一自然物的特征转用于外观设计专利产品的；

（六）单纯采用基本几何形状或者仅做细微改变后得到外观设计的；

（七）使用一般消费者公知的建筑物、作品、标识等的全部或者部分设计的。

第二十一条 人民法院在认定本规定第二十条所称的独特视觉效果时，可以综合考虑下列因素：

（一）外观设计专利产品的设计空间；

（二）产品种类的关联度；

（三）转用、拼合、替换的设计特征的数量和难易程度；

（四）需要考虑的其他因素。

第二十二条 专利法第二十三条第三款所称的"合法权利"，包括就作品、商标、地理标志、姓名、企业名称、肖像，以及有一定影响的商品名称、包装、装潢等享有的合法权利或者权益。

第二十三条 当事人主张专利复审、无效宣告请求审查程序中的下列情形属于行政诉讼法第七十条第三项规定的"违反法定程序的"，人民法院应予支持：

（一）遗漏当事人提出的理由和证据，且对当事人权利产生实质性影响的；

（二）未依法通知应当参加审查程序的专利申请人、专利权人及无效宣告请求人等，对其权利产生实质性影响的；

（三）未向当事人告知合议组组成人员，且合议组组成人员存在法定回避事由而未回避的；

（四）未给予被诉决定对其不利的一方当事人针对被诉决定所依据的理由、证据和认定的事实陈述意见的机会的；

（五）主动引入当事人未主张的公知常识或者惯常设计，未听取当事人意见且对当事人权利产生实质性影响的；

（六）其他违反法定程序，可能对当事人权利产生实质性影响的。

第二十四条 被诉决定有下列情形之一的，人民法院可以依照

行政诉讼法第七十条的规定,判决部分撤销:

(一)被诉决定对于权利要求书中的部分权利要求的认定错误,其余正确的;

(二)被诉决定对于专利法第三十一条第二款规定的"一件外观设计专利申请"中的部分外观设计认定错误,其余正确的;

(三)其他可以判决部分撤销的情形。

第二十五条 被诉决定对当事人主张的全部无效理由和证据均已评述并宣告权利要求无效,人民法院认为被诉决定认定该权利要求无效的理由均不能成立的,应当判决撤销或者部分撤销该决定,并可视情判决被告就该权利要求重新作出审查决定。

第二十六条 审查决定系直接依据生效裁判重新作出且未引入新的事实和理由,当事人对该决定提起诉讼的,人民法院依法裁定不予受理;已经受理的,依法裁定驳回起诉。

第二十七条 被诉决定查明事实或者适用法律确有不当,但对专利授权确权的认定结论正确的,人民法院可以在纠正相关事实查明和法律适用的基础上判决驳回原告的诉讼请求。

第二十八条 当事人主张有关技术内容属于公知常识或者有关设计特征属于惯常设计的,人民法院可以要求其提供证据证明或者作出说明。

第二十九条 专利申请人、专利权人在专利授权确权行政案件中提供新的证据,用于证明专利申请不应当被驳回或者专利权应当维持有效的,人民法院一般应予审查。

第三十条 无效宣告请求人在专利确权行政案件中提供新的证据,人民法院一般不予审查,但下列证据除外:

(一)证明在专利无效宣告请求审查程序中已主张的公知常识或者惯常设计的;

(二)证明所属技术领域的技术人员或者一般消费者的知识水平和认知能力的;

(三)证明外观设计专利产品的设计空间或者现有设计的整体状况的;

（四）补强在专利无效宣告请求审查程序中已被采信证据的证明力的；

（五）反驳其他当事人在诉讼中提供的证据的。

第三十一条 人民法院可以要求当事人提供本规定第二十九条、第三十条规定的新的证据。

当事人向人民法院提供的证据系其在专利复审、无效宣告请求审查程序中被依法要求提供但无正当理由未提供的，人民法院一般不予采纳。

第三十二条 本规定自 2020 年 9 月 12 日起施行。

本规定施行后，人民法院正在审理的一审、二审案件适用本规定；施行前已经作出生效裁判的案件，不适用本规定再审。

中华人民共和国商标法

（1982 年 8 月 23 日第五届全国人民代表大会常务委员会第二十四次会议通过　根据 1993 年 2 月 22 日第七届全国人民代表大会常务委员会第三十次会议《关于修改〈中华人民共和国商标法〉的决定》第一次修正　根据 2001 年 10 月 27 日第九届全国人民代表大会常务委员会第二十四次会议《关于修改〈中华人民共和国商标法〉的决定》第二次修正　根据 2013 年 8 月 30 日第十二届全国人民代表大会常务委员会第四次会议《关于修改〈中华人民共和国商标法〉的决定》第三次修正　根据 2019 年 4 月 23 日第十三届全国人民代表大会常务委员会第十次会议《关于修改〈中华人民共和国建筑法〉等八部法律的决定》第四次修正）

第一章　总　　则

第一条　【立法宗旨】为了加强商标管理，保护商标专用权，促使生产、经营者保证商品和服务质量，维护商标信誉，以保障消费者和生产、经营者的利益，促进社会主义市场经济的发展，特制定本法。

> **注释** 本条是关于商标法立法宗旨的规定。

立法宗旨即立法目的，指立法者希望通过立法所达到的社会效果。本法的立法宗旨有五：（1）加强商标管理。（2）保护商标专用权，这是商标法的核心内容。（3）促使生产、经营者保证商品和服务质量，维护商标信誉。（4）保障消费者和生产、经营者的利益。（5）促进社会主义市场经济的发展，是商标法的总目的、总原则。

第二条 【行政主管部门】 国务院工商行政管理部门商标局主管全国商标注册和管理的工作。

国务院工商行政管理部门设立商标评审委员会，负责处理商标争议事宜。

第三条 【商标专用权的取得与保护】 经商标局核准注册的商标为注册商标，包括商品商标、服务商标和集体商标、证明商标；商标注册人享有商标专用权，受法律保护。

本法所称集体商标，是指以团体、协会或者其他组织名义注册，供该组织成员在商事活动中使用，以表明使用者在该组织中的成员资格的标志。

本法所称证明商标，是指由对某种商品或者服务具有监督能力的组织所控制，而由该组织以外的单位或者个人使用于其商品或者服务，用以证明该商品或者服务的原产地、原料、制造方法、质量或者其他特定品质的标志。

集体商标、证明商标注册和管理的特殊事项，由国务院工商行政管理部门规定。

> **注释** 本条是关于注册商标及其分类，以及商标专用权受法律保护的规定。

商标是一种能将商品或者服务的来源区别开来的标志，生产、经营者可以自行决定是否采用商标，以表示某一项产品或者服务来自于自己。在商标自愿注册原则下，商标有注册商标与未注册商标之分。注册商标是指需要使用或者准备使用商标的生产、经营者，依照法定的条件和程序，向商标局申请商标注册，经商标局审查核准后予以注册的商标。注册商标可以比未注册商标获得更全面的保护。

[商标通常可分为哪几类]

商品商标是最常用的商标，是指商品的生产者或经营者为了将自己生产或经营的商品与他人生产或经营的商品区别开来，而使用的文字、图形、字母、数字、三维标志、颜色组合、声音等，以及上述要素组合的标志。

服务商标是指提供服务的经营者为了将自己提供的服务与他人提供的服务区别开来，而使用的文字、图形、字母、数字、三维标志、颜色组合、声音等，以及上述要素组合的标志。

(1) 服务商标用以标示和区别无形商品即服务、劳务，使用者多为从事餐饮、宾馆、娱乐、旅游、广告等服务的经营者；

(2) 若无特别规定，商标法关于商品商标的规定，适用于服务商标。

集体商标是指以团体、协会或者其他组织名义注册，供该组织成员在商事活动中使用，以表明使用者在该组织中的成员资格的标志。

证明商标是指由对某种商品或者服务具有监督能力的组织所控制，而由该组织以外的单位或者个人使用于其商品或者服务，用以证明该商品或者服务的原产地、原料、制造方法、质量或者其他特定品质的标志。

参见　《集体商标、证明商标注册和管理办法》

第四条　【商标注册申请】 自然人、法人或者其他组织在生产经营活动中，对其商品或者服务需要取得商标专用权的，应当向商标局申请商标注册。不以使用为目的的恶意商标注册申请，应当予以驳回。

本法有关商品商标的规定，适用于服务商标。

注释　本条是关于商标注册主体、注册范围、注册原则、规制恶意申请的规定，以及服务商标适用法律的规定。

在我国，获得商标专用权的原则是注册取得制度为主，驰名取得为辅；自愿注册制度为主，强制注册制度为辅。使用注册商标，可以在商品、商品包装、说明书或者其他附着物上标明"注册商标"或者注册标记。注册标记包括注和®使用注册标记，应当标注在商标的右上角或者右下角。

为规制恶意申请、囤积注册等行为，2019年商标法修改时，增加规制恶意注册的内容。增强注册申请人的使用义务，在本条第一款中增加了"不以使用为目的的恶意商标注册申请，应当予以驳回"的规定。

参见 《商标法实施条例》第63条

第五条 【商标专用权的共有】两个以上的自然人、法人或者其他组织可以共同向商标局申请注册同一商标，共同享有和行使该商标专用权。

注释 本条是关于注册商标共有的规定。

根据《民法典》的规定，不动产或者动产可以由两个以上组织、个人共有。共有包括按份共有和共同共有。按份共有人对共有的不动产或者动产按照其份额享有所有权。共同共有人对共有的不动产或者动产共同享有所有权。商标权作为民事财产权，当然也可以由两个以上权利人共有。共有商标是指两个以上主体共同申请注册商标，共同享有商标专用权。共有商标的理论基础是民事财产共有制度。

根据《商标法实施条例》的规定，共同申请注册同一商标的，应当在申请书中指定一个代表人；没有指定代表人的，以申请书中顺序排列的第一人为代表人。

[共有商标有哪些基本特征]

共有商标的基本特征主要包括：（1）主体是两个以上的权利人。（2）客体是一个注册商标，即数个权利人共同拥有一项法定权利。（3）共有商标的数个主体共同享有和行使该商标专用权，具体办法原则上适用民事共有的有关规则。

参见 《民法典》第297-310条；《商标法实施条例》第16条

案例 张绍恒与沧州田霸农机有限公司、朱占峰侵害商标权

纠纷再审案（《最高人民法院公报》2017年第4期）

案件适用要点：在商标权共有的情况下，商标权的许可使用应遵循当事人意思自治原则，由共有人协商一致行使；不能协商一致，又无正当理由的，任何一方共有人不得阻止其他共有人以普通许可的方式许可他人使用该商标。

第六条 【必须使用注册商标的商品】 法律、行政法规规定必须使用注册商标的商品，必须申请商标注册，未经核准注册的，不得在市场销售。

> **注释** 本条是关于商标强制注册的特别规定。
>
> 商标自愿注册原则是商标法的基本原则，即生产、经营者使用商标不以该商标已经注册为前提，是否申请注册，由生产、经营者根据自身的需要决定。但对于某些需要特别强调来源的商品，法律、行政法规可以要求其必须使用注册商标，这时，商标使用人必须申请商标注册，经核准注册后使用；未经核准注册的，该商品不得在市场上销售。这就形成了商标强制注册。商标强制注册是商标自愿注册原则的例外。
>
> 需要进行强制注册的商品范围由法律或者行政法规规定。目前，必须使用注册商标的商品只有烟草制品类。《烟草专卖法》第19条第1款规定，卷烟、雪茄烟和有包装的烟丝必须申请商标注册，未经核准注册的，不得生产、销售。

参见 《烟草专卖法》第19条

第七条 【申请注册和使用商标应当遵循诚实信用原则】 申请注册和使用商标，应当遵循诚实信用原则。

商标使用人应当对其使用商标的商品质量负责。各级工商行政管理部门应当通过商标管理，制止欺骗消费者的行为。

> **注释** 诚实信用原则，是指自然人、法人和其他组织在申请商标注册和使用商标过程中，必须意图诚实、善意、讲信用，行使权利时不侵害他人与社会的利益，履行义务时信守承诺和法律规定。在商标使用过程中，遵循诚实信用原则，就是要求商标使用人应当

对其使用商标的商品质量负责。

第八条　【商标的构成要素】任何能够将自然人、法人或者其他组织的商品与他人的商品区别开的标志，包括文字、图形、字母、数字、三维标志、颜色组合和声音等，以及上述要素的组合，均可以作为商标申请注册。

注释　商标的构成要素，主要有8种：第一，文字。所谓文字，是指语言的书面形式。文字作为商标构成要素，包括各种文字以及各种字体的文字、各种在艺术上有所变化的文字。文字在人们的生活中十分重要，是注册商标的最常见的要素之一。第二，图形。所谓图形，是指在平面上表示出来的物体的形状。图形可以是具体描绘实际存在的人、物的形状，也可以是虚构的图形，还可以是抽象的图形。由于图形的表现力很强，可以鲜明地表现出可区别性，图形是注册商标的另一个最常见的要素。第三，字母。所谓字母，是指拼音文字或者注音符号的最小的书写单位。字母可识性强，在生活中应用广泛，字母是注册商标的又一个最常见的要素，如K。第四，数字。所谓数字，是指表示数目的符号。数字在生活中十分常用，是注册商标的要素之一。第五，三维标志。所谓三维标志，是指以一个具有长、宽、高三种度量的立体物质形态出现的标志。三维标志与二维标志有所不同，比二维标志具有更强的视觉冲击力，更能识别商品或服务的出处。三维标志也是注册商标的要素之一。第六，颜色组合。所谓颜色组合，是指两种或者两种以上的颜色所组成一个整体。在现实中，颜色缤纷丰富，颜色的组合可以成为识别商品来源的显著标志。颜色组合是注册商标的要素之一。颜色作为注册商标的要素，是颜色组合，而不是单一颜色。第七，声音。所谓声音，是指声波通过听觉所产生的印象。声音作为注册商标的要素，是2013年修改《商标法》时新增加的内容，是根据实际需要和国际商标领域的发展趋势而增加的。今后自然人、法人或者其他组织可以将声音作为商标申请注册。第八，上述要素的组合。上述要素不仅可以单独作为商标申请注册，而且由于其中任意两种或者两种以上的要素相互组成的一个整体，都可以成为识别商品来源的标志,所以上述要素的组合也可以作为商标申请注册。

案例 克里斯蒂昂迪奥尔香料公司诉国家工商行政管理总局商标评审委员会商标申请驳回复审行政纠纷案(最高人民法院指导案例114号)

案件适用要点:(1)商标国际注册申请人完成了《商标国际注册马德里协定》及其议定书规定的申请商标的国际注册程序,申请商标国际注册信息中记载了申请商标指定的商标类型为三维立体商标的,应当视为申请人提出了申请商标为三维立体商标的声明。因国际注册商标的申请人无需在指定国家再次提出注册申请,故由世界知识产权组织国际局向中国商标局转送的申请商标信息,应当是中国商标局据以审查、决定申请商标指定中国的领土延伸保护申请能否获得支持的事实依据。

(2)在申请商标国际注册信息仅欠缺商标法实施条例规定的部分视图等形式要件的情况下,商标行政机关应当秉承积极履行国际公约义务的精神,给予申请人合理的补正机会。

第九条 【申请注册的商标应具备的条件】申请注册的商标,应当有显著特征,便于识别,并不得与他人在先取得的合法权利相冲突。

商标注册人有权标明"注册商标"或者注册标记。

注释 [如何认定商标的显著特征]

根据《最高人民法院关于审理商标授权确权行政案件若干问题的规定》,人民法院审查诉争商标是否具有显著特征,应当根据商标所指定使用商品的相关公众的通常认识,判断该商标整体上是否具有显著特征。商标标志中含有描述性要素,但不影响其整体具有显著特征的;或者描述性标志以独特方式加以表现,相关公众能够以其识别商品来源的,应当认定其具有显著特征。

诉争商标为外文标志时,人民法院应当根据中国境内相关公众的通常认识,对该外文商标是否具有显著特征进行审查判断。标志中外文的固有含义可能影响其在指定使用商品上的显著特征,但相关公众对该固有含义的认知程度较低,能够以该标志识别商品来源的,可以认定其具有显著特征。

参见 《商标法实施条例》第63条；《最高人民法院关于审理注册商标、企业名称与在先权利冲突的民事纠纷案件若干问题的规定》

第十条 【禁止作为商标使用的标志】 下列标志不得作为商标使用：

（一）同中华人民共和国的国家名称、国旗、国徽、国歌、军旗、军徽、军歌、勋章等相同或者近似的，以及同中央国家机关的名称、标志、所在地特定地点的名称或者标志性建筑物的名称、图形相同的；

（二）同外国的国家名称、国旗、国徽、军旗等相同或者近似的，但经该国政府同意的除外；

（三）同政府间国际组织的名称、旗帜、徽记等相同或者近似的，但经该组织同意或者不易误导公众的除外；

（四）与表明实施控制、予以保证的官方标志、检验印记相同或者近似的，但经授权的除外；

（五）同"红十字"、"红新月"的名称、标志相同或者近似的；

（六）带有民族歧视性的；

（七）带有欺骗性，容易使公众对商品的质量等特点或者产地产生误认的；

（八）有害于社会主义道德风尚或者有其他不良影响的。

县级以上行政区划的地名或者公众知晓的外国地名，不得作为商标。但是，地名具有其他含义或者作为集体商标、证明商标组成部分的除外；已经注册的使用地名的商标继续有效。

注释 中华人民共和国的国家名称，包括全称、简称和缩写。我国国家名称的全称是中华人民共和国，简称为中国、中华，英文简称或者缩写为CN、CHN、PRC、CHINA、PRCHINA、PR OF CHINA。同中华人民共和国的国家名称等"相同或者近似"，是指商标标志整体上与国家名称等相同或者近似。对于含有中华人民共和国的国家名称等，但整体上并不相同或者不相近似的标志，如果该标志作为商标注册可能导致损害国家尊严的，人民法院可以认定属于商标法第十条第一款第（八）项规定的情形。国旗是五星红旗。国徽的中间是五星照耀下的天安门，周围是谷穗和齿轮。国歌是《义勇军进行曲》。军旗是中国人民解放军的八一军旗，军旗为红底，左上角缀金黄色五角星和"八一"两字。军徽包括陆军军徽、海军军徽和空军军徽。军歌是《中国人民解放军进行曲》。勋章是国家有关部门授给对国家、社会有贡献的人或者组织的表示荣誉的证章。中央国家机关的名称、标志包括所有中央国家机关名称、标志。中央国家机关所在地特定地点或者标志性建筑物包括中南海、天安门、新华门、紫光阁、怀仁堂、人民大会堂等。

外国的国家名称，包括中文和外文的全称、简称和缩写。国旗是指由国家正式规定的代表本国的旗帜。国徽是由国家正式规定的代表本国的标志。军旗是国家正式规定的代表本国军队的旗帜。

政府间国际组织，是指由若干国家和地区的政府为了特定目的通过条约或者协议建立的有一定规章制度的团体。如联合国、世界贸易组织、欧洲联盟、非洲统一组织、世界知识产权组织等。国际组织的名称，包括全称、简称或者缩写。例如，联合国的英文全称为 United Nations，缩写为 UN；欧洲联盟的中文简称为欧盟，英文全称为 European Union，缩写为 EU。

官方标志、检验印记，是指官方机构用以表明其对商品质量、性能、成分、原料等实施控制、予以保证或者进行检验的标志或印记。表明实施控制、予以保证的官方标志、检验印记是政府履行职责，对所监管事项作出的认可和保证，具有国家公信力，不宜作为商标使用，否则，将对社会造成误导，使这种公信力大打折扣。

"红十字"标志是国际人道主义保护标志，是武装力量医疗机构的特定标志，是红十字会的专用标志。"红新月"是阿拉伯国家和部分伊斯兰国家红新月会专用的、性质和功能与红十字标志相同的标志。红十字标志是白底红十字；红新月标志是向右弯曲或者向左弯曲的红新月。根据有关红十字会和红新月会的国际条约的规定，"红十字"、"红新月"的名称和标志不得用于与两会宗旨无关的活动。

民族歧视性，是指商标的文字、图形或者其他构成要素带有对特定民族进行丑化、贬低或者其他不平等看待该民族的内容。

商标标志或者其构成要素带有欺骗性,容易使公众对商品的质量等特点或者产地产生误认的标志,会误导消费者,使其在错误认识的基础上进行消费,其利益也就会由此受到损害。

社会主义道德风尚,是指我国人们共同生活及其行为的准则、规范以及在一定时期内社会上流行的良好风气和习惯。商标标志或者其构成要素可能对我国社会公共利益和公共秩序产生消极、负面影响的,人民法院可以认定其属于本条规定的"其他不良影响"。将政治、经济、文化、宗教、民族等领域公众人物姓名等申请注册为商标,也属于本条所指的"其他不良影响"。

[地名可作为商标的例外情形有哪些]

根据《商标法》第10条第2款的规定,下列三种情形,地名可作为商标:一是地名具有其他含义。所谓地名具有其他含义,是指地名作为词汇具有确定含义且该含义强于作为地名的含义,不会误导公众。二是地名作为集体商标、证明商标的组成部分。三是已经注册的使用地名的商标,依法继续有效。

案例 劲牌有限公司与国家工商行政管理总局商标评审委员会商标驳回复审行政纠纷案[最高人民法院行政判决书(2010)行提字第4号]

案件适用要点:根据《中华人民共和国商标法》第10条第1款第(一)项的规定,同中华人民共和国的国家名称相同或者近似的标志不得作为商标使用。此处所称"同中华人民共和国的国家名称相同或者相似",是指该标志作为整体同我国国家名称相同或者近似。如果该标志含有与我国国家名称相同或者近似的文字,但其与其他要素相结合,作为一个整体已不再与我国国家名称构成相同或者近似的,不宜认定为同中华人民共和国国家名称相同或者近似的标志。

第十一条 【不得作为商标注册的标志】 下列标志不得作为商标注册:

(一)仅有本商品的通用名称、图形、型号的;

（二）仅直接表示商品的质量、主要原料、功能、用途、重量、数量及其他特点的；

（三）其他缺乏显著特征的。

前款所列标志经过使用取得显著特征，并便于识别的，可以作为商标注册。

参见　《最高人民法院关于审理商标授权确权行政案件若干问题的规定》

案例　山东鲁锦实业有限公司诉鄄城县鲁锦工艺品有限责任公司、济宁礼之邦家纺有限公司侵犯注册商标专用权及不正当竞争纠纷案（《最高人民法院公报》2010年第1期）

案件适用要点：商品通用名称应当具有广泛性、规范性。对于具有地域性特点的商品通用名称，判断其是否具有广泛性，应以特定产区及相关公众的接受程度为标准，而不应以是否在全国范围内广泛使用为标准；判断其是否具有规范性，应当以相关公众的一般认识及其指代是否明确为标准。对于约定俗成、已为相关公众认可的名称，即使其不尽符合相关科学原理，亦不影响将其认定为通用名称。

第十二条　【以三维标志作为注册商标的特殊要求】以三维标志申请注册商标的，仅由商品自身的性质产生的形状、为获得技术效果而需有的商品形状或者使商品具有实质性价值的形状，不得注册。

注释　本条是关于三维标志申请注册商标的限制条件的规定。

根据《最高人民法院关于审理商标授权确权行政案件若干问题的规定》第9条规定："仅以商品自身形状或者自身形状的一部分作为三维标志申请注册商标，相关公众一般情况下不易将其识别为指示商品来源标志的，该三维标志不具有作为商标的显著特征。该形状系申请人所独创或者最早使用并不能当然导致其具有作为商标的显著特征。第一款所称标志经过长期或者广泛使用，相关公众能够通过该标志识别商品来源的，可以认定该标志具有显著特征。"

案例 意大利费列罗公司与蒙特莎（张家港）食品有限公司、天津经济技术开发区正元行销有限公司不正当竞争纠纷案（《最高人民法院公报》2008年第6期）

案件适用要点：盛装或者保护商品的容器等包装，以及在商品或者其包装上附加的文字、图案、色彩及其排列组合所构成的装潢，在其能够区别商品来源时，即属于反不正当竞争法保护的特有包装、装潢。该受保护的整体形象设计不同于三维标志性的立体商标，不影响相关部门对于有关立体商标可注册性的独立判断。

第十三条 【驰名商标的保护】 为相关公众所熟知的商标，持有人认为其权利受到侵害时，可以依照本法规定请求驰名商标保护。

就相同或者类似商品申请注册的商标是复制、摹仿或者翻译他人未在中国注册的驰名商标，容易导致混淆的，不予注册并禁止使用。

就不相同或者不相类似商品申请注册的商标是复制、摹仿或者翻译他人已经在中国注册的驰名商标，误导公众，致使该驰名商标注册人的利益可能受到损害的，不予注册并禁止使用。

注释 驰名商标保护制度设立的目的，主要是为弥补商标注册制度的不足，对相关公众所熟知的商标在其未注册的部分领域提供保护（对未注册驰名商标提供保护、扩大已经注册的驰名商标的保护范围），制止他人复制模仿、傍名牌的不正当竞争行为，防止消费者对商品来源产生混淆。

[容易导致混淆]

足以使相关公众对使用驰名商标和被诉商标的商品来源产生误认，或者足以使相关公众认为使用驰名商标和被诉商标的经营者之间具有许可使用、关联企业关系等特定联系的，属于商标法第十三条第二款规定的"容易导致混淆"。

[误导公众，致使该驰名商标注册人的利益可能受到损害]

足以使相关公众认为被诉商标与驰名商标具有相当程度的联系，而减弱驰名商标的显著性、贬损驰名商标的市场声誉，或者不正当利用驰名商标的市场声誉的，属于商标法第十三条第三款规定的

"误导公众,致使该驰名商标注册人的利益可能受到损害"。

参见 《商标法实施条例》第3、72条;《最高人民法院关于审理商标民事纠纷案件适用法律若干问题的解释》第2条;《驰名商标认定和保护规定》第2、5条;《最高人民法院关于审理涉及驰名商标保护的民事纠纷案件应用法律若干问题的解释》;《最高人民法院关于审理商标授权确权行政案件若干问题的规定》

案例 宝马股份公司诉上海创佳服饰有限公司、德马集团(国际)控股有限公司、周乐琴侵害商标权及不正当竞争纠纷案(《最高人民法院公报》2019年第9期)

案件适用要点: 被控侵权标识包含多个相近标识,且在权利商标驰名前后分别注册的,判断在后注册的被控侵权标识是否应被禁止使用时,应考虑如下因素:被控侵权人的主观意态;该被控侵权标识与之前注册的被控侵权标识是否存在商誉上的传承关系;该被控侵权标识是否构成对驰名商标复制、摹仿,是否会误导公众并可能致使驰名商标注册人的利益受到损害等。

第十四条 【驰名商标的认定】 驰名商标应当根据当事人的请求,作为处理涉及商标案件需要认定的事实进行认定。认定驰名商标应当考虑下列因素:

(一)相关公众对该商标的知晓程度;
(二)该商标使用的持续时间;
(三)该商标的任何宣传工作的持续时间、程度和地理范围;
(四)该商标作为驰名商标受保护的记录;
(五)该商标驰名的其他因素。

在商标注册审查、工商行政管理部门查处商标违法案件过程中,当事人依照本法第十三条规定主张权利的,商标局根据审查、处理案件的需要,可以对商标驰名情况作出认定。

在商标争议处理过程中,当事人依照本法第十三条规定主张权利的,商标评审委员会根据处理案件的需要,可以对商标驰名情况作出认定。

在商标民事、行政案件审理过程中,当事人依照本法第十三条规定主张权利的,最高人民法院指定的人民法院根据审理案件的需要,可以对商标驰名情况作出认定。

生产、经营者不得将"驰名商标"字样用于商品、商品包装或者容器上,或者用于广告宣传、展览以及其他商业活动中。

注释 当事人主张商标驰名的,应当根据案件具体情况,提供下列证据,证明被诉侵犯商标权或者不正当竞争行为发生时,其商标已属驰名:(1)使用该商标的商品的市场份额、销售区域、利税等;(2)该商标的持续使用时间;(3)该商标的宣传或者促销活动的方式、持续时间、程度、资金投入和地域范围;(4)该商标曾被作为驰名商标受保护的记录;(5)该商标享有的市场声誉;(6)证明该商标已属驰名的其他事实。

参见 《商标法实施条例》第3、72条;《驰名商标认定和保护规定》;《最高人民法院关于审理商标民事纠纷案件适用法律若干问题的解释》第8、22条;《最高人民法院关于审理涉及驰名商标保护的民事纠纷案件应用法律若干问题的解释》

第十五条 【恶意注册他人商标】未经授权,代理人或者代表人以自己的名义将被代理人或者被代表人的商标进行注册,被代理人或者被代表人提出异议的,不予注册并禁止使用。

就同一种商品或者类似商品申请注册的商标与他人在先使用的未注册商标相同或者近似,申请人与该他人具有前款规定以外的合同、业务往来关系或者其他关系而明知该他人商标存在,该他人提出异议的,不予注册。

注释 本条是关于禁止恶意抢先注册他人商标的规定。

我国商标法以注册原则为基础,主要保护注册商标专用权。但是,绝对的注册原则也存在一定弊端,例如,这一原则无法阻止个别不法分子违背诚实信用原则,明知他人已经使用特定商标而恶意抢先注册,使他人无法继续使用该商标,不正当利用该商标已经积累起来的商业信誉,甚至胁迫他人花钱购买其注册的商标。对这种情形,如果不予制止,则可能损害正当生产经营者和消费者的合法权益。因此，本条对两种最典型的恶意抢注行为作了禁止性规定。

根据《最高人民法院关于审理商标授权确权行政案件若干问题的规定》，以下情形可以认定为商标法第十五条第二款中规定的"其他关系"：（1）商标申请人与在先使用人之间具有亲属关系；（2）商标申请人与在先使用人之间具有劳动关系；（3）商标申请人与在先使用人营业地址邻近；（4）商标申请人与在先使用人曾就达成代理、代表关系进行过磋商，但未形成代理、代表关系；（5）商标申请人与在先使用人曾就达成合同、业务往来关系进行过磋商，但未达成合同、业务往来关系。

案例 重庆江小白酒业有限公司诉国家知识产权局、第三人重庆市江津酒厂（集团）有限公司商标权无效宣告行政纠纷案（最高人民法院指导案例162号）

案件适用要点：当事人双方同时签订了销售合同和定制产品销售合同，虽然存在经销关系，但诉争商标图样、产品设计等均由代理人一方提出，且定制产品销售合同明确约定被代理人未经代理人授权不得使用定制产品的产品概念、广告用语等，在被代理人没有在先使用行为的情况下，不能认定诉争商标为商标法第十五条所指的"被代理人的商标"。

第十六条 【地理标志】商标中有商品的地理标志，而该商品并非来源于该标志所标示的地区，误导公众的，不予注册并禁止使用；但是，已经善意取得注册的继续有效。

前款所称地理标志，是指标示某商品来源于某地区，该商品的特定质量、信誉或者其他特征，主要由该地区的自然因素或者人文因素所决定的标志。

注释 [地理标志的特征有哪些]

地理标志具有以下特征：一是，地理标志是实际存在的地理名称，而不是臆造出来的；二是，使用地理标志的商品其真实产地必须是该地理标志所标示的地区，而不是其他地区；三是，只有该地理标志标示地区的生产经营者才能在其商品上使用该地理标志；四是，使用地理标志的商品必须具有特定质量、信誉或者其他特征，而且其特定质量、信誉或者其他特征主要是由该地区的自然因素或者人文因素所决定的；五是，地理标志不是商标，不具有独占性，不能转让。

案例 浙江省食品有限公司诉上海市泰康食品有限公司、浙江永康四路火腿一厂商标侵权纠纷案（《最高人民法院公报》2007年第11期）

案件适用要点： 对于因历史原因形成的、含有地名的注册商标，虽然商标权人根据商标法享有商标专用权，但是如果该地名经国家专门行政机关批准实施原产地域产品保护，则被获准使用的民事主体可以在法定范围内使用该原产地域专用标志。商标权人以行为人合法使用的原产地域专用标志侵犯自己的商标专用权为由诉至人民法院，请求侵权损害赔偿的，人民法院不予支持。

参见 《商标法实施条例》第4条；《地理标志产品保护规定》

第十七条 【外国人在中国申请商标注册】外国人或者外国企业在中国申请商标注册的，应当按其所属国和中华人民共和国签订的协议或者共同参加的国际条约办理，或者按对等原则办理。

注释 [外国人或者外国企业在我国申请商标注册应遵循哪些原则]

外国人或者外国企业在我国申请商标注册的，按照以下原则办理：

一是按协议、条约办理。即按其所属国和中华人民共和国签订的协议或者共同参加的国际条约办理。

二是按对等原则办理。所谓对等原则，是指国家与国家之间、国家与地区之间对某类事情的处理，互相给予对方以彼此同等的待遇。

参见 《商标法实施条例》第5条

第十八条 【商标代理】申请商标注册或者办理其他商标事宜，可以自行办理，也可以委托依法设立的商标代理机构办理。

外国人或者外国企业在中国申请商标注册和办理其他商标事宜的，应当委托依法设立的商标代理机构办理。

注释 商标代理，是指商标代理机构接受委托人的委托，以委托人的名义办理商标注册申请及其他有关商标事宜。商标代理是国际通行规则，适用民法典关于代理的规定。

外国人或者外国企业在我国申请商标注册和办理其他商标事宜，应当委托依法设立的商标代理机构办理，这是强制性规定。主要考虑外国人或者外国企业在我国直接申请商标注册和办理其他商标事宜可能存在语言和书件送达障碍，如有些外国人或者外国企业在我国没有固定住所或者工商营业所等。而对于我国公民、企业申请商标注册或办理其他商标事宜，则并未强制要求其委托依法设立的商标代理机构办理。

参见　《律师事务所从事商标代理业务管理办法》

第十九条　【商标代理机构】商标代理机构应当遵循诚实信用原则，遵守法律、行政法规，按照被代理人的委托办理商标注册申请或者其他商标事宜；对在代理过程中知悉的被代理人的商业秘密，负有保密义务。

委托人申请注册的商标可能存在本法规定不得注册情形的，商标代理机构应当明确告知委托人。

商标代理机构知道或者应当知道委托人申请注册的商标属于本法第四条、第十五条和第三十二条规定情形的，不得接受其委托。

商标代理机构除对其代理服务申请商标注册外，不得申请注册其他商标。

注释　[商标代理机构的义务有哪些]

根据本条的规定，商标代理机构的义务，包括以下七个方面：

一是遵循诚实信用原则的义务。法律规定商标代理机构遵循诚实信用原则，就是要求商标代理机构在接受委托、办理商标注册申请或者其他商标事宜的过程中，必须意图诚实、善意、讲信用、相互协作、履行义务、信守承诺和法律规定。

二是遵守法律、行政法规的义务。守法是商标代理机构所有活动中都应当承担的基本义务。履行这一义务不仅要求商标代理机构遵守《商标法》的规定，还要遵守所有现行有效的法律、行政法规的规定，如《民法典》、《商标法实施条例》等的规定。

三是按照委托办理商标注册申请或者其他商标事宜的义务。

四是保密的义务。所谓保密的义务,是指商标代理组织对在代理过程中知悉的被代理人的商业秘密,未经被代理人许可,不得告知他人或者泄露给他人。

五是告知义务。商标代理机构作为办理商标事宜的法律服务机构,具有商标方面的专业知识,熟悉商标事宜的办理业务,了解法律规定商标不得注册的情形。为使委托人在清楚了解相关情形的基础上,作出是否委托商标代理机构办理注册申请的决定,避免委托人产生不必要的损失,规定了该义务。

六是业务禁止的义务。对于知道或者应当知道委托人申请注册的商标属于恶意抢注他人商标或者侵犯他人在先权利的,商标代理机构不得接受委托。

七是不得自行申请注册商标的义务。为防止商标代理机构利用其业务上的优势,自己恶意抢注他人商标牟利,本条第4款规定,商标代理机构除对其代理服务申请商标注册外,不得申请注册其他商标。

第二十条 【商标代理行业组织对会员的管理】商标代理行业组织应当按照章程规定,严格执行吸纳会员的条件,对违反行业自律规范的会员实行惩戒。商标代理行业组织对其吸纳的会员和对会员的惩戒情况,应当及时向社会公布。

注释 商标代理行业组织,是指商标代理机构在平等、自愿基础上,为增进共同利益、实现共同意愿、维护合法权益,依法组织起来并按照其章程开展活动的非营利性、自律性的社会组织。

[商标代理行业组织的责任包括哪些内容]

商标代理行业组织的责任,包括以下三个方面:

一是按照章程规定严格执行吸纳会员的条件。商标代理行业组织只能将符合其章程规定条件的商标代理机构,吸纳为其会员,而不能滥竽充数,将不符合其章程规定条件的商标代理机构吸纳为其会员。

二是按照章程规定对违反行业自律规范的会员实行惩戒。

三是及时向社会公布吸纳的会员和对会员的惩戒情况。所谓向社会公布,是指通过某种方式告知广大社会公众,使广大社会公众知晓。向社会公布的方式包括在报纸、杂志、网络上刊登,在广播、电视上播放等。

第二十一条 【商标国际注册】商标国际注册遵循中华人民共和国缔结或者参加的有关国际条约确立的制度,具体办法由国务院规定。

注释 商标国际注册的具体办法由国务院规定。商标国际注册涉及国际条约的履行、当事人权利的保护等一系列问题,法律不可能对此一一作出详尽的规定。为此,商标法专门授权国务院对商标国际注册的具体办法作出规定。

根据《商标法实施条例》第37条的规定,以中国为原属国申请商标国际注册的,应当通过商标局向世界知识产权组织国际局申请办理。以中国为原属国的,与马德里协定有关的商标国际注册的后期指定、放弃、注销,应当通过商标局向国际局申请办理;与马德里协定有关的商标国际注册的转让、删减、变更、续展,可以通过商标局向国际局申请办理,也可以直接向国际局申请办理。以中国为原属国的,与马德里议定书有关的商标国际注册的后期指定、转让、删减、放弃、注销、变更、续展,可以通过商标局向国际局申请办理,也可以直接向国际局申请办理。

案例 克里斯蒂昂迪奥尔香料公司诉国家工商行政管理总局商标评审委员会商标申请驳回复审行政纠纷案(最高人民法院指导案例114号)

案件适用要点:商标国际注册申请人完成了《商标国际注册马德里协定》及其议定书规定的申请商标的国际注册程序,申请商标国际注册信息中记载了申请商标指定的商标类型为三维立体商标的,应当视为申请人提出了申请商标为三维立体商标的声明。因国际注册商标的申请人无需在指定国家再次提出注册申请,故由世界知识产权组织国际局向中国商标局转送的申请商标信息,应当是中国商标局据以审查、决定申请商标指定中国的领土延伸保护申请能否获得支持的事实依据。在申请商标国际注册信息仅欠缺商标法实施条例规定的部分视图等形式要件的情况下,商标行政机关应当秉承积极履行国际公约义务的精神,给予申请人合理的补正机会。

参见 《商标法实施条例》第34-50条

第二章 商标注册的申请

第二十二条 【商标注册申请的提出】商标注册申请人应当按规定的商品分类表填报使用商标的商品类别和商品名称,提出注册申请。

商标注册申请人可以通过一份申请就多个类别的商品申请注册同一商标。

商标注册申请等有关文件,可以以书面方式或者数据电文方式提出。

注释 根据《商标法实施条例》第13条的规定,申请商标注册,应当按照公布的商品和服务分类表填报。每一件商标注册申请应当向商标局提交《商标注册申请书》1份、商标图样1份;以颜色组合或者着色图样申请商标注册的,应当提交着色图样,并提交黑白稿1份;不指定颜色的,应当提交黑白图样。

商标图样应当清晰,便于粘贴,用光洁耐用的纸张印制或者用照片代替,长和宽应当不大于10厘米,不小于5厘米。

以三维标志申请商标注册的,应当在申请书中予以声明,说明商标的使用方式,并提交能够确定三维形状的图样,提交的商标图样应当至少包含三面视图。

以颜色组合申请商标注册的,应当在申请书中予以声明,说明商标的使用方式。

以声音标志申请商标注册的,应当在申请书中予以声明,提交符合要求的声音样本,对申请注册的声音商标进行描述,说明商标的使用方式。对声音商标进行描述,应当以五线谱或者简谱对申请用作商标的声音加以描述并附加文字说明;无法以五线谱或者简谱描述的,应当以文字加以描述;商标描述与声音样本应当一致。

申请注册集体商标、证明商标的,应当在申请书中予以声明,并提交主体资格证明文件和使用管理规则。

商标为外文或者包含外文的,应当说明含义。

参见 《商标法实施条例》第13-15、18条

第二十三条 【注册申请的另行提出】 注册商标需要在核定使用范围之外的商品上取得商标专用权的,应当另行提出注册申请。

注释 本条是关于注册商标核定使用范围之外商品上如何取得商标专用权的规定。

"核定使用范围",是指商标局核准的商标注册文件中列明的商品类别和商品范围。

第二十四条 【注册申请的重新提出】 注册商标需要改变其标志的,应当重新提出注册申请。

注释 商标标志既包括平面标志,也包括立体标志。改变商标标志,既包括平面商标的标志如文字、图形、字母、数字等,也包括了立体商标所使用的三维标志。这些标志都是商标专用权的客体部分,在经过法定程序获得商标专用权之后,这些客体部分是不允许改变的。如果作了改变,那么改变后的商标就不再能按原有的注册商标使用,这是法律上的一个限制条件,也是商标是否合法使用的一条界线。所以改变标志后的商标不能按原有注册商标使用,合法的途径是重新提出注册申请,重新注册新的商标,取得商标使用权。

第二十五条 【优先权及其手续】 商标注册申请人自其商标在外国第一次提出商标注册申请之日起六个月内,又在中国就相同商品以同一商标提出商标注册申请的,依照该外国同中国签订的协议或者共同参加的国际条约,或者按照相互承认优先权的原则,可以享有优先权。

依照前款要求优先权的,应当在提出商标注册申请的时候提出书面声明,并且在三个月内提交第一次提出的商标注册申请文件的副本;未提出书面声明或者逾期未提交商标注册申请文件副本的,视为未要求优先权。

注释 商标法规定的商标注册申请优先权的实质内容是，以某一个商标注册申请人在一成员国为一项商标提出的正式申请为基础，在一定期间内同一申请人可以在其他各成员国申请对该商标的保护，这些在后的申请被认为是与第一次申请同一天提出的。这项关于优先权的规定，对于意欲在多个国家得到保护的申请人，是会有许多实际利益的。

在提出商标注册申请的时候，提出要求优先权的书面声明，三个月内提交第一次提出的商标注册申请文件的副本，以保障优先权的行使。

第二十六条 【国际展览会中的临时保护】 商标在中国政府主办的或者承认的国际展览会展出的商品上首次使用的，自该商品展出之日起六个月内，该商标的注册申请人可以享有优先权。

依照前款要求优先权的，应当在提出商标注册申请的时候提出书面声明，并且在三个月内提交展出其商品的展览会名称、在展出商品上使用该商标的证据、展出日期等证明文件；未提出书面声明或者逾期未提交证明文件的，视为未要求优先权。

注释 在某些特定的国际展览会中，在所展出的商品上首次使用的商标，如果没有法律保护，人们将不愿意将新的商品送交国际展览会上展出，不利于促进国际经济交流，因此，对于特定国际展览会上首次使用的商标给予临时保护是必要的。《保护工业产权巴黎公约》对此作了规定，本条规定与上述公约的规定是一致的。

列入保护的范围为中国政府主办的或者承认的国际展览会，不是由我国政府主办或者我国不予承认的国际展览会上展出的商品首次使用的商标不享有临时保护及商标申请优先权。保护对象为在上述国际展览会展出的商品上首次使用的商标，即该商标在国际展览会召开之前没有使用过。保护的内容为自该商品展出之日起六个月内，该商标的注册申请人可以享有优先权。要求优先权的，应当在提出商标注册申请时提出书面声明，这是要求获得优先权的一项必要程序。在提出商标注册申请和提出要求优先权的书面声明后，三个月内提交法定的有关证明文件，包括展出其商品的展览会名称、在展出商品上使用该商标的证据、展出日期等证明文件。

第二十七条 【申报事项和材料的真实、准确、完整】为申请商标注册所申报的事项和所提供的材料应当真实、准确、完整。

注释 申请商标注册是以一定的事实为基础,要求商标专用权依法得到确认,因此需要按照规定申报有关事项、提供有关资料。所申报的事项和所提供的材料,应当真实、准确、完整,否则影响商标审查工作,也影响对商标专用权的确认。

第三章 商标注册的审查和核准

第二十八条 【初步审定并公告】对申请注册的商标,商标局应当自收到商标注册申请文件之日起九个月内审查完毕,符合本法有关规定的,予以初步审定公告。

注释 对申请注册商标的初步审定,是商标注册审查中的一个重要环节。它是指对商标注册申请手续、申请文件、商标的基本标准、商标的注册条件等事项进行审查、检索、分析对比。经过上述的审查过程,认定申请注册的商标是否符合商标法的规定,并决定是否作出初步审定的决定。初步审定的期限为九个月,自收到商标注册申请文件之日开始计算。

第二十九条 【商标注册申请内容的说明和修正】在审查过程中,商标局认为商标注册申请内容需要说明或者修正的,可以要求申请人做出说明或者修正。申请人未做出说明或者修正的,不影响商标局做出审查决定。

注释 根据本法,商标申请人提出注册申请时,应当按规定的商品分类表填报适用商标的商品类别和商品名称;为申请商标注册所申报的事项和所提供的材料应当真实、准确、完整。但实践中,商标申请人可能由于专业知识、经验不足或者由于一些文字错误使得商标注册申请的内容不准确、不清楚。在这种情况下,商标局如果一刀切地驳回商标注册申请,将造成行政资源和社会资源的较大浪费；而采用要求当事人做出说明或者修正的方式，则能够区分通过说明或者修正能够予以初步审定公告的商标和即使说明或者修正了仍然不能予以初步审定公告的商标。要求申请人做出说明或者修正，对于通过说明或者修正能够予以初步审定公告的商标，可以免去商标局驳回申请、当事人重新申请的过程。因此，这一做法将极大地方便当事人，商标局也能相应提高商标审查效率。需要注意的是，考虑到商标申请日期的确定，这里所指的对商标注册申请内容的说明或者修正，不能超出原有的申请范围，即对商标标志的修正不能是实质性的变更，对申请注册商标适用的商品范围也不能扩大。

第三十条 【商标注册申请的驳回】申请注册的商标，凡不符合本法有关规定或者同他人在同一种商品或者类似商品上已经注册的或者初步审定的商标相同或者近似的，由商标局驳回申请，不予公告。

第三十一条 【申请在先原则与使用在先原则】两个或者两个以上的商标注册申请人，在同一种商品或者类似商品上，以相同或者近似的商标申请注册的，初步审定并公告申请在先的商标；同一天申请的，初步审定并公告使用在先的商标，驳回其他人的申请，不予公告。

注释 商标的基本作用是用来区别不同生产、经营者的商品或者服务，因此，一个注册商标只能有一个注册主体对其享有专用权。如果有两个或者两个以上的申请人以相同或者近似的商标申请在同一种商品或者类似商品上注册，商标主管机关只能核准一项申请，这是各国商标法通行的原则。

[申请在先原则和使用在先原则之比较]

申请在先原则是指两个或者两个以上的申请人，在同一种商品或者类似商品上，以相同或者近似的商标申请注册的，商标局受理最先提出的商标注册申请，对在后的商标注册申请予以驳回。使用在先原则是指两个或者两个以上的申请人，在同一种商品或者类似商品上，以相同或者近似的商标申请注册的，商标局受理最先使用人的商标注册申请。

这两种原则各有利弊。申请在先原则只需要将商标注册申请的日期作为审查依据，便于操作，但是不利于保护最先使用商标的人。使用在先原则可以保护最先使用商标的人，但是需要审查申请人最先使用商标的证明，不易操作。而且这种注册具有不确定性，可能因他人提供使用在先的证据而被撤销注册。

第三十二条 【在先权利与恶意抢注】申请商标注册不得损害他人现有的在先权利，也不得以不正当手段抢先注册他人已经使用并有一定影响的商标。

注释 "申请商标注册不得损害他人现有的在先权利"，是指申请注册的商标不得与他人已经获得的著作权、名称权、外观设计专利权、肖像权、姓名权等权利相冲突。"在先"即他人权利的产生之日早于商标注册申请日。"有一定影响"的商标，是指在一定地域内被一定的人群所知晓的商标，这种商标不同于驰名商标，驰名商标的知名度远远高于前者，保护也强于前者。

案例 迈克尔·杰弗里·乔丹与国家工商行政管理总局商标评审委员会、乔丹体育股份有限公司"乔丹"商标争议行政纠纷案（最高人民法院指导案例113号）

案件适用要点：（1）姓名权是自然人对其姓名享有的人身权，姓名权可以构成商标法规定的在先权利。外国自然人外文姓名的中文译名符合条件的，可以依法主张作为特定名称按照姓名权的有关规定予以保护。

（2）外国自然人就特定名称主张姓名权保护的，该特定名称应当符合以下三项条件：①该特定名称在我国具有一定的知名度，为相关公众所知悉；②相关公众使用该特定名称指代该自然人；③该特定名称已经与该自然人之间建立了稳定的对应关系。

（3）使用是姓名权人享有的权利内容之一，并非姓名权人主张保护其姓名权的法定前提条件。特定名称按照姓名权受法律保护的，即使自然人并未主动使用，也不影响姓名权人按照商标法关于在先权利的规定主张权利。

（4）违反诚实信用原则，恶意申请注册商标，侵犯他人现有在先权利的"商标权人"，以该商标的宣传、使用、获奖、被保护等情况形成了"市场秩序"或者"商业成功"为由,主张该注册商标合法有效的,人民法院不予支持。

第三十三条 【商标异议和商标的核准注册】对初步审定公告的商标,自公告之日起三个月内,在先权利人、利害关系人认为违反本法第十三条第二款和第三款、第十五条、第十六条第一款、第三十条、第三十一条、第三十二条规定的,或者任何人认为违反本法第四条、第十条、第十一条、第十二条、第十九条第四款规定的,可以向商标局提出异议。公告期满无异议的,予以核准注册,发给商标注册证,并予公告。

注释 异议是指在先权利人、利害关系人对商标局初步审定予以公告的商标,提出反对注册的意见。即商标局受理商标注册申请后,根据商标法的规定进行审查。将符合注册条件的商标注册申请进行公告,让在先权利人、利害关系人对该商标的注册提出意见。

本条为2019年商标法修改条款,增加规定,将不以使用为目的恶意申请商标注册、商标代理机构违法申请或者接受委托申请商标注册一起纳入异议程序中,作为提出商标异议的事由。

参见 《商标法实施条例》第24条;《驰名商标认定和保护规定》第5条

第三十四条 【驳回商标申请的复审】对驳回申请、不予公告的商标,商标局应当书面通知商标注册申请人。商标注册申请人不服的,可以自收到通知之日起十五日内向商标评审委员会申请复审。商标评审委员会应当自收到申请之日起九个月内做出决定,并书面通知申请人。有特殊情况需要延长的,经国务院工商行政管理部门批准,可以延长三个月。当事人对商标评审委员会的决定不服的,可以自收到通知之日起三十日内向人民法院起诉。

参见 《商标法实施条例》第21条

第三十五条 【商标异议的处理】对初步审定公告的商标提出异议的,商标局应当听取异议人和被异议人陈述事实和理由,经调查核实后,自公告期满之日起十二个月内做出是否准予注册的决定,并书面通知异议人和被异议人。有特殊情况需要延长的,经国务院工商行政管理部门批准,可以延长六个月。

商标局做出准予注册决定的,发给商标注册证,并予公告。异议人不服的,可以依照本法第四十四条、第四十五条的规定向商标评审委员会请求宣告该注册商标无效。

商标局做出不予注册决定,被异议人不服的,可以自收到通知之日起十五日内向商标评审委员会申请复审。商标评审委员会应当自收到申请之日起十二个月内做出复审决定,并书面通知异议人和被异议人。有特殊情况需要延长的,经国务院工商行政管理部门批准,可以延长六个月。被异议人对商标评审委员会的决定不服的,可以自收到通知之日起三十日内向人民法院起诉。人民法院应当通知异议人作为第三人参加诉讼。

商标评审委员会在依照前款规定进行复审的过程中,所涉及的在先权利的确定必须以人民法院正在审理或者行政机关正在处理的另一案件的结果为依据的,可以中止审查。中止原因消除后,应当恢复审查程序。

第三十六条 【有关决定的生效及效力】法定期限届满,当事人对商标局做出的驳回申请决定、不予注册决定不申请复审或者对商标评审委员会做出的复审决定不向人民法院起诉的,驳回申请决定、不予注册决定或者复审决定生效。

经审查异议不成立而准予注册的商标,商标注册申请人取得商标专用权的时间自初步审定公告三个月期满之日起计算。自该商标公告期满之日起至准予注册决定做出前,对他人在同一种或者类似商品上使用与该商标相同或者近似的标志的行为不具有追溯力;但是,因该使用人的恶意给商标注册人造成的损失,应当给予赔偿。

参见 《商标法实施条例》第 21-29 条

第三十七条 【及时审查原则】对商标注册申请和商标复审申请应当及时进行审查。

第三十八条 【商标申请文件或注册文件错误的更正】商标注

册申请人或者注册人发现商标申请文件或者注册文件有明显错误的，可以申请更正。商标局依法在其职权范围内作出更正，并通知当事人。

前款所称更正错误不涉及商标申请文件或者注册文件的实质性内容。

注释 本条规定目的是方便商标注册申请人或者注册人对商标申请文件或者注册文件中有明显错误的非实质性内容提出更正。因为如果涉及实质性的内容，比如对商标构成要素进行更正，实际上是将原商标变成一个新的商标。在这种情况下就应当重新提出商标注册申请，在申请日期上就不能沿用原来商标申请的日期。是否准予注册，还要由商标局依法进行审查。

第四章 注册商标的续展、变更、转让和使用许可

第三十九条 【注册商标的有效期限】 注册商标的有效期为十年，自核准注册之日起计算。

注释 在实行商标注册制的国家，商标专用权是通过商标注册取得的，注册商标的有效期有严格的时间界限。商标权作为知识产权的一种，具有专有性、地域性和时间性等特征。商标权的时间性是指商标经商标注册机关核准后，在正常使用的情况下，可以在法定期间内受到法律保护。这一法定期间又称为注册商标的保护期、有效期。有效期届满后，商标权人如果希望继续使用注册商标并使之得到法律保护，则需按照法定程序进行续展注册。如果不发生宣告注册商标无效或者撤销注册商标的情况，商标注册人只要按照法定程序进行续展注册，就可以将注册商标无限期地保护下去。在这一点上，商标权不同于同属知识产权的专利权和著作权。

第四十条 【续展手续的办理】 注册商标有效期满，需要继续使用的，商标注册人应当在期满前十二个月内按照规定办理续展手续；在此期间未能办理的，可以给予六个月的宽展期。每次续展注册的有效期为十年，自该商标上一届有效期满次日起计算。期满未

办理续展手续的，注销其注册商标。

商标局应当对续展注册的商标予以公告。

注释 注册商标经过多年使用，已届注册商标的有效期，对商标注册人来说，已形成了一种无形资产。商标注册人需要继续使用该注册商标的，应当按照规定及时办理续展手续。商标续展注册与商标初始注册不同：初始注册是为了使新注册的商标获得专用权，而续展注册是通过续展使已经取得的商标专用权继续有效；商标初始注册申请要经过审查、初步审定公告、异议等一系列程序，而商标续展注册则相对简单，按照规定办理相关手续即可，时间也相对较短。

第四十一条 【注册商标的变更】 注册商标需要变更注册人的名义、地址或者其他注册事项的，应当提出变更申请。

注释 注册商标的各个注册事项是不能随意变动的。在有效期内的注册商标，如果其注册事项由于实际情况的变化而发生了变动，就应当及时向商标局申请变更相应的注册事项。有关变更商标注册事项的申请经商标局核准后，由商标局发给相应的证明，并予以公告。

根据《商标法实施条例》第30条的规定，变更商标注册人名义、地址或者其他注册事项的，应当向商标局提交变更申请书。变更商标注册人名义的，还应当提交有关登记机关出具的变更证明文件。商标局核准的，发给商标注册人相应证明，并予以公告；不予核准的，应当书面通知申请人并说明理由。变更商标注册人名义或者地址的，商标注册人应当将其全部注册商标一并变更；未一并变更的，由商标局通知其限期改正；期满未改正的，视为放弃变更申请，商标局应当书面通知申请人。

参见 《商标法实施条例》第17、30条

第四十二条 【注册商标的转让】 转让注册商标的，转让人和受让人应当签订转让协议，并共同向商标局提出申请。受让人应当保证使用该注册商标的商品质量。

转让注册商标的，商标注册人对其在同一种商品上注册的近似的商标，或者在类似商品上注册的相同或者近似的商标，应当一并转让。

对容易导致混淆或者有其他不良影响的转让，商标局不予核准，书面通知申请人并说明理由。

转让注册商标经核准后，予以公告。受让人自公告之日起享有商标专用权。

注释 注册商标的转让，是指注册商标所有人在法律允许的范围内，将其注册商标转移给他人所有。商标是一种无形财产，与有形财产一样，在法律允许的范围内可以根据商标权人的意志自由转让。但商标权的转让不同于有形财产权的转让，也不同于专利权和著作权的转让，它关系商品的来源和出处，涉及企业的信誉和声誉。

转让注册商标的，转让人和受让人应当向商标局提交转让注册商标申请书。转让注册商标申请手续应当由转让人和受让人共同办理。商标局核准转让注册商标申请的，发给受让人相应证明，并予以公告。转让注册商标，商标注册人对其在同一种或者类似商品上注册的相同或者近似的商标未一并转让的，由商标局通知其限期改正；期满未改正的，视为放弃转让该注册商标的申请，商标局应当书面通知申请人。

注册商标专用权因转让以外的继承等其他事由发生移转的，接受该注册商标专用权的当事人应当凭有关证明文件或者法律文书到商标局办理注册商标专用权移转手续。注册商标专用权移转的，注册商标专用权人在同一种或者类似商品上注册的相同或者近似的商标，应当一并移转；未一并移转的，由商标局通知其限期改正；期满未改正的，视为放弃该移转注册商标的申请，商标局应当书面通知申请人。商标移转申请经核准的，予以公告。接受该注册商标专用权移转的当事人自公告之日起享有商标专用权。

[公司执照注销了，想转让以前注册的商标，需要什么材料？]①

该情况可以办理商标移转。分为以下几种情况：一般注销程序，一是清算过程中已经处分商标的，由继受方办理商标移转，需提供以下材料：准予注销登记通知书，证明公司法人已经注销；登记机关出具的清算组备案通知书；登记机关存档的注销清算报告；证明有权利继受商标的其他文件。其中，证明清算过程中已经处分商标的证据材料，可以是当事人与清算组在清算期间签订的合同，也可以是清算报告中关于商标权归属的约定。二是清算过程中未处分商标的，需额外提供以下材料：证明在清算过程中没有处分过该商标权，该商标权确属清算遗漏资产。一般而言首先要提供注销登记时所附的清算报告（工商局存档的），应无明确商标处分的内容；在此基础上，鉴于清算报告通常会说明全部债权债务已经处分完毕，清算组成员及全部投资人要出具相关承诺和保证，确认未曾在清算中处分过该商标权，并愿意为此保证承诺承担连带责任；(2) 证明全部投资人同意该商标权的转让：一般应提供登记机关出具的投资人名单；全部投资人的身份证复印件；全部投资人签字的同意转让文件。简易注销程序。除公司主体简易注销证明外，应该提供的证据材料有：证明属于清算遗漏资产的证明：全体投资人证明在清算过程中没有处分过该商标权，该商标权确属清算遗漏资产，并愿意为此保证承诺承担连带责任；证明全部投资人同意该商标权转让的书面文件：一般应提供登记机关出具的投资人名单；全部投资人的身份证复印件；全部投资人签字的同意转让文件。

第四十三条　【注册商标的使用许可】商标注册人可以通过签订商标使用许可合同，许可他人使用其注册商标。许可人应当监督被许可人使用其注册商标的商品质量。被许可人应当保证使用该注册商标的商品质量。

经许可使用他人注册商标的，必须在使用该注册商标的商品上

---

① 来源：国家知识产权局官网，https://www.cnipa.gov.cn/art/2024/10/11/art_707_388.html。

标明被许可人的名称和商品产地。

许可他人使用其注册商标的，许可人应当将其商标使用许可报商标局备案，由商标局公告。商标使用许可未经备案不得对抗善意第三人。

注释 注册商标使用许可，是指商标权人将其所有的注册商标使用权分离出一部或全部许可给他人有偿使用。商标权人为许可人，使用商标的一方为被许可人。商标使用许可不同于商标的转让，后者的结果是原商标注册人丧失了商标的所有权；而商标使用许可不发生商标所有权转移的问题。商标使用许可有利于更好地发挥商标促进商品生产和流通的作用，也是商标权人充分行使其权利的表现。

[商标使用许可的分类]

独占使用许可，是指商标注册人在约定的期间、地域和以约定的方式，将该注册商标仅许可一个被许可人使用，商标注册人依约定不得使用该注册商标。

排他使用许可，是指商标注册人在约定的期间、地域和以约定的方式，将该注册商标仅许可一个被许可人使用，商标注册人依约定可以使用该注册商标但不得另行许可他人使用该注册商标。

普通使用许可，是指商标注册人在约定的期间、地域和以约定的方式，许可他人使用其注册商标，并可自行使用该注册商标和许可他人使用其注册商标。

参见 《商标法实施条例》第69条；《最高人民法院关于审理商标民事纠纷案件适用法律若干问题的解释》第3条

案例 上海帕弗洛文化用品有限公司诉上海艺想文化用品有限公司、毕加索国际企业股份有限公司商标使用许可合同纠纷案（《最高人民法院公报》2017年第2期）

案件适用要点：在后商标使用许可合同相对人明知商标权人和在先商标使用许可合同相对人未解除在先商标独占使用许可合同，仍和商标权人签订许可合同，导致先后两个独占许可合同的许可期间存在重叠的，在后合同并非无效，但在后商标使用许可合同相对人不属于善意第三人，不能依据在后合同获得商标的许可使用权，在先取得的独占许可使用权可以对抗在后的商标使用许可合同关系。

第五章　注册商标的无效宣告

第四十四条　【注册不当的商标】已经注册的商标，违反本法第四条、第十条、第十一条、第十二条、第十九条第四款规定的，或者是以欺骗手段或者其他不正当手段取得注册的，由商标局宣告该注册商标无效；其他单位或者个人可以请求商标评审委员会宣告该注册商标无效。

商标局做出宣告注册商标无效的决定，应当书面通知当事人。当事人对商标局的决定不服的，可以自收到通知之日起十五日内向商标评审委员会申请复审。商标评审委员会应当自收到申请之日起九个月内做出决定，并书面通知当事人。有特殊情况需要延长的，经国务院工商行政管理部门批准，可以延长三个月。当事人对商标评审委员会的决定不服的，可以自收到通知之日起三十日内向人民法院起诉。

其他单位或者个人请求商标评审委员会宣告注册商标无效的，商标评审委员会收到申请后，应当书面通知有关当事人，并限期提出答辩。商标评审委员会应当自收到申请之日起九个月内做出维持注册商标或者宣告注册商标无效的裁定，并书面通知当事人。有特殊情况需要延长的，经国务院工商行政管理部门批准，可以延长三个月。当事人对商标评审委员会的裁定不服的，可以自收到通知之日起三十日内向人民法院起诉。人民法院应当通知商标裁定程序的对方当事人作为第三人参加诉讼。

注释　　[商标局宣告注册商标无效的程序]

（1）商标局做出宣告注册商标无效的决定，并书面通知当事人。

（2）当事人对商标局的决定不服的，可以自收到通知之日起15日内向商标评审委员会申请复审。

(3) 商标评审委员会应当自收到申请之日起9个月内做出决定，并书面通知当事人。如有特殊情况，需要延长复审期限的，经国务院工商行政管理部门批准，可以延长3个月。

(4) 当事人对商标评审委员会的决定不服的，可以自收到通知之日起30日内向人民法院起诉。

[商标评审委员会宣告注册商标无效的程序]

(1) 其他单位或者个人向商标评审委员会提出申请。

(2) 商标评审委员会收到申请后，应当书面通知有关当事人，并限期提出答辩。

(3) 商标评审委员会应当自收到申请之日起9个月内做出维持注册商标或者宣告注册商标无效的裁定，并书面通知当事人。如有特殊情况需要延长期限的，经国务院工商行政管理部门批准，可以延长3个月。

(4) 当事人对商标评审委员会的裁定不服的，可以自收到通知之日起30日内向人民法院起诉。人民法院在受理起诉后，应当通知商标裁定程序的对方当事人作为第三人参加诉讼。

第四十五条 【违法损害他人合法权益的注册商标】已经注册的商标，违反本法第十三条第二款和第三款、第十五条、第十六条第一款、第三十条、第三十一条、第三十二条规定的，自商标注册之日起五年内，在先权利人或者利害关系人可以请求商标评审委员会宣告该注册商标无效。对恶意注册的，驰名商标所有人不受五年的时间限制。

商标评审委员会收到宣告注册商标无效的申请后，应当书面通知有关当事人，并限期提出答辩。商标评审委员会应当自收到申请之日起十二个月内做出维持注册商标或者宣告注册商标无效的裁定，并书面通知当事人。有特殊情况需要延长的，经国务院工商行政管理部门批准，可以延长六个月。当事人对商标评审委员会的裁定不服的，可以自收到通知之日起三十日内向人民法院起诉。人民法院应当通知商标裁定程序的对方当事人作为第三人参加诉讼。

商标评审委员会在依照前款规定对无效宣告请求进行审查的过

程中，所涉及的在先权利的确定必须以人民法院正在审理或者行政机关正在处理的另一案件的结果为依据的，可以中止审查。中止原因消除后，应当恢复审查程序。

第四十六条　【注册商标无效的其他情形】法定期限届满，当事人对商标局宣告注册商标无效的决定不申请复审或者对商标评审委员会的复审决定、维持注册商标或者宣告注册商标无效的裁定不向人民法院起诉的，商标局的决定或者商标评审委员会的复审决定、裁定生效。

> **注释**　根据本法规定，对于商标局宣告注册商标无效的决定，当事人应当在15日内向商标评审委员会申请复审；对于商标评审委员会作出的复审决定，以及商标评审委员会根据有关单位或者个人的请求作出的维持注册商标或者宣告注册商标无效的裁定，有关当事人应当在30日内向人民法院起诉。这里的"15日"和"30日"就是本条规定的"法定期限"。

第四十七条　【注册商标无效宣告的法律后果】依照本法第四十四条、第四十五条的规定宣告无效的注册商标，由商标局予以公告，该注册商标专用权视为自始即不存在。

宣告注册商标无效的决定或者裁定，对宣告无效前人民法院做出并已执行的商标侵权案件的判决、裁定、调解书和工商行政管理部门做出并已执行的商标侵权案件的处理决定以及已经履行的商标转让或者使用许可合同不具有追溯力。但是，因商标注册人的恶意给他人造成的损失，应当给予赔偿。

依照前款规定不返还商标侵权赔偿金、商标转让费、商标使用费，明显违反公平原则的，应当全部或者部分返还。

> **注释**　注册商标宣告无效，其商标专用权在法律上被认为是从来没有存在过。换言之，宣告注册商标无效，就是宣告注册商标从注册时起就无效，即在法律上不承认该注册商标专用权的存在或者曾经存在。但宣告注册商标无效的决定或者裁定，对以下事项不具有追溯力：一是人民法院做出并已执行的商标侵权案件的判决、

裁定、调解书；二是工商行政管理部门做出并已执行的商标侵权案件的处理决定；三是已经履行的商标转让合同；四是已经履行的商标使用许可合同。对上述4类事项，已经执行的，不得以注册商标已经被宣告无效为由，要求恢复到原来的状况。但是，因商标注册人的恶意给他人造成的损失，则应当给予赔偿。

第六章 商标使用的管理

第四十八条 【商标的使用】本法所称商标的使用，是指将商标用于商品、商品包装或者容器以及商品交易文书上，或者将商标用于广告宣传、展览以及其他商业活动中，用于识别商品来源的行为。

注释 商标使用是实现商标区分商品来源等功能的前提，不经使用的商标，不会产生和实现指示商品来源的效果，也无从区分商品。商标使用也是维持注册商标有效的条件，按照本法的规定，注册商标没有正当理由连续3年不使用的，任何单位或者个人可以申请商标局撤销该注册商标。商标使用也是商标专用权得以保护的基础，按照本法规定，在商标侵权诉讼中，注册商标专用权人不能证明此前3年实际使用过该注册商标，也不能证明侵权行为受到其他损失的，被控侵权人不承担赔偿责任。商标使用还是使商标获得识别性、显著特征以及使商标驰名的重要途径。在有些国家，商标使用还是取得商标专用权的必要条件。

案例 1.苏州鼎盛食品公司不服苏州市工商局商标侵权行政处罚案（《最高人民法院公报》2013年第10期）

案件适用要点：判断商品上的标识是否属于商标性使用时，必须根据该标识的具体使用方式，看其是否具有识别商品或服务来源之功能；侵犯注册商标专用权意义上商标近似应当是混淆性近似，是否造成市场混淆是判断商标近似的重要因素之一。

2.开德阜国际贸易（上海）有限公司与阔盛管道系统（上海）有限公司等侵害商标权、虚假宣传纠纷案（《最高人民法院公报》2019年第3期）

案件适用要点：经营者为说明品牌代理销售商的变化，在善意、合理的限度内使用他人注册商标，属于商标正当使用，不构成商标侵权。在如实、详细告知消费者商品销售代理商及品牌变化的情况下，新代理商在宣传中使用原代理商注册商标不会导致相关公众产生误解，不构成虚假宣传。

第四十九条 【违法使用注册商标】 商标注册人在使用注册商标的过程中，自行改变注册商标、注册人名义、地址或者其他注册事项的，由地方工商行政管理部门责令限期改正；期满不改正的，由商标局撤销其注册商标。

注册商标成为其核定使用的商品的通用名称或者没有正当理由连续三年不使用的，任何单位或者个人可以向商标局申请撤销该注册商标。商标局应当自收到申请之日起九个月内做出决定。有特殊情况需要延长的，经国务院工商行政管理部门批准，可以延长三个月。

注释 根据《商标法实施条例》第66、67条的规定，有本条规定的注册商标无正当理由连续3年不使用情形的，任何单位或者个人可以向商标局申请撤销该注册商标，提交申请时应当说明有关情况。商标局受理后应当通知商标注册人，限其自收到通知之日起2个月内提交该商标在撤销申请提出前使用的证据材料或者说明不使用的正当理由；期满未提供使用的证据材料或者证据材料无效并没有正当理由的，由商标局撤销其注册商标。前述所称使用的证据材料，包括商标注册人使用注册商标的证据材料和商标注册人许可他人使用注册商标的证据材料。以无正当理由连续3年不使用为由申请撤销注册商标的，应当自该注册商标注册公告之日起满3年后提出申请。

下列情形属于本条规定的正当理由：
（1）不可抗力；
（2）政府政策性限制；
（3）破产清算；
（4）其他不可归责于商标注册人的正当事由。

案例 法国卡斯特兄弟股份有限公司诉中华人民共和国商标评审委员会、第三人李道之商标撤销复审行政纠纷案［最高人民法

院（2010）知行字第55号]

案件适用要点：《商标法》规定注册商标连续3年不使用撤销制度的立法目的在于激活商标资源，清理闲置商标，撤销只是手段，而不是目的。只要在商业活动中公开、真实地使用了注册商标，且注册商标的使用行为本身没有违反商标法律规定，则注册商标权利人已经尽到法律规定的使用义务。使用争议商标有关的其他经营活动中是否违反其他方面的法律规定，并非《商标法》所要规范和调整的问题。

参见 《商标法实施条例》第65-67条

第五十条 【对被撤销、宣告无效或者注销的商标的管理】 注册商标被撤销、被宣告无效或者期满不再续展的，自撤销、宣告无效或者注销之日起一年内，商标局对与该商标相同或者近似的商标注册申请，不予核准。

注释 因商标注册人不遵守注册商标使用的规定而被撤销的注册商标，或者是注册商标因违反本法相关规定由商标局、商标评审委员会宣告无效，或者是注册有效期满未续展而被注销的商标，其商标专用权已经消灭。但是为了防止发生商品出处的混淆，本条规定，注册商标被撤销、被宣告无效或者期满不再续展的，自撤销、宣告无效或者注销之日起一年内，商标局对与该商标相同或者近似的商标注册申请，不予核准。这样规定并不是仍要保护已被撤销或注销的商标的权利，而是完全为了维护市场秩序和保护消费者的利益，以免造成不必要的误会和损失。

参见 《商标法实施条例》第74条

第五十一条 【对必须使用注册商标的商品的管理】 违反本法第六条规定的，由地方工商行政管理部门责令限期申请注册，违法经营额五万元以上的，可以处违法经营额百分之二十以下的罚款，没有违法经营额或者违法经营额不足五万元的，可以处一万元以下的罚款。

注释 我国商标注册制度在总的原则上实行自愿注册，但对极少数商品又规定必须使用注册商标。本法第六条明确规定，法律、行政法规规定必须使用注册商标的商品，必须申请商标注册，未经核准注册的，不得在市场销售。目前在我国必须使用商标的商品为烟草制品，对这类商品法律要求强制使用注册商标，有利于对商标注册人实行监督，有利于对特殊商品进行严格的管理。本条的规定是对第六条规定的补充，明确规定了违法者所应承担的法律责任。

参见 本法第6条

第五十二条 【对未注册商标的管理】将未注册商标冒充注册商标使用的，或者使用未注册商标违反本法第十条规定的，由地方工商行政管理部门予以制止，限期改正，并可以予以通报，违法经营额五万元以上的，可以处违法经营额百分之二十以下的罚款，没有违法经营额或者违法经营额不足五万元的，可以处一万元以下的罚款。

注释 未注册商标是指未经商标局核准注册而直接在商品上使用的商标。未注册商标使用的范围非常广泛，但是由于其未经注册，没有取得商标专用权。允许使用未注册商标，有利于发展社会生产力，对于一些生产尚不稳定、产品尚未定型的商品和地产地销的小商品，不强行要求注册，便于他们扬长避短，迅速取得经济效益。因此采取自愿注册原则，允许未注册商标的存在和使用及其商品进入市场，这是符合我国经济发展需要，适应多层次生产力发展水平要求的。但是，这并不意味着国家对未注册商标的使用就放任不管。从保护注册商标专用权和维护消费者利益的角度出发，国家商标管理部门仍然要对未注册商标的使用进行管理。

案例 王碎永诉深圳歌力思服饰股份有限公司、杭州银泰世纪百货有限公司侵害商标权纠纷案（最高人民法院指导案例82号）

案件适用要点： 当事人违反诚实信用原则，损害他人合法权益，扰乱市场正当竞争秩序，恶意取得、行使商标权并主张他人侵权的，人民法院应当以构成权利滥用为由，判决对其诉讼请求不予支持。

第五十三条 【违反驰名商标使用的规定】违反本法第十四条第五款规定的，由地方工商行政管理部门责令改正，处十万元罚款。

第五十四条 【对撤销或不予撤销注册商标决定的复审】对商

标局撤销或者不予撤销注册商标的决定,当事人不服的,可以自收到通知之日起十五日内向商标评审委员会申请复审。商标评审委员会应当自收到申请之日起九个月内做出决定,并书面通知当事人。有特殊情况需要延长的,经国务院工商行政管理部门批准,可以延长三个月。当事人对商标评审委员会的决定不服的,可以自收到通知之日起三十日内向人民法院起诉。

第五十五条 【撤销注册商标决定的生效】法定期限届满,当事人对商标局做出的撤销注册商标的决定不申请复审或者对商标评审委员会做出的复审决定不向人民法院起诉的,撤销注册商标的决定、复审决定生效。

被撤销的注册商标,由商标局予以公告,该注册商标专用权自公告之日起终止。

第七章 注册商标专用权的保护

第五十六条 【注册商标专用权的保护范围】注册商标的专用权,以核准注册的商标和核定使用的商品为限。

注释 注册商标的专用权,是指商标注册人在核定使用的商品上专有使用核准注册的商标的权利,它是一种法定的权利。本法第三条就明确规定,经商标局核准注册的商标为注册商标,商标注册人享有商标专用权,受法律保护。本条的规定正是对第三条规定具体化的一个方面。它包括以下两层含义:一是注册商标的使用权只在特定的范围即核定使用的商品与核准注册的商标范围内有效;二是在该特定范围内商标注册人对其注册商标的使用是一种专有使用。换句话说,对注册商标的保护,仅限于核准注册的商标和核定使用的商品范围之内,不得任意改变或者扩大保护范围。

参见 本法第3条

第五十七条 【商标侵权行为】有下列行为之一的,均属侵犯注册商标专用权:

(一)未经商标注册人的许可,在同一种商品上使用与其注册商标相同的商标的；

（二）未经商标注册人的许可，在同一种商品上使用与其注册商标近似的商标，或者在类似商品上使用与其注册商标相同或者近似的商标，容易导致混淆的；

（三）销售侵犯注册商标专用权的商品的；

（四）伪造、擅自制造他人注册商标标识或者销售伪造、擅自制造的注册商标标识的；

（五）未经商标注册人同意，更换其注册商标并将该更换商标的商品又投入市场的；

（六）故意为侵犯他人商标专用权行为提供便利条件，帮助他人实施侵犯商标专用权行为的；

（七）给他人的注册商标专用权造成其他损害的。

注释 侵犯注册商标专用权行为又称商标侵权行为，是指一切损害他人注册商标权益的行为。判断一个行为是否构成侵犯注册商标专用权，主要看它是否具备四个要件：一是损害事实的客观存在；二是行为的违法性；三是损害事实是违法行为造成的；四是行为的故意或过失。上述四个要件同时具备时，即构成商标侵权行为。

[如何理解侵犯注册商标专用权的行为]

对于本条规定的侵犯注册商标专用权的7种行为，可以从其行为表现、实际危害等方面来理解：

1. 未经商标注册人的许可，在同一种商品上使用与其注册商标相同的商标的行为。这种行为是比较典型的侵犯注册商标专用权的行为，也就是通常所说的"假冒"行为。商标相同，是指被控侵权的商标与原告的注册商标相比较，二者在视觉上基本无差别。

2. 未经商标注册人的许可，在同一种商品上使用与其注册商标近似的商标，或者在类似商品上使用与其注册商标相同或者近似的商标，容易导致混淆的行为。这也是比较常见的侵犯注册商标专用权的行为。商标近似，是指被控侵权的商标与原告的注册商标相比较，其文字的字形、读音、含义或者图形的构图及颜色，或者其各要素组合后的整体结构相似，或者其立体形状、颜色组合近似，易使相关公众对商品的来源产生误认或者认为其来源与原告注册商标的商品有特定的联系。

3. 销售侵犯注册商标专用权的商品的行为。通常发生在流通环节，也是一种较为常见的商标侵权行为。在现实生活中，侵犯注册商标专用权的商品，有的是生产者自行销售，有的要通过他人进行销售。其后果也是混淆商品出处、侵犯注册商标专用权、损害消费者利益。

4. 伪造、擅自制造他人注册商标标识或者销售伪造、擅自制造的注册商标标识的行为。"伪造"，是指没有经过他人同意或者许可，模仿他人注册商标的图样或者实物，制作出与他人注册商标标识相同的商标标识。"擅自制造"，是指没有经过他人同意或者许可，制作他人注册商标标识。销售伪造、擅自制造的注册商标标识的行为，是指采用零售、批发、内部销售等方式，出售伪造或者擅自制造的他人注册商标标识。这类行为直接侵犯了商标注册人的商标专用权。

5. 未经商标注册人同意，更换其注册商标并将该更换商标的商品又投入市场的行为。这类行为，在被称为"反向假冒"，即在商品销售活动中，消除商品上的他人商标，然后换上自己的商标，冒充自己的商品进行销售。这种行为既侵犯了商标注册人的合法权益，也侵犯了消费者的知情权，导致消费者对商品的来源产生误认。

6. 故意为侵犯他人商标专用权行为提供便利条件，帮助他人实施侵犯商标专用权行为的。这类行为，主要是指故意为侵犯他人注册商标专用权的行为，提供诸如仓储、运输、邮寄、隐匿等方面的条件，从而帮助他人完成实施侵犯商标专用权的行为。

7. 根据《最高人民法院关于审理商标民事纠纷案件适用法律若干问题的解释》，下列行为属于给他人注册商标专用权造成其他损害的行为：（1）将与他人注册商标相同或者相近似的文字作为企业的字号在相同或者类似商品上突出使用，容易使相关公众产生误认的；（2）复制、摹仿、翻译他人注册的驰名商标或其主要部分在不相同或者不相类似商品上作为商标使用，误导公众，致使该驰名商标注册人的利益可能受到损害的；（3）将与他人注册商标相同或者相近似的文字注册为域名，并且通过该域名进行相关商品交易的电子商务，容易使相关公众产生误认的。

案例 1. 曹晓冬与云南下关沱茶股份有限公司侵害商标权纠纷案（《最高人民法院公报》2018年第10期）

案件适用要点：注册商标权属于标识性民事权利，商标权人不仅有权禁止他人在相同类似商品上使用该注册商标标识，更有权使用注册商标标识其商品或者服务，在相关公众中建立该商标标识与其商品来源的联系。相关公众是否会混淆误认，既包括将使用被诉侵权标识的商品误认为商标权人的商品或者与商标权人有某种联系，也包括将商标权人的商品误认为被诉侵权人的商品或者误认商标权人与被诉侵权人有某种联系，妨碍商标权人行使其注册商标专用权，进而实质性妨碍该注册商标发挥识别作用。

2. 维多利亚的秘密商店品牌管理公司诉上海麦司投资管理有限公司侵害商标权及不正当竞争纠纷案（《最高人民法院公报》2017年第8期）

案件适用要点：合法取得销售商品权利的经营者，可以在商品销售中对商标权人的商品商标进行指示性使用，但应当限于指示商品来源，如超出了指示商品来源所必需的范围，则会对相关的服务商标专用权构成侵害。商标使用行为可能导致相关公众误认为销售服务系商标权人提供或者与商标权人存在商标许可等关联关系的，应认定已经超出指示所销售商品来源所必要的范围而具备了指示、识别服务来源的功能。

3. 苏州静冈刀具有限公司诉太仓天华刀具有限公司侵犯商标专用权纠纷案（《最高人民法院公报》2014年第10期）

案件适用要点：未经许可擅自将他人所有的注册商标完全嵌入在自己未经注册的产品标识中，并使用在同类商品上，易使相关公众误认为涉案产品的来源与注册商标的商品具有特定的关联，应当被认定为商标近似侵权。

4. 成都同德福合川桃片有限公司诉重庆市合川区同德福桃片有限公司、余晓华侵害商标权及不正当竞争纠纷案（最高人民法院指导案例58号）

案件适用要点：与"老字号"无历史渊源的个人或企业将"老字号"或与其近似的字号注册为商标后，以"老字号"的历史进行宣传的，应认定为虚假宣传，构成不正当竞争。

与"老字号"具有历史渊源的个人或企业在未违反诚实信用原则的前提下，将"老字号"注册为个体工商户字号或企业名称，未引人误认且未突出使用该字号的，不构成不正当竞争或侵犯注册商标专用权。

参见　《烟草专卖法》第19、33、34条；《商标法实施条例》第75、76条；《最高人民法院关于审理商标民事纠纷案件适用法律若干问题的解释》第1、9-12、18条

第五十八条　**【不正当竞争】**将他人注册商标、未注册的驰名商标作为企业名称中的字号使用，误导公众，构成不正当竞争行为的，依照《中华人民共和国反不正当竞争法》处理。

注释　企业名称是区别不同市场主体的标志，它由行政区划、字号、行业（或经营特点）和组织形式构成，其中的字号是企业名称的核心部分，是区别不同企业的主要标志。尽管商标和企业字号在性质上并不相同，但二者同属于商业标志的范畴，均在一定程度上起到区别商品和服务来源的作用。实践中，有的人"搭便车""傍名牌"，借助他人商标的影响力开展自己的经营活动，将他人注册商标、未注册的驰名商标用作企业字号，误导公众。这类行为本质上属于不正当竞争行为，为与《反不正当竞争法》相衔接，本条专门作出规定，将他人注册商标、未注册的驰名商标作为企业名称中的字号使用，误导公众，构成不正当竞争行为的，依照《反不正当竞争法》处理。

案例　北京庆丰包子铺与山东庆丰餐饮管理有限公司侵害商标权与不正当竞争纠纷案（《最高人民法院公报》2018年第12期）

案件适用要点：我国《商标法》鼓励生产、经营者通过诚实经营保证商品和服务质量，建立与其自身商业信誉相符的知名度，不断提升商标的品牌价值，同时保障消费者和生产、经营者的利益。公民享有合法的姓名权，当然可以合理使用自己的姓名。但是，公

民在将其姓名作为商标或企业字号进行商标使用时，不得违反诚实信用原则，不得侵害他人的在先权利。明知他人注册商标或字号具有较高的知名度和影响力，仍注册与他人字号相同的企业字号，在同类商品或服务上突出使用与他人注册商标相同或相近似的商标或字号，明显具有攀附他人注册商标或字号知名度的恶意，容易使相关公众产生误会，其行为不属于对姓名的合理使用，构成侵害他人注册商标专用权和不正当竞争。

参见 《反不正当竞争法》第6、18条

第五十九条 【注册商标专用权人无权禁止行为】注册商标中含有的本商品的通用名称、图形、型号，或者直接表示商品的质量、主要原料、功能、用途、重量、数量及其他特点，或者含有的地名，注册商标专用权人无权禁止他人正当使用。

三维标志注册商标中含有的商品自身的性质产生的形状、为获得技术效果而需有的商品形状或者使商品具有实质性价值的形状，注册商标专用权人无权禁止他人正当使用。

商标注册人申请商标注册前，他人已经在同一种商品或者类似商品上先于商标注册人使用与注册商标相同或者近似并有一定影响的商标的，注册商标专用权人无权禁止该使用人在原使用范围内继续使用该商标，但可以要求其附加适当区别标识。

注释 在立法上明确了商标合理使用制度和在先使用商标的有限保护制度，对注册商标专用权人的禁止权作了适当的限制，以避免注册商标专用权的"绝对化"。

第六十条 【侵犯注册商标专用权的责任】有本法第五十七条所列侵犯注册商标专用权行为之一，引起纠纷的，由当事人协商解决；不愿协商或者协商不成的，商标注册人或者利害关系人可以向人民法院起诉，也可以请求工商行政管理部门处理。

工商行政管理部门处理时，认定侵权行为成立的，责令立即停止侵权行为，没收、销毁侵权商品和主要用于制造侵权商品、伪造注册商标标识的工具，违法经营额五万元以上的，可以处违法经营

额五倍以下的罚款，没有违法经营额或者违法经营额不足五万元的，可以处二十五万元以下的罚款。对五年内实施两次以上商标侵权行为或者有其他严重情节的，应当从重处罚。销售不知道是侵犯注册商标专用权的商品，能证明该商品是自己合法取得并说明提供者的，由工商行政管理部门责令停止销售。

对侵犯商标专用权的赔偿数额的争议，当事人可以请求进行处理的工商行政管理部门调解，也可以依照《中华人民共和国民事诉讼法》向人民法院起诉。经工商行政管理部门调解，当事人未达成协议或者调解书生效后不履行的，当事人可以依照《中华人民共和国民事诉讼法》向人民法院起诉。

注释　[在计算违法经营额时，应考虑哪些因素]

根据《商标法实施条例》第78条的规定，计算本条规定的违法经营额，可以考虑下列因素：

（1）侵权商品的销售价格；
（2）未销售侵权商品的标价；
（3）已查清侵权商品实际销售的平均价格；
（4）被侵权商品的市场中间价格；
（5）侵权人因侵权所产生的营业收入；
（6）其他能够合理计算侵权商品价值的因素。

[如何证明商品是自己合法取得的]

根据《商标法实施条例》第79条的规定，下列情形属于本条规定的能证明该商品是自己合法取得的情形：

（1）有供货单位合法签章的供货清单和货款收据且经查证属实或者供货单位认可的；
（2）有供销双方签订的进货合同且经查证真实履行的；
（3）有合法进货发票且发票记载事项与涉案商品对应的；
（4）其他能够证明合法取得涉案商品的情形。

[五年内实施两次以上商标侵权行为]

商标法第六十条第二款规定的"五年内实施两次以上商标侵权行为"指同一当事人被商标执法相关部门、人民法院认定侵犯他人注册商标专用权的行政处罚或者判决生效之日起，五年内又实施商标侵权行为的。

[说明提供者]

商标法第六十条第二款规定的"说明提供者"是指涉嫌侵权人主动提供供货商的名称、经营地址、联系方式等准确信息或者线索。

[不属于第六十条第二款规定的"销售不知道是侵犯注册商标专用权的商品"]

有下列情形之一的，不属于商标法第六十条第二款规定的"销售不知道是侵犯注册商标专用权的商品"：（1）进货渠道不符合商业惯例，且价格明显低于市场价格的；（2）拒不提供账目、销售记录等会计凭证，或者会计凭证弄虚作假的；（3）案发后转移、销毁物证，或者提供虚假证明、虚假情况的；（4）类似违法情形受到处理后再犯的；（5）其他可以认定当事人明知或者应知的。

参见 《商标法实施条例》第78、79条；《商标侵权判断标准》

第六十一条 【对侵犯注册商标专用权的查处】对侵犯注册商标专用权的行为，工商行政管理部门有权依法查处；涉嫌犯罪的，应当及时移送司法机关依法处理。

第六十二条 【查处商标侵权行为的职权】县级以上工商行政管理部门根据已经取得的违法嫌疑证据或者举报，对涉嫌侵犯他人注册商标专用权的行为进行查处时，可以行使下列职权：

（一）询问有关当事人，调查与侵犯他人注册商标专用权有关的情况；

（二）查阅、复制当事人与侵权活动有关的合同、发票、账簿以及其他有关资料；

（三）对当事人涉嫌从事侵犯他人注册商标专用权活动的场所实施现场检查；

（四）检查与侵权活动有关的物品；对有证据证明是侵犯他人注册商标专用权的物品，可以查封或者扣押。

工商行政管理部门依法行使前款规定的职权时，当事人应当予以协助、配合，不得拒绝、阻挠。

在查处商标侵权案件过程中，对商标权属存在争议或者权利人同时向人民法院提起商标侵权诉讼的，工商行政管理部门可以中止案件的查处。中止原因消除后，应当恢复或者终结案件查处程序。

注释 [查处涉嫌侵犯他人注册商标专用权行为时，可行使哪些职权]

（1）询问、调查权。询问、调查权，是指有权询问有关当事人，调查与侵犯他人注册商标专用权有关的情况。

（2）查阅、复制权。查阅、复制权，是指有权查阅、复制当事人与侵权活动有关的合同、发票、账簿及其他有关资料。对合同、发票、账簿及其他有关资料进行查阅，可以了解当事人是否实施了商标侵权行为，可以判断商标侵权行为的性质、情节以及危害后果。对合同、发票、账簿及其他有关资料进行复制，主要是为了保存相关证据。

（3）检查权。检查权可以分为两种：①现场检查权，是指在对涉嫌侵犯他人注册商标专用权的行为进行查处时，有权对当事人涉嫌从事侵犯他人注册商标专用权活动的场所实施现场检查。涉嫌从事商标侵权活动的场所，既包括涉嫌从事商标侵权行为的生产加工场所或者经营场所，也包括涉嫌从事商标侵权行为的商品或者商标标识的存放场所等。②物品检查权，是指有权检查与商标侵权活动有关的物品。与商标侵权活动有关的物品，既包括与侵犯他人注册商标专用权活动有关的产品及其包装、商标标识等，也包括主要用于制造侵权商品、伪造注册商标标识的工具等。

（4）查封、扣押权。查封、扣押权，是指在对涉嫌侵犯他人注册商标专用权的行为进行查处时，有权查封、扣押有证据证明是侵犯他人注册商标专用权的物品。"查封"，是指对侵权物品采用张贴封条等措施，就地封存，未经许可不得启封、转移或者动用。"扣押"，是指对侵权物品采取移至他处予以扣留封存的措施。采取查封、扣押措施，应当具备"有证据证明是侵犯他人注册商标专用权的物品"的条件,即在已经掌握了必要证据的情况下,才能实施查封、扣押,而不能仅凭他人举报只是掌握了初步线索等情况就采取这一措施。这里的"物品",既包括与商标侵权有关的产品及其包装、商标标识等,也包括主要用于制造侵权商品、伪造注册商标标识的工具等。

第六十三条 **【侵犯商标专用权的赔偿数额的计算方式】**侵犯商标专用权的赔偿数额,按照权利人因被侵权所受到的实际损失确定;实际损失难以确定的,可以按照侵权人因侵权所获得的利益确定;权利人的损失或者侵权人获得的利益难以确定的,参照该商标许可使用费的倍数合理确定。对恶意侵犯商标专用权,情节严重的,可以在按照上述方法确定数额的一倍以上五倍以下确定赔偿数额。赔偿数额应当包括权利人为制止侵权行为所支付的合理开支。

人民法院为确定赔偿数额,在权利人已经尽力举证,而与侵权行为相关的账簿、资料主要由侵权人掌握的情况下,可以责令侵权人提供与侵权行为相关的账簿、资料;侵权人不提供或者提供虚假的账簿、资料的,人民法院可以参考权利人的主张和提供的证据判定赔偿数额。

权利人因被侵权所受到的实际损失、侵权人因侵权所获得的利益、注册商标许可使用费难以确定的,由人民法院根据侵权行为的情节判决给予五百万元以下的赔偿。

人民法院审理商标纠纷案件,应权利人请求,对属于假冒注册商标的商品,除特殊情况外,责令销毁;对主要用于制造假冒注册商标的商品的材料、工具,责令销毁,且不予补偿;或者在特殊情况下,责令禁止前述材料、工具进入商业渠道,且不予补偿。

假冒注册商标的商品不得在仅去除假冒注册商标后进入商业渠道。

注释 根据《最高人民法院关于审理侵害知识产权民事案件适用惩罚性赔偿的解释》,原告主张被告故意侵害其依法享有的知识产权且情节严重,请求判令被告承担惩罚性赔偿责任的,人民法院应当依法审查处理。所称故意，包括商标法第六十三条第一款规定的恶意。

[对于侵害知识产权情节严重的认定]

对于侵害知识产权情节严重的认定，人民法院应当综合考虑侵权手段、次数，侵权行为的持续时间、地域范围、规模、后果，侵权人在诉讼中的行为等因素。

被告有下列情形的，人民法院可以认定为情节严重：(1) 因侵权被行政处罚或者法院裁判承担责任后，再次实施相同或者类似侵权行为；(2) 以侵害知识产权为业；(3) 伪造、毁坏或者隐匿侵权证据；(4) 拒不履行保全裁定；(5) 侵权获利或者权利人受损巨大；(6) 侵权行为可能危害国家安全、公共利益或者人身健康；(7) 其他可以认定为情节严重的情形。

[确定惩罚性赔偿]

人民法院确定惩罚性赔偿数额时，应当分别依照相关法律，以原告实际损失数额、被告违法所得数额或者因侵权所获得的利益作为计算基数。该基数不包括原告为制止侵权所支付的合理开支；法律另有规定的，依照其规定。实际损失数额、违法所得数额、因侵权所获得的利益均难以计算的，人民法院依法参照该权利许可使用费的倍数合理确定，并以此作为惩罚性赔偿数额的计算基数。人民法院依法责令被告提供其掌握的与侵权行为相关的账簿、资料，被告无正当理由拒不提供或者提供虚假账簿、资料的，人民法院可以参考原告的主张和证据，确定惩罚性赔偿数额的计算基数。构成民事诉讼法第一百一十一条[①]规定情形的，依法追究法律责任。

人民法院依法确定惩罚性赔偿的倍数时，应当综合考虑被告主观过错程度、侵权行为的情节严重程度等因素。因同一侵权行为已经被处以行政罚款或者刑事罚金且执行完毕，被告主张减免惩罚性赔偿责任的，人民法院不予支持，但在确定前述所称倍数时可以综合考虑。

参见 《最高人民法院关于审理商标民事纠纷案件适用法律

---

① 2023年9月1日《民事诉讼法》修改后，该条改为第114条。

若干问题的解释》第13-17条;《最高人民法院关于审理侵害知识产权民事案件适用惩罚性赔偿的理解》

案例 1. 郭明升、郭明锋、孙淑标假冒注册商标案（最高人民法院指导案例87号）

案件适用要点：假冒注册商标犯罪的非法经营数额、违法所得数额，应当综合被告人供述、证人证言、被害人陈述、网络销售电子数据、被告人银行账户往来记录、送货单、快递公司电脑系统记录、被告人等所作记账等证据认定。被告人辩解称网络销售记录存在刷信誉的不真实交易，但无证据证实的，对其辩解不予采纳。

2. 广州天赐公司等与安徽纽曼公司等侵害技术秘密纠纷案（侵害知识产权民事案件适用惩罚性赔偿典型案例，2021年3月15日最高人民法院发布）

案件适用要点：该案系最高人民法院作出判决的首例知识产权侵权惩罚性赔偿案。该案判决充分考虑了被诉侵权人的主观恶意、以侵权为业、举证妨碍行为以及被诉侵权行为的持续时间、侵权规模等因素，适用了惩罚性赔偿，最终确定了法定的惩罚性赔偿最高倍数（五倍）的赔偿数额，明确传递了加强知识产权司法保护力度的强烈信号。

第六十四条 【商标侵权纠纷中的免责情形】 注册商标专用权人请求赔偿，被控侵权人以注册商标专用权人未使用注册商标提出抗辩的，人民法院可以要求注册商标专用权人提供此前三年内实际使用该注册商标的证据。注册商标专用权人不能证明此前三年内实际使用过该注册商标，也不能证明因侵权行为受到其他损失的，被控侵权人不承担赔偿责任。

销售不知道是侵犯注册商标专用权的商品，能证明该商品是自己合法取得并说明提供者的，不承担赔偿责任。

注释 ［被控侵权人的免责情形有哪些］

本条规定了两种免责情形，一是从专用权人权利瑕疵的角度规定的，二者是从销售者无侵权主观故意的角度规定的。

1. 商标专用权人三年内未实际使用注册商标且无其他损失的。

如果注册商标专用权人不能证明此前三年内实际使用过该注册

商标，也不能证明因侵权行为受到其他损失的，被控侵权人不承担赔偿责任。

2. 销售者无侵权故意且证明合法取得并说明提供者。

所谓"能证明该商品是自己合法取得"，是指销售者能够提供进货商品的发票、付款凭证以及其他证据，从而证明该商品是通过合法途径取得的。所谓"说明提供者"，是指销售者能够说明进货商品的提供者的姓名或者名称、住所以及其他线索，并且能够查证属实的。

第六十五条　【临时保护措施】商标注册人或者利害关系人有证据证明他人正在实施或者即将实施侵犯其注册商标专用权的行为，如不及时制止将会使其合法权益受到难以弥补的损害的，可以依法在起诉前向人民法院申请采取责令停止有关行为和财产保全的措施。

注释　[注册商标权的财产保全措施]

人民法院根据民事诉讼法有关规定采取财产保全措施时，需要对注册商标权进行保全的，应当向国家知识产权局商标局（以下简称商标局）发出协助执行通知书，载明要求商标局协助保全的注册商标的名称、注册人、注册证号码、保全期限以及协助执行保全的内容，包括禁止转让、注销注册商标、变更注册事项和办理商标权质押登记等事项。

对注册商标权保全的期限一次不得超过一年，自商标局收到协助执行通知书之日起计算。如果仍然需要对该注册商标权继续采取保全措施的，人民法院应当在保全期限届满前向商标局重新发出协助执行通知书，要求继续保全。否则，视为自动解除对该注册商标权的财产保全。

人民法院对已经进行保全的注册商标权，不得重复进行保全。

参见　《中华人民共和国知识产权海关保护条例》第23条；《最高人民法院关于人民法院对注册商标权进行财产保全的解释》

第六十六条　【证据保全】为制止侵权行为，在证据可能灭失或者以后难以取得的情况下，商标注册人或者利害关系人可以依法在起诉前向人民法院申请保全证据。

注释 人民法院对于当事人或者利害关系人的证据保全申请，应当结合下列因素进行审查：(1) 申请人是否已就其主张提供初步证据；(2) 证据是否可以由申请人自行收集；(3) 证据灭失或者以后难以取得的可能性及其对证明待证事实的影响；(4) 可能采取的保全措施对证据持有人的影响。

人民法院进行证据保全，应当以有效固定证据为限，尽量减少对保全标的物价值的损害和对证据持有人正常生产经营的影响。证据保全涉及技术方案的，可以采取制作现场勘验笔录、绘图、拍照、录音、录像、复制设计和生产图纸等保全措施。

当事人无正当理由拒不配合或者妨害证据保全，致使无法保全证据的，人民法院可以确定由其承担不利后果。构成民事诉讼法第一百一十一条[①]规定情形的，人民法院依法处理。

对于人民法院已经采取保全措施的证据，当事人擅自拆装证据实物、篡改证据材料或者实施其他破坏证据的行为，致使证据不能使用的，人民法院可以确定由其承担不利后果。构成民事诉讼法第一百一十一条[②]规定情形的，人民法院依法处理。

人民法院进行证据保全，可以要求当事人或者诉讼代理人到场，必要时可以根据当事人的申请通知有专门知识的人到场，也可以指派技术调查官参与证据保全。证据为案外人持有的，人民法院可以对其持有的证据采取保全措施。

人民法院进行证据保全，应当制作笔录、保全证据清单，记录保全时间、地点、实施人、在场人、保全经过、保全标的物状态，由实施人、在场人签名或者盖章。有关人员拒绝签名或者盖章的，不影响保全的效力，人民法院可以在笔录上记明并拍照、录像。

参见 《最高人民法院关于知识产权民事诉讼证据的若干规定》

第六十七条 【刑事责任】未经商标注册人许可，在同一种商品上使用与其注册商标相同的商标，构成犯罪的，除赔偿被侵权人

---

① 2023年9月1日《民事诉讼法》修改后，该条改为第114条。
② 2023年9月1日《民事诉讼法》修改后，该条改为第114条。

的损失外，依法追究刑事责任。

伪造、擅自制造他人注册商标标识或者销售伪造、擅自制造的注册商标标识，构成犯罪的，除赔偿被侵权人的损失外，依法追究刑事责任。

销售明知是假冒注册商标的商品，构成犯罪的，除赔偿被侵权人的损失外，依法追究刑事责任。

注释 刑法第二百一十三条规定："未经注册商标所有人许可，在同一种商品、服务上使用与其注册商标相同的商标，情节严重的，处三年以下有期徒刑，并处或者单处罚金；情节特别严重的，处三年以上十年以下有期徒刑，并处罚金。"

刑法第二百一十四条规定："销售明知是假冒注册商标的商品，违法所得数额较大或者有其他严重情节的，处三年以下有期徒刑，并处或者单处罚金；违法所得数额巨大或者有其他特别严重情节的，处三年以上十年以下有期徒刑，并处罚金。"

刑法第二百一十五条规定："伪造、擅自制造他人注册商标标识或者销售伪造、擅自制造的注册商标标识，情节严重的，处三年以下有期徒刑，并处或者单处罚金；情节特别严重的，处三年以上十年以下有期徒刑，并处罚金。"

参见 《刑法》第213—215条；《最高人民法院、最高人民检察院关于办理侵犯知识产权刑事案件具体应用法律若干问题的解释》第1—3、8—9、12—13、15—16条

第六十八条　【商标代理机构的责任】 商标代理机构有下列行为之一的，由工商行政管理部门责令限期改正，给予警告，处一万元以上十万元以下的罚款；对直接负责的主管人员和其他直接责任人员给予警告，处五千元以上五万元以下的罚款；构成犯罪的，依法追究刑事责任：

（一）办理商标事宜过程中，伪造、变造或者使用伪造、变造的法律文件、印章、签名的；

（二）以诋毁其他商标代理机构等手段招徕商标代理业务或以其他不正当手段扰乱商标代理市场秩序的；

（三）违反本法第四条、第十九条第三款和第四款规定的。

商标代理机构有前款规定行为的，由工商行政管理部门记入信用档案；情节严重的，商标局、商标评审委员会并可以决定停止受理其办理商标代理业务，予以公告。

商标代理机构违反诚实信用原则，侵害委托人合法利益的，应当依法承担民事责任，并由商标代理行业组织按照章程规定予以惩戒。

对恶意申请商标注册的，根据情节给予警告、罚款等行政处罚；对恶意提起商标诉讼的，由人民法院依法给予处罚。

注释　[如何界定"不正当手段"]

根据《商标法实施条例》第88条的规定，下列行为属于商标法第68条第一款第二项规定的以其他不正当手段扰乱商标代理市场秩序的行为：

（一）以欺诈、虚假宣传、引人误解或者商业贿赂等方式招徕业务的；

（二）隐瞒事实，提供虚假证据，或者威胁、诱导他人隐瞒事实，提供虚假证据的；

（三）在同一商标案件中接受有利益冲突的双方当事人委托的。

第六十九条　【商标监管机构及其人员的行为要求】从事商标注册、管理和复审工作的国家机关工作人员必须秉公执法，廉洁自律，忠于职守，文明服务。

商标局、商标评审委员会以及从事商标注册、管理和复审工作的国家机关工作人员不得从事商标代理业务和商品生产经营活动。

第七十条　【工商行政管理部门的内部监督】工商行政管理部门应当建立健全内部监督制度，对负责商标注册、管理和复审工作的国家机关工作人员执行法律、行政法规和遵守纪律的情况，进行监督检查。

第七十一条　【相关工作人员的法律责任】从事商标注册、管理和复审工作的国家机关工作人员玩忽职守、滥用职权、徇私舞弊，违法办理商标注册、管理和复审事项，收受当事人财物，牟取不正当利益，构成犯罪的，依法追究刑事责任；尚不构成犯罪的，依法给予处分。

注释 根据全国人大常委会《关于〈中华人民共和国刑法〉第九章渎职罪主体适用问题的解释》的规定，在依照法律、法规规定行使国家行政管理职权的组织中从事公务的人员，或者在受国家机关委托代表国家机关行使职权的组织中从事公务的人员，或者虽未列入国家机关人员编制但在国家机关中从事公务的人员，在代表国家机关行使职权时，有渎职行为，构成犯罪的，依照刑法关于渎职罪的规定追究刑事责任。

参见 《刑法》第 385、397 条

第八章 附　　则

第七十二条 【商标规费】申请商标注册和办理其他商标事宜的，应当缴纳费用，具体收费标准另定。

注释 要求当事人在办理商标事宜时缴纳费用，是国际上的通行做法。因为商标注册、管理、复审机关在审查商标注册申请或者办理其他商标事宜时，需要支付很大的成本。此外，规定办理商标事宜应当缴纳费用，即要求商标专用权人在取得、保护其商标专用权时支付一定的成本，有助于商标专用权人更加积极地维护其使用注册商标的商品和服务的质量和信誉，保护其商标专用权不受他人侵害。

第七十三条 【时间效力】本法自 1983 年 3 月 1 日起施行。1963 年 4 月 10 日国务院公布的《商标管理条例》同时废止；其他有关商标管理的规定，凡与本法抵触的，同时失效。

本法施行前已经注册的商标继续有效。

中华人民共和国商标法实施条例

(2002年8月3日中华人民共和国国务院令第358号公布　2014年4月29日中华人民共和国国务院令第651号修订公布　自2014年5月1日起施行)

第一章　总　　则

第一条　根据《中华人民共和国商标法》(以下简称商标法),制定本条例。

第二条　本条例有关商品商标的规定,适用于服务商标。

第三条　商标持有人依照商标法第十三条规定请求驰名商标保护的,应当提交其商标构成驰名商标的证据材料。商标局、商标评审委员会应当依照商标法第十四条的规定,根据审查、处理案件的需要以及当事人提交的证据材料,对其商标驰名情况作出认定。

第四条　商标法第十六条规定的地理标志,可以依照商标法和本条例的规定,作为证明商标或者集体商标申请注册。

以地理标志作为证明商标注册的,其商品符合使用该地理标志条件的自然人、法人或者其他组织可以要求使用该证明商标,控制该证明商标的组织应当允许。以地理标志作为集体商标注册的,其商品符合使用该地理标志条件的自然人、法人或者其他组织,可以要求参加以该地理标志作为集体商标注册的团体、协会或者其他组织,该团体、协会或者其他组织应当依据其章程接纳为会员;不要求参加以该地理标志作为集体商标注册的团体、协会或者其他组织的,也可以正当使用该地理标志,该团体、协会或者其他组织无权禁止。

第五条　当事人委托商标代理机构申请商标注册或者办理其他商标事宜,应当提交代理委托书。代理委托书应当载明代理内容及权限;外国人或者外国企业的代理委托书还应当载明委托人的国籍。

外国人或者外国企业的代理委托书及与其有关的证明文件的公证、认证手续，按照对等原则办理。

申请商标注册或者转让商标，商标注册申请人或者商标转让受让人为外国人或者外国企业的，应当在申请书中指定中国境内接收人负责接收商标局、商标评审委员会后继商标业务的法律文件。商标局、商标评审委员会后继商标业务的法律文件向中国境内接收人送达。

商标法第十八条所称外国人或者外国企业，是指在中国没有经常居所或者营业所的外国人或者外国企业。

第六条 申请商标注册或者办理其他商标事宜，应当使用中文。

依照商标法和本条例规定提交的各种证件、证明文件和证据材料是外文的，应当附送中文译文；未附送的，视为未提交该证件、证明文件或者证据材料。

第七条 商标局、商标评审委员会工作人员有下列情形之一的，应当回避，当事人或者利害关系人可以要求其回避：

（一）是当事人或者当事人、代理人的近亲属的；

（二）与当事人、代理人有其他关系，可能影响公正的；

（三）与申请商标注册或者办理其他商标事宜有利害关系的。

第八条 以商标法第二十二条规定的数据电文方式提交商标注册申请等有关文件，应当按照商标局或者商标评审委员会的规定通过互联网提交。

第九条 除本条例第十八条规定的情形外，当事人向商标局或者商标评审委员会提交文件或者材料的日期，直接递交的，以递交日为准；邮寄的，以寄出的邮戳日为准；邮戳日不清晰或者没有邮戳的，以商标局或者商标评审委员会实际收到日为准，但是当事人能够提出实际邮戳日证据的除外。通过邮政企业以外的快递企业递交的，以快递企业收寄日为准；收寄日不明确的，以商标局或者商标评审委员会实际收到日为准，但是当事人能够提出实际收寄日证据的除外。以数据电文方式提交的，以进入商标局或者商标评审委员会电子系统的日期为准。

当事人向商标局或者商标评审委员会邮寄文件,应当使用给据邮件。

当事人向商标局或者商标评审委员会提交文件,以书面方式提交的,以商标局或者商标评审委员会所存档案记录为准;以数据电文方式提交的,以商标局或者商标评审委员会数据库记录为准,但是当事人确有证据证明商标局或者商标评审委员会档案、数据库记录有错误的除外。

第十条 商标局或者商标评审委员会的各种文件,可以通过邮寄、直接递交、数据电文或者其他方式送达当事人;以数据电文方式送达当事人的,应当经当事人同意。当事人委托商标代理机构的,文件送达商标代理机构视为送达当事人。

商标局或者商标评审委员会向当事人送达各种文件的日期,邮寄的,以当事人收到的邮戳日为准;邮戳日不清晰或者没有邮戳的,自文件发出之日起满15日视为送达当事人,但是当事人能够证明实际收到日的除外;直接递交的,以递交日为准;以数据电文方式送达的,自文件发出之日起满15日视为送达当事人,但是当事人能够证明文件进入其电子系统日期的除外。文件通过上述方式无法送达的,可以通过公告方式送达,自公告发布之日起满30日,该文件视为送达当事人。

第十一条 下列期间不计入商标审查、审理期限:

(一)商标局、商标评审委员会文件公告送达的期间;

(二)当事人需要补充证据或者补正文件的期间以及因当事人更换需要重新答辩的期间;

(三)同日申请提交使用证据及协商、抽签需要的期间;

(四)需要等待优先权确定的期间;

(五)审查、审理过程中,依案件申请人的请求等待在先权利案件审理结果的期间。

第十二条 除本条第二款规定的情形外,商标法和本条例规定的各种期限开始的当日不计算在期限内。期限以年或者月计算的,以期限最后一月的相应日为期限届满日;该月无相应日的,以该月最后一日为期限届满日;期限届满日是节假日的,以节假日后的第一个工作日为期限届满日。

商标法第三十九条、第四十条规定的注册商标有效期从法定日开始起算,期限最后一月相应日的前一日为期限届满日,该月无相应日的,以该月最后一日为期限届满日。

第二章 商标注册的申请

第十三条 申请商标注册,应当按照公布的商品和服务分类表填报。每一件商标注册申请应当向商标局提交《商标注册申请书》1份、商标图样1份;以颜色组合或者着色图样申请商标注册的,应当提交着色图样,并提交黑白稿1份;不指定颜色的,应当提交黑白图样。

商标图样应当清晰,便于粘贴,用光洁耐用的纸张印制或者用照片代替,长和宽应当不大于10厘米,不小于5厘米。

以三维标志申请商标注册的,应当在申请书中予以声明,说明商标的使用方式,并提交能够确定三维形状的图样,提交的商标图样应当至少包含三面视图。

以颜色组合申请商标注册的,应当在申请书中予以声明,说明商标的使用方式。

以声音标志申请商标注册的,应当在申请书中予以声明,提交符合要求的声音样本,对申请注册的声音商标进行描述,说明商标的使用方式。对声音商标进行描述,应当以五线谱或者简谱对申请用作商标的声音加以描述并附加文字说明;无法以五线谱或者简谱描述的,应当以文字加以描述;商标描述与声音样本应当一致。

申请注册集体商标、证明商标的,应当在申请书中予以声明,并提交主体资格证明文件和使用管理规则。

商标为外文或者包含外文的,应当说明含义。

第十四条 申请商标注册的,申请人应当提交其身份证明文件。商标注册申请人的名义与所提交的证明文件应当一致。

前款关于申请人提交其身份证明文件的规定适用于向商标局提出的办理变更、转让、续展、异议、撤销等其他商标事宜。

第十五条 商品或者服务项目名称应当按照商品和服务分类表中的类别号、名称填写；商品或者服务项目名称未列入商品和服务分类表的，应当附送对该商品或者服务的说明。

商标注册申请等有关文件以纸质方式提出的，应当打字或者印刷。

本条第二款规定适用于办理其他商标事宜。

第十六条 共同申请注册同一商标或者办理其他共有商标事宜的，应当在申请书中指定一个代表人；没有指定代表人的，以申请书中顺序排列的第一人为代表人。

商标局和商标评审委员会的文件应当送达代表人。

第十七条 申请人变更其名义、地址、代理人、文件接收人或者删减指定的商品的，应当向商标局办理变更手续。

申请人转让其商标注册申请的，应当向商标局办理转让手续。

第十八条 商标注册的申请日期以商标局收到申请文件的日期为准。

商标注册申请手续齐备、按照规定填写申请文件并缴纳费用的，商标局予以受理并书面通知申请人；申请手续不齐备、未按照规定填写申请文件或者未缴纳费用的，商标局不予受理，书面通知申请人并说明理由。申请手续基本齐备或者申请文件基本符合规定，但是需要补正的，商标局通知申请人予以补正，限其自收到通知之日起30日内，按照指定内容补正并交回商标局。在规定期限内补正并交回商标局的，保留申请日期；期满未补正的或者不按照要求进行补正的，商标局不予受理并书面通知申请人。

本条第二款关于受理条件的规定适用于办理其他商标事宜。

第十九条 两个或者两个以上的申请人，在同一种商品或者类似商品上，分别以相同或者近似的商标在同一天申请注册的，各申请人应当自收到商标局通知之日起30日内提交其申请注册前在先使用该商标的证据。同日使用或者均未使用的，各申请人可以自收到商标局通知之日起 30 日内自行协商，并将书面协议报送商标局；不愿协商或者协商不成的，商标局通知各申请人以抽签的方式确定一个申请人，驳回其他人的注册申请。商标局已经通知但申请人未参加抽签的，视为放弃申请，商标局应当书面通知未参加抽签的申请人。

第二十条　依照商标法第二十五条规定要求优先权的，申请人提交的第一次提出商标注册申请文件的副本应当经受理该申请的商标主管机关证明，并注明申请日期和申请号。

第三章　商标注册申请的审查

第二十一条　商标局对受理的商标注册申请，依照商标法及本条例的有关规定进行审查，对符合规定或者在部分指定商品上使用商标的注册申请符合规定的，予以初步审定，并予以公告；对不符合规定或者在部分指定商品上使用商标的注册申请不符合规定的，予以驳回或者驳回在部分指定商品上使用商标的注册申请，书面通知申请人并说明理由。

第二十二条　商标局对一件商标注册申请在部分指定商品上予以驳回的，申请人可以将该申请中初步审定的部分申请分割成另一件申请，分割后的申请保留原申请的申请日期。

需要分割的，申请人应当自收到商标局《商标注册申请部分驳回通知书》之日起 15 日内，向商标局提出分割申请。

商标局收到分割申请后，应当将原申请分割为两件，对分割出来的初步审定申请生成新的申请号，并予以公告。

第二十三条　依照商标法第二十九条规定，商标局认为对商标注册申请内容需要说明或者修正的，申请人应当自收到商标局通知之日起 15 日内作出说明或者修正。

第二十四条　对商标局初步审定予以公告的商标提出异议的，异议人应当向商标局提交下列商标异议材料一式两份并标明正、副本：

271

（一）商标异议申请书；

（二）异议人的身份证明；

（三）以违反商标法第十三条第二款和第三款、第十五条、第十六条第一款、第三十条、第三十一条、第三十二条规定为由提出异议的，异议人作为在先权利人或者利害关系人的证明。

商标异议申请书应当有明确的请求和事实依据，并附送有关证据材料。

第二十五条 商标局收到商标异议申请书后，经审查，符合受理条件的，予以受理，向申请人发出受理通知书。

第二十六条 商标异议申请有下列情形的，商标局不予受理，书面通知申请人并说明理由：

（一）未在法定期限内提出的；

（二）申请人主体资格、异议理由不符合商标法第三十三条规定的；

（三）无明确的异议理由、事实和法律依据的；

（四）同一异议人以相同的理由、事实和法律依据针对同一商标再次提出异议申请的。

第二十七条 商标局应当将商标异议材料副本及时送交被异议人，限其自收到商标异议材料副本之日起30日内答辩。被异议人不答辩的，不影响商标局作出决定。

当事人需要在提出异议申请或者答辩后补充有关证据材料的，应当在商标异议申请书或者答辩书中声明，并自提交商标异议申请书或者答辩书之日起3个月内提交；期满未提交的，视为当事人放弃补充有关证据材料。但是，在期满后生成或者当事人有其他正当理由未能在期满前提交的证据，在期满后提交的，商标局将证据交对方当事人并质证后可以采信。

第二十八条 商标法第三十五条第三款和第三十六条第一款所称不予注册决定，包括在部分指定商品上不予注册决定。

被异议商标在商标局作出准予注册决定或者不予注册决定前已经刊发注册公告的，撤销该注册公告。经审查异议不成立而准予注册的，在准予注册决定生效后重新公告。

第二十九条 商标注册申请人或者商标注册人依照商标法第三十八条规定提出更正申请的，应当向商标局提交更正申请书。符合更正条件的，商标局核准后更正相关内容；不符合更正条件的，商标局不予核准，书面通知申请人并说明理由。

已经刊发初步审定公告或者注册公告的商标经更正的，刊发更正公告。

第四章 注册商标的变更、转让、续展

第三十条 变更商标注册人名义、地址或者其他注册事项的，应当向商标局提交变更申请书。变更商标注册人名义的，还应当提交有关登记机关出具的变更证明文件。商标局核准的，发给商标注册人相应证明，并予以公告；不予核准的，应当书面通知申请人并说明理由。

变更商标注册人名义或者地址的，商标注册人应当将其全部注册商标一并变更；未一并变更的，由商标局通知其限期改正；期满未改正的，视为放弃变更申请，商标局应当书面通知申请人。

第三十一条 转让注册商标的，转让人和受让人应当向商标局提交转让注册商标申请书。转让注册商标申请手续应当由转让人和受让人共同办理。商标局核准转让注册商标申请的，发给受让人相应证明，并予以公告。

转让注册商标，商标注册人对其在同一种或者类似商品上注册的相同或者近似的商标未一并转让的，由商标局通知其限期改正；期满未改正的，视为放弃转让该注册商标的申请，商标局应当书面通知申请人。

第三十二条 注册商标专用权因转让以外的继承等其他事由发生移转的，接受该注册商标专用权的当事人应当凭有关证明文件或者法律文书到商标局办理注册商标专用权移转手续。

注册商标专用权移转的，注册商标专用权人在同一种或者类似

商品上注册的相同或者近似的商标,应当一并移转;未一并移转的,由商标局通知其限期改正;期满未改正的,视为放弃该移转注册商标的申请,商标局应当书面通知申请人。

商标移转申请经核准的,予以公告。接受该注册商标专用权移转的当事人自公告之日起享有商标专用权。

第三十三条 注册商标需要续展注册的,应当向商标局提交商标续展注册申请书。商标局核准商标注册续展申请的,发给相应证明并予以公告。

第五章 商标国际注册

第三十四条 商标法第二十一条规定的商标国际注册,是指根据《商标国际注册马德里协定》(以下简称马德里协定)、《商标国际注册马德里协定有关议定书》(以下简称马德里议定书)及《商标国际注册马德里协定及该协定有关议定书的共同实施细则》的规定办理的马德里商标国际注册。

马德里商标国际注册申请包括以中国为原属国的商标国际注册申请、指定中国的领土延伸申请及其他有关的申请。

第三十五条 以中国为原属国申请商标国际注册的,应当在中国设有真实有效的营业所,或者在中国有住所,或者拥有中国国籍。

第三十六条 符合本条例第三十五条规定的申请人,其商标已在商标局获得注册的,可以根据马德里协定申请办理该商标的国际注册。

符合本条例第三十五条规定的申请人,其商标已在商标局获得注册,或者已向商标局提出商标注册申请并被受理的,可以根据马德里议定书申请办理该商标的国际注册。

第三十七条 以中国为原属国申请商标国际注册的,应当通过商标局向世界知识产权组织国际局(以下简称国际局)申请办理。

以中国为原属国的,与马德里协定有关的商标国际注册的后期指定、放弃、注销,应当通过商标局向国际局申请办理;与马德里协定有关的商标国际注册的转让、删减、变更、续展，可以通过商标局向国际局申请办理，也可以直接向国际局申请办理。

以中国为原属国的，与马德里议定书有关的商标国际注册的后期指定、转让、删减、放弃、注销、变更、续展，可以通过商标局向国际局申请办理，也可以直接向国际局申请办理。

第三十八条　通过商标局向国际局申请商标国际注册及办理其他有关申请的，应当提交符合国际局和商标局要求的申请书和相关材料。

第三十九条　商标国际注册申请指定的商品或者服务不得超出国内基础申请或者基础注册的商品或者服务的范围。

第四十条　商标国际注册申请手续不齐备或者未按照规定填写申请书的，商标局不予受理，申请日不予保留。

申请手续基本齐备或者申请书基本符合规定，但需要补正的，申请人应当自收到补正通知书之日起30日内予以补正，逾期未补正的，商标局不予受理，书面通知申请人。

第四十一条　通过商标局向国际局申请商标国际注册及办理其他有关申请的，应当按照规定缴纳费用。

申请人应当自收到商标局缴费通知单之日起15日内，向商标局缴纳费用。期满未缴纳的，商标局不受理其申请，书面通知申请人。

第四十二条　商标局在马德里协定或者马德里议定书规定的驳回期限（以下简称驳回期限）内，依照商标法和本条例的有关规定对指定中国的领土延伸申请进行审查，作出决定，并通知国际局。商标局在驳回期限内未发出驳回或者部分驳回通知的，该领土延伸申请视为核准。

第四十三条　指定中国的领土延伸申请人，要求将三维标志、颜色组合、声音标志作为商标保护或者要求保护集体商标、证明商标的，自该商标在国际局国际注册簿登记之日起3个月内，应当通过依法设立的商标代理机构，向商标局提交本条例第十三条规定的相关材料。未在上述期限内提交相关材料的，商标局驳回该领土延伸申请。

第四十四条 世界知识产权组织对商标国际注册有关事项进行公告，商标局不再另行公告。

第四十五条 对指定中国的领土延伸申请，自世界知识产权组织《国际商标公告》出版的次月1日起3个月内，符合商标法第三十三条规定条件的异议人可以向商标局提出异议申请。

商标局在驳回期限内将异议申请的有关情况以驳回决定的形式通知国际局。

被异议人可以自收到国际局转发的驳回通知书之日起30日内进行答辩，答辩书及相关证据材料应当通过依法设立的商标代理机构向商标局提交。

第四十六条 在中国获得保护的国际注册商标，有效期自国际注册日或者后期指定日起算。在有效期届满前，注册人可以向国际局申请续展，在有效期内未申请续展的，可以给予6个月的宽展期。商标局收到国际局的续展通知后，依法进行审查。国际局通知未续展的，注销该国际注册商标。

第四十七条 指定中国的领土延伸申请办理转让的，受让人应当在缔约方境内有真实有效的营业所，或者在缔约方境内有住所，或者是缔约方国民。

转让人未将其在相同或者类似商品或者服务上的相同或者近似商标一并转让的，商标局通知注册人自发出通知之日起3个月内改正；期满未改正或者转让容易引起混淆或者有其他不良影响的，商标局作出该转让在中国无效的决定，并向国际局作出声明。

第四十八条 指定中国的领土延伸申请办理删减，删减后的商品或者服务不符合中国有关商品或者服务分类要求或者超出原指定商品或者服务范围的，商标局作出该删减在中国无效的决定，并向国际局作出声明。

第四十九条 依照商标法第四十九条第二款规定申请撤销国际注册商标，应当自该商标国际注册申请的驳回期限届满之日起满3年后向商标局提出申请；驳回期限届满时仍处在驳回复审或者异议相关程序的，应当自商标局或者商标评审委员会作出的准予注册决定生效之日起满 3 年后向商标局提出申请。

依照商标法第四十四条第一款规定申请宣告国际注册商标无效的，应当自该商标国际注册申请的驳回期限届满后向商标评审委员会提出申请；驳回期限届满时仍处在驳回复审或者异议相关程序的，应当自商标局或者商标评审委员会作出的准予注册决定生效后向商标评审委员会提出申请。

依照商标法第四十五条第一款规定申请宣告国际注册商标无效的，应当自该商标国际注册申请的驳回期限届满之日起 5 年内向商标评审委员会提出申请；驳回期限届满时仍处在驳回复审或者异议相关程序的，应当自商标局或者商标评审委员会作出的准予注册决定生效之日起 5 年内向商标评审委员会提出申请。对恶意注册的，驰名商标所有人不受 5 年的时间限制。

第五十条 商标法和本条例下列条款的规定不适用于办理商标国际注册相关事宜：

（一）商标法第二十八条、第三十五条第一款关于审查和审理期限的规定；

（二）本条例第二十二条、第三十条第二款；

（三）商标法第四十二条及本条例第三十一条关于商标转让由转让人和受让人共同申请并办理手续的规定。

第六章 商标评审

第五十一条 商标评审是指商标评审委员会依照商标法第三十四条、第三十五条、第四十四条、第四十五条、第五十四条的规定审理有关商标争议事宜。当事人向商标评审委员会提出商标评审申请，应当有明确的请求、事实、理由和法律依据，并提供相应证据。

商标评审委员会根据事实，依法进行评审。

第五十二条 商标评审委员会审理不服商标局驳回商标注册申请决定的复审案件，应当针对商标局的驳回决定和申请人申请复审的事实、理由、请求及评审时的事实状态进行审理。

商标评审委员会审理不服商标局驳回商标注册申请决定的复审案件，发现申请注册的商标有违反商标法第十条、第十一条、第十二条和第十六条第一款规定情形，商标局并未依据上述条款作出驳回决定的，可以依据上述条款作出驳回申请的复审决定。商标评审委员会作出复审决定前应当听取申请人的意见。

第五十三条 商标评审委员会审理不服商标局不予注册决定的复审案件，应当针对商标局的不予注册决定和申请人申请复审的事实、理由、请求及原异议人提出的意见进行审理。

商标评审委员会审理不服商标局不予注册决定的复审案件，应当通知原异议人参加并提出意见。原异议人的意见对案件审理结果有实质影响的，可以作为评审的依据；原异议人不参加或者不提出意见的，不影响案件的审理。

第五十四条 商标评审委员会审理依照商标法第四十四条、第四十五条规定请求宣告注册商标无效的案件，应当针对当事人申请和答辩的事实、理由及请求进行审理。

第五十五条 商标评审委员会审理不服商标局依照商标法第四十四条第一款规定作出宣告注册商标无效决定的复审案件，应当针对商标局的决定和申请人申请复审的事实、理由及请求进行审理。

第五十六条 商标评审委员会审理不服商标局依照商标法第四十九条规定作出撤销或者维持注册商标决定的复审案件，应当针对商标局作出撤销或者维持注册商标决定和当事人申请复审时所依据的事实、理由及请求进行审理。

第五十七条 申请商标评审，应当向商标评审委员会提交申请书，并按照对方当事人的数量提交相应份数的副本；基于商标局的决定书申请复审的，还应当同时附送商标局的决定书副本。

商标评审委员会收到申请书后，经审查，符合受理条件的，予以受理；不符合受理条件的，不予受理，书面通知申请人并说明理由；需要补正的，通知申请人自收到通知之日起30日内补正。经补正仍不符合规定的，商标评审委员会不予受理，书面通知申请人并说明理由；期满未补正的，视为撤回申请，商标评审委员会应当书面通知申请人。

商标评审委员会受理商标评审申请后，发现不符合受理条件的，予以驳回，书面通知申请人并说明理由。

第五十八条 商标评审委员会受理商标评审申请后应当及时将申请书副本送交对方当事人，限其自收到申请书副本之日起30日内答辩；期满未答辩的，不影响商标评审委员会的评审。

第五十九条 当事人需要在提出评审申请或者答辩后补充有关证据材料的，应当在申请书或者答辩书中声明，并自提交申请书或者答辩书之日起3个月内提交；期满未提交的，视为放弃补充有关证据材料。但是，在期满后生成或者当事人有其他正当理由未能在期满前提交的证据，在期满后提交的，商标评审委员会将证据交对方当事人并质证后可以采信。

第六十条 商标评审委员会根据当事人的请求或者实际需要，可以决定对评审申请进行口头审理。

商标评审委员会决定对评审申请进行口头审理的，应当在口头审理15日前书面通知当事人，告知口头审理的日期、地点和评审人员。当事人应当在通知书指定的期限内作出答复。

申请人不答复也不参加口头审理的，其评审申请视为撤回，商标评审委员会应当书面通知申请人；被申请人不答复也不参加口头审理的，商标评审委员会可以缺席评审。

第六十一条 申请人在商标评审委员会作出决定、裁定前，可以书面向商标评审委员会要求撤回申请并说明理由，商标评审委员会认为可以撤回的，评审程序终止。

第六十二条 申请人撤回商标评审申请的，不得以相同的事实和理由再次提出评审申请。商标评审委员会对商标评审申请已经作出裁定或者决定的，任何人不得以相同的事实和理由再次提出评审申请。但是，经不予注册复审程序予以核准注册后向商标评审委员会提起宣告注册商标无效的除外。

第七章　商标使用的管理

第六十三条　使用注册商标，可以在商品、商品包装、说明书或者其他附着物上标明"注册商标"或者注册标记。

注册标记包括⊖和®。使用注册标记，应当标注在商标的右上角或者右下角。

第六十四条　《商标注册证》遗失或者破损的，应当向商标局提交补发《商标注册证》申请书。《商标注册证》遗失的，应当在《商标公告》上刊登遗失声明。破损的《商标注册证》，应当在提交补发申请时交回商标局。

商标注册人需要商标局补发商标变更、转让、续展证明，出具商标注册证明，或者商标申请人需要商标局出具优先权证明文件的，应当向商标局提交相应申请书。符合要求的，商标局发给相应证明；不符合要求的，商标局不予办理，通知申请人并告知理由。

伪造或者变造《商标注册证》或者其他商标证明文件的，依照刑法关于伪造、变造国家机关证件罪或者其他罪的规定，依法追究刑事责任。

第六十五条　有商标法第四十九条规定的注册商标成为其核定使用的商品通用名称情形的，任何单位或者个人可以向商标局申请撤销该注册商标，提交申请时应当附送证据材料。商标局受理后应当通知商标注册人，限其自收到通知之日起2个月内答辩；期满未答辩的，不影响商标局作出决定。

第六十六条　有商标法第四十九条规定的注册商标无正当理由连续3年不使用情形的，任何单位或者个人可以向商标局申请撤销该注册商标，提交申请时应当说明有关情况。商标局受理后应当通知商标注册人，限其自收到通知之日起2个月内提交该商标在撤销申请提出前使用的证据材料或者说明不使用的正当理由；期满未提供使用的证据材料或者证据材料无效并没有正当理由的，由商标局撤销其注册商标。

前款所称使用的证据材料，包括商标注册人使用注册商标的证据材料和商标注册人许可他人使用注册商标的证据材料。

以无正当理由连续 3 年不使用为由申请撤销注册商标的，应当自该注册商标注册公告之日起满 3 年后提出申请。

第六十七条 下列情形属于商标法第四十九条规定的正当理由：

（一）不可抗力；

（二）政府政策性限制；

（三）破产清算；

（四）其他不可归责于商标注册人的正当事由。

第六十八条 商标局、商标评审委员会撤销注册商标或者宣告注册商标无效，撤销或者宣告无效的理由仅及于部分指定商品的，对在该部分指定商品上使用的商标注册予以撤销或者宣告无效。

第六十九条 许可他人使用其注册商标的，许可人应当在许可合同有效期内向商标局备案并报送备案材料。备案材料应当说明注册商标使用许可人、被许可人、许可期限、许可使用的商品或者服务范围等事项。

第七十条 以注册商标专用权出质的，出质人与质权人应当签订书面质权合同，并共同向商标局提出质权登记申请，由商标局公告。

第七十一条 违反商标法第四十三条第二款规定的，由工商行政管理部门责令限期改正；逾期不改正的，责令停止销售，拒不停止销售的，处 10 万元以下的罚款。

第七十二条 商标持有人依照商标法第十三条规定请求驰名商标保护的，可以向工商行政管理部门提出请求。经商标局依照商标法第十四条规定认定为驰名商标的，由工商行政管理部门责令停止违反商标法第十三条规定使用商标的行为，收缴、销毁违法使用的商标标识；商标标识与商品难以分离的，一并收缴、销毁。

第七十三条 商标注册人申请注销其注册商标或者注销其商标在部分指定商品上的注册的，应当向商标局提交商标注销申请书，并交回原《商标注册证》。

商标注册人申请注销其注册商标或者注销其商标在部分指定商品上的注册，经商标局核准注销的，该注册商标专用权或者该注册商标专用权在该部分指定商品上的效力自商标局收到其注销申请之日起终止。

第七十四条 注册商标被撤销或者依照本条例第七十三条的规定被注销的，原《商标注册证》作废，并予以公告；撤销该商标在部分指定商品上的注册的，或者商标注册人申请注销其商标在部分指定商品上的注册的，重新核发《商标注册证》，并予以公告。

第八章 注册商标专用权的保护

第七十五条 为侵犯他人商标专用权提供仓储、运输、邮寄、印制、隐匿、经营场所、网络商品交易平台等，属于商标法第五十七条第六项规定的提供便利条件。

第七十六条 在同一种商品或者类似商品上将与他人注册商标相同或者近似的标志作为商品名称或者商品装潢使用，误导公众的，属于商标法第五十七条第二项规定的侵犯注册商标专用权的行为。

第七十七条 对侵犯注册商标专用权的行为，任何人可以向工商行政管理部门投诉或者举报。

第七十八条 计算商标法第六十条规定的违法经营额，可以考虑下列因素：

（一）侵权商品的销售价格；
（二）未销售侵权商品的标价；
（三）已查清侵权商品实际销售的平均价格；
（四）被侵权商品的市场中间价格；
（五）侵权人因侵权所产生的营业收入；
（六）其他能够合理计算侵权商品价值的因素。

第七十九条 下列情形属于商标法第六十条规定的能证明该商品是自己合法取得的情形：

（一）有供货单位合法签章的供货清单和货款收据且经查证属实或者供货单位认可的；

（二）有供销双方签订的进货合同且经查证已真实履行的；

（三）有合法进货发票且发票记载事项与涉案商品对应的；

（四）其他能够证明合法取得涉案商品的情形。

第八十条 销售不知道是侵犯注册商标专用权的商品，能证明该商品是自己合法取得并说明提供者的，由工商行政管理部门责令停止销售，并将案件情况通报侵权商品提供者所在地工商行政管理部门。

第八十一条 涉案注册商标权属正在商标局、商标评审委员会审理或者人民法院诉讼中，案件结果可能影响案件定性的，属于商标法第六十二条第三款规定的商标权属存在争议。

第八十二条 在查处商标侵权案件过程中，工商行政管理部门可以要求权利人对涉案商品是否为权利人生产或者其许可生产的产品进行辨认。

第九章 商标代理

第八十三条 商标法所称商标代理，是指接受委托人的委托，以委托人的名义办理商标注册申请、商标评审或者其他商标事宜。

第八十四条 商标法所称商标代理机构，包括经工商行政管理部门登记从事商标代理业务的服务机构和从事商标代理业务的律师事务所。

商标代理机构从事商标局、商标评审委员会主管的商标事宜代理业务的，应当按照下列规定向商标局备案：

（一）交验工商行政管理部门的登记证明文件或者司法行政部门批准设立律师事务所的证明文件并留存复印件；

（二）报送商标代理机构的名称、住所、负责人、联系方式等基本信息；

（三）报送商标代理从业人员名单及联系方式。

工商行政管理部门应当建立商标代理机构信用档案。商标代理机构违反商标法或者本条例规定的，由商标局或者商标评审委员会予以公开通报，并记入其信用档案。

第八十五条 商标法所称商标代理从业人员，是指在商标代理机构中从事商标代理业务的工作人员。

商标代理从业人员不得以个人名义自行接受委托。

第八十六条 商标代理机构向商标局、商标评审委员会提交的有关申请文件，应当加盖该代理机构公章并由相关商标代理从业人员签字。

第八十七条 商标代理机构申请注册或者受让其代理服务以外的其他商标，商标局不予受理。

第八十八条 下列行为属于商标法第六十八条第一款第二项规定的以其他不正当手段扰乱商标代理市场秩序的行为：

（一）以欺诈、虚假宣传、引人误解或者商业贿赂等方式招徕业务的；

（二）隐瞒事实，提供虚假证据，或者威胁、诱导他人隐瞒事实，提供虚假证据的；

（三）在同一商标案件中接受有利益冲突的双方当事人委托的。

第八十九条 商标代理机构有商标法第六十八条规定行为的，由行为人所在地或者违法行为发生地县级以上工商行政管理部门进行查处并将查处情况通报商标局。

第九十条 商标局、商标评审委员会依照商标法第六十八条规定停止受理商标代理机构办理商标代理业务的，可以作出停止受理该商标代理机构商标代理业务6个月以上直至永久停止受理的决定。停止受理商标代理业务的期间届满，商标局、商标评审委员会应当恢复受理。

商标局、商标评审委员会作出停止受理或者恢复受理商标代理的决定应当在其网站予以公告。

第九十一条 工商行政管理部门应当加强对商标代理行业组织的监督和指导。

第十章 附 则

第九十二条 连续使用至1993年7月1日的服务商标,与他人在相同或者类似的服务上已注册的服务商标相同或者近似的,可以继续使用;但是,1993年7月1日后中断使用3年以上的,不得继续使用。

已连续使用至商标局首次受理新放开商品或者服务项目之日的商标,与他人在新放开商品或者服务项目相同或者类似的商品或者服务上已注册的商标相同或者近似的,可以继续使用;但是,首次受理之日后中断使用3年以上的,不得继续使用。

第九十三条 商标注册用商品和服务分类表,由商标局制定并公布。

申请商标注册或者办理其他商标事宜的文件格式,由商标局、商标评审委员会制定并公布。

商标评审委员会的评审规则由国务院工商行政管理部门制定并公布。

第九十四条 商标局设置《商标注册簿》,记载注册商标及有关注册事项。

第九十五条 《商标注册证》及相关证明是权利人享有注册商标专用权的凭证。《商标注册证》记载的注册事项,应当与《商标注册簿》一致;记载不一致的,除有证据证明《商标注册簿》确有错误外,以《商标注册簿》为准。

第九十六条 商标局发布《商标公告》,刊发商标注册及其他有关事项。

《商标公告》采用纸质或者电子形式发布。

除送达公告外,公告内容自发布之日起视为社会公众已经知道或者应当知道。

第九十七条 申请商标注册或者办理其他商标事宜,应当缴纳费用。缴纳费用的项目和标准,由国务院财政部门、国务院价格主管部门分别制定。

第九十八条 本条例自 2014 年 5 月 1 日起施行。

集体商标、证明商标注册和管理规定

(2024 年 1 月 2 日国家知识产权局令第 79 号公布 自 2024 年 2 月 1 日起施行)

第一条 为了规范集体商标、证明商标的注册和使用管理，加强商标权益保护，维护社会公共利益，促进特色产业发展，根据《中华人民共和国商标法》(以下简称商标法)、《中华人民共和国商标法实施条例》(以下简称实施条例)的规定，制定本规定。

第二条 本规定有关商品的规定，适用于服务。

第三条 申请集体商标注册的，应当附送主体资格证明文件、集体成员的名称、地址和使用管理规则。

申请以地理标志作为集体商标注册的团体、协会或者其他组织，其成员应当来自该地理标志标示的地区范围内。

第四条 申请证明商标注册的，应当附送主体资格证明文件、使用管理规则和证明其具有的或者其委托机构具有的专业技术人员、专业检测设备等情况的证明材料，以表明其具有监督该证明商标所证明的特定商品品质的能力。

第五条 申请以地理标志作为证明商标、集体商标注册的，应当附送管辖该地理标志所标示地区的县级以上人民政府或者主管部门的批准文件。

以地理标志作为证明商标、集体商标注册的，应当在申请书件中说明下列内容：

(一) 该地理标志所标示的商品的特定质量、信誉或者其他特征；

(二) 该商品的特定质量、信誉或者其他特征主要由该地理标志所标示地区的自然因素或者人文因素所决定；

（三）该地理标志所标示的地区的范围。

申请以地理标志作为证明商标、集体商标注册的应当提交具有的或者其委托机构具有的专业技术人员、专业检测设备等情况的证明材料。

外国人或者外国企业申请以地理标志作为证明商标、集体商标注册的，申请人应当提供该地理标志以其名义在其原属国受法律保护的证明。

第六条 集体商标、证明商标的使用管理规则应当依法制定，对注册人、集体成员和使用人具有约束力，并包括下列内容：

（一）使用该集体商标或者证明商标的宗旨；

（二）使用该集体商标的商品的品质或者使用该证明商标证明的商品的原产地、原料、制造方法、质量或者其他特定品质等；

（三）使用该集体商标或者证明商标的手续；

（四）使用该集体商标或者证明商标的权利、义务；

（五）集体商标的集体成员或者证明商标的使用人违反其使用管理规则应当承担的责任；

（六）注册人对使用该集体商标或者证明商标商品的检验监督制度。

证明商标的使用管理规则还应当包括使用该证明商标的条件。

集体商标、证明商标使用管理规则应当进行公告。注册人修改使用管理规则的，应当提出变更申请，经国家知识产权局审查核准，并自公告之日起生效。

第七条 以地理标志作为证明商标、集体商标注册的，可以是该地理标志标示地区的名称，也可以是能够标示某商品来源于该地区的其他标志。

前款所称地区无需与该地区的现行行政区划名称、范围完全一致。

第八条 多个葡萄酒地理标志构成同音字或者同形字，但能够彼此区分且不误导公众的，每个地理标志都可以作为证明商标或者集体商标申请注册。

使用他人作为证明商标、集体商标注册的葡萄酒、烈性酒地理标志标示并非来源于该地理标志所标示地区的葡萄酒、烈性酒,即使同时标出了商品的真正来源地,或者使用的是翻译文字,或者伴有"种""型""式""类"以及其他类似表述的,适用商标法第十六条的规定。

第九条 县级以上行政区划的地名或者公众知晓的地名作为组成部分申请注册集体商标、证明商标的,标志应当具有显著特征,便于识别;标志中含有商品名称的,指定商品应当与商标中的商品名称一致或者密切相关;商品的信誉与地名密切关联。但是损害社会公共利益的标志,不得注册。

地理标志作为证明商标、集体商标注册的,还应当依据本规定的有关规定办理。

第十条 申请人在其申请注册的集体商标、证明商标核准注册前,可以向国家知识产权局申请撤回该集体商标、证明商标的注册申请。

申请人撤回集体商标、证明商标注册申请的,应当注明申请人和商标注册申请号。经审查符合规定的,准予撤回。申请人名称不一致,或者商标注册申请已核准注册,或者已作出不予受理、驳回或者不予注册决定的,撤回申请不予核准。

第十一条 集体商标、证明商标注册人应当实施下列行为,履行商标管理职责,保证商品品质:

(一)按照使用管理规则准许集体成员使用集体商标,许可他人使用证明商标;

(二)及时公开集体成员、使用人信息、使用管理规则;

(三)检查集体成员、使用人的使用行为是否符合使用管理规则;

(四)检查使用集体商标、证明商标的商品是否符合使用管理规则的品质要求;

(五)及时取消不符合使用管理规则的集体成员、使用人的集体商标、证明商标使用资格，并履行变更、备案手续。

第十二条 为管理和运用集体商标、证明商标的需要，注册人可以向集体成员、使用人收取合理费用，收费金额、缴纳方式、缴纳期限应当基于公平合理原则协商确定并予以公开。

第十三条 集体商标注册人的成员发生变化的，注册人应当在3个月内向国家知识产权局申请变更注册事项，并由国家知识产权局公告。

证明商标注册人准许他人使用其商标的，注册人应当在许可后3个月内报国家知识产权局备案，并由国家知识产权局公告。

第十四条 申请转让集体商标、证明商标的，受让人应当具备相应的主体资格，并符合商标法、实施条例和本规定的规定。

集体商标、证明商标发生移转的，权利继受人应当具备相应的主体资格，并符合商标法、实施条例和本规定的规定。

第十五条 集体商标注册人的集体成员，在履行该集体商标使用管理规则规定的手续后，可以使用该集体商标。集体成员不得在不符合使用管理规则的商品上使用该集体商标。

集体商标注册人不得将该集体商标许可给非集体成员使用。

第十六条 凡符合证明商标使用管理规则规定条件的，在履行该证明商标使用管理规则规定的手续后，可以使用该证明商标，注册人不得拒绝办理手续。使用人不得在不符合使用管理规则的商品上使用该证明商标。

证明商标注册人不得在自己提供的商品上使用该证明商标。

第十七条 集体成员、使用人使用集体商标、证明商标时，应当保证使用的商品符合使用管理规则的品质要求。

集体成员、使用人可以将集体商标、证明商标与自己的注册商标同时使用。

地域范围外生产的商品不得使用作为证明商标、集体商标注册的地理标志。

第十八条 集体商标、证明商标注册人应当促进和规范商标使用，提升商标价值，维护商标信誉，推动特色产业发展。

第十九条　集体商标、证明商标注册人、集体成员、使用人应当加强品牌建设，履行下列职责：

（一）加强自律，建立产品溯源和监测机制，制定风险控制预案，维护商标品牌形象和信誉；

（二）鼓励采用或者制定满足市场需求的先进标准，树立良好的商标品牌形象；

（三）结合地方特色资源，挖掘商标品牌文化内涵，制定商标品牌建设发展计划，开展宣传推广，提升商标品牌价值。

第二十条　地方人民政府或者行业主管部门应当根据地方经济发展需要，合理配置公共资源，通过集体商标、证明商标加强区域品牌建设，促进相关市场主体协同发展。

地方知识产权管理部门应当支持区域品牌获得法律保护，指导集体商标、证明商标注册，加强使用管理，实行严格保护，提供公共服务，促进高质量发展。

第二十一条　国家知识产权局应当完整、准确、及时公布集体商标、证明商标注册信息，向社会公众提供信息查询服务。

第二十二条　对下列正当使用集体商标、证明商标中含有的地名的行为，注册商标专用权人无权禁止：

（一）在企业名称字号中使用；

（二）在配料表、包装袋等使用表明产品及其原料的产地；

（三）在商品上使用表明产地或者地域来源；

（四）在互联网平台或者店铺的商品详情、商品属性中客观表明地域来源；

（五）其他正当使用地名的行为。

前款所述正当使用集体商标、证明商标中含有的地名，应当以事实描述为目的且符合商业惯例，不得违反其他法律规定。

第二十三条　他人以事实描述方式在特色小吃、菜肴、菜单、橱窗展示、互联网商品详情展示等使用涉及餐饮类的集体商标、证明商标中的地名、商品名称等文字的，并且未导致误导公众的，属于正当使用行为，注册商标专用权人无权禁止。

第二十四条 实施条例第四条第二款中的正当使用该地理标志是指正当使用作为集体商标注册的地理标志中的地名、商品名称或者商品的通用名称,但不得擅自使用该集体商标。

第二十五条 有本规定第二十二条至第二十四条所述正当使用行为的,行为人不得恶意或者贬损集体商标、证明商标的信誉,扰乱市场竞争秩序,损害其注册人合法权益。

第二十六条 注册人怠于行使权利导致集体商标、证明商标成为核定使用的商品的通用名称或者没有正当理由连续3年不使用的,任何人可以根据商标法第四十九条申请撤销该注册商标。

第二十七条 对从事集体商标、证明商标注册和管理工作的人员以及其他依法履行公职的人员玩忽职守、滥用职权、徇私舞弊、弄虚作假、违法违纪办理商标注册、管理、保护等事项,收受当事人财物,牟取不正当利益,依法依纪给予处分;构成犯罪的,依法追究刑事责任。

第二十八条 本规定自2024年2月1日起施行。

商标行政执法证据规定

(2024年12月26日　国市监稽发〔2024〕117号)

第一条 为了加强商标行政执法指导,规范证据的收集、审查和认定,根据《中华人民共和国行政处罚法》《中华人民共和国行政强制法》《中华人民共和国行政诉讼法》《中华人民共和国民事诉讼法》《中华人民共和国商标法》《中华人民共和国商标法实施条例》等有关规定,制定本规定。

第二条 负责商标行政执法的部门在查处商标违法案件过程中的证据收集、审查和认定适用本规定。

《市场监督管理行政执法电子数据取证暂行规定》对电子数据证据另有规定的,从其规定。

第三条 本规定所称商标行政执法证据（以下简称证据），是指负责商标行政执法的部门证明商标案件事实并据以作出决定的材料。

第四条 证据包括以下种类：

（一）书证；

（二）物证；

（三）视听资料；

（四）电子数据；

（五）证人证言；

（六）当事人的陈述；

（七）鉴定意见；

（八）现场笔录、勘验笔录。

证据必须经查证属实，方可作为认定案件事实的根据。以非法手段取得的证据，不得作为认定案件事实的根据。

第五条 书证是指以文字、符号、图案等形式表达案件相关事实的书面材料，包括但不限于有效的商标注册证、商标续展证明、商标变更证明、商标转让证明、商标使用许可证明、加盖国家知识产权局商标注册证明专用章的商标档案等注册商标专用权权利基础证明、有效身份证件、营业执照、转账凭证、票据、账簿、交易合同、有商标附着的物品说明书、介绍手册、价目表等以及涉嫌恶意注册商标的商标申请文书、委托代理合同等。

前款包括电子商标注册证、电子营业执照、电子票据等电子形式证据材料的打印件等。

商标权人对涉案商品或者服务的辨认意见属于书证，该辨认意见应当载明辨认方法、辨认依据和辨认结果。辨认方法需要保密的可不载明，但应当作出声明并书面承诺承担相应责任。

提取书证应当符合下列要求：

（一）应当提取原件；提取原件有困难的，可以提取与原件核对无误的复制件、抄录件，注明"经核对与原件一致"、出证日期、证据出处，并由证据提供人或提取人签名或者盖章；

（二）提取由有关部门保管的书证原件的复制件或者抄录件的，

应当注明出处，经该部门核对无异后加盖其印章；

（三）提取报表、进销单据、账簿等书证的，应当附有说明材料并经提供方盖章确认；

（四）官方公开可查询的书证材料，可以提取查询结果的打印件、抄录件等，同时注明查询渠道和查询时间，并经提取人签名或者盖章。

第六条 物证是指以物品、痕迹等客观物质实体的外形、性状、质地、规格等证明案件事实的证据。包括但不限于侵犯注册商标专用权或者违反商标管理秩序使用商标的商品、商标标识，以及主要用于制造侵权商品和伪造注册商标标识的材料、工具、设备等。

提取物证应当符合下列要求：

（一）应当提取原物；提取原物确有困难的，可以提取与原物核对无误的复制品或者证明该物证的照片、录像等其他证据；涉及经营现场、侵权商品标识、包装库存等照片的，由当事人核对无误后注明与原件、原物一致，并由证据提取人注明日期、出处，同时签名或者盖章；

（二）原物为数量众多的种类物的，可以抽样提取，但应当能够较为全面地反映商标的真实使用状态，并清点种类物数量后记录在案；

（三）通过网络、电话购买等方式抽样取证的，应当采取拍照、截屏、录音、录像等方式对交易过程、商品拆包查验及封样等过程进行记录。

第七条 视听资料是指以录音、录像、扫描等技术手段，将声音、图像及数据等转化为各种记录载体上的物理信号，证明案件事实的证据。包括但不限于录音资料、录像资料等。

提取视听资料应当符合下列要求：

（一）应当提取有关资料的原始载体，提取原始载体有困难的，可以提取复制件；

（二）注明制作方法、制作时间、制作人等；

（三）声音资料应当附有该声音内容的文字记录，录像资料可以附有与案件相关部分的文字记录或概述。

第八条 电子数据是指以数字化形式存储、处理、传输，能够证明案件事实的信息，包括但不限于下列信息、电子文件：

（一）文档、图片、录音资料、录像资料等电子文件及其属性信息；

（二）网页、博客、论坛等网络平台发布的信息；

（三）用户注册信息、身份认证信息、数字签名等用户身份信息；

（四）交易记录、浏览记录、操作记录等用户行为信息；

（五）系统日志、应用程序日志、安全日志等系统运行信息；

（六）源代码、工具软件、运行脚本等行为工具信息；

（七）在各类网络应用服务中存储的与案件相关的信息文件等。

第九条 提取电子数据应当制作笔录，并载明以下内容：

（一）原始存储介质的名称、存放地点、信号开闭状况及是否采取强制措施；

（二）提取的方法、过程，提取后电子数据的存储介质名称；

（三）提取电子数据的名称、类别、文件格式；

（四）电子数据证据的完整性校验值等事项。

第十条 符合下列情形之一的，办案人员可以采取打印、拍照、截屏、录屏或者录像等方式固定相关电子数据：

（一）无法查封、扣押原始存储介质并且无法提取电子数据的；

（二）存在电子数据自毁功能或者装置，需要及时固定相关证据的；

（三）需要现场展示、查看相关电子数据的。

第十一条 证人证言是指证人向负责商标行政执法的部门所作的可以证明案件事实的陈述。包括商标权人和其他单位、个人将其了解的有关情况，向负责商标行政执法的部门所作的陈述。

证人证言应当符合下列要求：

（一）载明证人的姓名、年龄、性别、职业、住址、联系电话等基本情况；

（二）有证人的签名或者签章；

（三）注明出具日期；

（四）附有委托书、加盖公章的营业执照副本复印件、居民身份证复印件等证明证人身份的文件。

不能正确表达意志的人，不能作为证人。

待证事实与其年龄、智力状况或者精神健康状况相适应的无民事行为能力人和限制民事行为能力人，可以作为证人。

第十二条 当事人的陈述是指就案件事实向负责商标执法的部门所作的书面或者口头陈述。包括当事人或者其委托代理人在接受调查、询问时所作的书面陈述和口头陈述。

当事人的陈述应当符合下列要求：

（一）书面陈述的，应当提供原件，载明陈述人的姓名、年龄、性别、职业、住址等基本情况，并注明时间，同时陈述人签名或者盖章；

（二）口头陈述的，负责商标行政执法的部门应当制作询问笔录；

（三）附有居民身份证复印件等证明当事人身份的文件。

第十三条 鉴定意见是指有资质的鉴定机构就商品的主要成分、功能、用途等专门性问题出具的意见。

鉴定意见应当符合下列要求：

（一）应当载明委托人和委托鉴定的事项、向鉴定机构提交的相关材料、鉴定的依据和使用的科学技术手段、鉴定机构和鉴定人鉴定资格的说明等内容；

（二）应有鉴定人的签名和鉴定机构的盖章；

（三）通过分析获得的鉴定意见，应当说明分析过程。

第十四条 现场笔录、勘验笔录是指办案人员对与案件有关的现场或者物品进行勘察、检验、测量、绘图、拍照等所作的记录。应当载明现场检查的时间、地点、办案人员信息、当事人信息、现场查明的事实等内容，并由办案人员和当事人签名或者盖章。

当事人拒绝签名或者不能签名的，应当注明原因。有其他人在现场的，可由其他人签名。

第十五条 域外证据主要是指在中华人民共和国领域外形成的公文书证，国外权利人的主体资格、授权文书、身份证明等身份关系的证据，以及其他与案件事实有关的证据，既包括当事人提供的域外证据也包括办案机关通过有关渠道从域外收集、获取的证据。

域外证据应当注明来源，并履行中华人民共和国缔结或者参加的国际条约中规定的证明手续；在中华人民共和国香港特别行政区、澳门特别行政区和台湾地区形成的证据，应当按照有关规定履行证明手续。

域外证据涉及的外文书证或者外国语视听资料，应当附有由具有翻译资质的机构翻译的或者其他翻译准确的中文译本，由翻译机构盖章或者翻译人员签名。

第十六条 对下列事实，负责商标行政执法的部门可直接予以认定：

（一）自然规律及定理、定律；

（二）众所周知的事实；

（三）根据法律规定推定的事实；

（四）根据已知的事实和日常生活经验法则推定出的另一事实；

（五）立案前核查或者监督检查过程中依法取得的证据材料，经核查符合证据收集要求的；

（六）已为行政机关生效的决定或者裁定、仲裁机构生效的裁决所确认的事实，已为人民法院发生法律效力的裁判所确认的基本事实，已为有效公证文书所证明的事实等已经依法证明的事实；

（七）政府部门在其职权范围内制作的有法律效力的文书所记载的事项。

对前款第二至七项，当事人有相反证据足以推翻的除外。

第十七条 司法机关和其他行政执法机关移送的证据材料，经审查，认定其真实、合法并与案件事实相关的，应当作为定案根据。

负责商标行政执法的部门接收或者依法调取的第三方机构出具的证据或其他国家机关收集、提取的与案件相关的电子数据、不为当事人持有或者掌握的证据等,经查证属实可以作为证据使用。

第十八条 在不受外力影响的情况下,举报人或者投诉人提供的证据,当事人明确表示认可的,可以作为认定案件事实的依据,但涉及国家利益、公共利益或者他人合法权益的事实,负责商标行政执法的部门可以责令举报人或者投诉人提供或者补充有关证据;当事人提出异议,但异议理由和提供的证据不足以支持该异议的,可综合全案情况审查认定该证据的证明力。

第十九条 证明同一事实的数个证据,其证明力一般可以按照下列情形分别认定:

(一)国家机关以及其他职能部门依职权制作的公文文书优于其他书证;

(二)鉴定意见、现场笔录、档案材料以及经过公证或者登记的书证优于其他书证、视听资料和证人证言;

(三)原件、原物优于复制件、复制品;

(四)其他证人证言优于与当事人有亲属关系或者利害关系的证人提供的证言;

(五)数个种类不同、内容可以相互印证的证据优于一个孤立的证据。

第二十条 负责商标行政执法的部门应当审查出具辨认意见的辨认人的主体资格及辨认意见的真实性。当事人无相反证据推翻该辨认意见的,负责商标行政执法的部门将该辨认意见作为证据予以采纳。辨认人先后出具的辨认意见互相矛盾,且无合理理由的,不予采纳其辨认意见。

商标注册人,注册商标的独占许可使用人、排他许可使用人及上述主体的委托代理人具有出具是否为权利人生产或者其许可生产的产品辨认意见的主体资格;注册商标的普通许可使用人拥有商标注册人明确授权的,具有出具涉案产品是否为其生产的辨认意见主体资格。

当事人对商标侵权事实提出异议的,负责商标行政执法的部门不得仅以权利人辨认意见认定构成商标侵权行为,应当结合其他证据综合判断；其他证据足以证明商标侵权事实的，没有权利人辨认意见也可以认定构成商标侵权行为。

第二十一条 当事人的陈述中自认违法事实，后又反悔的，应当要求当事人提出反证或者反证线索；不能提供反证、反证线索无法查证或者查证不属实的，可以采信自认，并结合其他证据认定违法事实。

自认的违法事实与已经查明的事实不符的，负责商标行政执法的部门不予确认。

第二十二条 本规定所称"负责商标行政执法的部门"是指根据各级政府职能分工，承担商标行政执法职能的市场监管部门以及知识产权管理部门、综合执法部门等单位。

第二十三条 本规定由国家市场监督管理总局和国家知识产权局负责解释。

第二十四条 本规定自2025年1月1日起施行。

商标注册申请快速审查办法（试行）

（2022年1月14日 国家知识产权局公告第467号）

第一条 为了服务国家高质量发展，落实知识产权领域"放管服"改革决策部署，依法快速审查涉及国家利益、社会公共利益或者重大区域发展战略的商标注册申请，根据《中华人民共和国商标法》和《中华人民共和国商标法实施条例》的有关规定，结合商标工作实际，制定本办法。

第二条 有下列情形之一的商标注册申请，可以请求快速审查：

（一）涉及国家或省级重大工程、重大项目、重大科技基础设施、重大赛事、重大展会等名称，且商标保护具有紧迫性的；

（二）在特别重大自然灾害、特别重大事故灾难、特别重大公共卫生事件、特别重大社会安全事件等突发公共事件期间，与应对该突发公共事件直接相关的；

（三）为服务经济社会高质量发展，推动知识产权强国建设纲要实施确有必要的；

（四）其他对维护国家利益、社会公共利益或者重大区域发展战略具有重大现实意义的。

第三条 请求快速审查的商标注册申请，应当同时符合以下条件：

（一）经全体申请人同意；

（二）采用电子申请方式；

（三）所申请注册的商标仅由文字构成；

（四）非集体商标、证明商标的注册申请；

（五）指定商品或服务项目与第二条所列情形密切相关，且为《类似商品和服务区分表》列出的标准名称；

（六）未提出优先权请求。

第四条 请求快速审查商标注册的申请，应当以纸件形式向国家知识产权局提交以下材料：

（一）商标注册申请快速审查请求书；

（二）符合本办法第二条规定的相关材料；

（三）中央和国家机关相关部门、省级人民政府或其办公厅出具的对快速审查请求的推荐意见；或者省级知识产权管理部门出具的对快速审查请求理由及相关材料真实性的审核意见。

第五条 国家知识产权局受理快速审查请求后，对符合本办法规定的，准予快速审查并依法作出审查决定。对不符合本办法规定的，不予快速审查，按照法律规定的一般程序审查。

第六条 国家知识产权局准予快速审查的，应当自同意之日起20个工作日内审查完毕。

第七条 在快速审查过程中，发现商标注册申请有下列情形之一的，可以终止快速审查程序，按法律规定的一般程序审查：

（一）商标注册申请依法应进行补正、说明或者修正，以及进行同日申请审查程序的；

（二）商标注册申请人提出快速审查请求后，又提出暂缓审查请求的；

（三）存在其他无法予以快速审查情形的。

第八条 快速审查的商标注册申请在依法作出审查决定后，依照法律有关规定，相关主体可以对初步审定公告的商标注册申请提出异议，对驳回或部分驳回的商标注册申请提出驳回复审。

第九条 国家知识产权局处理商标注册申请快速审查应当严格依法履职、秉公用权，接受纪检监察部门监督，确保快速审查工作在监督下规范透明运行。

第十条 易产生重大不良影响的商标注册申请的快速处置办法另行规定。

第十一条 本办法由国家知识产权局负责解释。国家知识产权局商标局承担商标注册申请快速审查的具体工作。

第十二条 本办法自发布之日起施行。其他有关商标注册申请快速审查的规定，凡与本办法相抵触的以本办法为准。

附件：（略）

商标侵权判断标准

（2020年6月15日　国知发保字〔2020〕23号）

第一条 为加强商标执法指导工作，统一执法标准，提升执法水平，强化商标专用权保护，根据《中华人民共和国商标法》（以下简称商标法）、《中华人民共和国商标法实施条例》（以下简称商标法实施条例）以及相关法律法规、部门规章，制定本标准。

第二条 商标执法相关部门在处理、查处商标侵权案件时适用本标准。

第三条 判断是否构成商标侵权，一般需要判断涉嫌侵权行为是否构成商标法意义上的商标的使用。

商标的使用，是指将商标用于商品、商品包装、容器、服务场所以及交易文书上，或者将商标用于广告宣传、展览以及其他商业活动中，用以识别商品或者服务来源的行为。

第四条 商标用于商品、商品包装、容器以及商品交易文书上的具体表现形式包括但不限于：

（一）采取直接贴附、刻印、烙印或者编织等方式将商标附着在商品、商品包装、容器、标签等上，或者使用在商品附加标牌、产品说明书、介绍手册、价目表等上；

（二）商标使用在与商品销售有联系的交易文书上，包括商品销售合同、发票、票据、收据、商品进出口检验检疫证明、报关单据等。

第五条 商标用于服务场所以及服务交易文书上的具体表现形式包括但不限于：

（一）商标直接使用于服务场所，包括介绍手册、工作人员服饰、招贴、菜单、价目表、名片、奖券、办公文具、信笺以及其他提供服务所使用的相关物品上；

（二）商标使用于和服务有联系的文件资料上，如发票、票据、收据、汇款单据、服务协议、维修维护证明等。

第六条 商标用于广告宣传、展览以及其他商业活动中的具体表现形式包括但不限于：

（一）商标使用在广播、电视、电影、互联网等媒体中，或者使用在公开发行的出版物上，或者使用在广告牌、邮寄广告或者其他广告载体上；

（二）商标在展览会、博览会上使用，包括在展览会、博览会上提供的使用商标的印刷品、展台照片、参展证明及其他资料；

（三）商标使用在网站、即时通讯工具、社交网络平台、应用程序等载体上；

（四）商标使用在二维码等信息载体上；

（五）商标使用在店铺招牌、店堂装饰装潢上。

第七条 判断是否为商标的使用应当综合考虑使用人的主观意

图、使用方式、宣传方式、行业惯例、消费者认知等因素。

第八条 未经商标注册人许可的情形包括未获得许可或者超出许可的商品或者服务的类别、期限、数量等。

第九条 同一种商品是指涉嫌侵权人实际生产销售的商品名称与他人注册商标核定使用的商品名称相同的商品，或者二者商品名称不同但在功能、用途、主要原料、生产部门、消费对象、销售渠道等方面相同或者基本相同，相关公众一般认为是同种商品。

同一种服务是指涉嫌侵权人实际提供的服务名称与他人注册商标核定使用的服务名称相同的服务，或者二者服务名称不同但在服务的目的、内容、方式、提供者、对象、场所等方面相同或者基本相同，相关公众一般认为是同种服务。

核定使用的商品或者服务名称是指国家知识产权局在商标注册工作中对商品或者服务使用的名称，包括《类似商品和服务区分表》（以下简称区分表）中列出的商品或者服务名称和未在区分表中列出但在商标注册中接受的商品或者服务名称。

第十条 类似商品是指在功能、用途、主要原料、生产部门、消费对象、销售渠道等方面具有一定共同性的商品。

类似服务是指在服务的目的、内容、方式、提供者、对象、场所等方面具有一定共同性的服务。

第十一条 判断是否属于同一种商品或者同一种服务、类似商品或者类似服务，应当在权利人注册商标核定使用的商品或者服务与涉嫌侵权的商品或者服务之间进行比对。

第十二条 判断涉嫌侵权的商品或者服务与他人注册商标核定使用的商品或者服务是否构成同一种商品或者同一种服务、类似商品或者类似服务，参照现行区分表进行认定。

对于区分表未涵盖的商品，应当基于相关公众的一般认识，综合考虑商品的功能、用途、主要原料、生产部门、消费对象、销售渠道等因素认定是否构成同一种或者类似商品。

对于区分表未涵盖的服务，应当基于相关公众的一般认识，综合考虑服务的目的、内容、方式、提供者、对象、场所等因素认定是否构成同一种或者类似服务。

第十三条 与注册商标相同的商标是指涉嫌侵权的商标与他人注册商标完全相同，以及虽有不同但视觉效果或者声音商标的听觉感知基本无差别、相关公众难以分辨的商标。

第十四条 涉嫌侵权的商标与他人注册商标相比较，可以认定与注册商标相同的情形包括：

（一）文字商标有下列情形之一的：

1. 文字构成、排列顺序均相同的；

2. 改变注册商标的字体、字母大小写、文字横竖排列，与注册商标之间基本无差别的；

3. 改变注册商标的文字、字母、数字等之间的间距，与注册商标之间基本无差别的；

4. 改变注册商标颜色，不影响体现注册商标显著特征的；

5. 在注册商标上仅增加商品通用名称、图形、型号等缺乏显著特征内容，不影响体现注册商标显著特征的；

（二）图形商标在构图要素、表现形式等视觉上基本无差别的；

（三）文字图形组合商标的文字构成、图形外观及其排列组合方式相同，商标在整体视觉上基本无差别的；

（四）立体商标中的显著三维标志和显著平面要素相同，或者基本无差别的；

（五）颜色组合商标中组合的颜色和排列的方式相同，或者基本无差别的；

（六）声音商标的听觉感知和整体音乐形象相同，或者基本无差别的；

（七）其他与注册商标在视觉效果或者听觉感知上基本无差别的。

第十五条 与注册商标近似的商标是指涉嫌侵权的商标与他人注册商标相比较，文字商标的字形、读音、含义近似，或者图形商标的构图、着色、外形近似，或者文字图形组合商标的整体排列组合方式和外形近似，或者立体商标的三维标志的形状和外形近似，或者颜色组合商标的颜色或者组合近似，或者声音商标的听觉感知或者整体音乐形象近似等。

第十六条　涉嫌侵权的商标与他人注册商标是否构成近似，参照现行《商标审查及审理标准》关于商标近似的规定进行判断。

第十七条　判断商标是否相同或者近似，应当在权利人的注册商标与涉嫌侵权商标之间进行比对。

第十八条　判断与注册商标相同或者近似的商标时，应当以相关公众的一般注意力和认知力为标准，采用隔离观察、整体比对和主要部分比对的方法进行认定。

第十九条　在商标侵权判断中，在同一种商品或者同一种服务上使用近似商标，或者在类似商品或者类似服务上使用相同、近似商标的情形下，还应当对是否容易导致混淆进行判断。

第二十条　商标法规定的容易导致混淆包括以下情形：

（一）足以使相关公众认为涉案商品或者服务是由注册商标权利人生产或者提供；

（二）足以使相关公众认为涉案商品或者服务的提供者与注册商标权利人存在投资、许可、加盟或者合作等关系。

第二十一条　商标执法相关部门判断是否容易导致混淆，应当综合考量以下因素以及各因素之间的相互影响：

（一）商标的近似情况；

（二）商品或者服务的类似情况；

（三）注册商标的显著性和知名度；

（四）商品或者服务的特点及商标使用的方式；

（五）相关公众的注意和认知程度；

（六）其他相关因素。

第二十二条　自行改变注册商标或者将多件注册商标组合使用，与他人在同一种商品或者服务上的注册商标相同的，属于商标法第五十七条第一项规定的商标侵权行为。

自行改变注册商标或者将多件注册商标组合使用，与他人在同一种或者类似商品或者服务上的注册商标近似、容易导致混淆的，属于商标法第五十七条第二项规定的商标侵权行为。

第二十三条 在同一种商品或者服务上，将企业名称中的字号突出使用，与他人注册商标相同的，属于商标法第五十七条第一项规定的商标侵权行为。

在同一种或者类似商品或者服务上，将企业名称中的字号突出使用，与他人注册商标近似、容易导致混淆的，属于商标法第五十七条第二项规定的商标侵权行为。

第二十四条 不指定颜色的注册商标，可以自由附着颜色，但以攀附为目的附着颜色，与他人在同一种或者类似商品或者服务上的注册商标近似、容易导致混淆的，属于商标法第五十七条第二项规定的商标侵权行为。

注册商标知名度较高，涉嫌侵权人与注册商标权利人处于同一行业或者具有较大关联性的行业，且无正当理由使用与注册商标相同或者近似标志的，应当认定涉嫌侵权人具有攀附意图。

第二十五条 在包工包料的加工承揽经营活动中，承揽人使用侵犯注册商标专用权商品的，属于商标法第五十七条第三项规定的商标侵权行为。

第二十六条 经营者在销售商品时，附赠侵犯注册商标专用权商品的，属于商标法第五十七条第三项规定的商标侵权行为。

第二十七条 有下列情形之一的，不属于商标法第六十条第二款规定的"销售不知道是侵犯注册商标专用权的商品"：

（一）进货渠道不符合商业惯例，且价格明显低于市场价格的；

（二）拒不提供账目、销售记录等会计凭证，或者会计凭证弄虚作假的；

（三）案发后转移、销毁物证，或者提供虚假证明、虚假情况的；

（四）类似违法情形受到处理后再犯的；

（五）其他可以认定当事人明知或者应知的。

第二十八条 商标法第六十条第二款规定的"说明提供者"是指涉嫌侵权人主动提供供货商的名称、经营地址、联系方式等准确信息或者线索。

对于因涉嫌侵权人提供虚假或者无法核实的信息导致不能找到提供者的，不视为"说明提供者"。

第二十九条　涉嫌侵权人属于商标法第六十条第二款规定的销售不知道是侵犯注册商标专用权的商品的，对其侵权商品责令停止销售，对供货商立案查处或者将案件线索移送具有管辖权的商标执法相关部门查处。

对责令停止销售的侵权商品，侵权人再次销售的，应当依法查处。

第三十条　市场主办方、展会主办方、柜台出租人、电子商务平台等经营者怠于履行管理职责，明知或者应知市场内经营者、参展方、柜台承租人、平台内电子商务经营者实施商标侵权行为而不予制止的；或者虽然不知情，但经商标执法相关部门通知或者商标权利人持生效的行政、司法文书告知后，仍未采取必要措施制止商标侵权行为的，属于商标法第五十七条第六项规定的商标侵权行为。

第三十一条　将与他人注册商标相同或者相近似的文字注册为域名，并且通过该域名进行相关商品或者服务交易的电子商务，容易使相关公众产生误认的，属于商标法第五十七条第七项规定的商标侵权行为。

第三十二条　在查处商标侵权案件时，应当保护合法在先权利。

以外观设计专利权、作品著作权抗辩他人注册商标专用权的，若注册商标的申请日先于外观设计专利申请日或者有证据证明的该著作权作品创作完成日，商标执法相关部门可以对商标侵权案件进行查处。

第三十三条　商标法第五十九条第三款规定的"有一定影响的商标"是指在国内在先使用并为一定范围内相关公众所知晓的未注册商标。

有一定影响的商标的认定，应当考虑该商标的持续使用时间、销售量、经营额、广告宣传等因素进行综合判断。

使用人有下列情形的，不视为在原使用范围内继续使用：

（一）增加该商标使用的具体商品或者服务；

（二）改变该商标的图形、文字、色彩、结构、书写方式等内容，但以与他人注册商标相区别为目的而进行的改变除外；

（三）超出原使用范围的其他情形。

第三十四条　商标法第六十条第二款规定的"五年内实施两次以上商标侵权行为"指同一当事人被商标执法相关部门、人民法院认定侵犯他人注册商标专用权的行政处罚或者判决生效之日起，五年内又实施商标侵权行为的。

第三十五条　正在国家知识产权局审理或者人民法院诉讼中的下列案件，可以适用商标法第六十二条第三款关于"中止"的规定：

（一）注册商标处于无效宣告中的；

（二）注册商标处于续展宽展期的；

（三）注册商标权属存在其他争议情形的。

第三十六条　在查处商标侵权案件过程中，商标执法相关部门可以要求权利人对涉案商品是否为权利人生产或者其许可生产的商品出具书面辨认意见。权利人应当对其辨认意见承担相应法律责任。

商标执法相关部门应当审查辨认人出具辨认意见的主体资格及辨认意见的真实性。涉嫌侵权人无相反证据推翻该辨认意见的，商标执法相关部门将该辨认意见作为证据予以采纳。

第三十七条　本标准由国家知识产权局负责解释。

第三十八条　本标准自公布之日起施行。

最高人民法院关于审理商标民事纠纷案件适用法律若干问题的解释

（2002年10月12日最高人民法院审判委员会第1246次会议通过　根据2020年12月23日最高人民法院审判委员会第1823次会议通过的《最高人民法院关于修改〈最高人民法院关于审理侵犯专利权纠纷案件应用法律若干问题的解释（二）〉等十八件知识产权类司法解释的决定》修正　2020年12月29日最高人民法院公告公布　自2021年1月1日起施行　法释〔2020〕19号）

为了正确审理商标纠纷案件，根据《中华人民共和国民法典》《中华人民共和国商标法》《中华人民共和国民事诉讼法》等法律的规定，就适用法律若干问题解释如下：

第一条　下列行为属于商标法第五十七条第（七）项规定的给他人注册商标专用权造成其他损害的行为：

（一）将与他人注册商标相同或者相近似的文字作为企业的字号在相同或者类似商品上突出使用，容易使相关公众产生误认的；

（二）复制、摹仿、翻译他人注册的驰名商标或其主要部分在不相同或者不相类似商品上作为商标使用，误导公众，致使该驰名商标注册人的利益可能受到损害的；

（三）将与他人注册商标相同或者相近似的文字注册为域名，并且通过该域名进行相关商品交易的电子商务，容易使相关公众产生误认的。

第二条　依据商标法第十三条第二款的规定，复制、摹仿、翻译他人未在中国注册的驰名商标或其主要部分，在相同或者类似商品上作为商标使用，容易导致混淆的，应当承担停止侵害的民事法律责任。

第三条 商标法第四十三条规定的商标使用许可包括以下三类：

（一）独占使用许可，是指商标注册人在约定的期间、地域和以约定的方式，将该注册商标仅许可一个被许可人使用，商标注册人依约定不得使用该注册商标；

（二）排他使用许可，是指商标注册人在约定的期间、地域和以约定的方式，将该注册商标仅许可一个被许可人使用，商标注册人依约定可以使用该注册商标但不得另行许可他人使用该注册商标；

（三）普通使用许可，是指商标注册人在约定的期间、地域和以约定的方式，许可他人使用其注册商标，并可自行使用该注册商标和许可他人使用其注册商标。

第四条 商标法第六十条第一款规定的利害关系人，包括注册商标使用许可合同的被许可人、注册商标财产权利的合法继承人等。

在发生注册商标专用权被侵害时，独占使用许可合同的被许可人可以向人民法院提起诉讼；排他使用许可合同的被许可人可以和商标注册人共同起诉，也可以在商标注册人不起诉的情况下，自行提起诉讼；普通使用许可合同的被许可人经商标注册人明确授权，可以提起诉讼。

第五条 商标注册人或者利害关系人在注册商标续展宽展期内提出续展申请，未获核准前，以他人侵犯其注册商标专用权提起诉讼的，人民法院应当受理。

第六条 因侵犯注册商标专用权行为提起的民事诉讼，由商标法第十三条、第五十七条所规定侵权行为的实施地、侵权商品的储藏地或者查封扣押地、被告住所地人民法院管辖。

前款规定的侵权商品的储藏地，是指大量或者经常性储存、隐匿侵权商品所在地；查封扣押地，是指海关等行政机关依法查封、扣押侵权商品所在地。

第七条　对涉及不同侵权行为实施地的多个被告提起的共同诉讼，原告可以选择其中一个被告的侵权行为实施地人民法院管辖；仅对其中某一被告提起的诉讼，该被告侵权行为实施地的人民法院有管辖权。

第八条　商标法所称相关公众，是指与商标所标识的某类商品或者服务有关的消费者和与前述商品或者服务的营销有密切关系的其他经营者。

第九条　商标法第五十七条第（一）（二）项规定的商标相同，是指被控侵权的商标与原告的注册商标相比较，二者在视觉上基本无差别。

商标法第五十七条第（二）项规定的商标近似，是指被控侵权的商标与原告的注册商标相比较，其文字的字形、读音、含义或者图形的构图及颜色，或者其各要素组合后的整体结构相似，或者其立体形状、颜色组合近似，易使相关公众对商品的来源产生误认或者认为其来源与原告注册商标的商品有特定的联系。

第十条　人民法院依据商标法第五十七条第（一）（二）项的规定，认定商标相同或者近似按照以下原则进行：

（一）以相关公众的一般注意力为标准；

（二）既要进行对商标的整体比对，又要进行对商标主要部分的比对，比对应当在比对对象隔离的状态下分别进行；

（三）判断商标是否近似，应当考虑请求保护注册商标的显著性和知名度。

第十一条　商标法第五十七条第（二）项规定的类似商品，是指在功能、用途、生产部门、销售渠道、消费对象等方面相同，或者相关公众一般认为其存在特定联系、容易造成混淆的商品。

类似服务，是指在服务的目的、内容、方式、对象等方面相同，或者相关公众一般认为存在特定联系、容易造成混淆的服务。

商品与服务类似，是指商品和服务之间存在特定联系，容易使相关公众混淆。

第十二条　人民法院依据商标法第五十七条第（二）项的规定，

认定商品或者服务是否类似，应当以相关公众对商品或者服务的一般认识综合判断；《商标注册用商品和服务国际分类表》《类似商品和服务区分表》可以作为判断类似商品或者服务的参考。

第十三条 人民法院依据商标法第六十三条第一款的规定确定侵权人的赔偿责任时，可以根据权利人选择的计算方法计算赔偿数额。

第十四条 商标法第六十三条第一款规定的侵权所获得的利益，可以根据侵权商品销售量与该商品单位利润乘积计算；该商品单位利润无法查明的，按照注册商标商品的单位利润计算。

第十五条 商标法第六十三条第一款规定的因被侵权所受到的损失，可以根据权利人因侵权所造成商品销售减少量或者侵权商品销售量与该注册商标商品的单位利润乘积计算。

第十六条 权利人因被侵权所受到的实际损失、侵权人因侵权所获得的利益、注册商标使用许可费均难以确定的，人民法院可以根据当事人的请求或者依职权适用商标法第六十三条第三款的规定确定赔偿数额。

人民法院在适用商标法第六十三条第三款规定确定赔偿数额时，应当考虑侵权行为的性质、期间、后果，侵权人的主观过错程度，商标的声誉及制止侵权行为的合理开支等因素综合确定。

当事人按照本条第一款的规定就赔偿数额达成协议的，应当准许。

第十七条 商标法第六十三条第一款规定的制止侵权行为所支付的合理开支，包括权利人或者委托代理人对侵权行为进行调查、取证的合理费用。

人民法院根据当事人的诉讼请求和案件具体情况，可以将符合国家有关部门规定的律师费用计算在赔偿范围内。

第十八条 侵犯注册商标专用权的诉讼时效为三年，自商标注册人或者利害关系人知道或者应当知道权利受到损害以及义务人之日起计算。商标注册人或者利害关系人超过三年起诉的，如果侵权行为在起诉时仍在持续，在该注册商标专用权有效期限内，人民法院应当判决被告停止侵权行为，侵权损害赔偿数额应当自权利人向人民法院起诉之日起向前推算三年计算。

第十九条 商标使用许可合同未经备案的，不影响该许可合同的效力，但当事人另有约定的除外。

第二十条 注册商标的转让不影响转让前已经生效的商标使用许可合同的效力，但商标使用许可合同另有约定的除外。

第二十一条 人民法院在审理侵犯注册商标专用权纠纷案件中，依据民法典第一百七十九条、商标法第六十条的规定和案件具体情况，可以判决侵权人承担停止侵害、排除妨碍、消除危险、赔偿损失、消除影响等民事责任，还可以作出罚款，收缴侵权商品、伪造的商标标识和主要用于生产侵权商品的材料、工具、设备等财物的民事制裁决定。罚款数额可以参照商标法第六十条第二款的有关规定确定。

行政管理部门对同一侵犯注册商标专用权行为已经给予行政处罚的，人民法院不再予以民事制裁。

第二十二条 人民法院在审理商标纠纷案件中，根据当事人的请求和案件的具体情况，可以对涉及的注册商标是否驰名依法作出认定。

认定驰名商标，应当依照商标法第十四条的规定进行。

当事人对曾经被行政主管机关或者人民法院认定的驰名商标请求保护的，对方当事人对涉及的商标驰名不持异议，人民法院不再审查。提出异议的，人民法院依照商标法第十四条的规定审查。

第二十三条 本解释有关商品商标的规定，适用于服务商标。

第二十四条 以前的有关规定与本解释不一致的，以本解释为准。

最高人民法院关于审理涉及驰名商标保护的民事纠纷案件应用法律若干问题的解释

(2009年4月22日最高人民法院审判委员会第1467次会议通过 根据2020年12月23日最高人民法院审判委员会第1823次会议通过的《最高人民法院关于修改〈最高人民法院关于审理侵犯专利权纠纷案件应用法律若干问题的解释(二)〉等十八件知识产权类司法解释的决定》修正 2020年12月29日最高人民法院公告公布 自2021年1月1日起施行 法释〔2020〕19号)

为在审理侵犯商标权等民事纠纷案件中依法保护驰名商标,根据《中华人民共和国商标法》《中华人民共和国反不正当竞争法》《中华人民共和国民事诉讼法》等有关法律规定,结合审判实际,制定本解释。

第一条 本解释所称驰名商标,是指在中国境内为相关公众所熟知的商标。

第二条 在下列民事纠纷案件中,当事人以商标驰名作为事实根据,人民法院根据案件具体情况,认为确有必要的,对所涉商标是否驰名作出认定:

(一)以违反商标法第十三条的规定为由,提起的侵犯商标权诉讼;

(二)以企业名称与其驰名商标相同或者近似为由,提起的侵犯商标权或者不正当竞争诉讼;

(三)符合本解释第六条规定的抗辩或者反诉的诉讼。

第三条 在下列民事纠纷案件中,人民法院对于所涉商标是否驰名不予审查：

（一）被诉侵犯商标权或者不正当竞争行为的成立不以商标驰名为事实根据的；

（二）被诉侵犯商标权或者不正当竞争行为因不具备法律规定的其他要件而不成立的。

原告以被告注册、使用的域名与其注册商标相同或者近似，并通过该域名进行相关商品交易的电子商务，足以造成相关公众误认为由，提起的侵权诉讼，按照前款第（一）项的规定处理。

第四条 人民法院认定商标是否驰名，应当以证明其驰名的事实为依据，综合考虑商标法第十四条第一款规定的各项因素，但是根据案件具体情况无需考虑该条规定的全部因素即足以认定商标驰名的情形除外。

第五条 当事人主张商标驰名的，应当根据案件具体情况，提供下列证据，证明被诉侵犯商标权或者不正当竞争行为发生时，其商标已属驰名：

（一）使用该商标的商品的市场份额、销售区域、利税等；

（二）该商标的持续使用时间；

（三）该商标的宣传或者促销活动的方式、持续时间、程度、资金投入和地域范围；

（四）该商标曾被作为驰名商标受保护的记录；

（五）该商标享有的市场声誉；

（六）证明该商标已属驰名的其他事实。

前款所涉及的商标使用的时间、范围、方式等，包括其核准注册前持续使用的情形。

对于商标使用时间长短、行业排名、市场调查报告、市场价值评估报告、是否曾被认定为著名商标等证据，人民法院应当结合认定商标驰名的其他证据，客观、全面地进行审查。

第六条 原告以被诉商标的使用侵犯其注册商标专用权为由提起民事诉讼，被告以原告的注册商标复制、摹仿或者翻译其在先未注册驰名商标为由提出抗辩或者提起反诉的，应当对其在先未注册商标驰名的事实负举证责任。

第七条 被诉侵犯商标权或者不正当竞争行为发生前,曾被人民法院或者行政管理部门认定驰名的商标,被告对该商标驰名的事实不持异议的,人民法院应当予以认定。被告提出异议的,原告仍应当对该商标驰名的事实负举证责任。

除本解释另有规定外,人民法院对于商标驰名的事实,不适用民事诉讼证据的自认规则。

第八条 对于在中国境内为社会公众所熟知的商标,原告已提供其商标驰名的基本证据,或者被告不持异议的,人民法院对该商标驰名的事实予以认定。

第九条 足以使相关公众对使用驰名商标和被诉商标的商品来源产生误认,或者足以使相关公众认为使用驰名商标和被诉商标的经营者之间具有许可使用、关联企业关系等特定联系的,属于商标法第十三条第二款规定的"容易导致混淆"。

足以使相关公众认为被诉商标与驰名商标具有相当程度的联系,而减弱驰名商标的显著性、贬损驰名商标的市场声誉,或者不正当利用驰名商标的市场声誉的,属于商标法第十三条第三款规定的"误导公众,致使该驰名商标注册人的利益可能受到损害"。

第十条 原告请求禁止被告在不相类似商品上使用与原告驰名的注册商标相同或者近似的商标或者企业名称的,人民法院应当根据案件具体情况,综合考虑以下因素后作出裁判:

(一)该驰名商标的显著程度;

(二)该驰名商标在使用被诉商标或者企业名称的商品的相关公众中的知晓程度;

(三)使用驰名商标的商品与使用被诉商标或者企业名称的商品之间的关联程度;

(四)其他相关因素。

第十一条 被告使用的注册商标违反商标法第十三条的规定,复制、摹仿或者翻译原告驰名商标,构成侵犯商标权的,人民法院应当根据原告的请求,依法判决禁止被告使用该商标,但被告的注册商标有下列情形之一的，人民法院对原告的请求不予支持：

（一）已经超过商标法第四十五条第一款规定的请求宣告无效期限的；

（二）被告提出注册申请时，原告的商标并不驰名的。

第十二条 当事人请求保护的未注册驰名商标，属于商标法第十条、第十一条、第十二条规定不得作为商标使用或者注册情形的，人民法院不予支持。

第十三条 在涉及驰名商标保护的民事纠纷案件中，人民法院对于商标驰名的认定，仅作为案件事实和判决理由，不写入判决主文；以调解方式审结的，在调解书中对商标驰名的事实不予认定。

第十四条 本院以前有关司法解释与本解释不一致的，以本解释为准。

最高人民法院关于审理商标授权确权行政案件若干问题的规定

（2016年12月12日最高人民法院审判委员会第1703次会议通过　根据2020年12月23日最高人民法院审判委员会第1823次会议通过的《最高人民法院关于修改〈最高人民法院关于审理侵犯专利权纠纷案件应用法律若干问题的解释（二）〉等十八件知识产权类司法解释的决定》修正　2020年12月29日最高人民法院公告公布　自2021年1月1日起施行　法释〔2020〕19号）

为正确审理商标授权确权行政案件，根据《中华人民共和国商标法》《中华人民共和国行政诉讼法》等法律规定，结合审判实践，制定本规定。

第一条 本规定所称商标授权确权行政案件,是指相对人或者利害关系人因不服国家知识产权局作出的商标驳回复审、商标不予注册复审、商标撤销复审、商标无效宣告及无效宣告复审等行政行为,向人民法院提起诉讼的案件。

第二条 人民法院对商标授权确权行政行为进行审查的范围,一般应根据原告的诉讼请求及理由确定。原告在诉讼中未提出主张,但国家知识产权局相关认定存在明显不当的,人民法院在各方当事人陈述意见后,可以对相关事由进行审查并作出裁判。

第三条 商标法第十条第一款第(一)项规定的同中华人民共和国的国家名称等"相同或者近似",是指商标标志整体上与国家名称等相同或者近似。

对于含有中华人民共和国的国家名称等,但整体上并不相同或者不相近似的标志,如果该标志作为商标注册可能导致损害国家尊严的,人民法院可以认定属于商标法第十条第一款第(八)项规定的情形。

第四条 商标标志或者其构成要素带有欺骗性,容易使公众对商品的质量等特点或者产地产生误认,国家知识产权局认定其属于2001年修正的商标法第十条第一款第(七)项规定情形的,人民法院予以支持。

第五条 商标标志或者其构成要素可能对我国社会公共利益和公共秩序产生消极、负面影响的,人民法院可以认定其属于商标法第十条第一款第(八)项规定的"其他不良影响"。

将政治、经济、文化、宗教、民族等领域公众人物姓名等申请注册为商标,属于前款所指的"其他不良影响"。

第六条 商标标志由县级以上行政区划的地名或者公众知晓的外国地名和其他要素组成,如果整体上具有区别于地名的含义,人民法院应当认定其不属于商标法第十条第二款所指情形。

第七条 人民法院审查诉争商标是否具有显著特征,应当根据商标所指定使用商品的相关公众的通常认识,判断该商标整体上是否具有显著特征。商标标志中含有描述性要素,但不影响其整体具有显著特征的;或者描述性标志以独特方式加以表现,相关公众能够以其识别商品来源的,应当认定其具有显著特征。

第八条 诉争商标为外文标志时,人民法院应当根据中国境内相关公众的通常认识,对该外文商标是否具有显著特征进行审查判断。标志中外文的固有含义可能影响其在指定使用商品上的显著特征,但相关公众对该固有含义的认知程度较低,能够以该标志识别商品来源的,可以认定其具有显著特征。

第九条 仅以商品自身形状或者自身形状的一部分作为三维标志申请注册商标,相关公众一般情况下不易将其识别为指示商品来源标志的,该三维标志不具有作为商标的显著特征。

该形状系申请人所独创或者最早使用并不能当然导致其具有作为商标的显著特征。

第一款所称标志经过长期或者广泛使用,相关公众能够通过该标志识别商品来源的,可以认定该标志具有显著特征。

第十条 诉争商标属于法定的商品名称或者约定俗成的商品名称的,人民法院应当认定其属于商标法第十一条第一款第(一)项所指的通用名称。依据法律规定或者国家标准、行业标准属于商品通用名称的,应当认定为通用名称。相关公众普遍认为某一名称能够指代一类商品的,应当认定为约定俗成的通用名称。被专业工具书、辞典等列为商品名称的,可以作为认定约定俗成的通用名称的参考。

约定俗成的通用名称一般以全国范围内相关公众的通常认识为判断标准。对于由于历史传统、风土人情、地理环境等原因形成的相关市场固定的商品,在该相关市场内通用的称谓,人民法院可以认定为通用名称。

诉争商标申请人明知或者应知其申请注册的商标为部分区域内约定俗成的商品名称的,人民法院可以视其申请注册的商标为通用名称。

人民法院审查判断诉争商标是否属于通用名称，一般以商标申请日时的事实状态为准。核准注册时事实状态发生变化的，以核准注册时的事实状态判断其是否属于通用名称。

第十一条 商标标志只是或者主要是描述、说明所使用商品的质量、主要原料、功能、用途、重量、数量、产地等的，人民法院应当认定其属于商标法第十一条第一款第（二）项规定的情形。商标标志或者其构成要素暗示商品的特点，但不影响其识别商品来源功能的，不属于该项所规定的情形。

第十二条 当事人依据商标法第十三条第二款主张诉争商标构成对其未注册的驰名商标的复制、摹仿或者翻译而不应予以注册或者应予无效的，人民法院应当综合考量如下因素以及因素之间的相互影响，认定是否容易导致混淆：

（一）商标标志的近似程度；

（二）商品的类似程度；

（三）请求保护商标的显著性和知名程度；

（四）相关公众的注意程度；

（五）其他相关因素。

商标申请人的主观意图以及实际混淆的证据可以作为判断混淆可能性的参考因素。

第十三条 当事人依据商标法第十三条第三款主张诉争商标构成对其已注册的驰名商标的复制、摹仿或者翻译而不应予以注册或者应予无效的，人民法院应当综合考虑如下因素，以认定诉争商标的使用是否足以使相关公众认为其与驰名商标具有相当程度的联系，从而误导公众，致使驰名商标注册人的利益可能受到损害：

（一）引证商标的显著性和知名程度；

（二）商标标志是否足够近似；

（三）指定使用的商品情况；

（四）相关公众的重合程度及注意程度；

（五）与引证商标近似的标志被其他市场主体合法使用的情况或

者其他相关因素。

第十四条 当事人主张诉争商标构成对其已注册的驰名商标的复制、摹仿或者翻译而不应予以注册或者应予无效，国家知识产权局依据商标法第三十条规定裁决支持其主张的，如果诉争商标注册未满五年，人民法院在当事人陈述意见之后，可以按照商标法第三十条规定进行审理；如果诉争商标注册已满五年，应当适用商标法第十三条第三款进行审理。

第十五条 商标代理人、代表人或者经销、代理等销售代理关系意义上的代理人、代表人未经授权，以自己的名义将与被代理人或者被代表人的商标相同或者近似的商标在相同或者类似商品上申请注册的，人民法院适用商标法第十五条第一款的规定进行审理。

在为建立代理或者代表关系的磋商阶段，前款规定的代理人或者代表人将被代理人或者被代表人的商标申请注册的，人民法院适用商标法第十五条第一款的规定进行审理。

商标申请人与代理人或者代表人之间存在亲属关系等特定身份关系的，可以推定其商标注册行为系与该代理人或者代表人恶意串通，人民法院适用商标法第十五条第一款的规定进行审理。

第十六条 以下情形可以认定为商标法第十五条第二款中规定的"其他关系"：

（一）商标申请人与在先使用人之间具有亲属关系；

（二）商标申请人与在先使用人之间具有劳动关系；

（三）商标申请人与在先使用人营业地址邻近；

（四）商标申请人与在先使用人曾就达成代理、代表关系进行过磋商，但未形成代理、代表关系；

（五）商标申请人与在先使用人曾就达成合同、业务往来关系进行过磋商，但未达成合同、业务往来关系。

第十七条 地理标志利害关系人依据商标法第十六条主张他人商标不应予以注册或者应予无效，如果诉争商标指定使用的商品与地理标志产品并非相同商品，而地理标志利害关系人能够证明诉争商标使用在该产品上仍然容易导致相关公众误认为该产品来源于该地区并因此具有特定的质量、信誉或者其他特征的,人民法院予以支持。

如果该地理标志已经注册为集体商标或者证明商标,集体商标或者证明商标的权利人或者利害关系人可选择依据该条或者另行依据商标法第十三条、第三十条等主张权利。

第十八条 商标法第三十二条规定的在先权利,包括当事人在诉争商标申请日之前享有的民事权利或者其他应予保护的合法权益。诉争商标核准注册时在先权利已不存在的,不影响诉争商标的注册。

第十九条 当事人主张诉争商标损害其在先著作权的,人民法院应当依照著作权法等相关规定,对所主张的客体是否构成作品、当事人是否为著作权人或者其他有权主张著作权的利害关系人以及诉争商标是否构成对著作权的侵害等进行审查。

商标标志构成受著作权法保护的作品的,当事人提供的涉及商标标志的设计底稿、原件、取得权利的合同、诉争商标申请日之前的著作权登记证书等,均可以作为证明著作权归属的初步证据。

商标公告、商标注册证等可以作为确定商标申请人为有权主张商标标志著作权的利害关系人的初步证据。

第二十条 当事人主张诉争商标损害其姓名权,如果相关公众认为该商标标志指代了该自然人,容易认为标记有该商标的商品系经过该自然人许可或者与该自然人存在特定联系的,人民法院应当认定该商标损害了该自然人的姓名权。

当事人以其笔名、艺名、译名等特定名称主张姓名权,该特定名称具有一定的知名度,与该自然人建立了稳定的对应关系,相关公众以其指代该自然人的,人民法院予以支持。

第二十一条 当事人主张的字号具有一定的市场知名度,他人未经许可申请注册与该字号相同或者近似的商标,容易导致相关公众对商品来源产生混淆,当事人以此主张构成在先权益的,人民法院予以支持。

当事人以具有一定市场知名度并已与企业建立稳定对应关系的企业名称的简称为依据提出主张的，适用前款规定。

第二十二条　当事人主张诉争商标损害角色形象著作权的，人民法院按照本规定第十九条进行审查。

对于著作权保护期限内的作品，如果作品名称、作品中的角色名称等具有较高知名度，将其作为商标使用在相关商品上容易导致相关公众误认为其经过权利人的许可或者与权利人存在特定联系，当事人以此主张构成在先权益的，人民法院予以支持。

第二十三条　在先使用人主张商标申请人以不正当手段抢先注册其在先使用并有一定影响的商标的，如果在先使用商标已经有一定影响，而商标申请人明知或者应知该商标，即可推定其构成"以不正当手段抢先注册"。但商标申请人举证证明其没有利用在先使用商标商誉的恶意的除外。

在先使用人举证证明其在先商标有一定的持续使用时间、区域、销售量或者广告宣传的，人民法院可以认定为有一定影响。

在先使用人主张商标申请人在与其不相类似的商品上申请注册其在先使用并有一定影响的商标，违反商标法第三十二条规定的，人民法院不予支持。

第二十四条　以欺骗手段以外的其他方式扰乱商标注册秩序、损害公共利益、不正当占用公共资源或者谋取不正当利益的，人民法院可以认定其属于商标法第四十四条第一款规定的"其他不正当手段"。

第二十五条　人民法院判断诉争商标申请人是否"恶意注册"他人驰名商标，应综合考虑引证商标的知名度、诉争商标申请人申请诉争商标的理由以及使用诉争商标的具体情形来判断其主观意图。引证商标知名度高、诉争商标申请人没有正当理由的，人民法院可以推定其注册构成商标法第四十五条第一款所指的"恶意注册"。

第二十六条　商标权人自行使用、他人经许可使用以及其他不违背商标权人意志的使用，均可认定为商标法第四十九条第二款所称的使用。

实际使用的商标标志与核准注册的商标标志有细微差别,但未改变其显著特征的,可以视为注册商标的使用。

没有实际使用注册商标,仅有转让或者许可行为;或者仅是公布商标注册信息、声明享有注册商标专用权的,不认定为商标使用。

商标权人有真实使用商标的意图,并且有实际使用的必要准备,但因其他客观原因尚未实际使用注册商标的,人民法院可以认定其有正当理由。

第二十七条 当事人主张国家知识产权局下列情形属于行政诉讼法第七十条第(三)项规定的"违反法定程序"的,人民法院予以支持:

(一)遗漏当事人提出的评审理由,对当事人权利产生实际影响的;

(二)评审程序中未告知合议组成员,经审查确有应当回避事由而未回避的;

(三)未通知适格当事人参加评审,该方当事人明确提出异议的;

(四)其他违反法定程序的情形。

第二十八条 人民法院审理商标授权确权行政案件的过程中,国家知识产权局对诉争商标予以驳回、不予核准注册或者予以无效宣告的事由不复存在的,人民法院可以依据新的事实撤销国家知识产权局相关裁决,并判令其根据变更后的事实重新作出裁决。

第二十九条 当事人依据在原行政行为之后新发现的证据,或者在原行政程序中因客观原因无法取得或在规定的期限内不能提供的证据,或者新的法律依据提出的评审申请,不属于以"相同的事实和理由"再次提出评审申请。

在商标驳回复审程序中,国家知识产权局以申请商标与引证商标不构成使用在同一种或者类似商品上的相同或者近似商标为由准予申请商标初步审定公告后,以下情形不视为"以相同的事实和理由"再次提出评审申请：

（一）引证商标所有人或者利害关系人依据该引证商标提出异议，国家知识产权局予以支持，被异议商标申请人申请复审的；

（二）引证商标所有人或者利害关系人在申请商标获准注册后依据该引证商标申请宣告其无效的。

第三十条 人民法院生效裁判对于相关事实和法律适用已作出明确认定，相对人或者利害关系人对于国家知识产权局依据该生效裁判重新作出的裁决提起诉讼的，人民法院依法裁定不予受理；已经受理的，裁定驳回起诉。

第三十一条 本规定自2017年3月1日起施行。人民法院依据2001年修正的商标法审理的商标授权确权行政案件可参照适用本规定。

最高人民法院关于商标法修改决定施行后商标案件管辖和法律适用问题的解释

（2014年2月10日最高人民法院审判委员会第1606次会议通过 根据2020年12月23日最高人民法院审判委员会第1823次会议通过的《最高人民法院关于修改〈最高人民法院关于审理侵犯专利权纠纷案件应用法律若干问题的解释（二）〉等十八件知识产权类司法解释的决定》修正 2020年12月29日最高人民法院公告公布 自2021年1月1日起施行 法释〔2020〕19号）

为正确审理商标案件，根据2013年8月30日第十二届全国人民代表大会常务委员会第四次会议《关于修改〈中华人民共和国商标法〉的决定》和重新公布的《中华人民共和国商标法》《中华人民共和国民事诉讼法》和《中华人民共和国行政诉讼法》等法律的规定，就人民法院审理商标案件有关管辖和法律适用等问题，制定本解释。

第一条 人民法院受理以下商标案件：

1. 不服国家知识产权局作出的复审决定或者裁定的行政案件；
2. 不服国家知识产权局作出的有关商标的其他行政行为的案件；
3. 商标权权属纠纷案件；
4. 侵害商标权纠纷案件；
5. 确认不侵害商标权纠纷案件；
6. 商标权转让合同纠纷案件；
7. 商标使用许可合同纠纷案件；
8. 商标代理合同纠纷案件；
9. 申请诉前停止侵害注册商标专用权案件；
10. 申请停止侵害注册商标专用权损害责任案件；
11. 申请诉前财产保全案件；
12. 申请诉前证据保全案件；
13. 其他商标案件。

第二条 不服国家知识产权局作出的复审决定或者裁定的行政案件及国家知识产权局作出的有关商标的行政行为案件，由北京市有关中级人民法院管辖。

第三条 第一审商标民事案件，由中级以上人民法院及最高人民法院指定的基层人民法院管辖。

涉及对驰名商标保护的民事、行政案件，由省、自治区人民政府所在地市、计划单列市、直辖市辖区中级人民法院及最高人民法院指定的其他中级人民法院管辖。

第四条 在行政管理部门查处侵害商标权行为过程中，当事人就相关商标提起商标权权属或者侵害商标权民事诉讼的，人民法院应当受理。

第五条　对于在商标法修改决定施行前提出的商标注册及续展申请，国家知识产权局于决定施行后作出对该商标申请不予受理或者不予续展的决定，当事人提起行政诉讼的，人民法院审查时适用修改后的商标法。

对于在商标法修改决定施行前提出的商标异议申请，国家知识产权局于决定施行后作出对该异议不予受理的决定，当事人提起行政诉讼的，人民法院审查时适用修改前的商标法。

第六条　对于在商标法修改决定施行前当事人就尚未核准注册的商标申请复审，国家知识产权局于决定施行后作出复审决定或者裁定，当事人提起行政诉讼的，人民法院审查时适用修改后的商标法。

对于在商标法修改决定施行前受理的商标复审申请，国家知识产权局于决定施行后作出核准注册决定，当事人提起行政诉讼的，人民法院不予受理；国家知识产权局于决定施行后作出不予核准注册决定，当事人提起行政诉讼的，人民法院审查相关诉权和主体资格问题时，适用修改前的商标法。

第七条　对于在商标法修改决定施行前已经核准注册的商标，国家知识产权局于决定施行前受理、在决定施行后作出复审决定或者裁定，当事人提起行政诉讼的，人民法院审查相关程序问题适用修改后的商标法，审查实体问题适用修改前的商标法。

第八条　对于在商标法修改决定施行前受理的相关商标案件，国家知识产权局于决定施行后作出决定或者裁定，当事人提起行政诉讼的，人民法院认定该决定或者裁定是否符合商标法有关审查时限规定时，应当从修改决定施行之日起计算该审查时限。

第九条　除本解释另行规定外，商标法修改决定施行后人民法院受理的商标民事案件，涉及该决定施行前发生的行为的，适用修改前商标法的规定；涉及该决定施行前发生，持续到该决定施行后的行为的，适用修改后商标法的规定。

最高人民法院关于审理注册商标、企业名称与在先权利冲突的民事纠纷案件若干问题的规定

(2008年2月18日最高人民法院审判委员会第1444次会议通过 根据2020年12月23日最高人民法院审判委员会第1823次会议通过的《最高人民法院关于修改〈最高人民法院关于审理侵犯专利权纠纷案件应用法律若干问题的解释（二）〉等十八件知识产权类司法解释的决定》修正 2020年12月29日最高人民法院公告公布 自2021年1月1日起施行 法释〔2020〕19号)

为正确审理注册商标、企业名称与在先权利冲突的民事纠纷案件，根据《中华人民共和国民法典》《中华人民共和国商标法》《中华人民共和国反不正当竞争法》和《中华人民共和国民事诉讼法》等法律的规定，结合审判实践，制定本规定。

第一条 原告以他人注册商标使用的文字、图形等侵犯其著作权、外观设计专利权、企业名称权等在先权利为由提起诉讼，符合民事诉讼法第一百一十九条规定的，人民法院应当受理。

原告以他人使用在核定商品上的注册商标与其在先的注册商标相同或者近似为由提起诉讼的，人民法院应当根据民事诉讼法第一百二十四条第（三）项的规定，告知原告向有关行政主管机关申请解决。但原告以他人超出核定商品的范围或者以改变显著特征、拆分、组合等方式使用的注册商标，与其注册商标相同或者近似为由提起诉讼的，人民法院应当受理。

第二条 原告以他人企业名称与其在先的企业名称相同或者近似，足以使相关公众对其商品的来源产生混淆，违反反不正当竞争

法第六条第（二）项的规定为由提起诉讼，符合民事诉讼法第一百一十九条规定的，人民法院应当受理。

第三条 人民法院应当根据原告的诉讼请求和争议民事法律关系的性质，按照民事案件案由规定，确定注册商标或者企业名称与在先权利冲突的民事纠纷案件的案由，并适用相应的法律。

第四条 被诉企业名称侵犯注册商标专用权或者构成不正当竞争的，人民法院可以根据原告的诉讼请求和案件具体情况，确定被告承担停止使用、规范使用等民事责任。

最高人民法院关于审理商标案件有关管辖和法律适用范围问题的解释

（2001年12月25日最高人民法院审判委员会第1203次会议通过 根据2020年12月23日最高人民法院审判委员会第1823次会议通过的《最高人民法院关于修改〈最高人民法院关于审理侵犯专利权纠纷案件应用法律若干问题的解释（二）〉等十八件知识产权类司法解释的决定》修正 2020年12月29日最高人民法院公告公布 自2021年1月1日起施行 法释〔2020〕19号）

《全国人民代表大会常务委员会关于修改〈中华人民共和国商标法〉的决定》（以下简称商标法修改决定）已由第九届全国人民代表大会常务委员会第二十四次会议通过，自2001年12月1日起施行。为了正确审理商标案件，根据《中华人民共和国商标法》（以下简称商标法）、《中华人民共和国民事诉讼法》和《中华人民共和国行政诉讼法》（以下简称行政诉讼法）的规定，现就人民法院审理商标案件有关管辖和法律适用范围等问题，作如下解释：

第一条 人民法院受理以下商标案件：

1. 不服国家知识产权局作出的复审决定或者裁定的行政案件；
2. 不服国家知识产权局作出的有关商标的其他行政行为的案件；
3. 商标权权属纠纷案件；
4. 侵害商标权纠纷案件；
5. 确认不侵害商标权纠纷案件；
6. 商标权转让合同纠纷案件；
7. 商标使用许可合同纠纷案件；
8. 商标代理合同纠纷案件；
9. 申请诉前停止侵害注册商标专用权案件；
10. 申请停止侵害注册商标专用权损害责任案件；
11. 申请诉前财产保全案件；
12. 申请诉前证据保全案件；
13. 其他商标案件。

第二条 本解释第一条所列第1项第一审案件，由北京市高级人民法院根据最高人民法院的授权确定其辖区内有关中级人民法院管辖。

本解释第一条所列第2项第一审案件，根据行政诉讼法的有关规定确定管辖。

商标民事纠纷第一审案件，由中级以上人民法院管辖。

各高级人民法院根据本辖区的实际情况，经最高人民法院批准，可以在较大城市确定1-2个基层人民法院受理第一审商标民事纠纷案件。

第三条 商标注册人或者利害关系人向国家知识产权局就侵犯商标权行为请求处理，又向人民法院提起侵害商标权诉讼请求损害赔偿的，人民法院应当受理。

第四条 国家知识产权局在商标法修改决定施行前受理的案件，于该决定施行后作出复审决定或裁定，当事人对复审决定或裁定不服向人民法院起诉的，人民法院应当受理。

第五条 除本解释另行规定外，对商标法修改决定施行前发生，属于修改后商标法第四条、第五条、第八条、第九条第一款、第十条第一款第（二）、（三）、（四）项、第十条第二款、第十一条、第十二条、第十三条、第十五条、第十六条、第二十四条、第二十五条、第三十一条所列举的情形，国家知识产权局于商标法修改决定施行后作出复审决定或者裁定，当事人不服向人民法院起诉的行政案件，适用修改后商标法的相应规定进行审查；属于其他情形的，适用修改前商标法的相应规定进行审查。

第六条 当事人就商标法修改决定施行时已满一年的注册商标发生争议，不服国家知识产权局作出的裁定向人民法院起诉的，适用修改前商标法第二十七条第二款规定的提出申请的期限处理；商标法修改决定施行时商标注册不满一年的，适用修改后商标法第四十一条第二款、第三款规定的提出申请的期限处理。

第七条 对商标法修改决定施行前发生的侵犯商标专用权行为，商标注册人或者利害关系人于该决定施行后在起诉前向人民法院提出申请采取责令停止侵权行为或者保全证据措施的，适用修改后商标法第五十七条、第五十八条的规定。

第八条 对商标法修改决定施行前发生的侵犯商标专用权行为起诉的案件，人民法院于该决定施行时尚未作出生效判决的，参照修改后商标法第五十六条的规定处理。

第九条 除本解释另行规定外，商标法修改决定施行后人民法院受理的商标民事纠纷案件，涉及该决定施行前发生的民事行为的，适用修改前商标法的规定；涉及该决定施行后发生的民事行为的，适用修改后商标法的规定；涉及该决定施行前发生，持续到该决定施行后的民事行为的，分别适用修改前、后商标法的规定。

第十条 人民法院受理的侵犯商标权纠纷案件，已经过行政管理部门处理的，人民法院仍应当就当事人民事争议的事实进行审查。

中华人民共和国反不正当竞争法

(1993年9月2日第八届全国人民代表大会常务委员会第三次会议通过 2017年11月4日第十二届全国人民代表大会常务委员会第三十次会议修订 根据2019年4月23日第十三届全国人民代表大会常务委员会第十次会议《关于修改〈中华人民共和国建筑法〉等八部法律的决定》修正)

第一章 总 则

第一条 【立法目的】为了促进社会主义市场经济健康发展,鼓励和保护公平竞争,制止不正当竞争行为,保护经营者和消费者的合法权益,制定本法。

第二条 【经营原则】经营者在生产经营活动中,应当遵循自愿、平等、公平、诚信的原则,遵守法律和商业道德。

本法所称的不正当竞争行为,是指经营者在生产经营活动中,违反本法规定,扰乱市场竞争秩序,损害其他经营者或者消费者的合法权益的行为。

本法所称的经营者,是指从事商品生产、经营或者提供服务(以下所称商品包括服务)的自然人、法人和非法人组织。

> **注释** [不正当竞争行为]

1. 不正当竞争行为,是指经营者违反《反不正当竞争法》规定的行为。

2.《反不正当竞争法》中所具体规定的种类:(1)引人误认为是他人商品或者与他人存在特定联系的混淆行为;(2)商业贿赂行为;(3)虚假宣传行为;(4)侵犯商业秘密;(5)违法有奖销售行为;(6)损害商誉行为;(7)利用互联网技术实施不正当竞争行为。

3. 构成要件

(1)主体要件。不正当竞争的行为主体为经营者。我国《反不正当竞争法》第2条中所规定的经营者,是指从事商品生产、经营或者提供服务(以下所称商品包括服务)的自然人、法人和非法人组织。非经营者不参与竞争,当然就不会触犯《反不正当竞争法》。

(2) 客观要件。即行为人实施了不正当竞争行为。除了本法所列举规定的不正当竞争行为外,实践中,除法定不正当竞争行为之外的其他违背诚信经营和商业道德的行为一般也被认为属于不正当竞争行为。

(3) 客体要件。不正当竞争行为扰乱了市场竞争秩序,损害了其他经营者或者消费者的合法权益。

(4) 主观要件。即行为人主观上有过错。此外,不正当竞争行为还必须以排挤竞争对手为目的。

参见　《中华人民共和国反垄断法》

案例　北京百度网讯科技有限公司诉青岛奥商网络技术有限公司等不正当竞争纠纷案(最高人民法院指导案例45号)

案件适用要点:从事互联网服务的经营者,在其他经营者网站的搜索结果页面强行弹出广告的行为,违反诚实信用原则和公认的商业道德,妨碍其他经营者正当经营并损害其合法权益,可以依照《中华人民共和国反不正当竞争法》第2条的原则性规定认定为不正当竞争。

第三条　【政府管理】各级人民政府应当采取措施,制止不正当竞争行为,为公平竞争创造良好的环境和条件。

国务院建立反不正当竞争工作协调机制,研究决定反不正当竞争重大政策,协调处理维护市场竞争秩序的重大问题。

第四条　【查处部门】县级以上人民政府履行工商行政管理职责的部门对不正当竞争行为进行查处;法律、行政法规规定由其他部门查处的,依照其规定。

第五条　【社会监督】国家鼓励、支持和保护一切组织和个人对不正当竞争行为进行社会监督。

国家机关及其工作人员不得支持、包庇不正当竞争行为。

行业组织应当加强行业自律，引导、规范会员依法竞争，维护市场竞争秩序。

第二章　不正当竞争行为

第六条　【混淆行为】经营者不得实施下列混淆行为，引人误认为是他人商品或者与他人存在特定联系：

（一）擅自使用与他人有一定影响的商品名称、包装、装潢等相同或者近似的标识；

（二）擅自使用他人有一定影响的企业名称（包括简称、字号等）、社会组织名称（包括简称等）、姓名（包括笔名、艺名、译名等）；

（三）擅自使用他人有一定影响的域名主体部分、网站名称、网页等；

（四）其他足以引人误认为是他人商品或者与他人存在特定联系的混淆行为。

> **注释**　[混淆行为的类型]
> 由经营者营业场所的装饰、营业用具的式样、营业人员的服饰等构成的具有独特风格的整体营业形象，人民法院可以认定为反不正当竞争法第六条第一项规定的"装潢"。市场主体登记管理部门依法登记的企业名称，以及在中国境内进行商业使用的境外企业名称，人民法院可以认定为反不正当竞争法第六条第二项规定的"企业名称"。有一定影响的个体工商户、农民专业合作社（联合社）以及法律、行政法规规定的其他市场主体的名称（包括简称、字号等），人民法院可以依照反不正当竞争法第六条第二项予以认定。在中国境内将有一定影响的标识用于商品、商品包装或者容器以及商品交易文书上，或者广告宣传、展览以及其他商业活动中，用于识别商品来源的行为，人民法院可以认定为反不正当竞争法第六条规定的"使用"。经营者擅自使用与他人有一定影响的企业名称（包括简称、字号等）、社会组织名称（包括简称等）、姓名（包括笔名、艺名、译名等）、域名主体部分、网站名称、网页等近似的

标识，引人误认为是他人商品或者与他人存在特定联系，当事人主张属于反不正当竞争法第六条第二项、第三项规定的情形的，人民法院应予支持。经营者实施下列混淆行为之一，足以引人误认为是他人商品或者与他人存在特定联系的，人民法院可以依照反不正当竞争法第六条第四项予以认定：（1）擅自使用反不正当竞争法第六条第一项、第二项、第三项规定以外"有一定影响的"标识；（2）将他人注册商标、未注册的驰名商标作为企业名称中的字号使用，误导公众。

[法律责任]

（1）民事责任。根据《民法典》的规定，承担民事责任的方式通常包括停止侵害、排除妨碍、消除危险、返还财产、恢复原状、修理、重作、更换、继续履行、赔偿损失、支付违约金、消除影响、恢复名誉以及赔礼道歉等。民事责任的具体承担结合本法第17条的规定。

（2）行政责任。对于不正当竞争的违法行为，视情况依法分别给予责令停止违法行为、消除影响、没收违法所得、罚款以及吊销营业执照等处罚。

（3）刑事责任。不正当竞争行为情节严重的，可能触犯的刑法罪名主要有：《刑法》第163条非国家工作人员受贿罪；第164条对非国家工作人员行贿罪、对外国公职人员、国际公共组织官员行贿罪；第213条假冒注册商标罪；第214条销售假冒注册商标的商品罪；第215条非法制造、销售非法制造的注册商标标识罪；第216条假冒专利罪；第219条侵犯商业秘密罪；第221条损害商业信誉、商品声誉罪；第385条受贿罪；第387条单位受贿罪；第389条行贿罪；第391条对单位行贿罪；第392条介绍贿赂罪；第393条单位行贿罪等。构成犯罪的，依法承担相应的刑事责任。

参见 本法第18条；《商标法》第3、10、11、57条；《商标法实施条例》第76条；《产品质量法》第5、14、27、53条；《反垄断法》第55条；《最高人民法院关于适用〈中华人民共和国反不正当竞争法〉若干问题的解释》

第七条　【商业贿赂与正当回扣】 经营者不得采用财物或者其他手段贿赂下列单位或者个人，以谋取交易机会或者竞争优势：

（一）交易相对方的工作人员；

（二）受交易相对方委托办理相关事务的单位或者个人；

（三）利用职权或者影响力影响交易的单位或者个人。

经营者在交易活动中，可以以明示方式向交易相对方支付折扣，或者向中间人支付佣金。经营者向交易相对方支付折扣、向中间人支付佣金的，应当如实入账。接受折扣、佣金的经营者也应当如实入账。

经营者的工作人员进行贿赂的，应当认定为经营者的行为；但是，经营者有证据证明该工作人员的行为与为经营者谋取交易机会或者竞争优势无关的除外。

注释　[商业贿赂]

1. 概念：商业贿赂，是指经营者为销售或者购买商品而采用财物或者其他手段贿赂对方单位或者个人的行为。商业贿赂以争取交易机会和竞争优势为目的。

2. 特征：

（1）主体是从事商品交易的经营者，既可以是卖方，也可以是买方。

（2）商业贿赂是经营者主观上出于故意和自愿而进行的行为。

（3）从客观上的行为表现来看，商业贿赂是通过秘密的方式进行的，具有很大的隐蔽性。

（4）商业贿赂的对象是对其交易项目的成交具有决定性影响的单位或者个人。包括交易相对方的工作人员以及受交易相对方委托的单位和个人，还有利用职权和影响力影响交易的单位和个人。另外，本条还规定了一个经营者如果他的工作人员向别人行贿，都应当视为经营者行贿的行为，除非单位能够证明工作人员的行贿行为与为经营者谋取交易机会或者竞争优势无关。

（5）向有关人员支付的款项或者提供的优惠违反了国家有关财务、会计及廉政等方面的法律、法规的规定，超出了一般性商业惯例中提供的优惠。

(6) 商业贿赂的形式多样。回扣是商业贿赂的典型形式。除了金钱回扣之外，还有提供免费度假、国内外旅游、房屋装修、高档宴席、色情服务、赠送昂贵物品，以及解决子女或亲属入学、就业等许多方式。

参见 本法第19条；《关于禁止商业贿赂行为的暂行规定》

第八条 【禁止虚假或误解宣传】经营者不得对其商品的性能、功能、质量、销售状况、用户评价、曾获荣誉等作虚假或者引人误解的商业宣传，欺骗、误导消费者。

经营者不得通过组织虚假交易等方式，帮助其他经营者进行虚假或者引人误解的商业宣传。

注释 [引人误解的商业宣传]

经营者在商业宣传过程中，提供不真实的商品相关信息，欺骗、误导相关公众的，人民法院应当认定为反不正当竞争法第八条第一款规定的虚假的商业宣传。经营者具有下列行为之一，欺骗、误导相关公众的，人民法院可以认定为反不正当竞争法第八条第一款规定的"引人误解的商业宣传"：(1) 对商品作片面的宣传或者对比；(2) 将科学上未定论的观点、现象等当作定论的事实用于商品宣传；(3) 使用歧义性语言进行商业宣传；(4) 其他足以引人误解的商业宣传行为。人民法院应当根据日常生活经验、相关公众一般注意力、发生误解的事实和被宣传对象的实际情况等因素，对引人误解的商业宣传行为进行认定。当事人主张经营者违反反不正当竞争法第八条第一款的规定并请求赔偿损失的，应当举证证明其因虚假或者引人误解的商业宣传行为受到损失。

[组织虚假交易]

本条增加了禁止"组织虚假交易"的规定。我国电子商务发展迅猛，电商之间竞争加剧，在眼花缭乱的各种商品中，看销售量下单成为很多人的购物习惯，也因此催生了大量的"刷单""炒信"行为，甚至形成了专业的黑色产业链。本条规定的增加，使得帮助他人刷单炒信、删除差评、虚构交易、开展虚假荣誉评比等行为，将受到查处。

案例 1. 广州王老吉大健康产业有限公司诉加多宝（中国）饮料有限公司虚假宣传纠纷案（最高人民法院指导案例161号）

案件适用要点：人民法院认定广告是否构成反不正当竞争法规定的虚假宣传行为，应结合相关广告语的内容是否有歧义，是否易使相关公众产生误解以及行为人是否有虚假宣传的过错等因素判断。一方当事人基于双方曾经的商标使用许可合同关系以及自身为提升相关商标商誉所做出的贡献等因素，发布涉案广告语，告知消费者基本事实，符合客观情况，不存在易使相关公众误解的可能，也不存在不当地占用相关商标的知名度和良好商誉的过错，不构成反不正当竞争法规定的虚假宣传行为。

2. "喜剧之王"不正当竞争纠纷案——作品名称权益的保护（人民法院反不正当竞争典型案例）

案例裁判要点：本案是制止仿冒混淆及虚假宣传行为的典型案例。人民法院在审查判断涉案电影作品名称知名度的过程中，不仅全面审查了其在香港影院上映期间的票房收入、宣传力度的相关证据，还充分考虑了涉案电影从院线下架后的线上播放量、光盘销售量，相关媒体对于电影持续报道、推介程度等因素，有力制止了电影市场竞争中的"搭便车"行为。本案是人民法院为深入推进粤港澳大湾区建设提供有力司法服务和保障的生动实践。

参见 本法第20条；《刑法》第222条；《消费者权益保护法》第45条；《产品质量法》第59条；《广告法》第28条、第55条、第56条；《最高人民法院关于适用〈中华人民共和国反不正当竞争法〉若干问题的解释》

第九条 【不得侵犯商业秘密】经营者不得实施下列侵犯商业秘密的行为：

（一）以盗窃、贿赂、欺诈、胁迫、电子侵入或者其他不正当手段获取权利人的商业秘密；

（二）披露、使用或者允许他人使用以前项手段获取的权利人的商业秘密；

（三）违反保密义务或者违反权利人有关保守商业秘密的要求，

披露、使用或者允许他人使用其所掌握的商业秘密；

（四）教唆、引诱、帮助他人违反保密义务或者违反权利人有关保守商业秘密的要求，获取、披露、使用或者允许他人使用权利人的商业秘密。

经营者以外的其他自然人、法人和非法人组织实施前款所列违法行为的，视为侵犯商业秘密。

第三人明知或者应知商业秘密权利人的员工、前员工或者其他单位、个人实施本条第一款所列违法行为，仍获取、披露、使用或者允许他人使用该商业秘密的，视为侵犯商业秘密。

本法所称的商业秘密，是指不为公众所知悉、具有商业价值并经权利人采取相应保密措施的技术信息、经营信息等商业信息。

注释 [商业秘密的概念]

商业秘密，是指不为公众所知悉、具有商业价值并经权利人采取相应保密措施的技术信息、经营信息等商业信息。

[技术信息]

与技术有关的结构、原料、组分、配方、材料、样品、样式、植物新品种繁殖材料、工艺、方法或其步骤、算法、数据、计算机程序及其有关文档等信息，人民法院可以认定构成反不正当竞争法第九条第四款所称的技术信息。

[经营信息]

与经营活动有关的创意、管理、销售、财务、计划、样本、招投标材料、客户信息、数据等信息，人民法院可以认定构成反不正当竞争法第九条第四款所称的经营信息。客户信息，包括客户的名称、地址、联系方式以及交易习惯、意向、内容等信息。

[不为公众所知悉]

权利人请求保护的信息在被诉侵权行为发生时不为所属领域的相关人员普遍知悉和容易获得的，人民法院应当认定为反不正当竞争法第九条第四款所称的不为公众所知悉。

具有下列情形之一的，人民法院可以认定有关信息为公众所知悉：（1）该信息在所属领域属于一般常识或者行业惯例的；（2）该信息仅涉及产品的尺寸、结构、材料、部件的简单组合等内容,所属领域的相关人员通过观察上市产品即可直接获得的;(3)该信息已经在公开出版物或者其他媒体上公开披露的;(4)该信息已通过公开的报告会、展览等方式公开的;(5)所属领域的相关人员从其他公开渠道可以获得该信息的。

[采取了相应保密措施]

具有下列情形之一,在正常情况下足以防止商业秘密泄露的,人民法院应当认定权利人采取了相应保密措施:(1)签订保密协议或者在合同中约定保密义务的;(2)通过章程、培训、规章制度、书面告知等方式,对能够接触、获取商业秘密的员工、前员工、供应商、客户、来访者等提出保密要求的;(3)对涉密的厂房、车间等生产经营场所限制来访者或者进行区分管理的;(4)以标记、分类、隔离、加密、封存、限制能够接触或者获取的人员范围等方式,对商业秘密及其载体进行区分和管理的;(5)对能够接触、获取商业秘密的计算机设备、电子设备、网络设备、存储设备、软件等,采取禁止或者限制使用、访问、存储、复制等措施的;(6)要求离职员工登记、返还、清除、销毁其接触或者获取的商业秘密及其载体,继续承担保密义务的;(7)采取其他合理保密措施的。

参见 本法第21条;《反垄断法》第49条、第60条;《最高人民法院关于适用〈中华人民共和国反不正当竞争法〉若干问题的解释》;《最高人民法院关于审理侵犯商业秘密民事案件适用法律若干问题的规定》

第十条 【有奖销售禁止情形】经营者进行有奖销售不得存在下列情形:

(一)所设奖的种类、兑奖条件、奖金金额或者奖品等有奖销售信息不明确,影响兑奖;

(二)采用谎称有奖或者故意让内定人员中奖的欺骗方式进行有奖销售;

(三)抽奖式的有奖销售,最高奖的金额超过五万元。

注释 ［有奖销售行为］

1. 有奖销售，是指经营者销售商品或者提供服务，附带性地向购买者提供物品、金钱或者其他经济上的利益的行为。

2. 行为方式：包括奖励所有购买者的附赠式有奖销售和奖励部分购买者的抽奖式有奖销售。

［不正当有奖销售行为］

行为方式主要有：

1. 影响兑奖。所设奖的种类、兑奖条件、奖金金额或者奖品等有奖销售信息不明确。

2. 欺骗性有奖销售行为。如谎称有奖；故意让内定人员中奖等。

3. 巨奖销售。抽奖式的有奖销售，最高奖的金额不得超过50000元。以非现金的物品或者其他经济利益作奖励的，按照同期市场同类商品或者服务的正常价格折算其金额。

参见 本法第22条

案例 "微信抽奖"有奖销售行政处罚案——违法有奖销售行为的认定（人民法院反不正当竞争典型案例）

案例裁判要点： 本案是规制不正当有奖销售行为的典型案例。判决立足反不正当竞争法的立法目的，认定以截取流量、获取竞争优势为目的的微信抽奖活动属于有奖销售，并依法支持行政机关对奖品信息不明确，实际奖品与发布的图片不一致，欺诈消费者的有奖销售行为认定为不正当竞争行为并进行行政处罚，对建立诚实信用、公平有序的互联网服务市场秩序，保护消费者利益具有积极意义。

第十一条 【**不得损害商誉**】经营者不得编造、传播虚假信息或者误导性信息，损害竞争对手的商业信誉、商品声誉。

注释 ［商誉］

1. 商誉，是指社会公众对某一生产经营者的生产经营管理水平、资信状况、商品和服务质量等的综合评价。

2. 特征：（1）商誉是一种无形资产，包含着巨大的财产利益；（2）商誉依附于企业，不能离开企业整体而单独存在；（3）商誉是顾客（包括潜在顾客）对企业的整体客观评价；（4）商誉形成缓慢，丧失迅速。

[商业诽谤行为]

1. 商业诽谤行为，是指经营者自己或利用他人，通过捏造、散布虚假事实等不正当手段，对竞争对手的商业信誉、商品声誉进行恶意的诋毁、贬低，以削弱其市场竞争能力，并为自己谋取不正当利益的行为。

2. 表现形式。一是利用口头或书面的形式制造、散布诋毁、贬低他人的虚假信息；二是以片面性的、夸张性的不当说法影射他人的商业信誉或产品声誉，达到贬低他人商誉的目的。

3. 构成要件。（1）主体是本法规定的经营者，即从事商品生产、经营或者提供服务的自然人、法人和非法人组织；（2）主观方面为故意，而不是过失；（3）客体是特定经营者即作为行为人竞争对手的经营者的商业信誉、商品声誉；（4）客观方面表现为编造、传播虚假信息或者误导性信息，对竞争对手的商业信誉、商品声誉进行诋毁、贬低，给其造成或可能造成一定的损害后果。

案例 "不粘锅"商业诋毁纠纷案——商业诋毁行为的认定（人民法院反不正当竞争典型案例）

案例裁判要点：本案是规制经营者实施商业诋毁行为的典型案例。涉案商业诋毁行为的传播渠道既包括传统媒体，也包括微博、直播等网络途径。本案从裁判内容到判决执行乃至采取司法处罚等各环节，充分体现了人民法院依法严厉制裁商业诋毁行为、维护公平竞争市场秩序的司法导向。

第十二条 【互联网不正当竞争行为】 经营者利用网络从事生产经营活动，应当遵守本法的各项规定。

经营者不得利用技术手段，通过影响用户选择或者其他方式，实施下列妨碍、破坏其他经营者合法提供的网络产品或者服务正常运行的行为：

（一）未经其他经营者同意，在其合法提供的网络产品或者服务中，插入链接、强制进行目标跳转；

(二) 误导、欺骗、强迫用户修改、关闭、卸载其他经营者合法提供的网络产品或者服务;

(三) 恶意对其他经营者合法提供的网络产品或者服务实施不兼容;

(四) 其他妨碍、破坏其他经营者合法提供的网络产品或者服务正常运行的行为。

注释 经营者不得利用网络实施下列混淆行为,引人误以为是他人商品或者与他人存在特定联系:(一) 擅自使用与他人有一定影响的域名主体部分、网站名称、网页等相同或者近似的标识;(二) 擅自将他人有一定影响的商品名称、企业名称(包括简称、字号等)、社会组织名称(包括简称等)、姓名(包括笔名、艺名、译名等)作为域名主体部分等网络经营活动标识;(三) 擅自使用与他人有一定影响的应用软件、网店、客户端、小程序、公众号、游戏界面等的页面设计、名称、图标、形状等相同或者近似的标识;(四) 擅自使用他人有一定影响的网络代称、网络符号、网络简称等标识;(五) 生产销售足以引人误认为是他人商品或者与他人存在特定联系的商品;(六) 通过提供网络经营场所等便利条件,与其他经营者共同实施混淆行为;(七) 其他利用网络实施的足以引人误认为是他人商品或者与他人存在特定联系的混淆行为。

经营者不得采取下列方式,对商品生产经营主体以及商品性能、功能、质量、来源、曾获荣誉、资格资质等作虚假或者引人误解的商业宣传,欺骗、误导消费者或者相关公众:(一) 通过网站、客户端、小程序、公众号等进行展示、演示、说明、解释、推介或者文字标注;(二) 通过直播、平台推荐、网络文案等方式,实施商业营销活动;(三) 通过热搜、热评、热转、榜单等方式,实施商业营销活动;(四) 其他虚假或者引人误解的商业宣传。

经营者不得实施下列行为,对商品生产经营主体以及商品销售状况、交易信息、经营数据、用户评价等作虚假或者引人误解的商业宣传,欺骗、误导消费者或者相关公众:(一) 虚假交易、虚假排名;(二) 虚构交易额、成交量、预约量等与经营有关的数据信息；（三）采用谎称现货、虚构预订、虚假抢购等方式进行营销；（四）编造用户评价，或者采用误导性展示等方式隐匿差评、将好评前置、差评后置、不显著区分不同商品的评价等；（五）以返现、红包、卡券等方式利诱用户作出指定好评、点赞、定向投票等互动行为；（六）虚构收藏量、点击量、关注量、点赞量、阅读量、订阅量、转发量等流量数据；（七）虚构投票量、收听量、观看量、播放量、票房、收视率等互动数据；（八）虚构升学率、考试通过率、就业率等教育培训效果；（九）采用伪造口碑、炮制话题、制造虚假舆论热点、虚构网络就业者收入等方式进行营销；（十）其他虚假或者引人误解的商业宣传行为。

经营者不得利用网络编造、传播虚假信息或者误导性信息，实施下列损害或者可能损害竞争对手的商业信誉、商品声誉的行为：（一）组织、指使他人对竞争对手的商品进行恶意评价；（二）利用或者组织、指使他人通过网络散布虚假或者误导性信息；（三）利用网络传播含有虚假或者误导性信息的风险提示、告客户书、警告函或者举报信等；（四）其他编造、传播虚假或者误导性信息，损害竞争对手商业信誉、商品声誉的行为。

未经其他经营者同意，经营者不得利用技术手段，实施下列插入链接或者强制进行目标跳转等行为，妨碍、破坏其他经营者合法提供的网络产品或者服务正常运行：（一）在其他经营者合法提供的网络产品或者服务中，插入跳转链接、嵌入自己或者他人的产品或者服务；（二）利用关键词联想、设置虚假操作选项等方式，设置指向自身产品或者服务的链接，欺骗或者误导用户点击；（三）其他插入链接或者强制进行目标跳转的行为。

参见 《网络反不正当竞争暂行规定》

案例 "App唤醒策略"不正当竞争纠纷案——网络不正当竞争行为的认定（人民法院反不正当竞争典型案例）

案例裁判要点：本案是规范互联网不正当竞争行为的典型案例。秉持对经营者利益、消费者利益及社会公共利益应当予以一体保护的精神，依法认定涉案被诉行为构成不正当竞争，有力制止了非法干扰他人软件运行的互联网不正当竞争行为，促进了科技金融服务市场电子收付领域的效率与安全。

第三章 对涉嫌不正当竞争行为的调查

第十三条 【监督检查措施】监督检查部门调查涉嫌不正当竞争行为，可以采取下列措施：

（一）进入涉嫌不正当竞争行为的经营场所进行检查；

（二）询问被调查的经营者、利害关系人及其他有关单位、个人，要求其说明有关情况或者提供与被调查行为有关的其他资料；

（三）查询、复制与涉嫌不正当竞争行为有关的协议、账簿、单据、文件、记录、业务函电和其他资料；

（四）查封、扣押与涉嫌不正当竞争行为有关的财物；

（五）查询涉嫌不正当竞争行为的经营者的银行账户。

采取前款规定的措施，应当向监督检查部门主要负责人书面报告，并经批准。采取前款第四项、第五项规定的措施，应当向设区的市级以上人民政府监督检查部门主要负责人书面报告，并经批准。

监督检查部门调查涉嫌不正当竞争行为，应当遵守《中华人民共和国行政强制法》和其他有关法律、行政法规的规定，并应当将查处结果及时向社会公开。

注释 监督检查调查涉嫌不正当竞争行为的措施包括：

1. 进入经营场所检查。监督检查部门在调查不正当竞争行为时，有权进入涉嫌不正当竞争行为的经营场所进行检查。

2. 询问相关人员。监督检查部门有权询问被调查的经营者、利害关系人及其他有关单位、个人，并要求说明情况及提供证明材料或者与涉嫌不正当竞争行为有关的其他资料。

3. 查询、复制相关资料。监督检查部门有权查询、复制与不正当竞争行为有关的协议、账簿、单据、文件、记录、业务函电等，以提取书证或有关视听资料。

4. 查封、扣押相关财物。监督检查部门有权查封、扣押与涉嫌不正当竞争行为有关的财物，以提取物证及制作现场笔录。

5. 查询银行账户。监督检查部门有权查询涉嫌不正当竞争行为的经营者的银行账户及与存款有关的会计凭证、账簿、对账单等。

本条第2款对采取相关调查措施规定了书面报告制度。即采取调查措施,应当向监督检查部门主要负责人书面报告,采取查封、扣押相关财物以及查询银行账户的措施,应当向设区的市级以上人民政府监督检查部门主要负责人书面报告,并经批准。这是因为,一些措施如查封、扣押财物和查询银行账户等,对企业生产经营活动影响很大,应当对其实施予以慎重。

本条第3款规定了监督检查部门采取调查措施时,应当遵守相关法律、行政法规的规定,如《行政强制法》,并应当将查处结果及时向社会公开,满足公众的知情权。

第十四条　【被调查者义务】 监督检查部门调查涉嫌不正当竞争行为,被调查的经营者、利害关系人及其他有关单位、个人应当如实提供有关资料或者情况。

第十五条　【检查人员部门及保密义务】 监督检查部门及其工作人员对调查过程中知悉的商业秘密负有保密义务。

第十六条　【举报制度】 对涉嫌不正当竞争行为,任何单位和个人有权向监督检查部门举报,监督检查部门接到举报后应当依法及时处理。

监督检查部门应当向社会公开受理举报的电话、信箱或者电子邮件地址,并为举报人保密。对实名举报并提供相关事实和证据的,监督检查部门应当将处理结果告知举报人。

第四章　法律责任

第十七条　【民事赔偿及范围】 经营者违反本法规定,给他人造成损害的,应当依法承担民事责任。

经营者的合法权益受到不正当竞争行为损害的,可以向人民法院提起诉讼。

因不正当竞争行为受到损害的经营者的赔偿数额,按照其因被侵权所受到的实际损失确定;实际损失难以计算的,按照侵权人因侵权所获得的利益确定。经营者恶意实施侵犯商业秘密行为，情节严重的，可以在按照上述方法确定数额的一倍以上五倍以下确定赔偿数额。赔偿数额还应当包括经营者为制止侵权行为所支付的合理开支。

经营者违反本法第六条、第九条规定，权利人因被侵权所受到的实际损失、侵权人因侵权所获得的利益难以确定的，由人民法院根据侵权行为的情节判决给予权利人五百万元以下的赔偿。

注释 赔偿额的计算标准主要有两种：（1）被侵权人在被侵权期间因被侵权所受到的实际损失。（2）实际损失难以计算的，按照侵权人因侵权所获得的利益确定。赔偿数额应当包括经营者为制止侵权行为所支付的合理开支。

第十八条　【混淆行为的责任】 经营者违反本法第六条规定实施混淆行为的，由监督检查部门责令停止违法行为，没收违法商品。违法经营额五万元以上的，可以并处违法经营额五倍以下的罚款；没有违法经营额或者违法经营额不足五万元的，可以并处二十五万元以下的罚款。情节严重的，吊销营业执照。

经营者登记的企业名称违反本法第六条规定的，应当及时办理名称变更登记；名称变更前，由原企业登记机关以统一社会信用代码代替其名称。

第十九条　【商业贿赂的责任】 经营者违反本法第七条规定贿赂他人的，由监督检查部门没收违法所得，处十万元以上三百万元以下的罚款。情节严重的，吊销营业执照。

第二十条　【虚假或误解宣传的责任】 经营者违反本法第八条规定对其商品作虚假或者引人误解的商业宣传，或者通过组织虚假交易等方式帮助其他经营者进行虚假或者引人误解的商业宣传的，由监督检查部门责令停止违法行为，处二十万元以上一百万元以下的罚款；情节严重的，处一百万元以上二百万元以下的罚款，可以吊销营业执照。

经营者违反本法第八条规定，属于发布虚假广告的，依照《中华人民共和国广告法》的规定处罚。

第二十一条　【侵犯商业秘密的责任】经营者以及其他自然人、法人和非法人组织违反本法第九条规定侵犯商业秘密的，由监督检查部门责令停止违法行为，没收违法所得，处十万元以上一百万元以下的罚款；情节严重的，处五十万元以上五百万元以下的罚款。

第二十二条　【违法有奖销售的责任】经营者违反本法第十条规定进行有奖销售的，由监督检查部门责令停止违法行为，处五万元以上五十万元以下的罚款。

第二十三条　【损害商誉的责任】经营者违反本法第十一条规定损害竞争对手商业信誉、商品声誉的，由监督检查部门责令停止违法行为、消除影响，处十万元以上五十万元以下的罚款；情节严重的，处五十万元以上三百万元以下的罚款。

第二十四条　【互联网不正当竞争行为的责任】经营者违反本法第十二条规定妨碍、破坏其他经营者合法提供的网络产品或者服务正常运行的，由监督检查部门责令停止违法行为，处十万元以上五十万元以下的罚款；情节严重的，处五十万元以上三百万元以下的罚款。

第二十五条　【从轻、减轻或免除处罚】经营者违反本法规定从事不正当竞争，有主动消除或者减轻违法行为危害后果等法定情形的，依法从轻或者减轻行政处罚；违法行为轻微并及时纠正，没有造成危害后果的，不予行政处罚。

第二十六条　【信用记录及公示】经营者违反本法规定从事不正当竞争，受到行政处罚的，由监督检查部门记入信用记录，并依照有关法律、行政法规的规定予以公示。

第二十七条　【民事责任优先】经营者违反本法规定，应当承担民事责任、行政责任和刑事责任，其财产不足以支付的，优先用于承担民事责任。

第二十八条　【妨害监督检查的责任】妨害监督检查部门依照本法履行职责，拒绝、阻碍调查的，由监督检查部门责令改正，对个人可以处五千元以下的罚款，对单位可以处五万元以下的罚款，并可以由公安机关依法给予治安管理处罚。

第二十九条　【被处罚者的法律救济】当事人对监督检查部门

作出的决定不服的，可以依法申请行政复议或者提起行政诉讼。

第三十条 【检查人员违法的责任】监督检查部门的工作人员滥用职权、玩忽职守、徇私舞弊或者泄露调查过程中知悉的商业秘密的，依法给予处分。

第三十一条 【刑事责任】违反本法规定，构成犯罪的，依法追究刑事责任。

第三十二条 【侵犯商业秘密案件的证据规则】在侵犯商业秘密的民事审判程序中，商业秘密权利人提供初步证据，证明其已经对所主张的商业秘密采取保密措施，且合理表明商业秘密被侵犯，涉嫌侵权人应当证明权利人所主张的商业秘密不属于本法规定的商业秘密。

商业秘密权利人提供初步证据合理表明商业秘密被侵犯，且提供以下证据之一的，涉嫌侵权人应当证明其不存在侵犯商业秘密的行为：

（一）有证据表明涉嫌侵权人有渠道或者机会获取商业秘密，且其使用的信息与该商业秘密实质上相同；

（二）有证据表明商业秘密已经被涉嫌侵权人披露、使用或者有被披露、使用的风险；

（三）有其他证据表明商业秘密被涉嫌侵权人侵犯。

注释 根据《最高人民法院关于审理侵犯商业秘密民事案件适用法律若干问题的规定》，被诉侵权信息与商业秘密不存在实质性区别的，人民法院可以认定被诉侵权信息与商业秘密构成反不正当竞争法第三十二条第二款所称的实质上相同。

人民法院认定是否构成上述所称的实质上相同，可以考虑下列因素：

（1）被诉侵权信息与商业秘密的异同程度；

（2）所属领域的相关人员在被诉侵权行为发生时是否容易想到被诉侵权信息与商业秘密的区别；

（3）被诉侵权信息与商业秘密的用途、使用方式、目的、效果等是否具有实质性差异；

（4）公有领域中与商业秘密相关信息的情况；

(5) 需要考虑的其他因素。

第五章 附　　则

第三十三条　【实施日期】本法自 2018 年 1 月 1 日起施行。

最高人民法院关于适用《中华人民共和国反不正当竞争法》若干问题的解释

（2022 年 1 月 29 日最高人民法院审判委员会第 1862 次会议通过　2022 年 3 月 16 日最高人民法院公告公布　自 2022 年 3 月 20 日起施行　法释〔2022〕9 号）

为正确审理因不正当竞争行为引发的民事案件，根据《中华人民共和国民法典》《中华人民共和国反不正当竞争法》《中华人民共和国民事诉讼法》等有关法律规定，结合审判实践，制定本解释。

第一条　经营者扰乱市场竞争秩序，损害其他经营者或者消费者合法权益，且属于违反反不正当竞争法第二章及专利法、商标法、著作权法等规定之外情形的，人民法院可以适用反不正当竞争法第二条予以认定。

第二条　与经营者在生产经营活动中存在可能的争夺交易机会、损害竞争优势等关系的市场主体，人民法院可以认定为反不正当竞争法第二条规定的"其他经营者"。

第三条　特定商业领域普遍遵循和认可的行为规范，人民法院可以认定为反不正当竞争法第二条规定的"商业道德"。

人民法院应当结合案件具体情况，综合考虑行业规则或者商业惯例、经营者的主观状态、交易相对人的选择意愿、对消费者权益、市场竞争秩序、社会公共利益的影响等因素,依法判断经营者是否违反商业道德。

人民法院认定经营者是否违反商业道德时,可以参考行业主管部门、行业协会或者自律组织制定的从业规范、技术规范、自律公约等。

第四条 具有一定的市场知名度并具有区别商品来源的显著特征的标识,人民法院可以认定为反不正当竞争法第六条规定的"有一定影响的"标识。

人民法院认定反不正当竞争法第六条规定的标识是否具有一定的市场知名度,应当综合考虑中国境内相关公众的知悉程度,商品销售的时间、区域、数额和对象,宣传的持续时间、程度和地域范围,标识受保护的情况等因素。

第五条 反不正当竞争法第六条规定的标识有下列情形之一的,人民法院应当认定其不具有区别商品来源的显著特征:

(一)商品的通用名称、图形、型号;

(二)仅直接表示商品的质量、主要原料、功能、用途、重量、数量及其他特点的标识;

(三)仅由商品自身的性质产生的形状,为获得技术效果而需有的商品形状以及使商品具有实质性价值的形状;

(四)其他缺乏显著特征的标识。

前款第一项、第二项、第四项规定的标识经过使用取得显著特征,并具有一定的市场知名度,当事人请求依据反不正当竞争法第六条规定予以保护的,人民法院应予支持。

第六条 因客观描述、说明商品而正当使用下列标识,当事人主张属于反不正当竞争法第六条规定的情形的,人民法院不予支持:

(一)含有本商品的通用名称、图形、型号;

(二)直接表示商品的质量、主要原料、功能、用途、重量、数量以及其他特点;

(三)含有地名。

第七条 反不正当竞争法第六条规定的标识或者其显著识别部

分属于商标法第十条第一款规定的不得作为商标使用的标志,当事人请求依据反不正当竞争法第六条规定予以保护的,人民法院不予支持。

第八条 由经营者营业场所的装饰、营业用具的式样、营业人员的服饰等构成的具有独特风格的整体营业形象,人民法院可以认定为反不正当竞争法第六条第一项规定的"装潢"。

第九条 市场主体登记管理部门依法登记的企业名称,以及在中国境内进行商业使用的境外企业名称,人民法院可以认定为反不正当竞争法第六条第二项规定的"企业名称"。

有一定影响的个体工商户、农民专业合作社(联合社)以及法律、行政法规规定的其他市场主体的名称(包括简称、字号等),人民法院可以依照反不正当竞争法第六条第二项予以认定。

第十条 在中国境内将有一定影响的标识用于商品、商品包装或者容器以及商品交易文书上,或者广告宣传、展览以及其他商业活动中,用于识别商品来源的行为,人民法院可以认定为反不正当竞争法第六条规定的"使用"。

第十一条 经营者擅自使用与他人有一定影响的企业名称(包括简称、字号等)、社会组织名称(包括简称等)、姓名(包括笔名、艺名、译名等)、域名主体部分、网站名称、网页等近似的标识,引人误认为是他人商品或者与他人存在特定联系,当事人主张属于反不正当竞争法第六条第二项、第三项规定的情形的,人民法院应予支持。

第十二条 人民法院认定与反不正当竞争法第六条规定的"有一定影响的"标识相同或者近似,可以参照商标相同或者近似的判断原则和方法。

反不正当竞争法第六条规定的"引人误认为是他人商品或者与他人存在特定联系",包括误认为与他人具有商业联合、许可使用、商业冠名、广告代言等特定联系。

在相同商品上使用相同或者视觉上基本无差别的商品名称、包装、装潢等标识,应当视为足以造成与他人有一定影响的标识相混淆。

第十三条 经营者实施下列混淆行为之一,足以引人误认为是他人商品或者与他人存在特定联系的,人民法院可以依照反不正当竞争法第六条第四项予以认定:

(一)擅自使用反不正当竞争法第六条第一项、第二项、第三项规定以外"有一定影响的"标识;

(二)将他人注册商标、未注册的驰名商标作为企业名称中的字号使用,误导公众。

第十四条 经营者销售带有违反反不正当竞争法第六条规定的标识的商品,引人误认为是他人商品或者与他人存在特定联系,当事人主张构成反不正当竞争法第六条规定的情形的,人民法院应予支持。

销售不知道是前款规定的侵权商品,能证明该商品是自己合法取得并说明提供者,经营者主张不承担赔偿责任的,人民法院应予支持。

第十五条 故意为他人实施混淆行为提供仓储、运输、邮寄、印制、隐匿、经营场所等便利条件,当事人请求依据民法典第一千一百六十九条第一款予以认定的,人民法院应予支持。

第十六条 经营者在商业宣传过程中,提供不真实的商品相关信息,欺骗、误导相关公众的,人民法院应当认定为反不正当竞争法第八条第一款规定的虚假的商业宣传。

第十七条 经营者具有下列行为之一,欺骗、误导相关公众的,人民法院可以认定为反不正当竞争法第八条第一款规定的"引人误解的商业宣传":

(一)对商品作片面的宣传或者对比;

(二)将科学上未定论的观点、现象等当作定论的事实用于商品宣传;

(三)使用歧义性语言进行商业宣传;

(四)其他足以引人误解的商业宣传行为。

人民法院应当根据日常生活经验、相关公众一般注意力、发生误解的事实和被宣传对象的实际情况等因素,对引人误解的商业宣传行为进行认定。

第十八条 当事人主张经营者违反反不正当竞争法第八条第一款的规定并请求赔偿损失的,应当举证证明其因虚假或者引人误解的商业宣传行为受到损失。

第十九条 当事人主张经营者实施了反不正当竞争法第十一条规定的商业诋毁行为的,应当举证证明其为该商业诋毁行为的特定损害对象。

第二十条 经营者传播他人编造的虚假信息或者误导性信息,损害竞争对手的商业信誉、商品声誉的,人民法院应当依照反不正当竞争法第十一条予以认定。

第二十一条 未经其他经营者和用户同意而直接发生的目标跳转,人民法院应当认定为反不正当竞争法第十二条第二款第一项规定的"强制进行目标跳转"。

仅插入链接,目标跳转由用户触发的,人民法院应当综合考虑插入链接的具体方式、是否具有合理理由以及对用户利益和其他经营者利益的影响等因素,认定该行为是否违反反不正当竞争法第十二条第二款第一项的规定。

第二十二条 经营者事前未明确提示并经用户同意,以误导、欺骗、强迫用户修改、关闭、卸载等方式,恶意干扰或者破坏其他经营者合法提供的网络产品或者服务,人民法院应当依照反不正当竞争法第十二条第二款第二项予以认定。

第二十三条 对于反不正当竞争法第二条、第八条、第十一条、第十二条规定的不正当竞争行为,权利人因被侵权所受到的实际损失、侵权人因侵权所获得的利益难以确定,当事人主张依据反不正当竞争法第十七条第四款确定赔偿数额的,人民法院应予支持。

第二十四条 对于同一侵权人针对同一主体在同一时间和地域范围实施的侵权行为,人民法院已经认定侵害著作权、专利权或者注册商标专用权等并判令承担民事责任,当事人又以该行为构成不正当竞争为由请求同一侵权人承担民事责任的,人民法院不予支持。

第二十五条 依据反不正当竞争法第六条的规定,当事人主张判令被告停止使用或者变更其企业名称的诉讼请求依法应予支持的,人民法院应当判令停止使用该企业名称。

第二十六条 因不正当竞争行为提起的民事诉讼,由侵权行为地或者被告住所地人民法院管辖。

当事人主张仅以网络购买者可以任意选择的收货地作为侵权行为地的,人民法院不予支持。

第二十七条 被诉不正当竞争行为发生在中华人民共和国领域外,但侵权结果发生在中华人民共和国领域内,当事人主张由该侵权结果发生地人民法院管辖的,人民法院应予支持。

第二十八条 反不正当竞争法修改决定施行以后人民法院受理的不正当竞争民事案件,涉及该决定施行前发生的行为的,适用修改前的反不正当竞争法;涉及该决定施行前发生、持续到该决定施行以后的行为的,适用修改后的反不正当竞争法。

第二十九条 本解释自2022年3月20日起施行。《最高人民法院关于审理不正当竞争民事案件应用法律若干问题的解释》(法释〔2007〕2号)同时废止。

本解释施行以后尚未终审的案件,适用本解释;施行以前已经终审的案件,不适用本解释再审。

最高人民法院关于审理侵犯商业秘密民事案件适用法律若干问题的规定

(2020年8月24日最高人民法院审判委员会第1810次会议通过 2020年9月10日最高人民法院公告公布 自2020年9月12日起施行 法释〔2020〕7号)

为正确审理侵犯商业秘密民事案件,根据《中华人民共和国反不正当竞争法》《中华人民共和国民事诉讼法》等有关法律规定,结合审判实际,制定本规定。

第一条 与技术有关的结构、原料、组分、配方、材料、样品、样式、植物新品种繁殖材料、工艺、方法或其步骤、算法、数据、计算机程序及其有关文档等信息,人民法院可以认定构成反不正当竞争法第九条第四款所称的技术信息。

与经营活动有关的创意、管理、销售、财务、计划、样本、招投标材料、客户信息、数据等信息,人民法院可以认定构成反不正当竞争法第九条第四款所称的经营信息。

前款所称的客户信息,包括客户的名称、地址、联系方式以及交易习惯、意向、内容等信息。

第二条 当事人仅以与特定客户保持长期稳定交易关系为由,主张该特定客户属于商业秘密的,人民法院不予支持。

客户基于对员工个人的信赖而与该员工所在单位进行交易,该员工离职后,能够证明客户自愿选择与该员工或者该员工所在的新单位进行交易的,人民法院应当认定该员工没有采用不正当手段获取权利人的商业秘密。

第三条 权利人请求保护的信息在被诉侵权行为发生时不为所

属领域的相关人员普遍知悉和容易获得的,人民法院应当认定为反不正当竞争法第九条第四款所称的不为公众所知悉。

第四条 具有下列情形之一的,人民法院可以认定有关信息为公众所知悉:

(一)该信息在所属领域属于一般常识或者行业惯例的;

(二)该信息仅涉及产品的尺寸、结构、材料、部件的简单组合等内容,所属领域的相关人员通过观察上市产品即可直接获得的;

(三)该信息已经在公开出版物或者其他媒体上公开披露的;

(四)该信息已通过公开的报告会、展览等方式公开的;

(五)所属领域的相关人员从其他公开渠道可以获得该信息的。

将为公众所知悉的信息进行整理、改进、加工后形成的新信息,符合本规定第三条规定的,应当认定该新信息不为公众所知悉。

第五条 权利人为防止商业秘密泄露,在被诉侵权行为发生以前所采取的合理保密措施,人民法院应当认定为反不正当竞争法第九条第四款所称的相应保密措施。

人民法院应当根据商业秘密及其载体的性质、商业秘密的商业价值、保密措施的可识别程度、保密措施与商业秘密的对应程度以及权利人的保密意愿等因素,认定权利人是否采取了相应保密措施。

第六条 具有下列情形之一,在正常情况下足以防止商业秘密泄露的,人民法院应当认定权利人采取了相应保密措施:

(一)签订保密协议或者在合同中约定保密义务的;

(二)通过章程、培训、规章制度、书面告知等方式,对能够接触、获取商业秘密的员工、前员工、供应商、客户、来访者等提出保密要求的;

(三)对涉密的厂房、车间等生产经营场所限制来访者或者进行区分管理的;

(四)以标记、分类、隔离、加密、封存、限制能够接触或者获取的人员范围等方式,对商业秘密及其载体进行区分和管理的;

(五)对能够接触、获取商业秘密的计算机设备、电子设备、网络设备、存储设备、软件等,采取禁止或者限制使用、访问、存储、复制等措施的；

（六）要求离职员工登记、返还、清除、销毁其接触或者获取的商业秘密及其载体，继续承担保密义务的；

（七）采取其他合理保密措施的。

第七条 权利人请求保护的信息因不为公众所知悉而具有现实的或者潜在的商业价值的，人民法院经审查可以认定为反不正当竞争法第九条第四款所称的具有商业价值。

生产经营活动中形成的阶段性成果符合前款规定的，人民法院经审查可以认定该成果具有商业价值。

第八条 被诉侵权人以违反法律规定或者公认的商业道德的方式获取权利人的商业秘密的，人民法院应当认定属于反不正当竞争法第九条第一款所称的以其他不正当手段获取权利人的商业秘密。

第九条 被诉侵权人在生产经营活动中直接使用商业秘密，或者对商业秘密进行修改、改进后使用，或者根据商业秘密调整、优化、改进有关生产经营活动的，人民法院应当认定属于反不正当竞争法第九条所称的使用商业秘密。

第十条 当事人根据法律规定或者合同约定所承担的保密义务，人民法院应当认定属于反不正当竞争法第九条第一款所称的保密义务。

当事人未在合同中约定保密义务，但根据诚信原则以及合同的性质、目的、缔约过程、交易习惯等，被诉侵权人知道或者应当知道其获取的信息属于权利人的商业秘密的，人民法院应当认定被诉侵权人对其获取的商业秘密承担保密义务。

第十一条 法人、非法人组织的经营、管理人员以及具有劳动关系的其他人员，人民法院可以认定为反不正当竞争法第九条第三款所称的员工、前员工。

第十二条 人民法院认定员工、前员工是否有渠道或者机会获取权利人的商业秘密，可以考虑与其有关的下列因素：

（一）职务、职责、权限；

（二）承担的本职工作或者单位分配的任务；
（三）参与和商业秘密有关的生产经营活动的具体情形；
（四）是否保管、使用、存储、复制、控制或者以其他方式接触、获取商业秘密及其载体；
（五）需要考虑的其他因素。

第十三条 被诉侵权信息与商业秘密不存在实质性区别的，人民法院可以认定被诉侵权信息与商业秘密构成反不正当竞争法第三十二条第二款所称的实质上相同。

人民法院认定是否构成前款所称的实质上相同，可以考虑下列因素：
（一）被诉侵权信息与商业秘密的异同程度；
（二）所属领域的相关人员在被诉侵权行为发生时是否容易想到被诉侵权信息与商业秘密的区别；
（三）被诉侵权信息与商业秘密的用途、使用方式、目的、效果等是否具有实质性差异；
（四）公有领域中与商业秘密相关信息的情况；
（五）需要考虑的其他因素。

第十四条 通过自行开发研制或者反向工程获得被诉侵权信息的，人民法院应当认定不属于反不正当竞争法第九条规定的侵犯商业秘密行为。

前款所称的反向工程，是指通过技术手段对从公开渠道取得的产品进行拆卸、测绘、分析等而获得该产品的有关技术信息。

被诉侵权人以不正当手段获取权利人的商业秘密后，又以反向工程为由主张未侵犯商业秘密的，人民法院不予支持。

第十五条 被申请人试图或者已经以不正当手段获取、披露、使用或者允许他人使用权利人所主张的商业秘密，不采取行为保全措施会使判决难以执行或者造成当事人其他损害，或者将会使权利人的合法权益受到难以弥补的损害的，人民法院可以依法裁定采取行为保全措施。

前款规定的情形属于民事诉讼法第一百条、第一百零一条所称情况紧急的，人民法院应当在四十八小时内作出裁定。

第十六条 经营者以外的其他自然人、法人和非法人组织侵犯商业秘密，权利人依据反不正当竞争法第十七条的规定主张侵权人应当承担的民事责任的，人民法院应予支持。

第十七条 人民法院对于侵犯商业秘密行为判决停止侵害的民事责任时，停止侵害的时间一般应当持续到该商业秘密已为公众所知悉时为止。

依照前款规定判决停止侵害的时间明显不合理的，人民法院可以在依法保护权利人的商业秘密竞争优势的情况下，判决侵权人在一定期限或者范围内停止使用该商业秘密。

第十八条 权利人请求判决侵权人返还或者销毁商业秘密载体，清除其控制的商业秘密信息的，人民法院一般应予支持。

第十九条 因侵权行为导致商业秘密为公众所知悉的，人民法院依法确定赔偿数额时，可以考虑商业秘密的商业价值。

人民法院认定前款所称的商业价值，应当考虑研究开发成本、实施该项商业秘密的收益、可得利益、可保持竞争优势的时间等因素。

第二十条 权利人请求参照商业秘密许可使用费确定因被侵权所受到的实际损失的，人民法院可以根据许可的性质、内容、实际履行情况以及侵权行为的性质、情节、后果等因素确定。

人民法院依照反不正当竞争法第十七条第四款确定赔偿数额的，可以考虑商业秘密的性质、商业价值、研究开发成本、创新程度、能带来的竞争优势以及侵权人的主观过错、侵权行为的性质、情节、后果等因素。

第二十一条 对于涉及当事人或者案外人的商业秘密的证据、材料，当事人或者案外人书面申请人民法院采取保密措施的，人民法院应当在保全、证据交换、质证、委托鉴定、询问、庭审等诉讼活动中采取必要的保密措施。

违反前款所称的保密措施的要求，擅自披露商业秘密或者在诉讼活动之外使用或者允许他人使用在诉讼中接触、获取的商业秘密的，应当依法承担民事责任。构成民事诉讼法第一百一十一条规定情形的，人民法院可以依法采取强制措施。构成犯罪的，依法追究刑事责任。

第二十二条 人民法院审理侵犯商业秘密民事案件时，对在侵犯商业秘密犯罪刑事诉讼程序中形成的证据，应当按照法定程序，全面、客观地审查。

由公安机关、检察机关或者人民法院保存的与被诉侵权行为具有关联性的证据，侵犯商业秘密民事案件的当事人及其诉讼代理人因客观原因不能自行收集，申请调查收集的，人民法院应当准许，但可能影响正在进行的刑事诉讼程序的除外。

第二十三条 当事人主张依据生效刑事裁判认定的实际损失或者违法所得确定涉及同一侵犯商业秘密行为的民事案件赔偿数额的，人民法院应予支持。

第二十四条 权利人已经提供侵权人因侵权所获得的利益的初步证据，但与侵犯商业秘密行为相关的账簿、资料由侵权人掌握的，人民法院可以根据权利人的申请，责令侵权人提供该账簿、资料。侵权人无正当理由拒不提供或者不如实提供的，人民法院可以根据权利人的主张和提供的证据认定侵权人因侵权所获得的利益。

第二十五条 当事人以涉及同一被诉侵犯商业秘密行为的刑事案件尚未审结为由，请求中止审理侵犯商业秘密民事案件，人民法院在听取当事人意见后认为必须以该刑事案件的审理结果为依据的，应予支持。

第二十六条 对于侵犯商业秘密行为，商业秘密独占使用许可合同的被许可人提起诉讼的，人民法院应当依法受理。

排他使用许可合同的被许可人和权利人共同提起诉讼，或者在权利人不起诉的情况下自行提起诉讼的，人民法院应当依法受理。

普通使用许可合同的被许可人和权利人共同提起诉讼，或者经权利人书面授权单独提起诉讼的，人民法院应当依法受理。

第二十七条 权利人应当在一审法庭辩论结束前明确所主张的商业秘密具体内容。仅能明确部分的，人民法院对该明确的部分进行审理。

权利人在第二审程序中另行主张其在一审中未明确的商业秘密具体内容的,第二审人民法院可以根据当事人自愿的原则就与该商业秘密具体内容有关的诉讼请求进行调解;调解不成的,告知当事人另行起诉。双方当事人均同意由第二审人民法院一并审理的,第二审人民法院可以一并裁判。

第二十八条 人民法院审理侵犯商业秘密民事案件,适用被诉侵权行为发生时的法律。被诉侵权行为在法律修改之前已经发生且持续到法律修改之后的,适用修改后的法律。

第二十九条 本规定自2020年9月12日起施行。最高人民法院以前发布的相关司法解释与本规定不一致的,以本规定为准。

本规定施行后,人民法院正在审理的一审、二审案件适用本规定;施行前已经作出生效裁判的案件,不适用本规定再审。

中华人民共和国民法典（节录）

（2020年5月28日第十三届全国人民代表大会第三次会议通过 2020年5月28日中华人民共和国主席令第45号公布 自2021年1月1日起施行）

……

第一百二十三条 【知识产权及其客体】民事主体依法享有知识产权。

知识产权是权利人依法就下列客体享有的专有的权利：
（一）作品；
（二）发明、实用新型、外观设计；
（三）商标；
（四）地理标志；
（五）商业秘密；

（六）集成电路布图设计；

（七）植物新品种；

（八）法律规定的其他客体。

……

第一千一百九十四条　【网络用户、网络服务提供者的侵权责任】 网络用户、网络服务提供者利用网络侵害他人民事权益的，应当承担侵权责任。法律另有规定的，依照其规定。

第一千一百九十五条　【网络侵权责任避风港原则的通知规则】 网络用户利用网络服务实施侵权行为的，权利人有权通知网络服务提供者采取删除、屏蔽、断开链接等必要措施。通知应当包括构成侵权的初步证据及权利人的真实身份信息。

网络服务提供者接到通知后，应当及时将该通知转送相关网络用户，并根据构成侵权的初步证据和服务类型采取必要措施；未及时采取必要措施的，对损害的扩大部分与该网络用户承担连带责任。

权利人因错误通知造成网络用户或者网络服务提供者损害的，应当承担侵权责任。法律另有规定的，依照其规定。

第一千一百九十六条　【网络侵权责任避风港原则的反通知规则】 网络用户接到转送的通知后，可以向网络服务提供者提交不存在侵权行为的声明。声明应当包括不存在侵权行为的初步证据及网络用户的真实身份信息。

网络服务提供者接到声明后，应当将该声明转送发出通知的权利人，并告知其可以向有关部门投诉或者向人民法院提起诉讼。网络服务提供者在转送声明到达权利人后的合理期限内，未收到权利人已经投诉或者提起诉讼通知的，应当及时终止所采取的措施。

第一千一百九十七条　【网络服务提供者与网络用户的连带责任】 网络服务提供者知道或者应当知道网络用户利用其网络服务侵害他人民事权益，未采取必要措施的，与该网络用户承担连带责任。

……

中华人民共和国刑法（节录）

（1979年7月1日第五届全国人民代表大会第二次会议通过　1997年3月14日第八届全国人民代表大会第五次会议修订　根据1998年12月29日第九届全国人民代表大会常务委员会第六次会议通过的《全国人民代表大会常务委员会关于惩治骗购外汇、逃汇和非法买卖外汇犯罪的决定》、1999年12月25日第九届全国人民代表大会常务委员会第十三次会议通过的《中华人民共和国刑法修正案》、2001年8月31日第九届全国人民代表大会常务委员会第二十三次会议通过的《中华人民共和国刑法修正案（二）》、2001年12月29日第九届全国人民代表大会常务委员会第二十五次会议通过的《中华人民共和国刑法修正案（三）》、2002年12月28日第九届全国人民代表大会常务委员会第三十一次会议通过的《中华人民共和国刑法修正案（四）》、2005年2月28日第十届全国人民代表大会常务委员会第十四次会议通过的《中华人民共和国刑法修正案（五）》、2006年6月29日第十届全国人民代表大会常务委员会第二十二次会议通过的《中华人民共和国刑法修正案（六）》、2009年2月28日第十一届全国人民代表大会常务委员会第七次会议通过的《中华人民共和国刑法修正案（七）》、2009年8月27日第十一届全国人民代表大会常务委员会第十次会议通过的《全国人民代表大会常务委员会关于修改部分法律的决定》、2011年2月25日第十一届全国人民代表大会常务委员会第十九次会议通过的《中华人民共和国刑法修正案（八）》、2015年8月29日第十二届全国人民代表大会常务委员会第十六次会议通过的《中华人民共和国刑法修正案（九）》、2017年11月4

日第十二届全国人民代表大会常务委员会第三十次会议通过的《中华人民共和国刑法修正案（十）》、2020年12月26日第十三届全国人民代表大会常务委员会第二十四次会议通过的《中华人民共和国刑法修正案（十一）》和2023年12月29日第十四届全国人民代表大会常务委员会第七次会议通过的《中华人民共和国刑法修正案（十二）》修正)①

……

第二百一十三条 **【假冒注册商标罪】**未经注册商标所有人许可，在同一种商品、服务上使用与其注册商标相同的商标，情节严重的，处三年以下有期徒刑，并处或者单处罚金；情节特别严重的，处三年以上十年以下有期徒刑，并处罚金。

注释 根据《最高人民法院、最高人民检察院关于办理侵犯知识产权刑事案件具体应用法律若干问题的解释（三）》，具有下列情形之一的，可以认定为刑法第二百一十三条规定的"与其注册商标相同的商标"：

（1）改变注册商标的字体、字母大小写或者文字横竖排列，与注册商标之间基本无差别的；

（2）改变注册商标的文字、字母、数字等之间的间距，与注册商标之间基本无差别的；

（3）改变注册商标颜色，不影响体现注册商标显著特征的；

（4）在注册商标上仅增加商品通用名称、型号等缺乏显著特征要素，不影响体现注册商标显著特征的；

（5）与立体注册商标的三维标志及平面要素基本无差别的；

（6）其他与注册商标基本无差别、足以对公众产生误导的

---

① 刑法、历次刑法修正案、涉及修改刑法的决定的施行日期，分别依据各法律所规定的施行日期确定。

另，条文主旨是根据司法解释确定罪名所加。

商标。

参见 《最高人民法院、最高人民检察院关于办理侵犯知识产权刑事案件具体应用法律若干问题的解释（三）》

第二百一十四条 【销售假冒注册商标的商品罪】销售明知是假冒注册商标的商品，违法所得数额较大或者有其他严重情节的，处三年以下有期徒刑，并处或者单处罚金；违法所得数额巨大或者有其他特别严重情节的，处三年以上十年以下有期徒刑，并处罚金。

注释 具有下列情形之一的，属于本条规定的"明知"：（1）知道自己销售的商品上的注册商标被涂改、调换或者覆盖的；（2）因销售假冒注册商标的商品受到过行政处罚或者承担过民事责任又销售同一种假冒注册商标的商品的；（3）伪造、涂改商标注册人授权文件或者知道该文件被伪造、涂改的；（4）其他知道或者应当知道是假冒注册商标的商品的情形。

本条规定的"销售金额"，是指销售假冒注册商标的商品后所得和应得的全部违法收入。

参见 《最高人民法院、最高人民检察院关于办理侵犯知识产权刑事案件具体应用法律若干问题的解释》；《关于办理侵犯知识产权刑事案件适用法律若干问题的意见》

第二百一十五条 【非法制造、销售非法制造的注册商标标识罪】伪造、擅自制造他人注册商标标识或者销售伪造、擅自制造的注册商标标识，情节严重的，处三年以下有期徒刑，并处或者单处罚金；情节特别严重的，处三年以上十年以下有期徒刑，并处罚金。

第二百一十六条 【假冒专利罪】假冒他人专利，情节严重的，处三年以下有期徒刑或者拘役，并处或者单处罚金。

注释 实施下列行为之一的，属于本条规定的"假冒他人专利"的行为：（1）未经许可，在其制造或者销售的产品、产品的包装上标注他人专利号的；（2）未经许可，在广告或者其他宣传材料中使用他人的专利号，使人将所涉及的技术误认为是他人专利技术的；（3）未经许可，在合同中使用他人的专利号，使人将合同涉及的技术误认为是他人专利技术的；(4) 伪造或者变造他人的专利证书、专利文件或者专利申请文件的。

参见 《最高人民法院、最高人民检察院关于办理侵犯知识产权刑事案件具体应用法律若干问题的解释》

第二百一十七条 【侵犯著作权罪】以营利为目的，有下列侵犯著作权或者与著作权有关的权利的情形之一，违法所得数额较大或者有其他严重情节的，处三年以下有期徒刑，并处或者单处罚金；违法所得数额巨大或者有其他特别严重情节的，处三年以上十年以下有期徒刑，并处罚金：

（一）未经著作权人许可，复制发行、通过信息网络向公众传播其文字作品、音乐、美术、视听作品、计算机软件及法律、行政法规规定的其他作品的；

（二）出版他人享有专有出版权的图书的；

（三）未经录音录像制作者许可，复制发行、通过信息网络向公众传播其制作的录音录像的；

（四）未经表演者许可，复制发行录有其表演的录音录像制品，或者通过信息网络向公众传播其表演的；

（五）制作、出售假冒他人署名的美术作品的；

（六）未经著作权人或者与著作权有关的权利人许可，故意避开或者破坏权利人为其作品、录音录像制品等采取的保护著作权或者与著作权有关的权利的技术措施的。

第二百一十八条 【销售侵权复制品罪】以营利为目的，销售明知是本法第二百一十七条规定的侵权复制品，违法所得数额巨大或者有其他严重情节的，处五年以下有期徒刑，并处或者单处罚金。

参见 《最高人民法院、最高人民检察院关于办理侵犯知识产权刑事案件具体应用法律若干问题的解释》

案例 上海市人民检察院第二分院诉顾某非法经营案（《最高人民法院公报》2005年第9期）

案件适用要点：被告人以营利为目的，在未取得《音像制品经营许可证》的情况下，低价购进明知是侵权的音像复制品后高价向境外售出，违法所得数额巨大，构成了销售侵权复制品罪。

第二百一十九条　【侵犯商业秘密罪】有下列侵犯商业秘密行为之一，情节严重的，处三年以下有期徒刑，并处或者单处罚金；情节特别严重的，处三年以上十年以下有期徒刑，并处罚金：

（一）以盗窃、贿赂、欺诈、胁迫、电子侵入或者其他不正当手段获取权利人的商业秘密的；

（二）披露、使用或者允许他人使用以前项手段获取的权利人的商业秘密的；

（三）违反保密义务或者违反权利人有关保守商业秘密的要求，披露、使用或者允许他人使用其所掌握的商业秘密的。

明知前款所列行为，获取、披露、使用或者允许他人使用该商业秘密的，以侵犯商业秘密论。

本条所称权利人，是指商业秘密的所有人和经商业秘密所有人许可的商业秘密使用人。

注释　根据《最高人民法院、最高人民检察院关于办理侵犯知识产权刑事案件具体应用法律若干问题的解释（三）》，实施刑法第二百一十九条规定的行为造成的损失数额或者违法所得数额，可以按照下列方式认定：

（1）以不正当手段获取权利人的商业秘密，尚未披露、使用或者允许他人使用的，损失数额可以根据该项商业秘密的合理许可使用费确定；（2）以不正当手段获取权利人的商业秘密后，披露、使用或者允许他人使用的，损失数额可以根据权利人因被侵权造成销售利润的损失确定，但该损失数额低于商业秘密合理许可使用费的，根据合理许可使用费确定；（3）违反约定、权利人有关保守商业秘密的要求，披露、使用或者允许他人使用其所掌握的商业秘密的，损失数额可以根据权利人因被侵权造成销售利润的损失确定；（4）明知商业秘密是不正当手段获取或者是违反约定、权利人有关保守商业秘密的要求披露、使用、允许使用，仍获取、使用或者披露的，损失数额可以根据权利人因被侵权造成销售利润的损失确定；（5）因侵犯商业秘密行为导致商业秘密已为公众所知悉或者灭失的，损失数额可以根据该项商业秘密的商业价值确定。商业秘密的商业价值，可以根据该项商业秘密的研究开发成本、实施该项商业秘密的收益综合确定；(6)因披露或者允许他人使用商业秘密而获得的财物或者其他财产性利益，应当认定为违法所得。

第二百一十九条之一　【为境外窃取、刺探、收买、非法提供商业秘密罪】为境外的机构、组织、人员窃取、刺探、收买、非法提供商业秘密的，处五年以下有期徒刑，并处或者单处罚金；情节严重的，处五年以上有期徒刑，并处罚金。

第二百二十条　【单位犯侵犯知识产权罪的处罚规定】单位犯本节第二百一十三条至第二百一十九条之一规定之罪的，对单位判处罚金，并对其直接负责的主管人员和其他直接责任人员，依照本节各该条的规定处罚。

注释　根据《最高人民法院、最高人民检察院关于办理侵犯知识产权刑事案件具体应用法律若干问题的解释（三）》，对于侵犯知识产权犯罪的，应当综合考虑犯罪违法所得数额、非法经营数额、给权利人造成的损失数额、侵权假冒物品数量及社会危害性等情节，依法判处罚金。罚金数额一般在违法所得数额的一倍以上五倍以下确定。违法所得数额无法查清的，罚金数额一般按照非法经营数额的百分之五十以上一倍以下确定。违法所得数额和非法经营数额均无法查清，判处三年以下有期徒刑、拘役、管制或者单处罚金的，一般在三万元以上一百万元以下确定罚金数额；判处三年以上有期徒刑的，一般在十五万元以上五百万元以下确定罚金数额。

……

全国人民代表大会常务委员会关于专利等知识产权案件诉讼程序若干问题的决定

(2018年10月26日第十三届全国人民代表大会常务委员会第六次会议通过)

为了统一知识产权案件裁判标准，进一步加强知识产权司法保护，优化科技创新法治环境，加快实施创新驱动发展战略，特作如下决定：

一、当事人对发明专利、实用新型专利、植物新品种、集成电路布图设计、技术秘密、计算机软件、垄断等专业技术性较强的知识产权民事案件第一审判决、裁定不服，提起上诉的，由最高人民法院审理。

二、当事人对专利、植物新品种、集成电路布图设计、技术秘密、计算机软件、垄断等专业技术性较强的知识产权行政案件第一审判决、裁定不服，提起上诉的，由最高人民法院审理。

三、对已经发生法律效力的上述案件第一审判决、裁定、调解书，依法申请再审、抗诉等，适用审判监督程序的，由最高人民法院审理。最高人民法院也可以依法指令下级人民法院再审。

四、本决定施行满三年，最高人民法院应当向全国人民代表大会常务委员会报告本决定的实施情况。

五、本决定自2019年1月1日起施行。

集成电路布图设计保护条例

(2001年3月28日国务院第36次常务会议通过 2001年4月2日中华人民共和国国务院令第300号公布 自2001年10月1日起施行)

第一章 总 则

第一条 为了保护集成电路布图设计专有权,鼓励集成电路技术的创新,促进科学技术的发展,制定本条例。

第二条 本条例下列用语的含义:

(一)集成电路,是指半导体集成电路,即以半导体材料为基片,将至少有一个是有源元件的两个以上元件和部分或者全部互连线路集成在基片之中或者基片之上,以执行某种电子功能的中间产品或者最终产品;

(二)集成电路布图设计(以下简称布图设计),是指集成电路中至少有一个是有源元件的两个以上元件和部分或者全部互连线路的三维配置,或者为制造集成电路而准备的上述三维配置;

(三)布图设计权利人,是指依照本条例的规定,对布图设计享有专有权的自然人、法人或者其他组织;

(四)复制,是指重复制作布图设计或者含有该布图设计的集成电路的行为;

(五)商业利用,是指为商业目的进口、销售或者以其他方式提供受保护的布图设计、含有该布图设计的集成电路或者含有该集成电路的物品的行为。

第三条 中国自然人、法人或者其他组织创作的布图设计,依照本条例享有布图设计专有权。

外国人创作的布图设计首先在中国境内投入商业利用的,依照本条例享有布图设计专有权。

外国人创作的布图设计，其创作者所属国同中国签订有关布图设计保护协议或者与中国共同参加有关布图设计保护国际条约的，依照本条例享有布图设计专有权。

第四条 受保护的布图设计应当具有独创性，即该布图设计是创作者自己的智力劳动成果，并且在其创作时该布图设计在布图设计创作者和集成电路制造者中不是公认的常规设计。

受保护的由常规设计组成的布图设计，其组合作为整体应当符合前款规定的条件。

第五条 本条例对布图设计的保护，不延及思想、处理过程、操作方法或者数学概念等。

第六条 国务院知识产权行政部门依照本条例的规定，负责布图设计专有权的有关管理工作。

第二章　布图设计专有权

第七条 布图设计权利人享有下列专有权：

（一）对受保护的布图设计的全部或者其中任何具有独创性的部分进行复制；

（二）将受保护的布图设计、含有该布图设计的集成电路或者含有该集成电路的物品投入商业利用。

第八条 布图设计专有权经国务院知识产权行政部门登记产生。未经登记的布图设计不受本条例保护。

第九条 布图设计专有权属于布图设计创作者，本条例另有规定的除外。

由法人或者其他组织主持，依据法人或者其他组织的意志而创作，并由法人或者其他组织承担责任的布图设计，该法人或者其他组织是创作者。

由自然人创作的布图设计，该自然人是创作者。

第十条 两个以上自然人、法人或者其他组织合作创作的布图设计，其专有权的归属由合作者约定；未作约定或者约定不明的，其专有权由合作者共同享有。

第十一条 受委托创作的布图设计，其专有权的归属由委托人和受托人双方约定；未作约定或者约定不明的，其专有权由受托人享有。

第十二条 布图设计专有权的保护期为10年，自布图设计登记申请之日或者在世界任何地方首次投入商业利用之日起计算，以较前日期为准。但是，无论是否登记或者投入商业利用，布图设计自创作完成之日起15年后，不再受本条例保护。

第十三条 布图设计专有权属于自然人的，该自然人死亡后，其专有权在本条例规定的保护期内依照继承法的规定转移。

布图设计专有权属于法人或者其他组织的，法人或者其他组织变更、终止后，其专有权在本条例规定的保护期内由承继其权利、义务的法人或者其他组织享有；没有承继其权利、义务的法人或者其他组织的，该布图设计进入公有领域。

第三章 布图设计的登记

第十四条 国务院知识产权行政部门负责布图设计登记工作，受理布图设计登记申请。

第十五条 申请登记的布图设计涉及国家安全或者重大利益，需要保密的，按照国家有关规定办理。

第十六条 申请布图设计登记，应当提交：

（一）布图设计登记申请表；

（二）布图设计的复制件或者图样；

（三）布图设计已投入商业利用的，提交含有该布图设计的集成电路样品；

（四）国务院知识产权行政部门规定的其他材料。

第十七条 布图设计自其在世界任何地方首次商业利用之日起2年内，未向国务院知识产权行政部门提出登记申请的，国务院知识产权行政部门不再予以登记。

第十八条 布图设计登记申请经初步审查，未发现驳回理由的，由国务院知识产权行政部门予以登记，发给登记证明文件，并予以公告。

第十九条 布图设计登记申请人对国务院知识产权行政部门驳回其登记申请的决定不服的，可以自收到通知之日起3个月内，向国务院知识产权行政部门请求复审。国务院知识产权行政部门复审后，作出决定，并通知布图设计登记申请人。布图设计登记申请人对国务院知识产权行政部门的复审决定仍不服的，可以自收到通知之日起3个月内向人民法院起诉。

第二十条 布图设计获准登记后，国务院知识产权行政部门发现该登记不符合本条例规定的，应当予以撤销，通知布图设计权利人，并予以公告。布图设计权利人对国务院知识产权行政部门撤销布图设计登记的决定不服的，可以自收到通知之日起3个月内向人民法院起诉。

第二十一条 在布图设计登记公告前，国务院知识产权行政部门的工作人员对其内容负有保密义务。

第四章 布图设计专有权的行使

第二十二条 布图设计权利人可以将其专有权转让或者许可他人使用其布图设计。

转让布图设计专有权的，当事人应当订立书面合同，并向国务院知识产权行政部门登记，由国务院知识产权行政部门予以公告。布图设计专有权的转让自登记之日起生效。

许可他人使用其布图设计的，当事人应当订立书面合同。

第二十三条 下列行为可以不经布图设计权利人许可，不向其支付报酬：

（一）为个人目的或者单纯为评价、分析、研究、教学等目的而复制受保护的布图设计的；

（二）在依据前项评价、分析受保护的布图设计的基础上，创作出具有独创性的布图设计的；

（三）对自己独立创作的与他人相同的布图设计进行复制或者将其投入商业利用的。

第二十四条 受保护的布图设计、含有该布图设计的集成电路或者含有该集成电路的物品，由布图设计权利人或者经其许可投放市场后，他人再次商业利用的，可以不经布图设计权利人许可，并不向其支付报酬。

第二十五条 在国家出现紧急状态或者非常情况时，或者为了公共利益的目的，或者经人民法院、不正当竞争行为监督检查部门依法认定布图设计权利人有不正当竞争行为而需要给予补救时，国务院知识产权行政部门可以给予使用其布图设计的非自愿许可。

第二十六条 国务院知识产权行政部门作出给予使用布图设计非自愿许可的决定，应当及时通知布图设计权利人。

给予使用布图设计非自愿许可的决定，应当根据非自愿许可的理由，规定使用的范围和时间，其范围应当限于为公共目的非商业性使用，或者限于经人民法院、不正当竞争行为监督检查部门依法认定布图设计权利人有不正当竞争行为而需要给予的补救。

非自愿许可的理由消除并不再发生时，国务院知识产权行政部门应当根据布图设计权利人的请求，经审查后作出终止使用布图设计非自愿许可的决定。

第二十七条 取得使用布图设计非自愿许可的自然人、法人或者其他组织不享有独占的使用权，并且无权允许他人使用。

第二十八条 取得使用布图设计非自愿许可的自然人、法人或者其他组织应当向布图设计权利人支付合理的报酬，其数额由双方协商；双方不能达成协议的，由国务院知识产权行政部门裁决。

第二十九条 布图设计权利人对国务院知识产权行政部门关于使用布图设计非自愿许可的决定不服的，布图设计权利人和取得非自愿许可的自然人、法人或者其他组织对国务院知识产权行政部门关于使用布图设计非自愿许可的报酬的裁决不服的，可以自收到通知之日起3个月内向人民法院起诉。

第五章 法律责任

第三十条 除本条例另有规定的外，未经布图设计权利人许可，

有下列行为之一的,行为人必须立即停止侵权行为,并承担赔偿责任:

(一)复制受保护的布图设计的全部或者其中任何具有独创性的部分的;

(二)为商业目的进口、销售或者以其他方式提供受保护的布图设计、含有该布图设计的集成电路或者含有该集成电路的物品的。

侵犯布图设计专有权的赔偿数额,为侵权人所获得的利益或者被侵权人所受到的损失,包括被侵权人为制止侵权行为所支付的合理开支。

第三十一条 未经布图设计权利人许可,使用其布图设计,即侵犯其布图设计专有权,引起纠纷的,由当事人协商解决;不愿协商或者协商不成的,布图设计权利人或者利害关系人可以向人民法院起诉,也可以请求国务院知识产权行政部门处理。国务院知识产权行政部门处理时,认定侵权行为成立的,可以责令侵权人立即停止侵权行为,没收、销毁侵权产品或者物品。当事人不服的,可以自收到处理通知之日起15日内依照《中华人民共和国行政诉讼法》向人民法院起诉;侵权人期满不起诉又不停止侵权行为的,国务院知识产权行政部门可以请求人民法院强制执行。应当事人的请求,国务院知识产权行政部门可以就侵犯布图设计专有权的赔偿数额进行调解;调解不成的,当事人可以依照《中华人民共和国民事诉讼法》向人民法院起诉。

第三十二条 布图设计权利人或者利害关系人有证据证明他人正在实施或者即将实施侵犯其专有权的行为,如不及时制止将会使其合法权益受到难以弥补的损害的,可以在起诉前依法向人民法院申请采取责令停止有关行为和财产保全的措施。

第三十三条 在获得含有受保护的布图设计的集成电路或者含有该集成电路的物品时,不知道也没有合理理由应当知道其中含有非法复制的布图设计,而将其投入商业利用的,不视为侵权。

前款行为人得到其中含有非法复制的布图设计的明确通知后,可以继续将现有的存货或者此前的订货投入商业利用,但应当向布图设计权利人支付合理的报酬。

第三十四条 国务院知识产权行政部门的工作人员在布图设计

管理工作中玩忽职守、滥用职权、徇私舞弊，构成犯罪的，依法追究刑事责任；尚不构成犯罪的，依法给予行政处分。

第六章 附 则

第三十五条 申请布图设计登记和办理其他手续，应当按照规定缴纳费用。缴费标准由国务院物价主管部门、国务院知识产权行政部门制定，并由国务院知识产权行政部门公告。

第三十六条 本条例自 2001 年 10 月 1 日起施行。

中华人民共和国
植物新品种保护条例

（1997 年 3 月 20 日中华人民共和国国务院令第 213 号公布 根据 2013 年 1 月 31 日《国务院关于修改〈中华人民共和国植物新品种保护条例〉的决定》第一次修订 根据 2014 年 7 月 29 日《国务院关于修改部分行政法规的决定》第二次修订）

第一章 总 则

第一条 为了保护植物新品种权，鼓励培育和使用植物新品种，促进农业、林业的发展，制定本条例。

第二条 本条例所称植物新品种，是指经过人工培育的或者对发现的野生植物加以开发，具备新颖性、特异性、一致性和稳定性并有适当命名的植物品种。

第三条 国务院农业、林业行政部门（以下统称审批机关）按照职责分工共同负责植物新品种权申请的受理和审查并对符合本条例规定的植物新品种授予植物新品种权（以下称品种权）。

第四条 完成关系国家利益或者公共利益并有重大应用价值的

植物新品种育种的单位或者个人，由县级以上人民政府或者有关部门给予奖励。

第五条 生产、销售和推广被授予品种权的植物新品种（以下称授权品种），应当按照国家有关种子的法律、法规的规定审定。

第二章 品种权的内容和归属

第六条 完成育种的单位或者个人对其授权品种，享有排他的独占权。任何单位或者个人未经品种权所有人（以下称品种权人）许可，不得为商业目的生产或者销售该授权品种的繁殖材料，不得为商业目的将该授权品种的繁殖材料重复使用于生产另一品种的繁殖材料；但是，本条例另有规定的除外。

第七条 执行本单位的任务或者主要是利用本单位的物质条件所完成的职务育种，植物新品种的申请权属于该单位；非职务育种，植物新品种的申请权属于完成育种的个人。申请被批准后，品种权属于申请人。

委托育种或者合作育种，品种权的归属由当事人在合同中约定；没有合同约定的，品种权属于受委托完成或者共同完成育种的单位或者个人。

第八条 一个植物新品种只能授予一项品种权。两个以上的申请人分别就同一个植物新品种申请品种权的，品种权授予最先申请的人；同时申请的，品种权授予最先完成该植物新品种育种的人。

第九条 植物新品种的申请权和品种权可以依法转让。

中国的单位或者个人就其在国内培育的植物新品种向外国人转让申请权或者品种权的，应当经审批机关批准。

国有单位在国内转让申请权或者品种权的，应当按照国家有关规定报经有关行政主管部门批准。

转让申请权或者品种权的，当事人应当订立书面合同，并向审批机关登记，由审批机关予以公告。

第十条 在下列情况下使用授权品种的，可以不经品种权人许可，不向其支付使用费，但是不得侵犯品种权人依照本条例享有的其他权利：

（一）利用授权品种进行育种及其他科研活动；

（二）农民自繁自用授权品种的繁殖材料。

第十一条 为了国家利益或者公共利益，审批机关可以作出实施植物新品种强制许可的决定，并予以登记和公告。

取得实施强制许可的单位或者个人应当付给品种权人合理的使用费，其数额由双方商定；双方不能达成协议的，由审批机关裁决。

品种权人对强制许可决定或者强制许可使用费的裁决不服的，可以自收到通知之日起3个月内向人民法院提起诉讼。

第十二条 不论授权品种的保护期是否届满，销售该授权品种应当使用其注册登记的名称。

第三章 授予品种权的条件

第十三条 申请品种权的植物新品种应当属于国家植物品种保护名录中列举的植物的属或者种。植物品种保护名录由审批机关确定和公布。

第十四条 授予品种权的植物新品种应当具备新颖性。新颖性，是指申请品种权的植物新品种在申请日前该品种繁殖材料未被销售，或者经育种者许可，在中国境内销售该品种繁殖材料未超过1年；在中国境外销售藤本植物、林木、果树和观赏树木品种繁殖材料未超过6年，销售其他植物品种繁殖材料未超过4年。

第十五条 授予品种权的植物新品种应当具备特异性。特异性，是指申请品种权的植物新品种应当明显区别于在递交申请以前已知的植物品种。

第十六条 授予品种权的植物新品种应当具备一致性。一致性，是指申请品种权的植物新品种经过繁殖，除可以预见的变异外，其相关的特征或者特性一致。

第十七条 授予品种权的植物新品种应当具备稳定性。稳定性，是指申请品种权的植物新品种经过反复繁殖后或者在特定繁殖周期结束时，其相关的特征或者特性保持不变。

第十八条 授予品种权的植物新品种应当具备适当的名称，并与相同或者相近的植物属或者种中已知品种的名称相区别。该名称经注册登记后即为该植物新品种的通用名称。

下列名称不得用于品种命名：

（一）仅以数字组成的；

（二）违反社会公德的；

（三）对植物新品种的特征、特性或者育种者的身份等容易引起误解的。

第四章 品种权的申请和受理

第十九条 中国的单位和个人申请品种权的，可以直接或者委托代理机构向审批机关提出申请。

中国的单位和个人申请品种权的植物新品种涉及国家安全或者重大利益需要保密的，应当按照国家有关规定办理。

第二十条 外国人、外国企业或者外国其他组织在中国申请品种权的，应当按其所属国和中华人民共和国签订的协议或者共同参加的国际条约办理，或者根据互惠原则，依照本条例办理。

第二十一条 申请品种权的，应当向审批机关提交符合规定格式要求的请求书、说明书和该品种的照片。

申请文件应当使用中文书写。

第二十二条 审批机关收到品种权申请文件之日为申请日；申请文件是邮寄的，以寄出的邮戳日为申请日。

第二十三条 申请人自在外国第一次提出品种权申请之日起12个月内，又在中国就该植物新品种提出品种权申请的，依照该外国同中华人民共和国签订的协议或者共同参加的国际条约，或者根据相互承认优先权的原则，可以享有优先权。

申请人要求优先权的，应当在申请时提出书面说明，并在3个月内提交经原受理机关确认的第一次提出的品种权申请文件的副本；未依照本条例规定提出书面说明或者提交申请文件副本的，视为未要求优先权。

第二十四条 对符合本条例第二十一条规定的品种权申请，审批机关应当予以受理，明确申请日、给予申请号，并自收到申请之日起1个月内通知申请人缴纳申请费。

对不符合或者经修改仍不符合本条例第二十一条规定的品种权申请，审批机关不予受理，并通知申请人。

第二十五条 申请人可以在品种权授予前修改或者撤回品种权申请。

第二十六条 中国的单位或者个人将国内培育的植物新品种向国外申请品种权的，应当按照职责分工向省级人民政府农业、林业行政部门登记。

第五章 品种权的审查与批准

第二十七条 申请人缴纳申请费后，审批机关对品种权申请的下列内容进行初步审查：

（一）是否属于植物品种保护名录列举的植物属或者种的范围；
（二）是否符合本条例第二十条的规定；
（三）是否符合新颖性的规定；
（四）植物新品种的命名是否适当。

第二十八条 审批机关应当自受理品种权申请之日起6个月内完成初步审查。对经初步审查合格的品种权申请，审批机关予以公告，并通知申请人在3个月内缴纳审查费。

对经初步审查不合格的品种权申请，审批机关应当通知申请人在3个月内陈述意见或者予以修正；逾期未答复或者修正后仍然不合格的，驳回申请。

第二十九条 申请人按照规定缴纳审查费后，审批机关对品种权申请的特异性、一致性和稳定性进行实质审查。

申请人未按照规定缴纳审查费的，品种权申请视为撤回。

第三十条 审批机关主要依据申请文件和其他有关书面材料进行实质审查。审批机关认为必要时，可以委托指定的测试机构进行测试或者考察业已完成的种植或者其他试验的结果。

因审查需要，申请人应当根据审批机关的要求提供必要的资料和该植物新品种的繁殖材料。

第三十一条 对经实质审查符合本条例规定的品种权申请，审批机关应当作出授予品种权的决定，颁发品种权证书，并予以登记和公告。

对经实质审查不符合本条例规定的品种权申请，审批机关予以驳回，并通知申请人。

第三十二条 审批机关设立植物新品种复审委员会。

对审批机关驳回品种权申请的决定不服的，申请人可以自收到通知之日起 3 个月内，向植物新品种复审委员会请求复审。植物新品种复审委员会应当自收到复审请求书之日起 6 个月内作出决定，并通知申请人。

申请人对植物新品种复审委员会的决定不服的，可以自接到通知之日起 15 日内向人民法院提起诉讼。

第三十三条 品种权被授予后，在自初步审查合格公告之日起至被授予品种权之日止的期间，对未经申请人许可，为商业目的生产或者销售该授权品种的繁殖材料的单位和个人，品种权人享有追偿的权利。

第六章 期限、终止和无效

第三十四条 品种权的保护期限，自授权之日起，藤本植物、林木、果树和观赏树木为 20 年，其他植物为 15 年。

第三十五条 品种权人应当自被授予品种权的当年开始缴纳年费，并且按照审批机关的要求提供用于检测的该授权品种的繁殖材料。

第三十六条 有下列情形之一的，品种权在其保护期限届满前终止：

（一）品种权人以书面声明放弃品种权的；

（二）品种权人未按照规定缴纳年费的；

（三）品种权人未按照审批机关的要求提供检测所需的该授权品种的繁殖材料的；

（四）经检测该授权品种不再符合被授予品种权时的特征和特性的。

品种权的终止，由审批机关登记和公告。

第三十七条 自审批机关公告授予品种权之日起，植物新品种复审委员会可以依据职权或者依据任何单位或者个人的书面请求，对不符合本条例第十四条、第十五条、第十六条和第十七条规定的，宣告品种权无效；对不符合本条例第十八条规定的，予以更名。宣告品种权无效或者更名的决定，由审批机关登记和公告，并通知当事人。

对植物新品种复审委员会的决定不服的，可以自收到通知之日起3个月内向人民法院提起诉讼。

第三十八条 被宣告无效的品种权视为自始不存在。

宣告品种权无效的决定，对在宣告前人民法院作出并已执行的植物新品种侵权的判决、裁定，省级以上人民政府农业、林业行政部门作出并已执行的植物新品种侵权处理决定，以及已经履行的植物新品种实施许可合同和植物新品种权转让合同，不具有追溯力；但是，因品种权人的恶意给他人造成损失的，应当给予合理赔偿。

依照前款规定，品种权人或者品种权转让人不向被许可实施人或者受让人返还使用费或者转让费，明显违反公平原则的，品种权人或者品种权转让人应当向被许可实施人或者受让人返还全部或者部分使用费或者转让费。

第七章 罚 则

第三十九条 未经品种权人许可，以商业目的生产或者销售授权品种的繁殖材料的，品种权人或者利害关系人可以请求省级以上人民政府农业、林业行政部门依据各自的职权进行处理，也可以直接向人民法院提起诉讼。

省级以上人民政府农业、林业行政部门依据各自的职权，根据当事人自愿的原则，对侵权所造成的损害赔偿可以进行调解。调解达成协议的，当事人应当履行；调解未达成协议的，品种权人或者利害关系人可以依照民事诉讼程序向人民法院提起诉讼。

省级以上人民政府农业、林业行政部门依据各自的职权处理品种权侵权案件时，为维护社会公共利益，可以责令侵权人停止侵权行为，没收违法所得和植物品种繁殖材料；货值金额5万元以上的，可处货值金额1倍以上5倍以下的罚款；没有货值金额或者货值金额5万元以下的，根据情节轻重，可处25万元以下的罚款。

第四十条 假冒授权品种的，由县级以上人民政府农业、林业行政部门依据各自的职权责令停止假冒行为，没收违法所得和植物品种繁殖材料；货值金额5万元以上的，处货值金额1倍以上5倍以下的罚款；没有货值金额或者货值金额5万元以下的，根据情节轻重，处25万元以下的罚款；情节严重，构成犯罪的，依法追究刑事责任。

第四十一条 省级以上人民政府农业、林业行政部门依据各自的职权在查处品种权侵权案件和县级以上人民政府农业、林业行政部门依据各自的职权在查处假冒授权品种案件时，根据需要，可以封存或者扣押与案件有关的植物品种的繁殖材料，查阅、复制或者封存与案件有关的合同、账册及有关文件。

第四十二条 销售授权品种未使用其注册登记的名称的，由县级以上人民政府农业、林业行政部门依据各自的职权责令限期改正，可以处1000元以下的罚款。

第四十三条 当事人就植物新品种的申请权和品种权的权属发生争议的，可以向人民法院提起诉讼。

第四十四条 县级以上人民政府农业、林业行政部门的及有关部门的工作人员滥用职权、玩忽职守、徇私舞弊、索贿受贿，构成犯罪的，依法追究刑事责任；尚不构成犯罪的，依法给予行政处分。

第八章　附　则

第四十五条　审批机关可以对本条例施行前首批列入植物品种保护名录的和本条例施行后新列入植物品种保护名录的植物属或者种的新颖性要求作出变通性规定。

第四十六条　本条例自1997年10月1日起施行。

最高人民法院关于审理侵害知识产权民事案件适用惩罚性赔偿的解释

（2021年2月7日最高人民法院审判委员会第1831次会议通过　2021年3月2日最高人民法院公告公布　自2021年3月3日起施行　法释〔2021〕4号）

为正确实施知识产权惩罚性赔偿制度，依法惩处严重侵害知识产权行为，全面加强知识产权保护，根据《中华人民共和国民法典》《中华人民共和国著作权法》《中华人民共和国商标法》《中华人民共和国专利法》《中华人民共和国反不正当竞争法》《中华人民共和国种子法》《中华人民共和国民事诉讼法》等有关法律规定，结合审判实践，制定本解释。

第一条　原告主张被告故意侵害其依法享有的知识产权且情节严重，请求判令被告承担惩罚性赔偿责任的，人民法院应当依法审查处理。

本解释所称故意，包括商标法第六十三条第一款和反不正当竞争法第十七条第三款规定的恶意。

第二条　原告请求惩罚性赔偿的，应当在起诉时明确赔偿数额、计算方式以及所依据的事实和理由。

原告在一审法庭辩论终结前增加惩罚性赔偿请求的，人民法院应当准许；在二审中增加惩罚性赔偿请求的，人民法院可以根据当事人自愿的原则进行调解，调解不成的，告知当事人另行起诉。

第三条 对于侵害知识产权的故意的认定，人民法院应当综合考虑被侵害知识产权客体类型、权利状态和相关产品知名度、被告与原告或者利害关系人之间的关系等因素。

对于下列情形，人民法院可以初步认定被告具有侵害知识产权的故意：

（一）被告经原告或者利害关系人通知、警告后，仍继续实施侵权行为的；

（二）被告或其法定代表人、管理人是原告或者利害关系人的法定代表人、管理人、实际控制人的；

（三）被告与原告或者利害关系人之间存在劳动、劳务、合作、许可、经销、代理、代表等关系，且接触过被侵害的知识产权的；

（四）被告与原告或者利害关系人之间有业务往来或者为达成合同等进行过磋商，且接触过被侵害的知识产权的；

（五）被告实施盗版、假冒注册商标行为的；

（六）其他可以认定为故意的情形。

第四条 对于侵害知识产权情节严重的认定，人民法院应当综合考虑侵权手段、次数，侵权行为的持续时间、地域范围、规模、后果，侵权人在诉讼中的行为等因素。

被告有下列情形的，人民法院可以认定为情节严重：

（一）因侵权被行政处罚或者法院裁判承担责任后，再次实施相同或者类似侵权行为；

（二）以侵害知识产权为业；

（三）伪造、毁坏或者隐匿侵权证据；

（四）拒不履行保全裁定；

（五）侵权获利或者权利人受损巨大；

（六）侵权行为可能危害国家安全、公共利益或者人身健康；

（七）其他可以认定为情节严重的情形。

第五条 人民法院确定惩罚性赔偿数额时，应当分别依照相关法律，以原告实际损失数额、被告违法所得数额或者因侵权所获得的利益作为计算基数。该基数不包括原告为制止侵权所支付的合理开支；法律另有规定的，依照其规定。

前款所称实际损失数额、违法所得数额、因侵权所获得的利益均难以计算的，人民法院依法参照该权利许可使用费的倍数合理确定，并以此作为惩罚性赔偿数额的计算基数。

人民法院依法责令被告提供其掌握的与侵权行为相关的账簿、资料，被告无正当理由拒不提供或者提供虚假账簿、资料的，人民法院可以参考原告的主张和证据确定惩罚性赔偿数额的计算基数。构成民事诉讼法第一百一十一条规定情形的，依法追究法律责任。

第六条 人民法院依法确定惩罚性赔偿的倍数时，应当综合考虑被告主观过错程度、侵权行为的情节严重程度等因素。

因同一侵权行为已经被处以行政罚款或者刑事罚金且执行完毕，被告主张减免惩罚性赔偿责任的，人民法院不予支持，但在确定前款所称倍数时可以综合考虑。

第七条 本解释自2021年3月3日起施行。最高人民法院以前发布的相关司法解释与本解释不一致的，以本解释为准。

最高人民法院关于知识产权民事诉讼证据的若干规定

(2020年11月9日最高人民法院审判委员会第1815次会议通过 2020年11月16日最高人民法院公告公布 自2020年11月18日起施行 法释〔2020〕12号)

为保障和便利当事人依法行使诉讼权利，保证人民法院公正、及时审理知识产权民事案件，根据《中华人民共和国民事诉讼法》等有关法律规定，结合知识产权民事审判实际，制定本规定。

第一条 知识产权民事诉讼当事人应当遵循诚信原则，依照法律及司法解释的规定，积极、全面、正确、诚实地提供证据。

第二条 当事人对自己提出的主张，应当提供证据加以证明。根据案件审理情况，人民法院可以适用民事诉讼法第六十五条第二款的规定，根据当事人的主张及待证事实、当事人的证据持有情况、举证能力等，要求当事人提供有关证据。

第三条 专利方法制造的产品不属于新产品的，侵害专利权纠纷的原告应当举证证明下列事实：

（一）被告制造的产品与使用专利方法制造的产品属于相同产品；

（二）被告制造的产品经由专利方法制造的可能性较大；

（三）原告为证明被告使用了专利方法尽到合理努力。

原告完成前款举证后，人民法院可以要求被告举证证明其产品制造方法不同于专利方法。

第四条 被告依法主张合法来源抗辩的，应当举证证明合法取得被诉侵权产品、复制品的事实，包括合法的购货渠道、合理的价格和直接的供货方等。

被告提供的被诉侵权产品、复制品来源证据与其合理注意义务程度相当的，可以认定其完成前款所称举证，并推定其不知道被诉侵权产品、复制品侵害知识产权。被告的经营规模、专业程度、市场交易习惯等，可以作为确定其合理注意义务的证据。

第五条 提起确认不侵害知识产权之诉的原告应当举证证明下列事实：

（一）被告向原告发出侵权警告或者对原告进行侵权投诉；

（二）原告向被告发出诉权行使催告及催告时间、送达时间；

（三）被告未在合理期限内提起诉讼。

第六条 对于未在法定期限内提起行政诉讼的行政行为所认定的基本事实，或者行政行为认定的基本事实已为生效裁判所确认的部分，当事人在知识产权民事诉讼中无须再证明，但有相反证据足以推翻的除外。

第七条 权利人为发现或者证明知识产权侵权行为，自行或者委托他人以普通购买者的名义向被诉侵权人购买侵权物品所取得的实物、票据等可以作为起诉被诉侵权人侵权的证据。

被诉侵权人基于他人行为而实施侵害知识产权行为所形成的证据，可以作为权利人起诉其侵权的证据，但被诉侵权人仅基于权利人的取证行为而实施侵害知识产权行为的除外。

第八条 中华人民共和国领域外形成的下列证据，当事人仅以该证据未办理公证、认证等证明手续为由提出异议的，人民法院不予支持：

（一）已为发生法律效力的人民法院裁判所确认的；

（二）已为仲裁机构生效裁决所确认的；

（三）能够从官方或者公开渠道获得的公开出版物、专利文献等；

（四）有其他证据能够证明真实性的。

第九条 中华人民共和国领域外形成的证据，存在下列情形之一的，当事人仅以该证据未办理认证手续为由提出异议的，人民法院不予支持：

（一）提出异议的当事人对证据的真实性明确认可的；

（二）对方当事人提供证人证言对证据的真实性予以确认，且证人明确表示如作伪证愿意接受处罚的。

前款第二项所称证人作伪证，构成民事诉讼法第一百一十一条规定情形的，人民法院依法处理。

第十条 在一审程序中已经根据民事诉讼法第五十九条、第二百六十四条的规定办理授权委托书公证、认证或者其他证明手续的，在后续诉讼程序中，人民法院可以不再要求办理该授权委托书的上述证明手续。

第十一条 人民法院对于当事人或者利害关系人的证据保全申请，应当结合下列因素进行审查：

（一）申请人是否已就其主张提供初步证据；

（二）证据是否可以由申请人自行收集；

（三）证据灭失或者以后难以取得的可能性及其对证明待证事实的影响；

（四）可能采取的保全措施对证据持有人的影响。

第十二条 人民法院进行证据保全，应当以有效固定证据为限，尽量减少对保全标的物价值的损害和对证据持有人正常生产经营的影响。

证据保全涉及技术方案的，可以采取制作现场勘验笔录、绘图、拍照、录音、录像、复制设计和生产图纸等保全措施。

第十三条 当事人无正当理由拒不配合或者妨害证据保全，致使无法保全证据的，人民法院可以确定由其承担不利后果。构成民事诉讼法第一百一十一条规定情形的，人民法院依法处理。

第十四条 对于人民法院已经采取保全措施的证据，当事人擅自拆装证据实物、篡改证据材料或者实施其他破坏证据的行为，致使证据不能使用的，人民法院可以确定由其承担不利后果。构成民事诉讼法第一百一十一条规定情形的，人民法院依法处理。

第十五条 人民法院进行证据保全，可以要求当事人或者诉讼代理人到场，必要时可以根据当事人的申请通知有专门知识的人到场，也可以指派技术调查官参与证据保全。

证据为案外人持有的，人民法院可以对其持有的证据采取保全措施。

第十六条 人民法院进行证据保全，应当制作笔录、保全证据清单，记录保全时间、地点、实施人、在场人、保全经过、保全标的物状态，由实施人、在场人签名或者盖章。有关人员拒绝签名或者盖章的，不影响保全的效力，人民法院可以在笔录上记明并拍照、录像。

第十七条 被申请人对证据保全的范围、措施、必要性等提出异议并提供相关证据，人民法院经审查认为异议理由成立的，可以变更、终止、解除证据保全。

第十八条 申请人放弃使用被保全证据，但被保全证据涉及案件基本事实查明或者其他当事人主张使用的，人民法院可以对该证据进行审查认定。

第十九条 人民法院可以对下列待证事实的专门性问题委托鉴定：

（一）被诉侵权技术方案与专利技术方案、现有技术的对应技术特征在手段、功能、效果等方面的异同；

（二）被诉侵权作品与主张权利的作品的异同；

（三）当事人主张的商业秘密与所属领域已为公众所知悉的信息的异同、被诉侵权的信息与商业秘密的异同；

（四）被诉侵权物与授权品种在特征、特性方面的异同，其不同是否因非遗传变异所致；

（五）被诉侵权集成电路布图设计与请求保护的集成电路布图设计的异同；

（六）合同涉及的技术是否存在缺陷；

（七）电子数据的真实性、完整性；

（八）其他需要委托鉴定的专门性问题。

第二十条 经人民法院准许或者双方当事人同意，鉴定人可以将鉴定所涉部分检测事项委托其他检测机构进行检测，鉴定人对根据检测结果出具的鉴定意见承担法律责任。

第二十一条 鉴定业务领域未实行鉴定人和鉴定机构统一登记管理制度的,人民法院可以依照《最高人民法院关于民事诉讼证据的若干规定》第三十二条规定的鉴定人选任程序,确定具有相应技术水平的专业机构、专业人员鉴定。

第二十二条 人民法院应当听取各方当事人意见,并结合当事人提出的证据确定鉴定范围。鉴定过程中,一方当事人申请变更鉴定范围,对方当事人无异议的,人民法院可以准许。

第二十三条 人民法院应当结合下列因素对鉴定意见进行审查:

(一)鉴定人是否具备相应资格;

(二)鉴定人是否具备解决相关专门性问题应有的知识、经验及技能;

(三)鉴定方法和鉴定程序是否规范,技术手段是否可靠;

(四)送检材料是否经过当事人质证且符合鉴定条件;

(五)鉴定意见的依据是否充分;

(六)鉴定人有无应当回避的法定事由;

(七)鉴定人在鉴定过程中有无徇私舞弊或者其他影响公正鉴定的情形。

第二十四条 承担举证责任的当事人书面申请人民法院责令控制证据的对方当事人提交证据,申请理由成立的,人民法院应当作出裁定,责令其提交。

第二十五条 人民法院依法要求当事人提交有关证据,其无正当理由拒不提交、提交虚假证据、毁灭证据或者实施其他致使证据不能使用行为的,人民法院可以推定对方当事人就该证据所涉证明事项的主张成立。

当事人实施前款所列行为,构成民事诉讼法第一百一十一条规定情形的,人民法院依法处理。

第二十六条 证据涉及商业秘密或者其他需要保密的商业信息的,人民法院应当在相关诉讼参与人接触该证据前,要求其签订保密协议、作出保密承诺,或者以裁定等法律文书责令其不得出于本案诉讼之外的任何目的披露、使用、允许他人使用在诉讼程序中接触到的秘密信息。

当事人申请对接触前款所称证据的人员范围作出限制，人民法院经审查认为确有必要的，应当准许。

第二十七条 证人应当出庭作证，接受审判人员及当事人的询问。

双方当事人同意并经人民法院准许，证人不出庭的，人民法院应当组织当事人对该证人证言进行质证。

第二十八条 当事人可以申请有专门知识的人出庭，就专业问题提出意见。经法庭准许，当事人可以对有专门知识的人进行询问。

第二十九条 人民法院指派技术调查官参与庭前会议、开庭审理的，技术调查官可以就案件所涉技术问题询问当事人、诉讼代理人、有专门知识的人、证人、鉴定人、勘验人等。

第三十条 当事人对公证文书提出异议，并提供相反证据足以推翻的，人民法院对该公证文书不予采纳。

当事人对公证文书提出异议的理由成立的，人民法院可以要求公证机构出具说明或者补正，并结合其他相关证据对该公证文书进行审核认定。

第三十一条 当事人提供的财务账簿、会计凭证、销售合同、进出货单据、上市公司年报、招股说明书、网站或者宣传册等有关记载，设备系统存储的交易数据，第三方平台统计的商品流通数据，评估报告，知识产权许可使用合同以及市场监管、税务、金融部门的记录等，可以作为证据，用以证明当事人主张的侵害知识产权赔偿数额。

第三十二条 当事人主张参照知识产权许可使用费的合理倍数确定赔偿数额的，人民法院可以考量下列因素对许可使用费证据进行审核认定：

（一）许可使用费是否实际支付及支付方式，许可使用合同是否实际履行或者备案；

（二）许可使用的权利内容、方式、范围、期限；

（三）被许可人与许可人是否存在利害关系；

（四）行业许可的通常标准。

第三十三条　本规定自 2020 年 11 月 18 日起施行。本院以前发布的相关司法解释与本规定不一致的，以本规定为准。

最高人民法院、最高人民检察院关于办理侵犯知识产权刑事案件具体应用法律若干问题的解释（三）

（2020 年 8 月 31 日最高人民法院审判委员会第 1811 次会议、2020 年 8 月 21 日最高人民检察院第十三届检察委员会第四十八次会议通过　2020 年 9 月 12 日最高人民法院、最高人民检察院公告公布　自 2020 年 9 月 14 日起施行　法释〔2020〕10 号）

为依法惩治侵犯知识产权犯罪，维护社会主义市场经济秩序，根据《中华人民共和国刑法》《中华人民共和国刑事诉讼法》等有关规定，现就办理侵犯知识产权刑事案件具体应用法律的若干问题解释如下：

第一条　具有下列情形之一的，可以认定为刑法第二百一十三条规定的"与其注册商标相同的商标"：

（一）改变注册商标的字体、字母大小写或者文字横竖排列，与注册商标之间基本无差别的；

（二）改变注册商标的文字、字母、数字等之间的间距，与注册商标之间基本无差别的；

（三）改变注册商标颜色，不影响体现注册商标显著特征的；

（四）在注册商标上仅增加商品通用名称、型号等缺乏显著特征要素，不影响体现注册商标显著特征的；

（五）与立体注册商标的三维标志及平面要素基本无差别的；

（六）其他与注册商标基本无差别、足以对公众产生误导的商标。

第二条 在刑法第二百一十七条规定的作品、录音制品上以通常方式署名的自然人、法人或者非法人组织，应当推定为著作权人或者录音制作者，且该作品、录音制品上存在着相应权利，但有相反证明的除外。

在涉案作品、录音制品种类众多且权利人分散的案件中，有证据证明涉案复制品系非法出版、复制发行，且出版者、复制发行者不能提供获得著作权人、录音制作者许可的相关证据材料的，可以认定为刑法第二百一十七条规定的"未经著作权人许可""未经录音制作者许可"。但是，有证据证明权利人放弃权利、涉案作品的著作权或者录音制品的有关权利不受我国著作权法保护、权利保护期限已经届满的除外。

第三条 采取非法复制、未经授权或者超越授权使用计算机信息系统等方式窃取商业秘密的，应当认定为刑法第二百一十九条第一款第一项规定的"盗窃"。

以贿赂、欺诈、电子侵入等方式获取权利人的商业秘密的，应当认定为刑法第二百一十九条第一款第一项规定的"其他不正当手段"。

第四条 实施刑法第二百一十九条规定的行为，具有下列情形之一的，应当认定为"给商业秘密的权利人造成重大损失"：

（一）给商业秘密的权利人造成损失数额或者因侵犯商业秘密违法所得数额在三十万元以上的；

（二）直接导致商业秘密的权利人因重大经营困难而破产、倒闭的；

（三）造成商业秘密的权利人其他重大损失的。

给商业秘密的权利人造成损失数额或者因侵犯商业秘密违法所得数额在二百五十万元以上的，应当认定为刑法第二百一十九条规定的"造成特别严重后果"。

第五条 实施刑法第二百一十九条规定的行为造成的损失数额

或者违法所得数额,可以按照下列方式认定:

(一)以不正当手段获取权利人的商业秘密,尚未披露、使用或者允许他人使用的,损失数额可以根据该项商业秘密的合理许可使用费确定;

(二)以不正当手段获取权利人的商业秘密后,披露、使用或者允许他人使用的,损失数额可以根据权利人因被侵权造成销售利润的损失确定,但该损失数额低于商业秘密合理许可使用费的,根据合理许可使用费确定;

(三)违反约定、权利人有关保守商业秘密的要求,披露、使用或者允许他人使用其所掌握的商业秘密的,损失数额可以根据权利人因被侵权造成销售利润的损失确定;

(四)明知商业秘密是不正当手段获取或者是违反约定、权利人有关保守商业秘密的要求披露、使用、允许使用,仍获取、使用或者披露的,损失数额可以根据权利人因被侵权造成销售利润的损失确定;

(五)因侵犯商业秘密行为导致商业秘密已为公众所知悉或者灭失的,损失数额可以根据该项商业秘密的商业价值确定。商业秘密的商业价值,可以根据该项商业秘密的研究开发成本、实施该项商业秘密的收益综合确定;

(六)因披露或者允许他人使用商业秘密而获得的财物或者其他财产性利益,应当认定为违法所得。

前款第二项、第三项、第四项规定的权利人因被侵权造成销售利润的损失,可以根据权利人因被侵权造成销售量减少的总数乘以权利人每件产品的合理利润确定;销售量减少的总数无法确定的,可以根据侵权产品销售量乘以权利人每件产品的合理利润确定;权利人因被侵权造成销售量减少的总数和每件产品的合理利润均无法确定的,可以根据侵权产品销售量乘以每件侵权产品的合理利润确定。商业秘密系用于服务等其他经营活动的,损失数额可以根据权利人因被侵权而减少的合理利润确定。

商业秘密的权利人为减轻对商业运营、商业计划的损失或者重新恢复计算机信息系统安全、其他系统安全而支出的补救费用,应当计入给商业秘密的权利人造成的损失。

第六条 在刑事诉讼程序中,当事人、辩护人、诉讼代理人或者案外人书面申请对有关商业秘密或者其他需要保密的商业信息的证据、材料采取保密措施的,应当根据案件情况采取组织诉讼参与人签署保密承诺书等必要的保密措施。

违反前款有关保密措施的要求或者法律法规规定的保密义务的,依法承担相应责任。擅自披露、使用或者允许他人使用在刑事诉讼程序中接触、获取的商业秘密,符合刑法第二百一十九条规定的,依法追究刑事责任。

第七条 除特殊情况外,假冒注册商标的商品、非法制造的注册商标标识、侵犯著作权的复制品、主要用于制造假冒注册商标的商品、注册商标标识或者侵权复制品的材料和工具,应当依法予以没收和销毁。

上述物品需要作为民事、行政案件的证据使用的,经权利人申请,可以在民事、行政案件终结后或者采取取样、拍照等方式对证据固定后予以销毁。

第八条 具有下列情形之一的,可以酌情从重处罚,一般不适用缓刑:

(一)主要以侵犯知识产权为业的;

(二)因侵犯知识产权被行政处罚后再次侵犯知识产权构成犯罪的;

(三)在重大自然灾害、事故灾难、公共卫生事件期间,假冒抢险救灾、防疫物资等商品的注册商标的;

(四)拒不交出违法所得的。

第九条 具有下列情形之一的,可以酌情从轻处罚:

(一)认罪认罚的;

(二)取得权利人谅解的;

(三)具有悔罪表现的;

(四)以不正当手段获取权利人的商业秘密后尚未披露、使用或者允许他人使用的。

第十条 对于侵犯知识产权犯罪的，应当综合考虑犯罪违法所得数额、非法经营数额、给权利人造成的损失数额、侵权假冒物品数量及社会危害性等情节，依法判处罚金。

罚金数额一般在违法所得数额的一倍以上五倍以下确定。违法所得数额无法查清的，罚金数额一般按照非法经营数额的百分之五十以上一倍以下确定。违法所得数额和非法经营数额均无法查清，判处三年以下有期徒刑、拘役、管制或者单处罚金的，一般在三万元以上一百万元以下确定罚金数额；判处三年以上有期徒刑的，一般在十五万元以上五百万元以下确定罚金数额。

第十一条 本解释发布施行后，之前发布的司法解释和规范性文件与本解释不一致的，以本解释为准。

第十二条 本解释自2020年9月14日起施行。

最高人民法院、最高人民检察院关于办理侵犯知识产权刑事案件具体应用法律若干问题的解释（二）

（2007年4月4日最高人民法院审判委员会第1422次会议、最高人民检察院第十届检察委员会第75次会议通过 2007年4月5日最高人民法院、最高人民检察院公告公布 自2007年4月5日起施行 法释〔2007〕6号）

为维护社会主义市场经济秩序，依法惩治侵犯知识产权犯罪活动，根据刑法、刑事诉讼法有关规定，现就办理侵犯知识产权刑事案件具体应用法律的若干问题解释如下：

第一条 以营利为目的，未经著作权人许可，复制发行其文字作品、音乐、电影、电视、录像作品、计算机软件及其他作品，复制品数量合计在五百张（份）以上的，属于刑法第二百一十七条规定的"有其他严重情节"；复制品数量在二千五百张（份）以上的，属于刑法第二百一十七条规定的"有其他特别严重情节"。

第二条 刑法第二百一十七条侵犯著作权罪中的"复制发行"，包括复制、发行或者既复制又发行的行为。

侵权产品的持有人通过广告、征订等方式推销侵权产品的，属于刑法第二百一十七条规定的"发行"。

非法出版、复制、发行他人作品，侵犯著作权构成犯罪的，按照侵犯著作权罪定罪处罚。

第三条 侵犯知识产权犯罪，符合刑法规定的缓刑条件的，依法适用缓刑。有下列情形之一的，一般不适用缓刑：

（一）因侵犯知识产权被刑事处罚或者行政处罚后，再次侵犯知识产权构成犯罪的；

（二）不具有悔罪表现的；

（三）拒不交出违法所得的；

（四）其他不宜适用缓刑的情形。

第四条 对于侵犯知识产权犯罪的，人民法院应当综合考虑犯罪的违法所得、非法经营数额、给权利人造成的损失、社会危害性等情节，依法判处罚金。罚金数额一般在违法所得的一倍以上五倍以下，或者按照非法经营数额的50%以上一倍以下确定。

第五条 被害人有证据证明的侵犯知识产权刑事案件，直接向人民法院起诉的，人民法院应当依法受理；严重危害社会秩序和国家利益的侵犯知识产权刑事案件，由人民检察院依法提起公诉。

第六条 单位实施刑法第二百一十三条至第二百一十九条规定的行为，按照《最高人民法院、最高人民检察院关于办理侵犯知识产权刑事案件具体应用法律若干问题的解释》和本解释规定的相应个人犯罪的定罪量刑标准定罪处罚。

第七条 以前发布的司法解释与本解释不一致的，以本解释为准。

最高人民法院、最高人民检察院关于办理侵犯知识产权刑事案件具体应用法律若干问题的解释

(2004年11月2日最高人民法院审判委员会第1331次会议、2004年11月11日最高人民检察院第十届检察委员会第28次会议通过 2004年12月8日最高人民法院、最高人民检察院公告公布 自2004年12月22日起施行 法释〔2004〕19号)

为依法惩治侵犯知识产权犯罪活动,维护社会主义市场经济秩序,根据刑法有关规定,现就办理侵犯知识产权刑事案件具体应用法律的若干问题解释如下:

第一条 未经注册商标所有人许可,在同一种商品上使用与其注册商标相同的商标,具有下列情形之一的,属于刑法第二百一十三条规定的"情节严重",应当以假冒注册商标罪判处三年以下有期徒刑或者拘役,并处或者单处罚金:

(一)非法经营数额在五万元以上或者违法所得数额在三万元以上的;

(二)假冒两种以上注册商标,非法经营数额在三万元以上或者违法所得数额在二万元以上的;

(三)其他情节严重的情形。

具有下列情形之一的,属于刑法第二百一十三条规定的"情节特别严重",应当以假冒注册商标罪判处三年以上七年以下有期徒刑,并处罚金:

(一)非法经营数额在二十五万元以上或者违法所得数额在十五万元以上的;

（二）假冒两种以上注册商标，非法经营数额在十五万元以上或者违法所得数额在十万元以上的；

（三）其他情节特别严重的情形。

第二条 销售明知是假冒注册商标的商品，销售金额在五万元以上的，属于刑法第二百一十四条规定的"数额较大"，应当以销售假冒注册商标的商品罪判处三年以下有期徒刑或者拘役，并处或者单处罚金。

销售金额在二十五万元以上的，属于刑法第二百一十四条规定的"数额巨大"，应当以销售假冒注册商标的商品罪判处三年以上七年以下有期徒刑，并处罚金。

第三条 伪造、擅自制造他人注册商标标识或者销售伪造、擅自制造的注册商标标识，具有下列情形之一的，属于刑法第二百一十五条规定的"情节严重"，应当以非法制造、销售非法制造的注册商标标识罪判处三年以下有期徒刑、拘役或者管制，并处或者单处罚金：

（一）伪造、擅自制造或者销售伪造、擅自制造的注册商标标识数量在二万件以上，或者非法经营数额在五万元以上，或者违法所得数额在三万元以上的；

（二）伪造、擅自制造或者销售伪造、擅自制造两种以上注册商标标识数量在一万件以上，或者非法经营数额在三万元以上，或者违法所得数额在二万元以上的；

（三）其他情节严重的情形。

具有下列情形之一的，属于刑法第二百一十五条规定的"情节特别严重"，应当以非法制造、销售非法制造的注册商标标识罪判处三年以上七年以下有期徒刑，并处罚金：

（一）伪造、擅自制造或者销售伪造、擅自制造的注册商标标识数量在十万件以上，或者非法经营数额在二十五万元以上，或者违法所得数额在十五万元以上的；

（二）伪造、擅自制造或者销售伪造、擅自制造两种以上注册商标标识数量在五万件以上，或者非法经营数额在十五万元以上，或者违法所得数额在十万元以上的；

（三）其他情节特别严重的情形。

第四条 假冒他人专利，具有下列情形之一的，属于刑法第二百一十六条规定的"情节严重"，应当以假冒专利罪判处三年以下有期徒刑或者拘役，并处或者单处罚金：

（一）非法经营数额在二十万元以上或者违法所得数额在十万元以上的；

（二）给专利权人造成直接经济损失五十万元以上的；

（三）假冒两项以上他人专利，非法经营数额在十万元以上或者违法所得数额在五万元以上的；

（四）其他情节严重的情形。

第五条 以营利为目的，实施刑法第二百一十七条所列侵犯著作权行为之一，违法所得数额在三万元以上的，属于"违法所得数额较大"；具有下列情形之一的，属于"有其他严重情节"，应当以侵犯著作权罪判处三年以下有期徒刑或者拘役，并处或者单处罚金：

（一）非法经营数额在五万元以上的；

（二）未经著作权人许可，复制发行其文字作品、音乐、电影、电视、录像作品、计算机软件及其他作品，复制品数量合计在一千张（份）以上的；

（三）其他严重情节的情形。

以营利为目的，实施刑法第二百一十七条所列侵犯著作权行为之一，违法所得数额在十五万元以上的，属于"违法所得数额巨大"；具有下列情形之一的，属于"有其他特别严重情节"，应当以侵犯著作权罪判处三年以上七年以下有期徒刑，并处罚金：

（一）非法经营数额在二十五万元以上的；

（二）未经著作权人许可，复制发行其文字作品、音乐、电影、电视、录像作品、计算机软件及其他作品，复制品数量合计在五千张（份）以上的；

（三）其他特别严重情节的情形。

第六条 以营利为目的，实施刑法第二百一十八条规定的行为，违法所得数额在十万元以上的,属于"违法所得数额巨大",应当以销售侵权复制品罪判处三年以下有期徒刑或者拘役,并处或者单处罚金。

第七条 实施刑法第二百一十九条规定的行为之一,给商业秘密的权利人造成损失数额在五十万元以上的,属于"给商业秘密的权利人造成重大损失",应当以侵犯商业秘密罪判处三年以下有期徒刑或者拘役,并处或者单处罚金。

给商业秘密的权利人造成损失数额在二百五十万元以上的,属于刑法第二百一十九条规定的"造成特别严重后果",应当以侵犯商业秘密罪判处三年以上七年以下有期徒刑,并处罚金。

第八条 刑法第二百一十三条规定的"相同的商标",是指与被假冒的注册商标完全相同,或者与被假冒的注册商标在视觉上基本无差别、足以对公众产生误导的商标。

刑法第二百一十三条规定的"使用",是指将注册商标或者假冒的注册商标用于商品、商品包装或者容器以及产品说明书、商品交易文书,或者将注册商标或者假冒的注册商标用于广告宣传、展览以及其他商业活动等行为。

第九条 刑法第二百一十四条规定的"销售金额",是指销售假冒注册商标的商品后所得和应得的全部违法收入。

具有下列情形之一的,应当认定为属于刑法第二百一十四条规定的"明知":

(一)知道自己销售的商品上的注册商标被涂改、调换或者覆盖的;

(二)因销售假冒注册商标的商品受到过行政处罚或者承担过民事责任、又销售同一种假冒注册商标的商品的;

(三)伪造、涂改商标注册人授权文件或者知道该文件被伪造、涂改的;

(四)其他知道或者应当知道是假冒注册商标的商品的情形。

第十条 实施下列行为之一的,属于刑法第二百一十六条规定的"假冒他人专利"的行为:

（一）未经许可，在其制造或者销售的产品、产品的包装上标注他人专利号的；

（二）未经许可，在广告或者其他宣传材料中使用他人的专利号，使人将所涉及的技术误认为是他人专利技术的；

（三）未经许可，在合同中使用他人的专利号，使人将合同涉及的技术误认为是他人专利技术的；

（四）伪造或者变造他人的专利证书、专利文件或者专利申请文件的。

第十一条 以刊登收费广告等方式直接或者间接收取费用的情形，属于刑法第二百一十七条规定的"以营利为目的"。

刑法第二百一十七条规定的"未经著作权人许可"，是指没有得到著作权人授权或者伪造、涂改著作权人授权许可文件或者超出授权许可范围的情形。

通过信息网络向公众传播他人文字作品、音乐、电影、电视、录像作品、计算机软件及其他作品的行为，应当视为刑法第二百一十七条规定的"复制发行"。

第十二条 本解释所称"非法经营数额"，是指行为人在实施侵犯知识产权行为过程中，制造、储存、运输、销售侵权产品的价值。已销售的侵权产品的价值，按照实际销售的价格计算。制造、储存、运输和未销售的侵权产品的价值，按照标价或者已经查清的侵权产品的实际销售平均价格计算。侵权产品没有标价或者无法查清其实际销售价格的，按照被侵权产品的市场中间价格计算。

多次实施侵犯知识产权行为，未经行政处理或者刑事处罚的，非法经营数额、违法所得数额或者销售金额累计计算。

本解释第三条所规定的"件"，是指标有完整商标图样的一份标识。

第十三条 实施刑法第二百一十三条规定的假冒注册商标犯罪，又销售该假冒注册商标的商品，构成犯罪的，应当依照刑法第二百一十三条的规定，以假冒注册商标罪定罪处罚。

实施刑法第二百一十三条规定的假冒注册商标犯罪，又销售明知是他人的假冒注册商标的商品，构成犯罪的，应当实行数罪并罚。

第十四条 实施刑法第二百一十七条规定的侵犯著作权犯罪，又销售该侵权复制品，构成犯罪的，应当依照刑法第二百一十七条的规定，以侵犯著作权罪定罪处罚。

实施刑法第二百一十七条规定的侵犯著作权犯罪，又销售明知是他人的侵权复制品，构成犯罪的，应当实行数罪并罚。

第十五条 单位实施刑法第二百一十三条至第二百一十九条规定的行为，按照本解释规定的相应个人犯罪的定罪量刑标准的三倍定罪量刑。

第十六条 明知他人实施侵犯知识产权犯罪，而为其提供贷款、资金、账号、发票、证明、许可证件，或者提供生产、经营场所或者运输、储存、代理进出口等便利条件、帮助的，以侵犯知识产权犯罪的共犯论处。

第十七条 以前发布的有关侵犯知识产权犯罪的司法解释，与本解释相抵触的，自本解释施行后不再适用。

最高人民法院关于审查知识产权纠纷行为保全案件适用法律若干问题的规定

（2018年11月26日最高人民法院审判委员会第1755次会议通过　2018年12月12日最高人民法院公布　自2019年1月1日起施行　法释〔2018〕21号）

为正确审查知识产权纠纷行为保全案件，及时有效保护当事人的合法权益，根据《中华人民共和国民事诉讼法》《中华人民共和国专利法》《中华人民共和国商标法》《中华人民共和国著作权法》等有关法律规定，结合审判、执行工作实际，制定本规定。

第一条 本规定中的知识产权纠纷是指《民事案件案由规定》中的知识产权与竞争纠纷。

第二条 知识产权纠纷的当事人在判决、裁定或者仲裁裁决生效前,依据民事诉讼法第一百条、第一百零一条规定申请行为保全的,人民法院应当受理。

知识产权许可合同的被许可人申请诉前责令停止侵害知识产权行为的,独占许可合同的被许可人可以单独向人民法院提出申请;排他许可合同的被许可人在权利人不申请的情况下,可以单独提出申请;普通许可合同的被许可人经权利人明确授权以自己的名义起诉的,可以单独提出申请。

第三条 申请诉前行为保全,应当向被申请人住所地具有相应知识产权纠纷管辖权的人民法院或者对案件具有管辖权的人民法院提出。

当事人约定仲裁的,应当向前款规定的人民法院申请行为保全。

第四条 向人民法院申请行为保全,应当递交申请书和相应证据。申请书应当载明下列事项:

(一)申请人与被申请人的身份、送达地址、联系方式;

(二)申请采取行为保全措施的内容和期限;

(三)申请所依据的事实、理由,包括被申请人的行为将会使申请人的合法权益受到难以弥补的损害或者造成案件裁决难以执行等损害的具体说明;

(四)为行为保全提供担保的财产信息或资信证明,或者不需要提供担保的理由;

(五)其他需要载明的事项。

第五条 人民法院裁定采取行为保全措施前,应当询问申请人和被申请人,但因情况紧急或者询问可能影响保全措施执行等情形除外。

人民法院裁定采取行为保全措施或者裁定驳回申请的,应当向申请人、被申请人送达裁定书。向被申请人送达裁定书可能影响采取保全措施的,人民法院可以在采取保全措施后及时向被申请人送达裁定书,至迟不得超过五日。

当事人在仲裁过程中申请行为保全的,应当通过仲裁机构向人民法院提交申请书、仲裁案件受理通知书等相关材料。人民法院裁定采取行为保全措施或者裁定驳回申请的，应当将裁定书送达当事人，并通知仲裁机构。

第六条 有下列情况之一，不立即采取行为保全措施即足以损害申请人利益的，应当认定属于民事诉讼法第一百条、第一百零一条规定的"情况紧急"：

（一）申请人的商业秘密即将被非法披露；

（二）申请人的发表权、隐私权等人身权利即将受到侵害；

（三）诉争的知识产权即将被非法处分；

（四）申请人的知识产权在展销会等时效性较强的场合正在或者即将受到侵害；

（五）时效性较强的热播节目正在或者即将受到侵害；

（六）其他需要立即采取行为保全措施的情况。

第七条 人民法院审查行为保全申请，应当综合考量下列因素：

（一）申请人的请求是否具有事实基础和法律依据，包括请求保护的知识产权效力是否稳定；

（二）不采取行为保全措施是否会使申请人的合法权益受到难以弥补的损害或者造成案件裁决难以执行等损害；

（三）不采取行为保全措施对申请人造成的损害是否超过采取行为保全措施对被申请人造成的损害；

（四）采取行为保全措施是否损害社会公共利益；

（五）其他应当考量的因素。

第八条 人民法院审查判断申请人请求保护的知识产权效力是否稳定，应当综合考量下列因素：

（一）所涉权利的类型或者属性；

（二）所涉权利是否经过实质审查；

（三）所涉权利是否处于宣告无效或者撤销程序中以及被宣告无效或者撤销的可能性；

（四）所涉权利是否存在权属争议；

（五）其他可能导致所涉权利效力不稳定的因素。

第九条 申请人以实用新型或者外观设计专利权为依据申请行为保全的,应当提交由国务院专利行政部门作出的检索报告、专利权评价报告或者专利复审委员会维持该专利权有效的决定。申请人无正当理由拒不提交的,人民法院应当裁定驳回其申请。

第十条 在知识产权与不正当竞争纠纷行为保全案件中,有下列情形之一的,应当认定属于民事诉讼法第一百零一条规定的"难以弥补的损害":

(一)被申请人的行为将会侵害申请人享有的商誉或者发表权、隐私权等人身性质的权利且造成无法挽回的损害;

(二)被申请人的行为将会导致侵权行为难以控制且显著增加申请人损害;

(三)被申请人的侵害行为将会导致申请人的相关市场份额明显减少;

(四)对申请人造成其他难以弥补的损害。

第十一条 申请人申请行为保全的,应当依法提供担保。

申请人提供的担保数额,应当相当于被申请人可能因执行行为保全措施所遭受的损失,包括责令停止侵权行为所涉产品的销售收益、保管费用等合理损失。

在执行行为保全措施过程中,被申请人可能因此遭受的损失超过申请人担保数额的,人民法院可以责令申请人追加相应的担保。申请人拒不追加的,可以裁定解除或者部分解除保全措施。

第十二条 人民法院采取的行为保全措施,一般不因被申请人提供担保而解除,但是申请人同意的除外。

第十三条 人民法院裁定采取行为保全措施的,应当根据申请人的请求或者案件具体情况等因素合理确定保全措施的期限。

裁定停止侵害知识产权行为的效力,一般应当维持至案件裁判生效时止。

人民法院根据申请人的请求、追加担保等情况,可以裁定继续采取保全措施。申请人请求续行保全措施的,应当在期限届满前七日内提出。

第十四条　当事人不服行为保全裁定申请复议的，人民法院应当在收到复议申请后十日内审查并作出裁定。

第十五条　人民法院采取行为保全的方法和措施，依照执行程序相关规定处理。

第十六条　有下列情形之一的，应当认定属于民事诉讼法第一百零五条规定的"申请有错误"：

（一）申请人在采取行为保全措施后三十日内不依法提起诉讼或者申请仲裁；

（二）行为保全措施因请求保护的知识产权被宣告无效等原因自始不当；

（三）申请责令被申请人停止侵害知识产权或者不正当竞争，但生效裁判认定不构成侵权或者不正当竞争；

（四）其他属于申请有错误的情形。

第十七条　当事人申请解除行为保全措施，人民法院收到申请后经审查符合《最高人民法院关于适用〈中华人民共和国民事诉讼法〉的解释》第一百六十六条规定的情形的，应当在五日内裁定解除。

申请人撤回行为保全申请或者申请解除行为保全措施的，不因此免除民事诉讼法第一百零五条规定的赔偿责任。

第十八条　被申请人依据民事诉讼法第一百零五条规定提起赔偿诉讼，申请人申请诉前行为保全后没有起诉或者当事人约定仲裁的，由采取保全措施的人民法院管辖；申请人已经起诉的，由受理起诉的人民法院管辖。

第十九条　申请人同时申请行为保全、财产保全或者证据保全的，人民法院应当依法分别审查不同类型保全申请是否符合条件，并作出裁定。

为避免被申请人实施转移财产、毁灭证据等行为致使保全目的无法实现，人民法院可以根据案件具体情况决定不同类型保全措施的执行顺序。

第二十条　申请人申请行为保全，应当依照《诉讼费用交纳办法》关于申请采取行为保全措施的规定交纳申请费。

第二十一条　本规定自 2019 年 1 月 1 日起施行。最高人民法院以前发布的相关司法解释与本规定不一致的，以本规定为准。

最高人民法院关于知识产权法庭若干问题的规定

（2018 年 12 月 3 日最高人民法院审判委员会第 1756 次会议通过　根据 2023 年 10 月 16 日最高人民法院审判委员会第 1901 次会议通过的《最高人民法院关于修改〈最高人民法院关于知识产权法庭若干问题的规定〉的决定》修正　该修正自 2023 年 11 月 1 日起施行）

为进一步统一知识产权案件裁判标准，依法平等保护各类市场主体合法权益，加大知识产权司法保护力度，优化科技创新法治环境，加快实施创新驱动发展战略，根据《中华人民共和国人民法院组织法》《中华人民共和国民事诉讼法》《中华人民共和国行政诉讼法》《全国人民代表大会常务委员会关于专利等知识产权案件诉讼程序若干问题的决定》等法律规定，结合审判工作实际，就最高人民法院知识产权法庭相关问题规定如下。

第一条　最高人民法院设立知识产权法庭，主要审理专利等专业技术性较强的知识产权上诉案件。

知识产权法庭是最高人民法院派出的常设审判机构，设在北京市。

知识产权法庭作出的判决、裁定、调解书和决定，是最高人民法院的判决、裁定、调解书和决定。

第二条　知识产权法庭审理下列上诉案件：

（一）专利、植物新品种、集成电路布图设计授权确权行政上诉案件；

（二）发明专利、植物新品种、集成电路布图设计权属、侵权民事和行政上诉案件；

（三）重大、复杂的实用新型专利、技术秘密、计算机软件权属、侵权民事和行政上诉案件；

（四）垄断民事和行政上诉案件。

知识产权法庭审理下列其他案件：

（一）前款规定类型的全国范围内重大、复杂的第一审民事和行政案件；

（二）对前款规定的第一审民事和行政案件已经发生法律效力的判决、裁定、调解书依法申请再审、抗诉、再审等适用审判监督程序的案件；

（三）前款规定的第一审民事和行政案件管辖权争议，行为保全裁定申请复议，罚款、拘留决定申请复议，报请延长审限等案件；

（四）最高人民法院认为应当由知识产权法庭审理的其他案件。

第三条 审理本规定第二条所称案件的下级人民法院应当按照规定及时向知识产权法庭移送纸质、电子卷宗。

第四条 知识产权法庭可以要求当事人披露涉案知识产权相关权属、侵权、授权确权等关联案件情况。当事人拒不如实披露的，可以作为认定其是否遵循诚实信用原则和构成滥用权利等的考量因素。

第五条 知识产权法庭可以根据案件情况到实地或者原审人民法院所在地巡回审理案件。

第六条 知识产权法庭采取保全等措施，依照执行程序相关规定办理。

第七条 知识产权法庭审理的案件的立案信息、合议庭组成人员、审判流程、裁判文书等依法公开。

第八条 知识产权法庭法官会议由庭长、副庭长和若干资深法官组成，讨论重大、疑难、复杂案件等。

第九条 知识产权法庭应当加强对有关案件审判工作的调研，及时总结裁判标准和审理规则，指导下级人民法院审判工作。

第十条 对知识产权法院、中级人民法院已经发生法律效力的本规定第二条第一款规定类型的第一审民事和行政案件判决、裁定、调解书，省级人民检察院向高级人民法院提出抗诉的，高级人民法院应当告知其由最高人民检察院依法向最高人民法院提出，并由知识产权法庭审理。

第十一条 本规定自2019年1月1日起施行。最高人民法院此前发布的司法解释与本规定不一致的，以本规定为准。

实用附录

1. 图书出版合同[①]

甲方（著作权人）：   地址：

乙方（出版者）：   地址：

作品名称：

作品署名：

甲乙双方就上述作品的出版达成如下协议：

第一条 甲方授予乙方在合同有效期内，在（中国大陆、中国香港、中国台湾、或其他国家和地区、全世界）※以图书形式出版发行上述作品（汉文、×文）※文本的专有使用权。

第二条 根据本合同出版发行的作品不得含有下列内容：

（一）反对宪法确定的基本原则；

（二）危害国家统一、主权和领土完整；

（三）危害国家安全、荣誉和利益；

（四）煽动民族分裂，侵害少数民族风俗习惯，破坏民族团结；

（五）泄露国家机密；

（六）宣扬淫秽、迷信或者渲染暴力，危害社会公德和民族优秀文化传统；

（七）侮辱或者诽谤他人；

（八）法律、法规规定禁止的其他内容。

第三条 甲方保证拥有第一条授予乙方的权利。因上述权利的行使侵犯他人著作权的，甲方承担全部责任并赔偿因此给乙方造成的损失，乙方可以终止合同。

[①] 参见1999年《国家版权局关于颁布〈图书出版合同〉（标准样式）修订本的通知》。

第四条 甲方的上述作品含有侵犯他人名誉权、肖像权、姓名权等人身权内容的，甲方承担全部责任并赔偿因此给乙方造成的损失，乙方可以终止合同。

第五条 上述作品的内容、篇幅、体例、图表、附录等应符合下列要求：

第六条 甲方应于＿＿＿＿年＿＿＿月＿＿＿日前将上述作品的誊清稿交付乙方。甲方不能按时交稿的，应在交稿期限届满前＿＿＿日通知乙方，双方另行约定交稿日期。甲方到期仍不能交稿的，应按本合同第十一条约定报酬的＿＿＿%向乙方支付违约金，乙方可以终止合同。甲方交付的稿件应有作者的签章。

第七条 乙方应于＿＿＿＿年＿＿＿月＿＿＿日前出版上述作品，最低印数为＿＿＿册。乙方不能按时出版的，应在出版期限届满前＿＿＿日通知甲方，并按本合同第十一条约定报酬的＿＿＿%向甲方支付违约金，双方另行约定出版日期。乙方在另行约定期限内仍不出版的，除非因不可抗力所致，乙方应按本合同第十一条约定向甲方支付报酬和归还作品原件，并按该报酬的＿＿＿%向甲方支付赔偿金，甲方可以终止合同。

第八条 在合同有效期内，未经双方同意，任何一方不得将第一条约定的权利许可第三方使用。如有违反，另一方有权要求经济赔偿并终止合同。一方经对方同意许可第三方使用上述权利，应将所得报酬的＿＿＿%交付对方。

第九条 乙方尊重甲方确定的署名方式。乙方如需更动上述作品的名称，对作品进行修改、删节、增加图表及前言、后记，应征得甲方同意，并经甲方书面认可。

第十条 上述作品的校样由乙方审校。（上述作品的校样由甲方审样。甲方应在＿＿＿日内签字后退还乙方。甲方未按期审校，乙方可自行审校，并按计划付印。因甲方修改造成版面改动超过＿＿＿%或未能按期出版，甲方承担改版费用或推迟出版的责任。）※

第十一条 乙方采用下列方式及标准之一向甲方支付报酬：

（一）基本稿酬加印数稿酬：＿＿＿元/每千字×千字+印数（以千册为单位）×基本稿酬＿＿＿%。或

（二）一次性付酬：＿＿＿元。或

（三）版税：＿＿＿元（图书定价）×＿＿＿%（版税率）×印数。

第十二条 以基本稿酬加印数稿酬方式付酬的，乙方应在上述作品出版后＿＿＿日内向甲方支付报酬，但最长不得超过半年。

或

以一次性支付方式付酬的，乙方在甲方交稿后＿＿＿日内向甲方付清。

或

以版税方式付酬的，乙方在出版后＿＿＿日内向甲方付清。

乙方在合同签字后＿＿＿日内，向甲方预付上述报酬的＿＿＿%（＿＿＿元）。※

乙方未在约定期限内支付报酬的，甲方可以终止合同并要求乙方继续履行付酬的义务。

第十三条 甲方交付的稿件未达到合同第五条约定的要求，乙方有权要求甲方进行修改，如甲方拒绝按照合同的约定修改，乙方有权终止合同并要求甲方返还本合同第十二条约定的预付报酬。如甲方同意修改，且反复修改仍未达到合同第五条的要求，预付报酬不返还乙方；如未支付预付报酬，乙方按合同第十一条约定报酬的＿＿＿%向甲方支付酬金，并有权终止合同。

第十四条 上述作品首次出版＿＿＿年内，乙方可以自行决定重印。首次出版＿＿＿年后，乙方重印应事先通知甲方。如果甲方需要对作品进行修改，应于收到通知后＿＿＿日内答复乙方，否则乙方可按原版重印。

第十五条 乙方重印、再版，应将印数通知甲方，并在重印、再版＿＿＿日内按第十一条的约定向甲方支付报酬。

第十六条 甲方有权核查乙方应向甲方支付报酬的账目。如甲方指定第三方进行核查，需提供书面授权书。如乙方故意少付甲方应得的报酬，除向甲方补齐应付报酬外，还应支付全部报酬＿＿＿%的赔偿金并承担核查费用。如核查结果与乙方提供的应付报酬相符，核查费用由甲方承担。

第十七条 在合同有效期内，如图书脱销，甲方有权要求乙方重印、再版。如甲方收到乙方拒绝重印、再版的书面答复，或乙方收到甲方重印、再版的书面要求后月内未重印、再版，甲方可以终止合同。

第十八条 上述作品出版后＿＿＿日内乙方应将作品原稿退还甲方。如有损坏，应赔偿甲方＿＿＿元；如有遗失，赔偿＿＿＿元。

第十九条 上述作品首次出版后＿＿＿日内，乙方向甲方赠样书＿＿＿册，并以＿＿＿折价售予甲方图书＿＿＿册。每次再版后＿＿＿日内，乙方向甲方赠样书___册。

第二十条 在合同有效期内乙方按本合同第十一条（一）基本稿酬加印数稿酬方式，或者按本合同第十一条（二）一次性付酬方式向甲方支付报酬的，出版上述作品的修订本、缩编本的付酬的方式和标准应由双方另行约定。

第二十一条 在合同有效期内，甲方许可第三方出版包含上述作品的选集、文集、全集的，须取得乙方许可。

在合同有效期内，乙方出版包含上述作品的选集、文集、全集或者许可第三方出版包含上述作品的选集、文集、全集的，须另行取得甲方书面授权。乙方取得甲方授权的，应及时将出版包含上述作品选集、文集、全集的情况通知甲方，并将所得报酬的___%交付甲方。

第二十二条 在合同有效期内，甲方许可第三方出版上述作品的电子版的，须取得乙方的许可。

在合同有效期内，乙方出版上述作品电子版或者许可第三方出版上述作品电子版的，须另行取得甲方书面授权。乙方取得甲方授权的，应及时将出版上述作品电子版的情况通知甲方，并将所得报酬的___%交付甲方。

第二十三条 未经甲方书面许可，乙方不得行使本合同第一条授权范围以外的权利。

（甲方授权乙方代理行使（本合同第一条授权范围以外）※使用上述作品的权利，其使用所得报酬甲乙双方按比例分成。）

第二十四条 双方因合同的解释或履行发生争议，由双方协商解决。协商不成将争议提交仲裁机构仲裁（向人民法院提起诉讼。）※

第二十五条 合同的变更、续签及其他未尽事宜，由双方另行商定。

第二十六条 本合同自签字之日起生效，有效期为___年。

第二十七条 本合同一式两份，双方各执一份为凭。

甲方： 乙方：
（签章） （签章）

      年 月 日   年 月 日

2. 专利权质押登记申请表

质押专利	专利名称		专利号		授权公告日	
出质人	名称				电话	
	地址				邮编	
质权人	名称				电话	
	地址				邮编	
代理人	名称				电话	
	地址				邮编	
债务合同信息	合同名称		债务履行期限		年 月 日至 年 月 日	
	债务金额	（人民币） （外汇）	质押金额		（人民币） （外汇）	
	债权人		债务人			
	经济活动简述					
专利权是否经过资产评估	是 □	评估单位名称				
	否 □					
代理人签章： 年 月 日		出质人签章： 年 月 日			质权人签章： 年 月 日	

办理专利权质押登记手续及填表说明

1. 办理专利权质押登记需提交的文件：
（1）专利权质押登记申请表；
（2）专利权质押合同；
（3）出质人、质权人身份证明（中国个人需提交居民身份证复印件，中国单位需提交加盖公章的营业执照复印件或法人证书复印件）或办理专利权质押登记承诺书；
（4）出质人、质押人共同委托代理人办理相关手续的，提交委托书及代理人居民身份证复印件。
2. "经济活动简述"是指专利权质押发生的原因。
3. 出质人、质权人为多人以及质押专利为多项的，当事人可自行制作申请表附页，将完整信息填入。

办理专利权质押登记承诺书

出质人与质权人到国家知识产权局办理专利权质押登记手续,现就相关情况承诺如下:

(一)出质人和质权人为依法具备民事权利能力和行为能力的民事主体。

出质人姓名或名称:

居民身份证件号码/统一社会信用代码:

质权人姓名或名称:

居民身份证件号码/统一社会信用代码:

(二)出质人和质权人对出质专利进行了尽职尽责调查,对出质专利权可能存在的风险已经知晓,并愿意承担可能因此产生的风险。

(三)双方提交的申请文件真实有效,签署相关合同的行为系双方真实意思,符合法律规定。

本承诺书中所有承诺是申请人真实的意思表示,承诺人愿意承担不实承诺导致的法律后果及相应法律责任。

承诺人签章(出质人):　　　　　承诺人签章(质权人):

　　　年　月　日　　　　　　　　　年　月　日

3. 商标注册流程图

商标注册流程简图

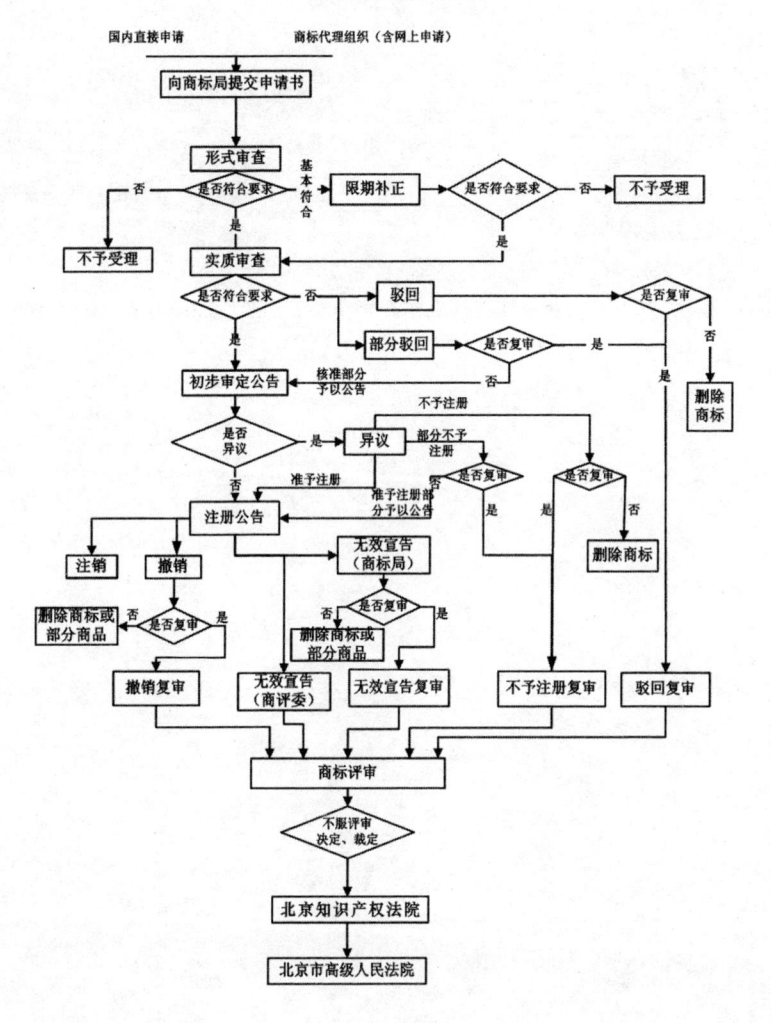

图书在版编目（CIP）数据

知识产权法 / 中国法治出版社编. -- 8 版. -- 北京：中国法治出版社，2025.3. --（实用版法规专辑系列）.
ISBN 978-7-5216-5074-7

Ⅰ.D923.409

中国国家版本馆 CIP 数据核字第 2025A38D79 号

| 策划编辑：舒　丹 | 责任编辑：卜范杰 | 封面设计：杨泽江 |

知识产权法（实用版法规专辑系列）
ZHISHI CHANQUANFA（SHIYONGBAN FAGUI ZHUANJI XILIE）

经销/新华书店
印刷/保定市中画美凯印刷有限公司
开本/850 毫米×1168 毫米　32 开　　　　　印张/ 13.625　字数/ 319 千
版次/2025 年 3 月第 8 版　　　　　　　　　2025 年 3 月第 1 次印刷

中国法治出版社出版
书号 ISBN 978-7-5216-5074-7　　　　　　　　　　　　　定价：32.00 元

北京市西城区西便门西里甲 16 号西便门办公区
邮政编码：100053　　　　　　　　　　　传真：010-63141600
网址：http：//www.zgfzs.com　　　　编辑部电话：010-63141673
市场营销部电话：010-63141612　　　　印务部电话：010-63141606

（如有印装质量问题，请与本社印务部联系。）